História
dos saberes psicológicos

Coleção

- *Introdução à psicologia fenomenológica: a nova psicologia de Edmund Husserl*, Tommy Akira Goto
- *Procura-se Jung: metáfora da busca do humano no humano*, Flora Bojunga Matto
- *Os obstáculos ao amor e à fé: o amadurecimento humano e a espiritualidade cristã*, José Del-Fraro Filho
- *História dos saberes psicológicos*, Marina Massimi

MARINA MASSIMI

*História
dos saberes psicológicos*

PAULUS

Direção editorial: *Claudiano Avelino dos Santos*
Coordenação de revisão: *Tiago José Risi Leme*
Revisão: *Caio Pereira, Tarsila Doná*
Diagramação: *Dirlene França Nobre da Silva*
Capa: *Marcelo Campanhã*
Ilustração da capa: *Lidiane Ferreira Panazzolo*
  Yuri Santiago Venuto Chamoun
Impressão e acabamento: PAULUS

Dados Internacionais de Catalogação na Publicação (CIP)
(Câmara Brasileira do Livro, SP, Brasil)

Massimi, Marina
História dos saberes psicológicos / Marina Massimi. – São Paulo: Paulus, 2016. –
Coleção Temas de psicologia.

ISBN 978-85-349-4193-8

1. Psicologia - História I. Título. II. Série.

16-00018   CDD-150.9

Índice para catálogo sistemático:
1. Psicologia: História 150.9

Seja um leitor preferencial **PAULUS**.
Cadastre-se e receba informações
sobre nossos lançamentos e nossas promoções:
paulus.com.br/cadastro
Televendas: **(11) 3789-4000 / 0800 016 40 11**

1ª edição, 2016
2ª reimpressão, 2022

© PAULUS – 2016

Rua Francisco Cruz, 229 • 04117-091 – São Paulo (Brasil)
Tel.: (11) 5087-3700
paulus.com.br • editorial@paulus.com.br

ISBN 978-85-349-4193-8

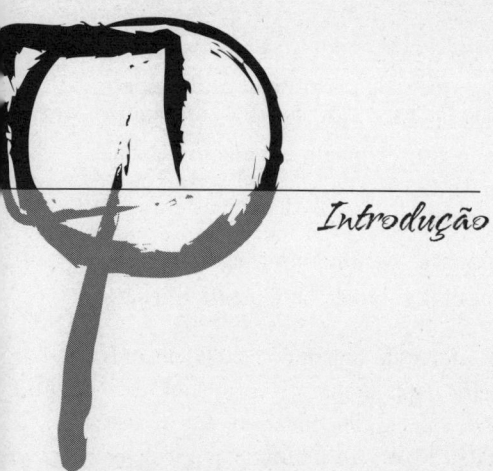

Introdução

Premissa*

Na busca de entender o que é a psicologia, nos encontramos diante de muitas vozes que modulam diferentes definições dessa área de conhecimento, de modo que não é possível fornecer uma formulação unívoca da área que obtenha a concordância de todas essas vozes. Para exemplificar a questão: olhemos para alguns manuais introdutórios ao conhecimento da psicologia, elaborados por diversos autores em diferentes contextos geográficos e temporais, todos traduzidos ao português, presentes nas bibliotecas universitárias brasileiras e utilizados para o estudo da área.

Num livro escrito no Brasil em 1917, diferencia-se entre psicologia geral e psicologia humana. De modo geral, "a psicologia estuda o indivíduo em suas relações com o mundo", em cada espécie animal, e "a psicologia humana tem como objeto de estudo a conduta ou o procedimento do homem, que busca no mundo a satisfação de suas necessidades" (Ferraz, 1957, p. 23-24).

Garret, em um manual publicado nos Estados Unidos e traduzido no Brasil em 1968, refere-se a essa variedade de formulações:

---

* Agradeço Sávio Passafaro Peres e Carolina de Resende Damas Cardoso pela cuidadosa revisão deste texto.

A definição de Psicologia e sua utilidade variam de acordo com a área de estudo, já que cada uma estuda vários aspectos do comportamento. Em suma, a psicologia é a ciência do comportamento humano e o seu objeto é o que as pessoas fazem e como e por que o fazem (Garret, 1968, p. 18-19).

Kurt Koffka, um dos expoentes de uma abordagem significativa da psicologia experimental, a Teoria da Gestalt, afirma:

> Como os métodos dependem do objeto de estudo, nós nos concentraremos primeiro numa definição, ou melhor, num delineamento da nossa ciência. Podem-se distinguir três definições diferentes do nosso objeto de estudo: a psicologia como ciência da consciência, como ciência da mente e como ciência do comportamento (Koffka, 1975, p. 37).

Já Robert S. Woodworth e Donald G. Marquis remetem-se às origens do termo e à complementaridade da psicologia com as demais ciências do homem:

> Psicologia literalmente significa ciência do "sopro da vida", e durante muitos séculos foi definida como ciência (ou filosofia) da alma. Entretanto, nem o sentido literal, nem a definição antiga descrevem o que realmente a psicologia de nossos dias significa. [...] A ciência do comportamento é atualmente constituída por um grupo de ciências. Dum lado temos a fisiologia, investigando os órgãos e células que fazem o trabalho orgânico, doutro lado vemos as ciências sociais, estudando nações e grupos humanos. Há lugar para uma ciência intermediária, que focaliza a atenção sobre o indivíduo. Essa ciência intermediária é a psicologia, que estuda as atividades do indivíduo durante toda a sua vida, desde o período embrionário, continuando pela infância, meninice e adolescência, até a maturidade, e ainda mais longe, até os anos de declínio (Woodworth; Marquis, 1965, p. 1-3).

Segundo Hebb, a psicologia deve ser definida "como estudo das formas mais complexas de integração ou organização do comportamento". Desse modo, "nela incluímos também o estudo de processos tais como aprendizagem, emoção ou percepção que estão envolvidos na organização do comportamento". Ainda segundo Hebb, "o método da psicologia é trabalhar objetivamente construindo uma teoria da mente baseada em fatos objetivos do comportamento. Isso significa que nós conhecemos a mente e a estudamos, como o químico conhece e estuda as propriedades do átomo" (Hebb, 1971, p. 12).

O manual de Henneman afirma que podemos definir a psicologia a partir da tematização de seu objeto (o comportamento) e que pela amplidão do significado desse termo o campo da área torna-se muito extenso. Com efeito, "tal termo é aplicado de forma muito extensa diante da ampla escala de atividades", que incluem "atividades que são observáveis e registráveis como falar ou dirigir um carro", "processos fisiológicos dentro do organismo", e ainda "processos conscientes de sensação, sentimento e pensamento". Em suma, "a imagem da psicologia contemporânea é caracterizada por seus extensos limites, sua complexidade e sua heterogeneidade" (Henneman, 1977, p. 4).

Tentando sintetizar diversas perspectivas, Davidoff escreve:

> A psicologia é hoje comumente definida como a ciência que estuda o comportamento e os processos mentais. Os assuntos investigados pelos psicólogos incluem temas como: o desenvolvimento, as bases psicológicas do comportamento, a aprendizagem, a percepção, a consciência, a memória, o pensamento, a linguagem, a motivação, a emoção, a inteligência, a personalidade, o ajustamento, o comportamento anormal, o tratamento do comportamento anormal, as influências sociais e o comportamento social. A psicologia é frequentemente aplicada na indústria, na educação, na engenharia, em assuntos de consumo e em muitas outras áreas (Davidoff, 1983, p. 29).

Todorov (2007, p. 57), ao buscar uma definição operacional de psicologia que supere os impasses e as contraposições do passado e que seja compreensiva daquilo que os psicólogos efetivamente fazem, coloca que

A psicologia estuda interações de organismos, vistos como um todo, com seu meio ambiente (Harzem; Miles, 1978). Obviamente não está interessada em todos os tipos possíveis de interações nem em quaisquer espécies de organismos. A psicologia se ocupa fundamentalmente do homem, ainda que, para entendê-lo, muitas vezes tenha que recorrer ao estudo do comportamento de outras espécies animais (Keller; Schoenfeld, 1950). Quanto às interações, estão fora do âmbito exclusivo da psicologia aquelas que se referem a partes do organismo e são estudadas pela biologia, e as que envolvem grupos de indivíduos tomados como unidade, como nas ciências sociais. Claro está que a identificação da psicologia como distinta da biologia e das ciências sociais não se baseia em fronteiras rígidas: as áreas de sobreposição de interesses têm sido importantes a ponto de originar as denominações de psicofisiologia e psicologia social, por exemplo. As interações organismo-ambiente são tais que podem ser vistas como um *continuum* no qual a passagem da psicologia para a biologia ou para as ciências sociais é muitas vezes questão de convencionarem-se limites ou de não se preocupar muito com eles.

Por outro lado, observamos atualmente outras formas de resolver o conflito entre definições de psicologia. Uma delas é o construcionismo social. Segundo Rasera, Guanaes e Japur (2004, p. 159), essa abordagem desenvolvida por K. J. Gergen, R. Harré, J. Shotter e outros autores contemporâneos leva à revisão do tradicional conceito de *self* como objeto da psicologia, propondo uma nova formulação: nesse sentido,

> ao investigar o *self*, abandona a busca pela definição universal de um *self* nuclear, organizado, estável e autêntico como no projeto da ciência moderna. De sua ênfase no estudo da linguagem decorre a descrição do *self* como um discurso: de um lado, buscando situar as condições sócio-históricas concretas de emergência de um novo vocabulário sobre o *self*, e, de outro, analisando as formas pelas quais as narrativas sobre o *self* socialmente disponíveis são utilizadas na sustentação dos

relacionamentos. Há assim uma exteriorização, multiplicação e contextualização histórica da construção do *self*.

Segue-se que a psicologia é o estudo das formas narrativas do *self* (Fontes, 2006), como também a atual teoria do *self* dialógico propõe (Santos; Gomes, 2010).

Vemos, portanto, que existem várias e diferentes definições de psicologia, de seus objetos, métodos e campos de atuação. De certo modo, então, a pergunta acerca do que é a psicologia permanece.

Um possível caminho para encontrar respostas...

O que é a psicologia? Quais são os fenômenos de que ela se ocupa? De onde inicia o estudo dos fenômenos de que ela se ocupa? Podemos responder a essas perguntas de muitas formas, e uma delas é a via histórica. De fato, ao reconstruir o longo caminho através do qual os homens em suas diversas culturas buscaram enfrentar o conhecimento de si mesmos e do outro, da vida mental e dos comportamentos, podemos conhecer as respostas às referidas questões elaboradas ao longo do tempo em diversos contextos geográficos. O texto que aqui propomos pretende acompanhar esse percurso no que diz respeito à história da cultura ocidental, em cujo âmago se encontra a cultura brasileira.

Podemos assim reconhecer que, para além da multiplicidade das perspectivas da psicologia e das possibilidades de defini-la, existe, porém, uma significação própria de termos e conceitos utilizados nesse domínio científico que, através de um longo percurso histórico, foi consolidando-se como o patrimônio comum ao passado e ao presente e o alicerce da psicologia moderna.

A história dos saberes psicológicos acompanha o processo de desenvolvimento de alguns desses conceitos fundamentais da psicologia, como psique e psicologia, pessoa, indivíduo, mente, comportamento, emoções, memória, cognição, vontade, psicossomática etc. Tal desenvolvimento ocorreu inicialmente em domínios *outros* da psicologia, quais são especialmente a filosofia, a medicina, a literatura e a teologia.

O domínio dos estudos históricos em psicologia: a definição do campo

A contemporânea historiografia da psicologia (inspirada em análogo posicionamento da historiografia das ciências) questiona a demarcação tradicional de inspiração positivista que limitava o arco temporal da reconstrução histórica da psicologia ao marco inicial do surgimento da psicologia experimental, em meados do século XIX. De modo geral, no panorama da história das ciências, aponta-se hoje para a existência de uma evidente continuidade entre o surgimento da ciência modernamente entendida e a bagagem de observações, métodos e conceitos produzidos nos períodos precedentes. Alistair Crombie (1915-1996), ao atribuir ao historiador das ciências a árdua tarefa de reconstruir o percurso do conhecimento científico em épocas anteriores ao advento da ciência moderna, assim comenta:

> A apresentação do pensamento de uma época cujos pressupostos e problemas não eram idênticos aos nossos implica sempre delicadas questões de interpretação e de avaliação. Muitos aspectos da filosofia e da ciência [...] são inteiramente inteligíveis somente dentro do contexto completo da circunstância e do pensamento metafísico e teológico tanto quanto do pensamento científico e técnico, da condição social e econômica e intelectual da qual participam (Crombie, 1959/1987, p. 18).

Esse posicionamento abre perspectivas para uma nova abordagem historiográfica também na área da psicologia. Com efeito, devemos levar em conta o fato de que, na transição entre saberes psicológicos e ciência da mente e/ou do comportamento ocorrida no século XIX, a epistemologia positivista da época produziu uma ruptura (artificial) entre os primeiros e a segunda, acarretando a perda da memória e o esquecimento do longo e complexo processo de construção do conhecimento ocorrido ao longo da história cultural do Ocidente, que numa visada retrospectiva revela-se essencial inclusive para a constituição da psicologia moderna.

Atualmente, sob o rótulo de história da psicologia compreendem-se dois domínios distintos, o da história dos saberes psicológicos e o da história da psicologia científica: o primeiro abarca um vasto domínio espaço-temporal e se utiliza dos métodos próprios da história cultural e da história social; o segundo investiga o domínio espaço-temporal dos séculos XIX, XX e XXI, domínio inerente ao surgimento e expansão da psicologia científica, e assume as modalidades de investigação sugeridas pela historiografia das ciências.

A função do conhecimento histórico para a formação em psicologia

Um recente artigo publicado em revista internacional, ao relatar uma investigação desenvolvida em cursos canadenses acerca do ensino da disciplina de história da psicologia no currículo de formação do psicólogo (Barnes; Greer, 2013, trad. nossa), afirma que "o estudo do passado da psicologia é parte da própria psicologia" (p. 10). Com efeito, no contexto da história presente, marcada por um grande desenvolvimento das áreas especializadas na psicologia e, portanto, por uma multiplicidade de perspectivas e de abordagens teóricas e práticas, a história da psicologia é a única área da psicologia em que se propõe um panorama do campo inteiro dessa ciência. Nesse sentido, a história da psicologia é um recurso precioso contra a possível pulverização e dispersão da área, como também para proporcionar uma visão global e unitária dessa ciência aos alunos em processo de formação. Desse modo, a disciplina história da psicologia no curso de formação em psicologia representa, segundo os autores, uma espécie de "meta-curso" que oferece aos alunos a visão da psicologia como um todo, num enfoque histórico. Para os estudantes, é possível, através do conhecimento histórico, "refletir acerca da evolução do seu campo de aprendizagem, em toda a miríade de práticas e ideias, e através das várias conexões e disconexões entre passado e presente". Segundo os autores, "é exatamente devido a essa perspectiva global numa época de hiperespecialização que a história da psicologia é tão essencial". De fato, "a história não é simplesmente algo que se refere a um passado nem uma cronologia pedante dos acontecimentos, mas é algo pertinente à identidade da psicologia" (2013, p. 10).

Atualmente os estudiosos das ciências humanas apontam para formas novas de colaboração entre psicologia e história que evidenciam a proximidade entre as duas áreas. A afirmação do caráter essencial de historicidade da experiência humana, inclusive em sua dimensão psicológica, caracteriza, por exemplo, a abordagem da "psicologia histórica", proposta por Ignace Meyerson em sua obra *Les fonctions psychologiques et les oeuvres* (1948). Esse autor enfatiza a relatividade histórica dos processos psicológicos humanos, subordinando assim a psicologia à história. Nessa ótica, conceitos utilizados pela ciência psicológica como pessoa, memória, emoção não se referem a fenômenos que permanecem imutáveis ao longo do tempo, mas assumem conotações próprias em diferentes períodos históricos e em diversos âmbitos culturais; e alguns deles se fazem presentes apenas em dado momento histórico. Nesse sentido, Meyerson questiona a legitimidade de uma psicologia geral do homem, entendida como conhecimento de leis universais da mente, ou do comportamento humano. Na ótica de contextualizar a indagação acerca do homem psíquico, no âmbito histórico sociocultural de sua existência concreta, Meyerson propõe assim uma psicologia pluralista, partindo da constatação de que, em todos os tempos e em todas as culturas, o homem tem se interrogado acerca de si mesmo, ao longo da história tal interrogação assumindo, porém, formas diferentes. Mesmo que não se queria compactuar com a visão da psicologia histórica aqui sintetizada (e não se concorde, por exemplo, com a negação da possibilidade de uma psicologia geral), é inegável, porém, a necessidade, assinalada por Meyerson, de se levar em conta a dimensão histórica na consideração dos processos psíquicos humanos.

Nessa perspectiva, a história da psicologia proporciona ao psicólogo uma competência que diz respeito ao domínio de seu campo inteiro de conhecimento e de atuação, dessa competência decorrendo a habilidade de discernir diante das demandas intelectuais e práticas com que se depara e diante dos desafios do contexto da produção científica e da intervenção social, o caminho mais oportuno dentre os tantos caminhos possíveis, proporcionados pelo campo. Ao mesmo tempo, o conhecimento da história da psicologia torna o psicólogo capaz de autoavaliação crítica, no que diz respeito aos procedimentos metodológicos e as técnicas que emprega, e nesse sentido, sempre aberto a questionamentos e, sobretudo, a novas aprendizagens. Torna-o, portanto, agente de construção de uma psicologia consistente no presente e em constante avanço na direção do futuro.

Adentrando o campo da história dos saberes psicológicos

A história dos saberes psicológicos é a reconstrução histórica de conceitos (e sistemas conceituais) e práticas que se referem ao conhecimento e ao cuidado dos processos psicológicos apreendidos num domínio que abarca as diversas culturas seja no Oriente, seja no Ocidente, em diferentes períodos históricos. Nesse sentido, a história dos saberes psicológicos é parte da história cultural. A história cultural é um domínio de conhecimento histórico que aborda as visões de mundo de uma determinada cultura, com recursos metodológicos próprios. Conforme afirma Chartier (1990), a noção de visão de mundo articula, sem os reduzir um ao outro, o significado de um sistema de pensamento, por um lado, e, por outro, as condições sociopolíticas que fazem com que um grupo, ou uma sociedade, em dado momento histórico, partilhem esse sistema de pensamento. Além do mais, visão de mundo refere-se, conforme alerta De Certeau (2000), ao universo do pensável (ou seja, do que era possível pensar e escrever num dado momento histórico) e ao universo das práticas que expressam esse saber.

A história dos saberes psicológicos ocupa-se então dos aspectos específicos da visão do mundo de uma determinada cultura, relacionados a conceitos e práticas que na atualidade podem ser genericamente entendidos como "psicológicos". A definição do que é psicológico, nesse caso, permanece necessariamente indeterminada e vaga, sendo uma denominação convencional e provisória a ser substituída, no decorrer do estudo, pela terminologia e demarcação de campo próprias dos universos socioculturais específicos abordados. Por exemplo, o que é definido como "psicológico", no século XVI, baseia-se em matrizes filosóficas e teológicas (por exemplo, a matriz aristotélico-tomista) e em concepções antropológicas (por exemplo, a concepção do homem como "microcosmo"), muito diferentes das matrizes e concepções antropológicas que fundamentam a psicologia filosófica do século XVIII e XIX.

Veremos ao longo do livro que a história dos saberes psicológicos é uma área essencial da história da psicologia, pois é nesse âmbito que podemos encontrar as raízes de conceitos atualmente usados pela ciência psicológica para rotular os fenômenos. Conhecer as raízes é algo necessário para compreender termos e conceitos em sua significação originária, como também para acompanhar as mudanças ocorridas ao longo do tempo e em diferentes contextos geográficos.

A estrutura do livro

A história dos saberes psicológicos na cultura ocidental revela-nos a gênese de alguns conceitos fundamentais dos quais precisamos entender a significação: psicologia; psique; pessoa; indivíduo; *mens* e corpo. Esses conceitos e termos apareceram no cenário intelectual em determinados períodos históricos e é importante entendê-los nas circunstâncias de seu surgimento.

Em ordem cronológica, encontraremos neste livro o surgimento do termo psique na cultura da Grécia antiga a partir do século V a.C; a definição do conceito de pessoa na cultura medieval, num período longo que se estende do século I ao século XIV; o conceito de indivíduo no panorama da cultura humanista e renascentista dos séculos XV e XVI; a criação do termo psicologia no período do humanismo, especificamente no século XVI; a configuração filosófica do projeto de psicologia científica e dos conceitos de *mens* (tomada como vida consciente) e de corpo pela filosofia do século XVI e XVII.

Para bem compreender a significação de cada um, deveremos analisá-los nos universos histórico-culturais em cujos âmbitos definiram-se e difundiram-se.

A constituição dos referidos conceitos não aconteceu, porém, de modo unívoco em áreas específicas de conhecimento, mas através de um percurso complexo possibilitado pelas contribuições de diferentes áreas de conhecimento. Para significar esse processo de constituição dos saberes psicológicos, utilizaremos dois termos: o termo "eixo" e o termo "estruturante". "Eixo" é uma linha reta que atravessa o centro de um corpo e em torno da qual esse corpo executa (ou pode executar) movimentos de rotação. Por exemplo, o eixo terrestre é a linha imaginária que cruza o centro da Terra, cujos extremos são os polos. "Estruturar" é um termo com vários significados, entre os quais compor, constituir, formar, organizar, articular, sistematizar.

Os conceitos acima referidos e o campo dos saberes psicológicos em seu conjunto resultaram da articulação de alguns importantes eixos constituídos por diversos domínios de conhecimento e expressos por diversos gêneros literários. Consideraremos os *eixos estruturantes* dos saberes psicológicos nas culturas greco-romana, medieval, humanista-renascentista, e nos inícios da época moderna. De fato, nesse berço, foram ao longo do tempo se compondo, constituindo, formando, organizando, articulando e sistematizando os principais conceitos que se referem aos fenômenos psíquicos. Trata-se, portanto, de uma gênese complexa que implica a articulação de saberes diversos em torno de objetivos comuns.

Cabe definir com mais clareza cada um dos eixos. Cada um deles tematiza, investiga e busca respostas para determinadas questões e em torno delas se articulam. São elas: como posso representar minha condição existencial e humana, para refletir sobre eu mesmo e os outros? Quem sou eu, e posso eu conhecer a mim mesmo, e de que modo? Qual é a causa dos desequilíbrios que experimentamos em nós mesmos e observamos nos outros, e como cuidar deles? O que define este ser que sou eu mesmo e o diferencia dos demais seres? Para responder a essas questões, diferentes caminhos (métodos, que em sua etimologia significam caminhos) são trilhados e diferentes formas expressivas são utilizadas (os gêneros literários).

Os eixos constituídos pela tematização e discussão dessas questões, pelos percursos cognoscitivos escolhidos para tanto e pelas respostas propostas a respeito através de determinadas formas expressivas são os seguintes:

1. *A representação da pessoa humana (e de sua condição nesse mundo)* no âmbito de gêneros literários tais como a poesia; o teatro (ex: a tragédia), os diálogos; as narrativas literárias (novelas etc.); e no âmbito da arte (ex. o retrato).
2. *A voz interior e o imperativo de conhecer a si mesmo*: trata-se de um percurso que inicia na filosofia, mas que também se realiza através das tradições de espiritualidade religiosa e do gênero da narrativa autobiográfica. Começa com Sócrates (século V a.C.) e tem alguns marcos importantes: 2.1. A filosofia estoica, especialmente o pensamento de Sêneca, Cícero e Marco Aurélio (séc. I), em que a filosofia é concebida como "exercício espiritual"; 2.2. O marco inovador da narrativa autobiográfica de Agostinho (séc. V); 2.3. A continuidade na tradição monástica (do século V em diante); 2.4. No século XVI, os escritos autobiográficos de Montaigne, Inácio de Loyola e Teresa de Ávila.
3. *O equilíbrio e o desequilíbrio psíquico na perspectiva psicossomática da medicina da alma.* O percurso ocorre na área do conhecimento médico, mas também no âmbito de outros gêneros, como a literatura, a retórica e a

filosofia concebida como medicina da alma. Por isso se inicia com o pensamento expresso por Platão no diálogo *Timeu* (século V a.C.). Há alguns marcos importantes: 3.1. As tragédias, especialmente de Eurípedes; 3.2. O método da cura da alma, próprio das filosofias helenistas (estoicas, epicuristas e neoplatônicas), associadas à arte retórica, que concebe o uso da palavra como terapêutica da alma (século I); 3.3. A cura da alma pela palavra (oral e escrita) e pela *ortopraxis* praticadas pelo monaquismo e pela arte retórica; 3.4. A teoria dos temperamentos hipocrático-galenicas apropriada pela medicina medieval (especialmente no século XII pela monja médica e musicista Hildegarda de Bingen); 3.5. Entre os séculos XIV e XVI, os receituários e os tratados acerca da arte de bem viver escritos pelos médicos e pelos filósofos; 3.6. Aos inícios da Idade Moderna, nos séculos XVI e XVII, a oratória sagrada; 3.7. Do século XVI ao XVII, o gênero dos ensaios e reflexões morais.

4. *A construção do arcabouço teórico dos saberes psicológicos nos conhecimentos especulativos (filosofia e/ou teologia)*. Nesse âmbito, debate-se, utilizando-se os métodos dos saberes especulativos baseados no uso do raciocínio indutivo e hipotético dedutivo, ou seja, a filosofia e a teologia, temas como a natureza da psique, da pessoa, do indivíduo, da *mens*, do mecanismo. São eles: 4.1. A teoria de Platão acerca da alma; 4.2. A teoria de Aristóteles acerca da alma e de suas potências; 4.3. A conceituação de pessoa por Agostinho; 3.4. A teoria da alma e de suas potências e a conceituação de pessoa por Tomás de Aquino; 3.5. O conceito de livre arbítrio dos filósofos humanistas; 3.6. O conceito de Descartes de mente e corpo; 3.7. O conceito de experiência em Hume e nos empiristas ingleses; 3.8. O conceito de determinismo de Espinoza.

Esses eixos estruturantes, além de se estender ao longo de temporalidades muito diferentes, não devem ser tomados como compartimentos entre si rigidamente separados, pois há apropriações e influências recíprocas, interfaces comuns, uso do mesmo conceito em diversos âmbitos etc. De modo geral, também veremos que, para que se constitua um dado conceito e se defina o uso deste e as terminologias que lhe são apropriadas, houve o aporte de diversos eixos estruturantes.

Desse modo, precisamos acompanhar a gênese de tais conceitos perpassando esses eixos, os quais se evidenciam em processos históricos de longa duração e atravessam assim diferentes regimes de historicidade, ou seja, modos diferentes do homem viver o sentido do tempo e da história (Hartog, 2003). Segundo Hartog, na cultura do Ocidente podemos reconhecer o suceder-se de diversos regimes de historicidade: o regime de historicidade, que entende o tempo e a história como *magistra vitae* (mestra da vida) e que vigorou ao longo de toda Antiguidade clássica e Idade Média, afirma que o passado esclarece o futuro e, nesse sentido, a referência ao passado é determinante nas ações do presente e no planejamento do futuro. A esse regime, que é o mais antigo, segue o regime de historicidade moderno: a partir da Revolução francesa, não cabe mais ao passado esclarecer o futuro, mas, inversamente, é o futuro que esclarece o passado e que dá sentido à ação no presente. A partir dos anos 1960, inaugura-se um novo regime de historicidade chamado de presentista: a contestação juvenil cria o *slogan* "esquecer o futuro" e inaugura uma nova maneira de entender a temporalidade centrada e fechada no presente. O presente torna-se seu próprio horizonte, sem passado e sem futuro.

Evidentemente, essas modalidades diferentes de viver o tempo se espelham não apenas no campo do conhecimento psicológico, mas também no próprio acontecer dos processos psíquicos e na forma de estruturar-se de distúrbios e doenças ligadas ao psiquismo, como assinalado pela psicopatologia moderna, especialmente a de E. Minkowski (1885-1972). O psicopatólogo e fenomenólogo russo, autor, entre outros, do livro *O tempo vivido. Fenomenologia e psicopatologia*

(1933/2014), afirma que a distorção temporal das vivências impede o ímpeto vital necessário para olhar ao futuro. O adoecimento psíquico se manifesta assim por particulares percepções do tempo e organizações da temporalidade. A lembrança do passado e a espera do futuro determinam continuidades, ou descontinuidades, na autopercepção da pessoa bem como em suas relações sociais. Podem-se assim vivenciar possibilidades proporcionadas por um sentimento do tempo que flui e é produtivo ou, pelo contrário, senso de impossibilidade e de impotência proporcionado por um sentimento do tempo, imóvel e estéril. Essas reflexões sobre a temporalidade nos levam a descobrir um aspecto importante do estudo da história, que é o da formação humana: trata-se de abrir-se à vivência de formas diferentes de viver o tempo; e nele, de viver o mundo. Eis, então, uma dica de método muito importante para o nosso leitor: o filósofo russo N. Berdiaev (1874-1948) afirma que nós não podemos compreender uma história exclusivamente objetiva. Precisamos descobrir "um nexo interior, profundo e misterioso com o objeto histórico" (1971, p. 29). Nesse sentido, é preciso que o leitor descubra em si mesmo a dimensão histórica. Somente assim é possível compreender os períodos da história. "Sem uma historicidade interior, é impossível compreender a história" (*idem*). Nesse sentido, a história é um "ato pelo qual se realiza a conquista interior do objeto histórico, um processo interior de aproximação entre o objeto e o sujeito" (*ibid.*, p. 30). As profundezas, a extensão dos tempos históricos encontram-se no profundo de cada homem, segundo Berdiaev. Existe uma estratificação profunda no interior de cada um de nós, da qual muitas vezes não nos apercebemos, mas que pode ser descoberta; sendo que essa descoberta pode ser introduzida pelo estudo da história. Desejamos, portanto, que essa seja também a função deste livro.

Em cada período histórico encontraremos a presença dos quatro eixos estruturantes acima definidos. Desse modo, o percurso do livro seguirá uma ordem cronológica e evidenciará, por cada um dos períodos focados, de que modo no âmbito dos eixos estruturantes os saberes psicológicos constituíram-se os conceitos fundamentais da área psi.

As categorias que irão organizar o texto e que constituirão a moldura de cada parte do texto são as seguintes:

1. Periodização e regime de historicidade;
2. Contexto histórico;
3. Eixos estruturantes e identificação neste âmbito do desenvolvimento de um ou mais conceitos psicológicos por dado autor;
5. Biografia do autor;
6. Texto do autor (ou autores) ilustrando o conceito;
7. Referências bibliográficas.

Para cada capítulo haverá uma introdução explicativa do que será abordado e se pretende ensinar ao aluno, e uma síntese do percurso realizado e dos principais resultados obtidos do ponto de vista da constituição dos saberes psicológicos.

Por fim, a compreensão do desenvolvimento da história dos saberes psicológicos na perspectiva que aqui assinalamos pode ser exemplificada pela metáfora da tecelagem: o pano de fundo é o contexto; o tear é a temporalidade, os fios são os eixos estruturantes; o tecido resultante são conceitos e saberes psicológicos. Esperamos que o tecido que cada leitor irá obter através de sua leitura possa efetivamente enriquecer sua formação humana e profissional e possa contribuir para aprofundar uma melhor compreensão do horizonte de conhecimento em que se configura a própria psicologia.

Referências bibliográficas

BARNES, M. E.; GREER, S. "Does the future have a history of psychology?" In: *History of Psychology* 30, 2013, p. 1-11.
BERDIAEV, N. *Il senso della storia*. Milão: Jaca Book, 1971.
CHARTIER, R. *A história cultural. Entre práticas e representações*. (M. M.Galhardo, trad.) Lisboa: Difel: Memória e sociedade, 1990. (originais de 1982 a 1988).

CROMBIE, A. *Historia de la Ciencia, siglos XIII-XVII*. Vol. 2. Madri: Alianza Universitaria, 1987.
DAVIDOFF, L. *Introdução à psicologia*. São Paulo: Mc Grawhill do Brasil, 1983.
DE CERTEAU, M. *A Escrita da História*. (Tradução de M.L. Menezes). São Paulo: Forense Universitária, 2000 (original, 1975).
FERRAZ, J. S. *Noções de psicologia educacional*. São Paulo: Edição Saraiva, 1975 (primeira edição, 1917).
FONTE, C. A. "Narrative in psychological science as a process of meaning construction". *Psicologia: teoria e prática*, 8(2), 2006, p. 123-131. Disponível em: <http://pepsic.bvsalud.org/scielo.php?script=sci_arttext&pid=S1516-36872006000200009&lng=pt&tlng=en>. Acesso em: 3 mar 2015.
GARRET, H. *Psicologia*. 6ª ed. Fundo de Cultura, 1968.
HARTOG, F. *Régimes d'historicité*. Paris: Seuil, 2003.
HEBB, D. O. *Introdução à psicologia*. São Paulo: Atheneu, 1971.
HENNEMAN, R. H. *O que é psicologia*. Rio de Janeiro: Editor José Olympio, 1977.
KOFFKA, K. *Princípios de Psicologia da Gestalt*. São Paulo: Cultrix, 1975.
MEYERSON, I. *Les fonctions psychologiques et les œuvres*. Paris: Vrin, 1948.
MINKOWSKI, E. *Il tempo vissuto. Fenomenologia e Psicopatologia*. Milão: Fabbri, 2014 (original publicado em 1933).
RASERA, F; GUANAES, C.; JAPUR, M. "Psicologia, Ciência e construcionismos: dando sentido ao self". In: *Psicologia: Reflexão e Crítica*, 17(2), 2004, p. 157-165.
SANTOS, M. A.; GOMES, W. "Sclf dialógico: teoria e pesquisa". In: *Psicologia em Estudo*, Maringá, v. 15, n. 2, abr/jun 2010, p. 353-361.
TODOROV, J. C. "A psicologia como estudo de interações". In: *Psicologia: Teoria e Pesquisa*, vol. 23, n. especial, 2007, p. 57-61.
WOODWORTH, R. S.; MARQUIS, D. G. *Psicologia*. Rio de Janeiro: Companhia Editora Nacional, 1965.

Capítulo 1

Conceito de psique na Grécia antiga

Fonte: https://upload.wikimedia.org/wikipedia/commons/thumb/a/a8/
Mapa_Grecia_Antigua.svg/1000px-Mapa_Grecia_Antigua.svg.png

Introdução

Os alicerces dos saberes psicológicos no Ocidente foram colocados pela cultura grega: evidenciando a exigência de conhecer a si mesmo presente no ser humano; definindo o conceito de psique e assinalando a possibilidade do conhecimento racional dela pela filosofia; criando uma visão psicossomática do ser humano pela criação da medicina da alma; representando as problemáticas da condição humana em formas literárias, tais como a tragédia.

Dessa forma, na cultura grega surgem e se desenvolvem os conceitos de psique (e de suas potências, correspondentes ao que hoje chamamos de processos psíquicos), da distinção entre alma e corpo, de saúde numa perspectiva psicossomática, como também se cria um gênero teatral, a tragédia, em cuja cena é representada a condição humana através de atores que se servem de uma máscara (em grego πρόσωπον, ou seja, pessoa). E, sobretudo, se assinala o fato de que existe no ser humano uma exigência *imperativa*, que é a de conhecer a si mesmo.

Por isso é que começamos nosso percurso histórico abordando a contribuição conceitual desse período temporalmente tão distante, mas ao mesmo tempo tão decisivo até o presente, no que diz respeito à fundamentação conceitual do conhecimento do ser humano.

Periodização e regime de historicidade

Coloquemos, antes de mais nada, alguns marcos cronológicos para delinear temporal e espacialmente o objeto que aqui abordamos. Os historiadores dividem a história grega nos seguintes períodos:

Período homérico (c. 1700 até 800 a.C.). O nome deste período depende do fato de nele ter vivido Homero (928-898 a.C.), o grande autor do gênero poético da épica, com a *Ilíada* e a *Odisseia*. Nesse período, a sociedade grega é marcada por pequenas diferenças sociais e constituída basicamente por núcleos familiares. A terra é ocupada comunitariamente, praticando-se o cultivo de videiras, oliveiras e cereais; assim como pratica-se a atividade pastoril. Os poemas de Hesíodo (750 a.C.) descrevem esse mundo rural. No fim desse período, as mudanças no sistema econômico levam ao fracionamento da terra, em lugar da propriedade coletiva; surgem também os aglomerados urbanos, que darão origem às cidades-Estados (πόλις).

Período arcaico (800 a 500 a.C.). As cidades-Estados desenvolvem-se, entre elas Atenas. Ao mesmo tempo, devido à insuficiência da terra para cultivo, grupos de agricultores deixam a Grécia para fundar colônias distantes, tais como Siracusa, Agrigento, Marselha e muitas outras (*Magna Grécia*). Esse fenômeno migratório será muito relevante também para a difusão da cultura grega, pois nessas colônias também se desenvolverão escolas de pensamento filosófico assim como se difundirão as artes. Ainda no Período arcaico tem-se o nascimento da filosofia, criação original dos gregos (é nativo da língua grega, incluive, o próprio termo Φιλοσοφία, que quer dizer amor da sabedoria).

Período clássico (500 a 338 a.C.). Nessa fase a Grécia chega ao seu máximo desenvolvimento, nas mais diversas áreas. É o tempo das Guerras Médicas (contra os Persas) e da Guerra do Peloponeso, envolvendo Atenas, Esparta e os aliados dessas duas cidades (com a vitória de Esparta), mas também do surgimento da forma política da democracia em Atenas. O trabalho agrícola passa a ser, em grande parte, uma atividade de escravos, que geralmente são inimigos derrotados em guerra. Cresce desse modo a instituição da escravatura, que é também legitimada no âmbito da cultura, inclusive da filosofia.

Período helenístico (338 a 30 a.C.). Filipe, rei da Macedônia, invade a Grécia, já dividida por disputas internas entre as cidades-Estados. Seu filho e sucessor, Alexandre, teve como preceptor o filósofo Aristóteles, entre 343 e 335 a.C. Uma vez assumido o poder, Alexandre mantém a Grécia sob seu domínio e empreende a conquista de novos territórios: a Pérsia, o Egito, a Mesopotâmia; chegando a alcançar a Índia. Amante da cultura grega, Alexandre promove sua difusão nos territórios conquistados, proporcionando assim a fusão entre a cultura grega e elementos culturais do Oriente (fusão que foi chamada pelos historiadores da filosofia de helenismo). Após a morte de Alexandre, a partir de 146 a.C., a Grécia se torna território romano. A dominação da Grécia pelos romanos possibilita a difusão da cultura grega em todas as regiões por eles colonizadas.

Ao longo de toda essa época, vigora o regime de historicidade da "história mestra de vida": os historiadores gregos, entre eles o famoso Heródoto (485-425 a.C.), pensam que a narrativa dos acontecimentos históricos tenha o escopo de imortalizar figuras e fatos relevantes que se tornam, assim, modelos exemplares para o presente e o futuro.

A concepção de temporalidade nessa cultura é caracterizada pelo tempo cíclico, seguindo o ritmo quaternário das estações da natureza. Com efeito, o homem da Grécia arcaica vive numa condição de completa dependência da natureza que imprime à sua condição existencial a marca da ordem necessária própria das leis naturais. Daqui deriva o conceito de destino, ou *fatum* (Berdiaev, 1979). Com efeito, a mitologia grega assume, entre outros significados, o de ser uma repetição dos processos da natureza no espírito humano: a história do processo natural, da formação cosmológica, se espelha nas formas mitológicas. Nessa perspectiva, o homem é tido como um ser natural condicionado pelas forças da natureza, que assumem as feições de deuses às vezes caprichosos e prepotentes. A concepção da temporalidade nesse contexto é ainda ligada à dimensão da eternidade simbolizada pela sede dos deuses, o Olimpo.

Contexto histórico

Definimos a cultura clássica como um acontecimento ocorrido na Grécia entre os séculos XVII e I a.C.: os historiadores costumam rotular esse acontecimento como "o grande milagre grego". No período histórico posterior, que corre entre os sécs. I a.C. e I d.C., a dominação dos macedônios e depois dos romanos levou a cultura grega aos territórios das colônias destes, de modo a expandi-las no Oriente e no Ocidente. Desse modo, a cultura clássica grega se tornou patrimônio de extensos universos geográficos.

O conhecimento dos saberes acerca do homem e de seu psiquismo nesse universo histórico pode ser obtido pela leitura de fontes de vários gêneros. São eles: 1) a poesia épica e lírica; 2) as tragédias; 3) os textos de filosofia; 4) os tratados de medicina. Da leitura de fontes expressivas desses gêneros, podemos apreender o que os gregos pensavam acerca do ser humano e do cuidado com seu bem-estar.

A variedade das formas de conhecimento surgidas num determinado período num contexto geográfico relativamente pequeno e numa sociedade relativamente pobre justifica o uso do termo "milagre" para descrever o ocorrido.

A poesia épica surgiu inicialmente para ser cantada ou recitada, tendo por temas os mitos, em parte lendários, baseados na memória difusa de eventos históricos. A esse gênero literário pertencem os épicos atribuídos a Homero, a *Ilíada* e a *Odisseia*, que narram histórias entremeadas de mitos da época micênica; bem como a poesia de Hesíodo (c. 700 a.C.). Conforme assinala Souza (2007), a poesia épica, na antiga Grécia de Homero e Hesíodo, é um fenômeno estruturador da cultura, no sentido de coincidir com a cultura como instrumento de civilização e educação. Os textos poéticos são relatos que instituem práticas e sugerem modos de viver e de pensar, sendo, portanto, transmissores de uma visão do mundo que constitui o núcleo da cultura grega. Através da *Ilíada* e da *Odisseia*, poemas destinados à proclamação oral, os gregos foram alfabetizados e formados, e também aprenderam a transmissão de suas tradições. Como repositórios de saber e de tradição, esses cantos se tornaram, assim, essência para a constituição da identidade cultural dos gregos. Exerciam uma função pedagógica, sendo consideradas exemplares as personagens neles representadas: tornaram-se modelos para regrar as ações dos ouvintes e transmissores de ideais que norteavam suas vidas.

Os vários tipos de poesia lírica grega surgiram no período arcaico entre os poetas das ilhas do mar Egeu e da Jônia, no litoral da Anatólia. Entre os autores mais famosos estão Arquíloco de Paros (século VII a.C.); Alceu e Safo (século VI), autores de poemas no dialeto eólico da ilha de Lesbos; Anacreonte de Teos, na Jônia. A poesia lírica é assim chamada por ser recitada com o acompanhamento de uma lira. Se na poesia épica dominava o relato objetivo dos fatos heroicos, dos mitos e dos deuses, na poesia lírica o que se sobressai é o mundo interior do homem, e os poetas descrevem os próprios sentimentos (Rocha, 1999). "O estilo impessoal da narração dos grandes feitos da epopeia vai, aos poucos, cedendo lugar a um estilo mais personalizado, mediante o qual o poeta diz o que sente" (Rocha, 1999, p. 104). Se, no caso de Homero, a imortalidade era conquistada pelo homem-heroi através da realização de grandes ações e da morte nos campos de batalha, a serem perenemente rememoradas pela poesia, os poetas líricos se detêm nas belezas da efemeridade da vida, vivendo-as intensamente. Escreve, por exemplo, um deles, Semônides de Amorgos (século VII a.C.): "o tempo da juventude e da robustez é breve para os mortais. Mas tu, instruído na vida, proporciona-te o prazer até o fim dos teus dias" (*apud* Rocha, 1999, p. 105). Ou vejamos o que declama a poetisa Safo (século VII a.C.): "Mas eu digo que, para cada um, [o mais belo] é o que ele ama" (*ibid.*, p. 104).

O gênero literário conhecido como tragédia grega nasce, se desenvolve e morre num período muito peculiar da história da Grécia, o século V a.C.: para Atenas, esse século inicia-se com um período de prosperidade e florescimento da sociedade e termina com o enfraquecimento por causa das guerras entre os próprios gregos. Conforme a definição dada por Aristóteles, "tragédia é a representação de uma ação elevada, de alguma extensão e completa, em linguagem adornada, distribuídos os adornos por todas as partes, com atores atuando e não narrando; e que, despertando piedade e temor, tem por resultado a catarse dessas emoções" (Aristóteles, *Poética*, VI — 26). Ainda de acordo com a *Poética* de Aristóteles, a tragédia nasceu de improvisações a partir do ditirambo, em honra ao deus Dioniso. Téspis, um poeta lírico, teria introduzido o ditirambo na Ática por volta de 550 a.C. em suas apresentações de cidade em cidade. A etimologia de *tragoédia* significa canto dos *tragodói*.

O significado desse termo tem explicações diversas: canto de figuras fantasiadas de bode, canto num concurso cujo prêmio era um bode; e canto que acompanha o sacrifício de um bode. De qualquer forma, esse termo remete às origens religiosas das tragédias: "o teatro grego é o resultado final da passagem de um ritual espetacular a um espetáculo ritual" (Dágios, 2013, p. 96). As tragédias eram encenadas em um contexto institucional, sendo parte do calendário festivo da cidade e tendo lugar e público específicos. Especificamente, aconteciam nas festas em homenagem ao deus Dioniso: as Leneias (no final do mês de janeiro); as Grandes Dionisíacas (no final de março); as Dionisíacas rurais (em dezembro, em regiões da Ática) (Dágios, 2013). Durante essas festas, se interrompiam os trabalhos do campo, do comércio e da navegação de forma que os cidadãos se dedicassem exclusivamente às festividades.

O termo filosofia foi criado por Pitágoras (571-495 a.C.). Filosofia (Φιλοσοφία) é composto de dois termos gregos: Φίλοσ, que significa amigo de, amante de, afeiçoado a, que gosta de, que tem gosto em, que se compraz em, que busca com afã, que anseia etc., e σοφία, que significa sabedoria, saber, ciência, conhecimento. A palavra une, assim, no ato do filosofar, o mundo do conhecimento e dos sentimentos, e o mundo da razão e do afeto. O conhecimento indicado pelo termo σοφία é experiencial, vem e reenvia à experiência, à vida; trata-se, nesse sentido, de uma forma de vida. Na Grécia, eram chamados de "filósofos" os homens que buscavam a sabedoria suprema, quer dizer, os que se propunham a encarar as questões últimas e radicais suscitadas pela vida e pelas coisas. Desse modo, a filosofia se origina pela "constante atitude de busca e de procura, inerente à própria natureza do ser humano. Na experiência de sua finitude, o homem vislumbra a perfeição que ardentemente deseja, mas que jamais consegue atingir" totalmente, de modo que

> na dor dos limites e da finitude, estrutura-se como um "esforço" sempre renovado, constantemente recomeçado em busca do inacessível. É isso que faz do filósofo um amigo (*fílos*) da sabedoria (*sophía*). A *philía* é um conceito-chave para traduzir

a harmonia que deve existir no mundo da natureza como no mundo dos homens (Rocha, 1999, p. 119).

Nesse sentido, "a filosofia não é apenas o exercício frio da razão, ela é uma busca intelectual profundamente enraizada nas aspirações mais íntimas e mais profundas do coração humano" (Rocha, 1999, p. 119). A primeira escola de filosofia surgiu por volta do século VI a.C. Em busca do entendimento do cosmos e dos fenômenos da natureza, utilizando-se da razão e da observação, e depois em busca dos fundamentos últimos da realidade, seguem-se ao longo do tempo pensadores como Tales de Mileto (624-546 a.C.), Anaximandro (Grécia, 610-546 a.C.), Heráclito (Éfeso, Turquia, 535-475 a.C.), Parmênides (Eleia, Itália, 530-460 a.C.), Pitágoras (571 a.C., Samos, a 495 a.C., Metaponto, Itália), Demócrito (460 a.C., Abdera, a 370 a.C., Grécia) e Leucipo (Abdera, 490-420 a.C.).

O surgimento da medicina na Grécia remonta ao século VI a.C. e tem origens na mitologia. A narrativa mitológica relata que a medicina começou com Apolo, filho de Zeus e Leto, que curava purificando a alma através das lavagens e aspersões e cuidando do corpo com remédios curativos. Um dos seus filhos, Asclépio, recebeu educação do centauro Quíron para ser médico: este conhecia música, magia, adivinhações, astronomia e medicina. Existem achados arqueológicos das dádivas de agradecimento dos doentes para Asclépio. Depois de Asclépio, também suas filhas, Hígia e Panaceia, praticavam a arte médica; a primeira foi celebrada como a deusa da medicina e a segunda curava todos os doentes com os segredos das plantas medicinais. Já numa fase ligada ao pensamento filosófico e não mais mitológico, a escola filosófica de Pitágoras (580-489 a.C.), sediada na cidade de Crotona (Itália meridional), inspirou os avanços da medicina grega. O médico mais famoso da escola de Crotona foi Alcméon (560-500 a.C.) jovem contemporâneo de Pitágoras que deu bases científicas à medicina grega. Alcméon conhecia anatomia e fisiologia: descobriu os nervos óticos, a trompa de Eustáquio (trompa auditiva que liga o ouvido médio à faringe) e fez a distinção entre veias e artérias. Escreveu a obra *Sobre a natureza*, na qual descreve sua concepção da doença como um desequilíbrio do corpo, sendo essa desarmonia decorrente de diversos fatores inerentes ao corpo, como má nutrição (dietas irregulares ou inadequadas) e fatores externos (clima e localização geográfica).

Esses foram os campos de conhecimento que floresceram no âmbito da cultura grega e que em grande parte tiveram longevidade até nossos dias. Por isso, realmente tratou-se de "o grande milagre grego".

De que modo, nesse contexto, surgiram saberes psicológicos? E em quais âmbitos?

Buscaremos responder essa pergunta analisando o modo como tais saberes foram constituídos e propostos nos quatro "eixos estruturantes" que definimos acima.

Eixo estruturante *A representação da pessoa humana (e de sua condição nesse mundo): as tragédias*

O termo "pessoa", tradução da palavra grega *prósopon* e da palavra latina *persona*, surge na cultura grega antiga e especificamente numa das suas expressões literárias originais que é a tragédia. Nesta, a "pessoa" é a máscara utilizada pelos atores, que define seu papel na representação teatral. Portanto, esse primeiro sentido do termo pessoa indica representação.

Com efeito, as peças teatrais são significativas para a história dos saberes psicológicos por representar a condição humana na visão de mundo própria da cultura grega. Já acenamos ao fato de que no âmbito da poesia e da cultura literária da antiga Grécia é representada a condição humana, considerada parte do cosmos. Encontramos essas temáticas nos diversos subgêneros poéticos que surgiram na Grécia e que acima descrevemos. Duas são as características principais da condição humana representadas nas fontes poéticas: a evidência do limite e da fragilidade do ser humano diante do cosmos; e, ao mesmo tempo, as exigências de infinito, de imortalidade, de transcendência que também o caracterizam e que se expressam sobretudo na capacidade reflexiva de que ele é dotado. Dessa forma, a produção poética grega remete ao fato de que há, no âmago do homem, uma desproporção entre a pequenez e a grandeza que se torna evidente à medida que se presta atenção à experiência.

Na esteira da tradição poética, a tragédia tematiza a experiência do homem que desconhece o próprio destino e, mesmo quando este se torna evidente, é impotente diante dele. O tema do destino tem origem na mitologia grega. As Moiras eram as três irmãs que determinavam o destino, tanto dos deuses como dos seres humanos. Responsáveis por fabricar, tecer e cortar aquilo que seria o fio da vida de todos os indivíduos, durante o trabalho, as Moiras faziam uso da Roda da Fortuna, o tear utilizado para se tecer os fios. Esse mito indica que o curso da existência humana é determinado por fatores imponderáveis que transcendem as possibilidades de o indivíduo controlá-lo e modificá-lo. De certo modo, ele é impotente diante das forças cósmicas que o superam. Ao mesmo tempo, porém, a experiência da cultura filosófica já em ato assinala no homem a capacidade da deliberação racional e, portanto, o fato de que as ações são de responsabilidade do agente. Existe, assim, uma contradição que se constitui no núcleo da tragédia:

> o infortúnio que sobrevém ao homem na forma de uma grande adversidade nos é apresentado pelos personagens como o destino (*daímon*) desejado pelos deuses. [...] As ações perniciosas que se narram na cena dramática, como as mortes e tantas outras manifestações dolorosas, surgem de uma circunstância construída desde o início da trama e no contexto da qual o herói [o protagonista] se encontra na iminência da catástrofe. Uma vez configurada uma situação de conflito, a tragédia mostra a seu público como a decisão deliberada do herói participa do seu destino (Campos, 2012, p. 63-64).

Jaeger comenta que "a tragédia devolve à poesia grega a capacidade de abarcar a unidade de todo o ser humano" (Jaeger, 1995, p. 287). Ainda segundo esse autor, a tragédia surge num contexto histórico marcado pela crise do modelo heroico tradicional proposto pela poesia épica, e pela influência da poesia lírica e da filosofia, que desvendavam a interioridade humana por meio da evidenciação das emoções e do conhecimento reflexivo. A tragédia retoma, nesse panorama, os grandes temas do mito de uma forma mais interiorizada e profunda.

Além do mais, vimos que a tragédia é um ato público, comunitário, tendo uma profunda dimensão catártica proporcionada também pela assimilação do espírito dos cultos religiosos e das festas dionisíacas, já difundidos na Grécia. De fato, a tragédia exerce sobre os espectadores uma "ação sugestiva para compartilharem como realidade vívida a dor humana que na orquestra se representava" (Jaeger, 1975, p. 294). Esse elemento diz respeito, sobretudo, "aos cidadãos que formavam o coro, os quais se exercitavam o ano inteiro para se compenetrarem intimamente do papel que iam representar" (*idem*).

As representações trágicas eram o ponto central da vida da *polis*. Desde as primeiras horas da manhã, os cidadãos se reuniam solenemente para honrar Dioniso e se preparar para o ato teatral. Os temas míticos da tragédia elevavam atores e espectadores para além do cotidiano e por meio da fantasia poética os levavam ao êxtase, favorecido também pelos ritmos da dança e da música que acompanhavam o desenvolvimento da peça teatral. Segundo Jaeger, "o consciente afastamento da linguagem cotidiana elevava o espectador acima de si mesmo, criava um mundo de uma verdade mais alta" (*ibid.*, p. 295). A dimensão catártica se realizava à medida que acontecia na tragédia "a concentração de um destino humano inteiro no breve e impressionante curso de acontecimentos, que no drama se desenrolam ante os olhos e os ouvidos dos espectadores" (*idem*). Ocorria "um aumento enorme do efeito instantâneo produzido na experiência vital das pessoas que ouvem". O desfecho dos acontecimentos que caracterizam o enredo de cada peça teatral, num instante crítico em que o destino se revela, teve o seu fundamento na viva experiência do êxtase dionisíaco. O elemento trágico consiste na "representação clara e vívida do sofrimento nos êxtases do coro, expressos por meio do canto e da dança, e pela interlocução de vários locutores" (*ibid.*, p. 297). Essa representação "se convertia na representação integral de um destino humano" e "encarnava o problema religioso do mistério da dor enviada pelos deuses à vida dos homens" (*idem*). A vivência da tragédia proporcionava a atores e espectadores "a participação sentimental no desencadeamento do destino", destino que "exigia a mais alta força espiritual para lhe resistir" e despertava medo e compaixão, como também "a fé no sentido último da existência humana" (*idem*). Não se tratava apenas de um destino individual, mas de um destino que envolvia a família inteira, a sociedade, o Estado.

Por volta do ano 600 a.C., já existiam coros trágicos, mas é com os autores Ésquilo, Sófocles e Eurípedes que o gênero assume conotações mais definidas em que o enredo prevê a presença dos atores e do coro, que exerce a função de comentar os acontecimentos e afirmar o sentido deles à luz da tradição cultural de que se faz porta-voz. A introdução do coro composto pelos cidadãos proporciona a possibilidade de a população participar diretamente do ato trágico.

Biografias dos autores trágicos

Ésquilo nasceu em Elêusis (c. 525/524 a.C.) e morreu em Gela (456/455 a.C.). Foi cronologicamente o primeiro dos três grandes autores trágicos. De acordo com Aristóteles, Ésquilo inovou o gênero da tragédia aumentando o número de personagens colocados nas peças, fator este que permitia representar situações de conflito entre eles (ao passo que, anteriormente, os personagens interagiam apenas com o coro). Algumas obras de sua autoria sobreviveram até nós, entre um total estimado de setenta a noventa peças. Ésquilo morreu durante a invasão persa à Grécia, em torno de 456 a.C.

Sófocles nasceu em 497 ou 496 a.C. e morreu em 406 ou 405 a.C. Filho de um rico mercador, nasceu em Colono, perto de Atenas, e viveu na época do governo de Péricles, no apogeu da cultura helênica. Suas primeiras peças foram escritas em época posterior à de Ésquilo. Sófocles parece ter escrito cerca de 123 peças durante sua vida, mas apenas 7 sobreviveram em forma completa. Por quase 50 anos, Sófocles foi o dramaturgo mais celebrado nos concursos dramáticos da cidade-Estado de Atenas, que aconteciam durante as festas religiosas Leneana e Dionísia. Nas peças teatrais, atuou também como ator. Desempenhou papel muito ativo na vida política. Ordenado sacerdote de Asclépio, que, como vimos, era o deus da medicina, foi eleito duas vezes para a Junta de Generais, que administrava os negócios civis e militares de Atenas. Dirigiu o departamento do tesouro, que controlava os fundos da Confederação de Delos.

No que diz respeito ao gênero trágico, Sófocles aportou algumas inovações ao reduzir o papel do coro na tragédia e ao relegá-lo à função de observador do drama que se desenrola à sua frente. Aperfeiçoou também a cenografia, elevando o número de atores de dois para três. Sófocles se detém na elaboração dos caracteres das personagens trágicas, humanizando, assim, a tragédia. Segundo Jaeger, nas tragédias de Sófocles "se manifesta um novo ideal de virtude, que pela primeira vez e de modo consciente faz da psique o ponto de partida de toda a educação humana" (*ibid.*, p. 317). A visão do mundo de Sófocles é moldada pela harmonia, pela justiça que regula o mundo. A fonte do mal, a causa da tragédia, é a quebra dessa harmonia, a injustiça.

Eurípedes (c. 480-406 a.C.), o mais jovem dos três grandes expoentes da tragédia grega clássica, escreveu cerca de 92 peças, no final do século V a.C., e desfrutou de grande popularidade nos séculos subsequentes. Nascido em 480 a.C., perto de Atenas, Eurípedes apresentou suas primeiras tragédias na Grande Dionisíaca de 445 a.C., mas só venceu a primeira competição em 441 a.C. Nos últimos anos da vida, viveu recluso, rodeado de livros, e morreu em 406 a.C., dois anos antes de Sófocles.

Os recursos dramáticos que utilizou em suas obras influenciaram diversos gêneros dramáticos posteriores, entre eles a Comédia Nova, o drama (e também o melodrama) e a novela;

os enredos de suas tragédias foram aproveitados por dramaturgos modernos, como Racine, Goethe e Eugene O'Neil. A atração moderna por Eurípedes deriva sobretudo de sua atitude perante a vida, que se aproxima das problemáticas atuais: os protagonistas de suas peças se assemelham mais com pessoas reais (sejam camponeses, sejam príncipes), movidas pela força de seus intensos sentimentos; as peças discutem a realidade da guerra, a religião, a questão dos excluídos da sociedade (a condição das mulheres, dos escravos e dos velhos). Um destaque importante é dado à determinação da conduta pelas emoções fortes (paixões) e pela loucura, fatores esses que em muitos casos ditam os atos e posicionamentos das personagens.

Conforme assinala Pessotti (1994), os personagens de Eurípedes apresentam quadros clínicos completos de patologias conhecidas pela psiquiatria atual. Para Eurípedes, a loucura é produzida pela paixão, que domina a conduta humana. No conceito de paixão, o autor inclui todos os sentimentos intensamente vivenciados, tais como ódio, ira, amor e medo. O descontrole passional conduz à loucura.

Eurípedes critica a concepção cultural tradicional, influenciado pela retórica sofista,[1] e transforma o tradicional conceito de responsabilidade: suas personagens são atingidas pela maldição do destino, mas aos próprios olhos são inocentes, sendo que "a apaixonada consciência subjetiva da inocência dos seus heróis

---

[1] Após as grandes vitórias de Atenas contra o Império Persa, o triunfo político da democracia levou ao incentivo da força persuasiva da palavra junto ao povo, pelo gênero da retórica. Os oradores adquirem, assim, importante função política. Nesse contexto, os sofistas foram mestres de retórica e filósofos que se dedicaram a essa tarefa. Diversamente dos demais filósofos gregos, seus ensinamentos não eram voltados para o ideal da busca da verdade, desinteressado, mas sobejamente retribuídos e a serviço de grupos de poder. O conteúdo de seu ensino abarcava todo o saber, a cultura, de modo enciclopédico, como meio para fins práticos e empíricos e, portanto, de modo superficial. A época de ouro da sofística foi a segunda metade do século V a.C., na Atenas de Péricles, capital democrática de um grande império marítimo e cultural. Protágoras de Abdera (480-410 a.C.) foi o mais famoso dentre os sofistas. Górgias de Abdera (480-375 a.C.) é outro importante sofista e protagonista de um diálogo platônico. Os sofistas pregavam o relativismo de conhecimentos e de valores que teriam seus fundamentos nas convenções sociais.

manifesta-se em queixas amargas contra a escandalosa injustiça do destino" (*ibid.*, p. 403). No que diz respeito à dramaturgia, Eurípedes adicionou o prólogo à peça, no qual "situa a cena", e criou também o *"deus ex machina"*, que serve muitas vezes para fazer o final da peça. Trata-se da introdução repentina, na peça teatral, de um personagem, um artefato ou um evento inesperado, artificial ou improvável, com o objetivo de resolver uma situação ou desemaranhar um enredo.

Alguns textos e enredos de tragédias

O melhor entendimento das características das tragédias nos será proporcionado pelo conhecimento do enredo de algumas delas, bem como por sua leitura.

Prometeu acorrentado

Trata-se de uma peça escrita por Ésquilo. Prometeu, deus do Olimpo, tem o dom de ver o futuro e sabe o que acontecerá com ele e com os outros deuses (por exemplo, sabe que Zeus será destronado do Olimpo pelo próprio filho), e guarda para si todos esses segredos. Na guerra pelo Olimpo, ele toma partido contra Zeus e seus planos de destruir os mortais, habitantes da terra, e assim impede o aniquilamento dos homens. Prometeu é então acorrentado por Vulcano, filho de Zeus, sob a acusação de ter roubado o fogo divino e tê-lo repassado para os homens, algo julgado por Zeus como crime. Preso por indestrutíveis cadeias de aço a rochas, Prometeu é interrogado por Zeus acerca de seu futuro, mas recusa-se a contá-lo e não se submete, o que faz com que este piore o castigo. Zeus solta raios que fazem desmoronar a montanha na qual Prometeu está acorrentado, esmagando-o; quando este consegue sair debaixo dos rochedos, um abutre vem todo dia comer o seu fígado. Todavia, Prometeu sabe quando e de que maneira Zeus será destronado, fato que levará à sua própria libertação.

Em alguns momentos da peça, há intervenções do coro, como estas: "Não sabes, por acaso, em que consiste essa vida transitória, semelhante aos sonhos, que iludem os pobres seres humanos: não sabes que seus esforços jamais conseguirão prevalecer contra a vontade de Zeus?" (Ésquilo, 2005, p. 37). "A inteligência nada pode contra a fatalidade" (*ibid.*, p. 34); "a sorte que me coube em partilha, é preciso que eu a suporte com resignação. Não sei eu, por acaso, que é inútil lutar contra a força da fatalidade? Não me posso calar nem protestar contra a sorte que me esmaga" (*ibid.*, p. 36). O núcleo trágico reside no fato de que, mesmo quando o ser humano consegue alcançar o conhecimento do próprio destino e busca revertê-lo, sua tentativa nunca logrará efeito.

Édipo Rei

Édipo Rei faz parte de uma trilogia escrita por Sófocles, junto dos seguintes outros títulos: *Édipo em Colono*; e *Antígona*. As peças tratam da história da família de Édipo. Ele é o governante da cidade de Tebas, então dizimada por uma praga. Após receber pedidos de socorro da população, envia Creonte, seu cunhado, para consultar o Oráculo de Apolo, em Delfos, acerca das causas da praga. A resposta recebida é que a causa é a presença na cidade do homem responsável pela morte de Laico (rei anterior a Édipo). Portanto, tal homem deve ser morto para findar a praga. Entra em cena Tirésias, um ancião adivinho, que acusa Édipo da morte de Laico: de fato, existia uma profecia na qual Édipo assassinaria seu pai para casar com sua mãe. Nesse momento, um mensageiro revela que Édipo é filho adotivo. Desse modo, Édipo descobre ser filho de sua esposa, Jocasta, e assassino de Laico, seu pai. De fato, em uma de suas viagens, deparara-se com uma caravana de homens com os quais brigara, contenda que acabou em homicídio: do próprio pai. Tomado pelo desespero, Édipo se cega, furando os olhos.

Na cena final da peça, o coro declama: "Assim, não consideramos feliz nenhum ser humano enquanto ele não tiver atingido, sem sofrer os golpes da fatalidade, o termo de sua vida" (Sófocles, 2005, p. 105). O núcleo trágico consiste no fato de que alcançar o conhecimento de si mesmo sempre implica a necessidade de assumir o sofrimento que deriva dessa revelação. Mesmo que desejemos viver uma vida feliz e realizemos ações nessa perspectiva, o destino estabelecido pelos deuses e marcado pelo mal é algo inevitável. Mesmo que tentemos nos subtrair a nós e nossos amados desse destino previamente anunciado, nossas tentativas sempre acabam em fracassos.[2]

Hécuba

A história escrita por Eurípedes se passa logo depois da Guerra de Troia e enfatiza os aspectos negativos desta. Após a queda de Troia, os navios gregos chegam à Trácia. No acampamento, a ex-rainha Hécuba vê sua filha Polixena ser sacrificada em honra de Aquiles, já morto, e logo depois se depara com o cadáver de seu filho Polidoro, que julgava estar em segurança no palácio de Polimestor, seu genro. A rainha reúne forças e pede a Agamêmnon, comandante dos gregos, uma oportunidade para castigar Polimestor. Então, com a ajuda das outras cativas troianas, cega o rei trácio e mata os dois filhos dele.

No fim do ato trágico, assim declama o coro: "Nenhum mortal é livre: ou é escravo do dinheiro ou do seu destino, ou então é a massa que governa o Estado ou são as limitações da lei que o impedem de viver segundo o seu arbítrio" (Eurípedes, 2008, p. 270).

Medeia

Esta peça também é de autoria de Eurípedes. Jasão, rei de Iolco, ao ficar ausente de seu reino, perde o trono para seu tio. Para reaver o trono, Jasão tem que recuperar uma pele de carneiro de ouro (tosão de ouro) roubada de sua família pelos

---

[2] Freud interpretou de modo peculiar a história do Édipo e a tornou símbolo do complexo psíquico que designa o conjunto de sentimentos de amor e ódio que a criança vivencia com relação aos pais: os meninos são atraídos pela própria mãe e têm sentimentos de ódio pelo pai; as meninas são atraídas pelo pai e têm sentimentos hostis pela mãe: o complexo edípico. Essa vivência ocorre entre os três e os cinco anos de idade e na puberdade, desempenhando um papel fundamental na estruturação da personalidade e do desejo humano.

bárbaros do Oriente. Ele organiza uma expedição chamada argonáutica, que o leva à cidade de Cólquida. Lá, conhece a feiticeira Medeia, com quem se casa. Depois, os dois fogem para Corinto. Já no início da peça, a nutriz, mulher responsável por cuidar dos filhos do casal, lamenta a traição de Jasão, que abandonou Medeia para se casar com a filha de Creontes, rei de Corinto. Medeia, abandonada e humilhada, cogita vingança. Jasão avisa a ex-esposa que ela será expulsa da cidade caso se posicione contra o casamento. Logo após, Medeia recebe a visita de Creontes, que conhece os poderes dela e os teme: ele a expulsa de seu reino. Medeia pede mais um dia de permanência, para arrumar suas coisas e arranjar outro lugar para morar. Ela convence Jasão de que está arrependida das coisas que dissera e manda seus dois filhos entregarem presentes à princesa. Porém, os presentes estão envenenados, matando assim a princesa e o rei, que tenta salvar a filha. Jasão corre para sua antiga casa à procura de seus filhos, que encontra mortos pela mãe.

No fim da peça, proclama o coro: "Zeus, do alto do Olimpo, determina o rumo de muitos acontecimentos, e muitas vezes os deuses enganam nossas previsões na execução de seus desígnios" (Eurípedes, 2005, p. 50).

A loucura em *Medeia*

Em *Medeia*, assim como nas demais tragédias de Eurípedes, é evidenciada a condição de solidão do homem diante das próprias paixões (Dodds, 1988): o autor "mostra-nos homens e mulheres confrontando o mistério do mal, já não como uma coisa estranha, que assalta a sua razão de fora, mas como uma parte do seu ser" (*ibid.*, p. 202). Diante do mal que brota do interior do homem, Eurípedes assinala "a impotência moral da razão" (*ibid.*, p. 203).

Esse trecho descreve o enlouquecimento de Medeia, por conta da traição de Jasão, e como tal processo a leva à fúria homicida. Inutilmente, o coro e a ama lembram Medeia da necessidade de moderação e submissão ao destino. O ideal grego da prudência como norma da conduta é aqui questionado por Eurípedes ao evidenciar que, no interior do ser humano, existem paixões cuja intensidade em determinadas circunstâncias da vida pode se sobressair ao controle racional do agente e levá-lo a realizar ações criminosas. Leiamos a seguir:

> Ama: Ide, ó filhos, para dentro de casa, que lá tudo estará bem. E tu conserva-os à parte o mais que for possível, e não te aproximes da mãe em delírio; que eu já a vi olhá-los com os olhos bravos de um touro que vai fazer algo de terrível; nem cessará a sua cólera, eu bem o sei, sem se abater sobre alguém. Que ao menos recaia sobre os inimigos, não sobre os amigos.
>
> Medeia (de dentro): Ai! Desgraçada de mim e dos meus males. Ai, ai de mim, que fim será o meu?
>
> Ama: Vedes, caros filhos; a vossa mãe o peito se lhe agita e move a ira. Correi depressa para dentro do palácio, e não vos acerqueis da sua vista, nem vos aproximeis, mas defendei-vos do caráter selvagem, temeroso de um ânimo indomável. Ide, então, correi céleres para dentro.
> (Os filhos de Medeia entram no palácio.)
> É bem claro, em breve com maior paixão inflamará a nuvem de gemidos que começa a surgir; e que fará, tão malferida e inaplacável, uma alma mordida pela desgraça?
>
> Medeia: Ai! Ai! Sofri, desgraçada, sofri males muito para lamentar.
> Ó filhos malditos de mãe odiosa, perecei com vosso pai, e a casa caia toda em ruínas.
>
> Ama: Ai, ai de mim, desgraçada! Por que entram as crianças na culpa que é do pai? Por que os odeias? Ai, filhos, como eu temo que algo sofrais. Duro é dos soberanos o querer e, pouco mandados, podendo muito, dificilmente mudam suas iras. Melhor é o costume de viver na igualdade; a mim me seja dada velhice tranquila e sem grandezas. Da moderação, vale nome mais que tudo. Dela, usar é bem melhor para os

mortais; aos homens, de nada serve passar tal medida. Maior a pena da desgraça que sofrem, quando em fúria o demônio anda em casa.

Párodo
(Entra o Coro, formado por quinze mulheres de Corinto.)

Coro: Ouvi, ouvi a voz e o clamor da Cólquida infeliz e sem sossego. Mas fala, ó anciã, que já à minha porta e dentro do palácio ouvi um gemido; e eu não folgo, ó mulher, com as dores desta casa, de quem fiquei amiga.

Ama: Casa — já não é; isso já lá vai, que a um detém-no o leito dos reis, ela consome no tálamo a vida, a senhora, sem que falas amigas confortem o seu peito.

Medeia: Ai! Ai! O fogo do céu me trespasse a cabeça. De que vale ainda viver? Ai, ai! Quem me dera deixar a vida odiosa, pela morte libertada!

Coro:
Estrofe

Ouvis, Ó Zeus, ó terra, ó luz, que grito agora soltou essa esposa desgraçada? Que desejo é esse das núpcias que deves evitar, ó louca? Acaso tens pressa de chegar ao termo da morte? Não peças isso. Se o teu esposo faz honra a novo leito, isso é comum; não te exasperes, Zeus te fará justiça. Não te consumas, lamentando demais teu companheiro.

Medeia: Ó grande Têmis, Ártemis venerável, vedes o que eu sofro, eu que prendi a mim, com grandes juras, o esposo maldito! Que eu um dia o veja a arder com a própria casa, ele e a sua noiva, que primeiro ousou injuriar-me. Ó meu pai, ó minha terra que eu deixei, matando com opróbrio meu irmão!

Ama: Ouvis como fala e grita por Têmis, patrona dos votos, e por Zeus, que vale como guardião das juras para os mortais. Não é com pouco que a minha senhora acalmará a ira.

Coro:

Antístrofe

Como poderia ela vir à nossa vista, receber das nossas palavras o som, a ver se a pesada ira e capricho abandonava? Porque, dos amigos, o nosso zelo não estará longe. Mas anda, vai dentro de casa e leva-lhe estas palavras amigas. Apressa-te já, antes que o mal chegue aos que lá moram; que a dor já cresce, desmedida.

Ama: Assim farei; mas temo não convencer a minha senhora; mas este penoso favor eu te concedo, apesar de o seu olhar de leoa que pariu ser bravo como um touro para os servos, quando algum, para falar-lhe, se aproxima. Se disseres inábeis e ignaros os antigos mortais, não erras; eles que, para festas, banquetes e ceias acharam da vida suaves acentos, compondo hinos. Mas entre os mortais, nem um descobriu como fazer cessar com a musa e o canto multíssono o hórrido desgosto, donde sai a morte e o fado terrível.
E contudo era bom sarar com cantos os mortais. Onde há lautos banquetes para que em vão levantam clamores? Lá está a abundância do banquete que em si tem deleite para os mortais.
(A ama retira-se.)

Coro: Um grito ouvi pleno de lamentos, e agudos gritos de dor clamam pelo esposo infiel ao seu leito. A que sofreu o mal invoca a filha de Zeus, dos juramentos guardiã, Têmis, a que a trouxe à Hélade fronteira, através do mar escuro da noite, para a entrada marinha do Ponto sem limites.

(Entra Medeia.)

Medeia: Saí de casa, ó mulheres de Corinto, para que nada me censureis. Porque eu sei que muitos dentre os mortais são arrogantes, uns longe da vista, outros à porta de casa; outros, atravessando a vida com passo tranquilo, hostil fama ganharam de vileza. Porque não há justiça aos olhos dos mortais, se alguém, antes de bem conhecer o íntimo do homem, o odeia só de o ver, sem ter sido ofendido. Força é que o estrangeiro se adapte à nação; tampouco louvo do cidadão que é acerbo para os outros, por falta de sensibilidade. Sobre mim este feito inesperado se abateu, que a minha alma destruiu. Fiquei perdida e tenho de abandonar as graças desta vida para morrer, amigas. Aquele que era tudo para mim (ele bem o sabe) no pior dos homens se tornou — o meu esposo. De quanto há aí dotado de alma e de razão, somos nós, mulheres, a mais mísera criatura. Nós, que primeiro temos de comprar, à força de riqueza, um marido e de tomar um déspota do nosso corpo — dói mais ainda um mal do que o outro. E nisso vai o maior risco, se o tomamos bom ou mau. Pois a separação para a mulher é inglória, e não pode repudiar o marido. Entrada numa raça e em lei novas, tem de ser adivinha, sem ter aprendido em casa, de como deve tratar o companheiro de leito. E quando o conseguimos com os nossos esforços, invejável é a vida com um esposo que não leva o jugo à força; de outro modo antes a morte. O homem, quando o enfadam os da casa, saindo, liberta o coração dos desgostos. Para nós, força é que contemplemos uma só pessoa. Dizem: como nós vivemos em casa uma vida sem risco, e ele a combater com a lança. Insensatos! Como eu preferiria mil vezes estar na linha de batalha a ser uma só vez mãe! Mas a vós e a mim não serve a mesma argumentação. Vós tendes aqui a vossa cidade e a casa paterna, a posse do bem-estar e a companhia dos amigos. E eu, sozinha, sem pátria, sou ultrajada pelo marido, raptada duma terra bárbara, sem ter mãe, nem irmão, nem parente, para me acolher desta desgraça. Apenas isto de vós quero obter: se alguma solução ou processo eu encontrar para fazer pagar ao meu marido a pena deste ultraje, guardai silêncio. Aliás, cheia de medo é a mulher, e vil perante a força e à vista do ferro. Mas quando no leito a ofensa sentir, não há aí outro espírito que penda mais para o sangue.

Coro: Assim farei. Com justiça castigarás o teu marido, ó Medeia. Não me admiro que deplores a tua sorte. Mas vejo também Creonte, o príncipe desta terra, que se aproxima, mensageiro de novas deliberações.

[O trecho a seguir mostra os efeitos da loucura homicida da Medeia]

Mensageiro: Que dizes? Estarás no teu juízo, ou estarás louca, ó mulher, tu que, depois de arruinar a casa dos soberanos, te comprazes em ouvi-lo e não te atemorizas?

Medeia: Também tenho algo para responder às tuas palavras. Mas não tenho pressa, amigo, conta. Como morreram? Porque nos deleitarás duplamente se eles morreram na maior aflição.

Mensageiro: Depois que os teus dois filhos chegaram com seu pai e entraram nos aposentos nupciais, regozijamo-nos, nós, escravos, que com teus males nos havíamos afligido. Logo se murmurava com insistência que tu e teu marido vos tínheis reconciliado da vossa prévia dissensão. Beija um a mão, outro a loira cabeça das crianças. Eu mesmo era tal o prazer, que segui com elas para os aposentos das mulheres. A senhora que agora nós veneramos na tua vez, antes de fitar os teus dois filhos, tinha o olhar ardente preso em Jasão. Depois, cobriu os olhos e voltou para o lado a face branca, tocada pela aversão que lhe causara o ingresso das crianças. Porém o teu marido dissipa as iras e a fúria da donzela, dizendo-lhe assim: "Não sejas hostil a quem me é caro, aplaca a tua ira, torna a volver o rosto, e tem por amigos aqueles que o são para o teu esposo; recebe estes presentes e roga a teu pai que perdoe o exílio a estas crianças, por amor de mim". E ela, ao ver o adereço, não resistiu, e deu ao marido o seu consentimento para tudo. E, mal se tinham afastado de casa o pai e os filhos, pegou no peplos matizado e vestiu-o, e, colocando a áurea coroa sobre os anéis do cabelo, compõe o penteado a um espelho brilhante, sorrindo à imagem inanimada do seu corpo. E depois, levantando-se do trono, passeia pela casa, caminhando leve, com seus alvos pés, muito feliz com as dádivas e, muitas e muitas vezes retesando a perna, olhava para trás, a ver se caía bem. Então um espetáculo terrível se pôde ver: a cor se lhe muda, e avança cambaleante, os membros trementes, e a custo consegue deixar-se cair sobre o trono, antes de tombar por terra. Uma das criadas antigas, crendo que vinham aí as iras de Pã ou de algum dos deuses, soltou um grito, antes mesmo de ver pela boca golfar alva espuma, as meninas dos olhos reviradas e o corpo exangue. Então um grande lamento em contrário respondeu àquele grito. Logo uma se precipitou para a casa do pai, outra para o esposo de há pouco, a contar a fatalidade da noiva. E toda a casa ressoava com o ruído das correrias apressadas. Já então um corredor veloz, movendo-se num dos lados de uma liça de seis pletros, teria tocado na meta. E ela, no meio do seu silêncio e de olhos semicerrados, despertou, pobre donzela, com um gemido. Uma dupla aflição a atacava: o diadema de ouro, colocado na cabeça, a largar uma torrente mágica de fogo onívoro, e o peplos, e o peplos sutil, dádiva dos teus filhos, lacerava as brancas carnes da desventurada. Do trono se ergue, em chamas, agitando o cabelo e a cabeça em todas as direções, querendo arrancar a coroa. Mas, solidamente, o ouro retinha a sua pressa, e o fogo, depois de ela sacudir a cabeça, brilhava com outro tanto fulgor. Cai no solo, vencida pela desgraça, perfeitamente irreconhecível, exceto a quem a gerara. Pois já nem dos olhos era visível a bela forma, nem a nobreza do seu rosto, mas sangue à mistura com fogo lhe gotejava do alto da cabeça, e dos ossos as carnes lhe escorriam, tal a lágrima que cai do pinheiro, consumidas pelas fauces ocultas dos venenos — um espetáculo pavoroso! Todos tinham medo de tocar no cadáver. A sorte fora a nossa mestra. Mas eis que o infeliz pai, da desgraça ignaro, entra de súbito em casa e cai sobre o cadáver. Logo um grito soltou, e cingindo-a com os braços, beija-a, exclamando: "Ó desventurada filha, quem dos deuses te perdeu desta forma ignominiosa? Quem priva de ti este velho, ao pé da sepultura? Ai de mim! Possa eu, ó filha, contigo sucumbir!". Depois que cessou gemidos e lamentações, querendo erguer o velho corpo, ficava aderente ao peplos sutil, como a hera aos ramos do loureiro, e era uma luta temerosa. Ele tentava levantar o joelho, e ela retinha-o. E cada vez que fizesse força, separava dos ossos as suas velhas carnes. Por fim, desistiu e exalou, o infeliz, o seu espírito, pois já não era superior ao mal. Jazem os cadáveres ao pé um do outro, o da filha e o do velho pai, uma desgraça que clama pelas lágrimas. E, para mim, o teu caso está fora de discussão. Tu mesma descobrirás a maneira de te subtraíres ao castigo. As coisas dos mortais, não é agora a primeira vez que as tenho por uma sombra, nem sinto temor de dizer que aqueles dentre os homens que têm fama de sábios e de artificiosos nos seus discursos, esses mesmos merecem o maior dos castigos. Dos mortais, não há um só homem que seja feliz. Pode, se sobrevier a prosperidade, ser um mais bem sucedido do que o outro, mas, feliz, não é nenhum.

(Sai o Mensageiro.)

Coro: Parece que muitos foram os males que com justiça o nume infligiu a Jasão neste dia.

Medeia: Amigas, decidida está a minha ação: matar os filhos o mais depressa que puder e evadir-me desta terra, não vá acontecer que, ficando eu ociosa, abandone as crianças, para serem mortas com mão mais hostil. É absoluta a necessidade de as matar, e, já que é forçoso, matá-las-emos nós, nós que as geramos. Mas vamos, arma-te, coração. Por que hesitamos e não executamos os males terríveis, mas necessários? Anda, ó minha desventurada mão, empunha a espada, empunha-a, move-te para a meta dolorosa da vida, não te deixes dominar pela cobardia, nem pela lembrança dos teus filhos, de como eles te são caros, de como os geraste. Mas por este breve dia, ao menos, olvida, que depois os chorarás. Porque, mesmo matando-os, eles te são sempre caros e eu — que desgraçada mulher que eu sou!

(Medeia entra em casa.)

(Retirado de Eurípedes, *Medeia*, 2005, p. 42)

Em que sentido, então, essas obras literárias contribuíram para a história dos saberes psicológicos? Vimos que, na tragédia, o ser humano vive um constante conflito entre o desejo da transcendência e a submissão aos determinismos da natureza personificados pelas divindades. Esse conflito poderá resultar num adoecimento mental do ser humano, abrindo assim as portas para o estudo dessa condição. Encontramos tematizações acerca das enfermidades psíquicas determinadas pelo desequilíbrio da vida anímica causado pelas fortes emoções, sobretudo nas peças de Eurípedes (Pessotti, 1994), como vimos no texto apresentado aqui, *Medeia*. A filosofia buscará resolver esse conflito evidenciando e valorizando o lugar interior de onde brota essa exigência de transcendência, de superação de uma concepção arcaica do destino: assim tematizará a psique como o lugar surgivo deste desejo: "a voz interior".

Com efeito, o *daímon*, identificado na mitologia como um tipo de manifestação do divino, inicia na filosofia de Heráclito a ser concebido como uma presença que ajuda o ser humano durante a vida, nas suas decisões. Desse modo, "Heráclito vincula o destino de cada homem aos seus costumes (*éthos*), isto é, ao seu caráter. A expressão do destino na figura do "gênio individual" começa a ser afirmada [...] em detrimento de uma concepção mitológica que o pensador pré-platônico questiona". Mais tarde, essa concepção encontrará expressão também na visão ética de Aristóteles, segundo a qual a felicidade é *eudaimonía*. A noção de *daímon*, na *Ética* de Aristóteles, "recebe um prefixo qualificativo (eu-, bom), que classifica o tipo de *daímon* que possui o homem que alcancou a felicidade. Nesse sentido, *eudaímon* é aquele que é velado por um bom *daímon*" (Campos, 2012, p. 67).

Eixo estruturante *A voz interior e o imperativo de conhecer a si mesmo*: os primeiros conceitos de psique e Sócrates

Origens do termo psique

O termo psique tem significações diversas e ligadas a diferentes tipos de saberes. Todavia, essas significações se ligam a um núcleo comum, a uma origem comum, que é a interrogação acerca do sentido da vida e da existência, interrogação que assume formas e modos diversos de respostas. Além disso, trata-se de saberes que têm uma conotação peculiar: dizem respeito à psique como também são expressões da psique, entendida como núcleo racional do ser humano, como bom *daímon*: a psique é ao mesmo tempo o objeto e o sujeito desse conhecimento. De fato, é a psique que impulsiona o homem a conhecer o mundo e a conhecer a si mesmo.

Segundo Vernant (1990, p. 288), o aparecimento, na cultura grega, do conceito de psique, ou alma, acontece inicialmente na cultura mitológica, na qual a psique é tida

> como um elemento estranho à vida terrestre, um ser vindo de outra parte e em exílio, aparentado ao divino. [...] A experiência de uma dimensão propriamente interior teve de início, para tomar corpo, que passar por essa descoberta, no íntimo do homem, de uma força misteriosa e sobrenatural, a alma — *daímon*. A psique é uma força instalada no interior do homem vivo, sobre a qual ele se prende e que ele tem o dever de desenvolver, de purificar, de liberar. [...] Ao mesmo tempo realidade objetiva e experiência vivida na intimidade do sujeito, a psique constitui o primeiro quadro que permite ao mundo interior objetivar-se e tomar forma, um ponto de partida para a edificação progressiva das estruturas do eu.

Ainda segundo esse autor, essa origem religiosa do conceito de psique terá, "na civilização grega, uma dúplice consequência". Por um lado,

> é opondo-se ao corpo, excluindo-se do corpo, que a alma conquista a sua objetividade e a sua forma própria de existência. A descoberta da interioridade segue passo a passo a afirmação do dualismo somatopsicológico. A alma define-se como o contrário do corpo: ela está aí encadeada como em uma prisão, enterra-se como em um túmulo.

Por outro lado, "a alma, sendo divina, não poderia exprimir a singularidade dos sujeitos humanos; por destino, ela supera, ultrapassa o individual. O que define o sujeito na sua dimensão interior aparenta-se a essa misteriosa força de vida que anima e põe em movimento a natureza toda".

Nesse sentido, o dinamismo psíquico vem a ser concebido não tanto como inerente a um "indivíduo singular", nem mesmo como algo que distingue o homem "do resto da natureza, no que ele comporta de especificamente humano"; mas, pelo contrário, como "a busca de uma coincidência, de uma fusão dos particulares, como o todo, identificando-se, tanto quanto possível, ao divino" (*ibid.*, p. 288). Por isso, a psique encontra expressão nos sonhos, nas premonições, na fantasia, e transcende a realidade sensorial, a mera naturalidade e a morte, abrindo a uma visão antropológica dualista.

Vários autores como Erwin Rohde e Ernst Arbman têm se dedicado ao estudo das concepções da psique no mundo grego arcaico. Eles concordam acerca do fato de que existiriam duas noções distintas que foram unificadas no único termo psique: a psique como princípio vital de um corpo; e a psique como princípio separado e livre, esse segundo aspecto sendo ligado à questão acerca da sobrevivência do ser humano (existe algo no ser humano que sobreviva à vida presente?) (Migliori, 2005).

Homero utiliza o termo psique para indicar a alma livre (ou fantasma, ou sombra, que deixa o corpo e vai para o Hades); ao passo que, para indicar as características ligadas ao corpo animado, usa termos como *thymós*, *noûs* e *mens*. *Thymós* é ligado à vida emocional e à virtude da coragem, localizada no peito (Pessotti, 1994). O termo indica também sopro vital.

Uma concepção de psique oposta à de Homero e que também se difunde na Grécia é a do orfismo, que a identifica com um demônio e a declara de origem divina e imortal. Sua presença no corpo decorre de uma culpa e tem caráter expiatório (Reale, 2014). Trata-se de uma concepção dualista do homem que interpreta o corpo numa perspectiva negativa e coloca a essência do homem na psique (Migliori, 2005).

A noção de psique como força vital aparece nos primeiros pensadores da escola iônica, chamados também de físicos pré-socráticos (*phýsis* em grego é natureza, e é dela que esses pensadores se ocupam): entre eles, Tales busca explicar a realidade na base de um princípio unitário. E a psique é identificada com esse princípio. Anaxágoras e Diógenes de Apolônia identificam a psique com a inteligência, e esta com o ar. De modo geral, esses pensadores se deparam com o mundo da natureza e buscam investigar seus elementos constitutivos. Quatro elementos são reconhecidos como tais: a água, o ar, a terra, o fogo. Após se debruçarem sobre o mundo natural e se perguntarem sobre o ser da realidade (o cosmos, como também o homem, nele inserido), os pensadores iônicos constatam as seguintes evidências: por um lado, a condição humana é frágil e transitória, determinada por circunstâncias externas e imutáveis: conforme documenta o fragmento de Antífon (nascido por volta de 480 a.C.): "A vida do homem é de certo modo prisão de um dia: a longitude da vida, por assim dizer, um único dia em que olhamos a luz do sol e a transmitimos aos que vêm depois de nós" (Antífon, frag. 50 *apud* Marias, 1975, p. 26). Por outro lado, reconhecem que a condição humana é também marcada pela sede de infinito e de imortalidade, e pela busca da verdade através do uso da razão (logos), conforme atesta Heráclito (540-470 a.C.): "não encontrarás os limites da alma, ainda que avances por todos os caminhos; tão profunda é sua medida (logos)" (Heráclito, frag. 45 DK *apud* Marias, 1975, p. 26).

Como acenamos acima, Heráclito é o primeiro pensador que estabelece um nexo entre psique e logos, ou seja, uma conexão entre a alma e o discurso racional. Segundo ele, a alma é um estado de constante devir, e essa plasticidade deve-se à presença nela do logos. Nussbaum (1986) comenta que, com Heráclito, pela primeira vez na história do pensamento grego se reconhece no homem a presença de um centro consciente.

Evidencia-se, assim, a contradição que caracteriza o conceito grego de psique: por um lado, ao enfatizar o seu nexo com o corpo e a natureza, há o risco de esvaziar a possibilidade teórica da imortalidade anímica, da sobrevivência da alma ao corpo; por outro lado, ao frisar a alteridade da alma com relação ao corpo, afirma-se um dualismo que ameaça qualquer visão unitária do ser humano (Migliori, 2005).

Na busca de resolver essa contradição, ocorre em vários autores uma justaposição entre o pensamento da escola iônica e o orfismo: o que acontece, por exemplo, além de Heráclito, também em Pitágoras e Empédocles. O processo encontrara uma solução na proposta socrática da psique como o *eu*, centro intelectual e moral do homem, com uma sua personalidade própria, como veremos a seguir.

Além do mais, caberá à filosofia desenvolver a investigação racional acerca da natureza da alma.

Sócrates e a evidência da voz interior

Sócrates viveu entre 469 e 399 a.C. em Atenas, reconhecido como a mais importante figura da tradição filosófica ocidental e um dos fundadores da própria filosofia. As fontes mais importantes de informações sobre Sócrates são os escritos de seus discípulos Platão, Xenofonte e Aristóteles, pois ele mesmo não deixou nada escrito de própria autoria. Sua atividade filosófica, de fato, se desenvolveu de forma oral, através da conversação com seus interlocutores. Por isso, a fonte principal para o conhecimento da filosofia socrática são os diálogos escritos por Platão, seu discípulo: estes retratam Sócrates como mestre de sabedoria e homem piedoso, injustamente executado por impiedade em sua própria cidade. Com efeito, Sócrates foi acusado de introduzir o culto de outros deuses e de ter corrompido os jovens da cidade. O julgamento e a execução de Sócrates são descritos em vários diálogos de Platão (exemplos: *Apologia*; *Fédon* e *Críton*).

A atividade filosófica de Sócrates se funda na busca do belo, do bom e do justo e realiza-se através do exercício intelectual que ele mesmo define como parto (*maiêutica*) da atividade racional dos cidadãos de Atenas. Segundo Sócrates, a verdadeira filosofia consiste na consciência da própria ignorância: é essa consciência que move a busca da sabedoria. A tarefa do filósofo, além da busca da verdade, é tornar os outros conscientes de sua ignorância para que eles também possam se mobilizar nessa mesma busca. A verdade, por sua vez, não é transmitida exteriormente, mas se gera no interior de cada um. Por isso, a arte do filósofo-educador é semelhante à da parteira: através de perguntas, faz emergir no interlocutor a verdade. Com efeito, o objetivo do filósofo não é tanto afirmar um conteúdo de verdade, bondade, justiça e beleza, mas cuidar dos homens para que eles possam buscar o verdadeiro, o justo, o bom, o belo. A filosofia, então, é uma prática de vida, uma maneira de viver, e não um conjunto de teorias.

O núcleo da atividade filosófica para Sócrates é a exigência de "conhecer a si mesmo". Na sua apologia, pronunciada diante do tribunal que o condenará à morte e escrita pelo discípulo Platão (399 a.C./1957), Sócrates define essa exigência como *daímon*, a voz da consciência interior de origem divina, que lhe coloca o imperativo de realizar sua missão até o fim, mesmo a custo da vida. Essa voz obedece aos deuses: isso indica que a consciência é, em sua origem, obediência a um princípio interior que possui a paradoxal característica de ser inerente ao homem, mas ao mesmo tempo transcendente a ele. Esse princípio não é produzido pelo homem, e sim colocado nele pelos deuses.

Texto da *Apologia* de Sócrates

Sócrates faz discursos de defesa durante seu julgamento. Uma das acusações feitas contra ele pelos democratas Meleto, Lícon e Anito diz que o mestre não respeitava nem honrava os deuses oficiais da cidade de Atenas.

> Ainda agora sigo empreendendo a mesma busca, interrogando, de acordo com o deus, [tanto] os cidadãos como os estrangeiros, todo aquele que eu acreditar ser sábio. E, se ele não parecer assim, denunciá-lo-ei ao deus, por não ser sábio. E, nessa ocupação, não tenho tempo livre, a bem dizer, para as atividades da cidade nem para as de casa; ao contrário, a serviço de deus, estou em grande penúria.
> Além disso, aos jovens que por si próprios me acompanham — são os que dispõem de mais tempo livre, por serem ricos — agrada ouvir os homens sendo examinados e, muitas vezes, eles próprios me imitam e tratam de examinar outros mais. Assim é que, creio, ele descobrem em quantidade homens capazes que pensam conhecer algo, mas que pouco ou nada sabem. Então aqueles que foram examinados por eles se irritam comigo e não com eles, e dizem: "Como Sócrates é um miserável que corrompe os jovens!". Se alguém lhes perguntar o que é que ele faz e o que é que ele ensina, não têm nada a dizer, pois o

ignoram. Para não mostrar que estão em dificuldade, dispõem-se a dizer as mesmas [coisas] que dizem contra todos aqueles que filosofam, ou seja: que [discorrem sobre as coisas] "do céu e do subterrâneo", "que não honram os deuses" e que "fazem com que o discurso fraco se torne o mais poderoso". A verdade, creio eu, é que não querem dizer que foram forçados a aparentar saber, nada sabendo. Sendo ávidos de consideração, insistentes e numerosos, concentrando-se para falar convincentemente a meu respeito, encheram os vossos ouvidos e, antes como agora, me acusam insistentemente.

Eis como Meleto me afetou, e, com ele, Anito e Lícon. Meleto, tomando a animosidade dos poetas; Anito, a dos artesãos e dos políticos; Lícon, por sua vez, a dos retóricos. De tal modo que, como eu dizia desde o começo, muito me admiraria se eu fosse capaz de rebater, em tão pouco tempo, diante de vós, essa acusação de várias origens. Para vós, homens de Atenas, essa é a verdade. Não escondo nem muito nem pouco de vós; falo sem nada dissimular. Eu sei, no entanto, receberei vossa animosidade. Isso é prova de que digo a verdade, que assim é a acusação contra mim e que essas são as suas causas. E se buscardes [saber] agora ou mais tarde, é isso o que descobrireis (Platão, *Apologia de Sócrates*, 1986, p. 10).

Apesar da condenação à morte, o legado socrático de ouvir a voz interior se transmitiu e perpetuou à cultura ocidental, ao longo dos séculos, e inspirou a busca dos filósofos: no que consistiria essa voz interior? Em que sentido ela caracteriza o modo próprio de ser do homem e de cada pessoa? A importância dessas questões para a história dos saberes psicológicos está no fato de que elas levarão a um método próprio de estudo da pessoa, chamado de introspecção. Ao longo do texto, iremos acompanhando o percurso que se desencadeou, ao longo da história do Ocidente, em busca de responder a essas questões.

Por outro lado, a filosofia não apenas tematizou a evidência da voz interior, ou seja, o fato de que a psique é algo presente e imediatamente apreensível pelo homem, por conta da sua natureza peculiar que, como dissemos, é ao mesmo tempo objeto da reflexão como também sujeito da mesma. Além disso, a filosofia se incumbiu o papel de realizar uma reflexão acerca do conceito de psique, baseada num saber argumentativo e na problematização. É o que definimos como construção do arcabouço teórico dos saberes psicológicos.

Eixo estruturante A construção do arcabouço teórico dos saberes psicológicos no âmbito dos conhecimentos especulativos: o conceito de psique em Platão

Já dissemos que, nas fontes do gênero filosófico produzidas no âmbito da cultura grega, encontra-se uma importante fundamentação do conceito de psique. Segundo Reale, "o conceito criado pelos gregos, que se impõe como um eixo de sustentação de todo o pensamento ocidental, é o de psique, alma" (2002, p. 12), conceito esse originado, como vimos, num âmbito religioso e filosófico, mas que

> fora do campo religioso e filosófico, revelou-se o eixo em torno do qual giram muitas das atuais ciências do homem. Isso vale não só para a psicanálise, que extrai alguns conceitos-chave de Platão, mas também para a psicologia em geral, entendida como discurso sobre a psique, sobre a alma, concebida como expressão do homem (*ibid.*, p. 13).

É a partir de Platão, com efeito, que se constrói um conhecimento teórico e sistemático acerca da evidência desta capacidade peculiar do homem que será posteriormente definida como a alma racional.

Platão (428/427-348/347 a.C.) nasceu em Atenas. Filósofo e matemático, foi discípulo de Sócrates e mestre de Aristóteles. O nome pelo qual ficou conhecido era possivelmente um apelido (em grego, Platão significa *amplo*), pois se chamava Arístocles. Ao contrário de Sócrates, que vinha de origem humilde, a família de Platão era rica, de antiga e nobre linhagem, e possivelmente sua mãe era médica. Platão, que conheceu Sócrates aos vinte anos, teve acesso também, por meio de seu mestre, aos ideais pré-socráticos. Com a morte de seu preceptor, o filósofo foi morar junto a outros adeptos das ideias socráticas em Mégara. Depois de viajar pela Magna Grécia e pela Sicília, Platão regressou a Atenas e fundou a Academia, que em pouco tempo se tornou conhecida e frequentada por um grande número de jovens à procura de formação. Depois de várias tentativas de difundir suas concepções políticas em Siracusa, na Sicília, Platão se instalou definitivamente em sua terra natal, na liderança da Academia, até sua morte, em 347 a.C. Sua obra abrange várias áreas: ética, política, metafísica e teoria do conhecimento.

Platão constrói um fundamento metafísico da visão socrática, sendo a metafísica a tentativa de abordar racionalmente o problema do todo. De fato, segundo o filósofo, a característica fundamental da razão é o anseio de aprender a realidade na sua totalidade: "é filósofo quem é capaz de ver o inteiro. Quem não é capaz, não é filósofo", escreve. É a partir dessa visada abrangente sobre o todo que nascem os diversos ramos do saber filosófico. A metafísica se ocupa, assim, da problemática dos princípios, das causas primeiras, do ser, das substâncias, de Deus e do divino, estendendo-se a busca inclusive no plano do transcendente, do metassensível. Utilizando-se desses instrumentos racionais, Platão realiza uma síntese entre a mensagem socrática e a visão órfica, fazendo coincidir o demônio-psique com a inteligência, eliminando, assim, o caráter mágico e escatológico do orfismo.

Dentre os filósofos da Antiguidade, Platão é o primeiro de quem se conhece a obra integral. Todavia, sua autoria se esconde atrás dos textos, por terem estes forma de diálogos cujo protagonista é Sócrates e cujos interlocutores são seus discípulos. Possivelmente, muitos desses diálogos não são de autoria de Platão, embora supostamente assinados por ele. O diálogo é uma espécie de ponte entre a oralidade de Sócrates e o estilo sistemático de Aristóteles. Platão utiliza-se também de elementos míticos e poéticos (exemplo: metáforas) que se misturam ao uso da lógica e do raciocínio. A escrita de tipo dialógico remete ao fato de que a filosofia é uma atividade intersubjetiva, supõe uma comunidade de estudiosos em busca da verdade e do bem. Com efeito, verdade e bem são incindíveis entre eles, de modo que a filosofia leva também a um compromisso moral e político com a vida humana.

Em um dos seus diálogos, *Fédon*, Platão coloca na boca de Sócrates a seguinte afirmação: "A igualdade, a bondade, a beleza e toda a existência essencial sofrem alguma mudança, por pequena que seja, ou cada uma delas sendo pura e simples permanece idêntica, sem receber a menor alteração, nem a menor mudança? É preciso, respondeu Cebes, que permaneçam sempre iguais, sem mudar jamais" (78B-80B).

Esta é, para Platão, a essência do homem: o próprio Platão e depois Aristóteles utilizam-se, para defini-la, da expressão "alma racional", que se tornou a categoria propriamente filosófica para diferenciar os homens dos demais seres. Platão é o filósofo que primeiro sistematizou essa concepção. Todavia, cabe ressaltar que essa sistematização passa por várias fases, de modo que há nuanças diferentes a respeito, nos diversos diálogos platônicos. Por exemplo, no diálogo chamado *Alcibíades maior*, Platão diferencia o homem tomado como unidade do homem tomado em sua alma, sendo esta o melhor caminho para o conhecimento do homem como um todo. Já em *Fédon*, diálogo que trata do momento da morte de Sócrates, sobressaem elementos órficos e religiosos, sendo o discurso centrado na questão da sobrevivência da alma à morte do corpo. Nesse diálogo, Platão fornece várias provas da imortalidade da alma. Na *República*, Platão busca criar uma visão sintética da alma e de suas diversas funções, já conhecidas, como vimos, pela tradição anterior. A solução dada é a teoria da tripartição hierárquica da alma. No *Timeu*, essa tripartição é descrita do ponto de vista genealógico, no âmbito da doutrina acerca da criação do cosmos (Migliori, 2005).

Para os fins deste livro, sintetizaremos a seguir as principais ideias platônicas que dizem respeito aos conceitos de homem e de psique e suas funções.

Concepção de psique

Segundo Platão, o homem vivencia *duas espécies de realidade*: a *inteligível* e a *sensível*. A primeira se refere à vida efetiva, real, ou seja, duradoura, não submetida a mudanças. A outra está ligada ao universo das percepções, dos sentidos, sofrendo mutações e submetida ao plano efêmero. As realidades permanentes pertencem à esfera inteligível.

O espírito humano se encontra temporariamente aprisionado no corpo material, que Platão considera semelhante a uma "caverna" na qual vive isolado da verdadeira realidade, permanecendo nas sombras, à espera de um dia entrar em contato com a luz externa. Assim, a relação com o mundo material corresponderia à condição da caverna, pois os sentidos e as emoções impedem o puro exercício da razão (a luz). Mesmo que tudo o que nasce se desenvolve e morre, enquanto parte do mundo material, o homem deve, porém, transcender esse estado, tornar-se livre do corpo para então ser capaz de atingir a esfera inteligível. O ser é irresistivelmente atraído de volta para esse universo originário pelo dinamismo anímico que Platão chama de amor: o *Eros*.

Em diversos diálogos, Platão discute aspectos de sua concepção de psique: analisaremos os mais importantes.

A psique no *Fédon*

No diálogo *Fédon* encontra-se a definição da alma racional, de sua natureza, a evidência de sua existência e sua diferenciação do corpo. Esse diálogo se realiza no contexto dos momentos precedentes à morte de Sócrates, quando os discípulos questionam o mestre acerca da morte e do medo que esta acarreta, e Sócrates responde não temer a morte por estar consciente de que sua vida racional terá uma permanência para além da dissolução do corpo. A seguir leremos alguns trechos do *Fédon*.

A resposta ao questionamento dos discípulos:

— A primeira coisa que devemos nos perguntar — disse Sócrates —, é a que natureza de ser pertence o dissolver-se, para quem deveremos temer esse acidente e quem está livre dele. Depois, deveremos examinar qual a natureza de nossa alma e, então, temer ou ter esperança por ela.
— Muito certo.

Primeiro passo: a diferença entre seres compostos e seres idênticos:

— Não parece que são as coisas compostas ou que são de natureza de sê-lo as que devem dissolver-se nos elementos componentes e que, se há seres que não são compostos, estes são os únicos que não são alcançados por esse acidente?
— Parece ser muito correto o que dizes — replicou Cebes.
— As coisas que sempre estão na identidade e se comportam da mesma maneira em qualquer ocasião são as não compostas, enquanto aquelas que nunca estão na identidade e que se comportam ora de um modo, ora de outro, são as compostas.
— Estou de acordo contigo, Sócrates.
— Vejamos essas coisas de que falávamos sob aspecto de sua existência verdadeira. Essas coisas são sempre as mesmas ou mudam por vezes? A igualdade, a bondade, a beleza e toda a existência essencial sofrem alguma mudança, por pequena que seja, ou cada uma delas, sendo pura e simples, permanece idêntica, sem receber a menor alteração, nem a menor mudança?
— É preciso — respondeu Cebes —, que permaneçam sempre iguais, sem mudar jamais.
— E todas as outras coisas — prosseguiu Sócrates —, homens, cavalos, trajes, móveis, e tantas outras da mesma natureza, permanecem invariáveis ou são inteiramente opostas às primeiras, porque não permanecem, em nenhum caso, no mesmo estado, nem relativamente a si mesmas, nem relativamente às demais?
— Nem permanecem as mesmas, nem se comportam do mesmo modo — respondeu Cebes.
— Além disso, essas são coisas que podes ver, tocar e perceber por qualquer sentido; e, em troca, as primeiras são sempre

as mesmas, e não podem ser percebidas por nada além da inteligência, porque são imateriais e nunca podem ser vistas.
— Correto, Sócrates — respondeu Cebes.

A admissão de suas classes de realidade:

— Admitamos, portanto, que há duas classes de realidade, uma visível e outra invisível.
— Admitamo-lo.
— E, ainda, que a que é invisível sempre guarda sua identidade, enquanto a visível jamais a mantém.
— Aceitemos também isso.

Segundo passo: em nós existem duas realidades: o corpo e a alma

— Muito bem, prossigamos — disse Sócrates. — Não é verdade que em nós há duas coisas, uma que é o corpo e outra que é a alma?
— Nada mais certo! — disse Cebes.
— Daquelas duas classes de realidade de que falamos, com qual tem, portanto, mais parecença e parentesco o corpo?
— Sem qualquer dúvida, com a visível.
— E nossa alma, meu querido Cebes, é visível ou invisível?
— Invisível, pelo menos para os homens.
— Mas, quando falamos de coisas visíveis ou invisíveis, falamos relativamente aos homens, sem atender a qualquer outra natureza?
— Sim, relativamente à natureza humana.
— Que diremos, portanto, da alma? Pode ser vista ou não?
— Não, não pode sê-lo.
— É invisível, portanto?
— Sim.
— Consequentemente, nossa alma é mais conforme que o corpo com a natureza invisível, e o corpo, com a natureza visível.
— É absolutamente necessário.

Terceiro passo: diferentes condições da alma e do corpo:

— Não dizemos que, quando a alma se serve do corpo para apreciar algum objeto através da visão, audição ou qualquer outro sentido, porque a única função do corpo é considerar

os objetos pelos sentidos, é atraída pelo corpo para as coisas inestáveis, perde-se, turba-se, vacila e tem vertigens, como se estivesse ébria, para unir-se a coisas dessa natureza?
— Sim.
— Em troca, lembrai-vos, quando está em si mesma e examina as coisas por si mesma e sem apelar para o corpo, se dirige para o que é puro, eterno, imortal, imutável e, como é da mesma natureza, permanece unida a ele tanto quanto lhe é possível. Aqueles extravios cessam, é sempre a mesma, porque está unida ao que não muda e participa de sua natureza e assim conserva sempre sua identidade e sua maneira de ser; pois bem, esse estado de alma não é o que chamamos pensamento?
— Sócrates, tudo está dito de modo acertado e verdadeiro.
— A qual dessas duas classes te parece que a alma mais se assemelha e é mais conforme, depois do que dissemos?

Quarto passo: a melhor condição:

— Parece-me, Sócrates, que não há homem tão duro e estúpido que, segundo o método que seguiste, não esteja de acordo que a alma se pareça mais e seja mais conforme ao imutável e ao que se comporta do mesmo modo, que ao mutável.
— E o corpo?
— Parece-se mais com o mutável.
— Sigamos ainda outro caminho. Quando a alma e o corpo estão juntos, a natureza ordena a um deles que obedeça e seja escravo, e à outra, que exerça domínio e mande. Dos dois, qual te parece assemelhar-se ao divino e qual ao mortal? Não te parece que o divino é o único capaz de mandar e ser dono, e o mortal, de obedecer e ser escravo?
— Com certeza.
— A que se assemelha, portanto, nossa alma?
— É evidente, Sócrates, que nossa alma se assemelha ao que é divino, e nosso corpo, ao mortal.

Conclusão:

— Considera, portanto, meu querido Cebes, se de tudo que acabamos de dizer não se deduz necessariamente que nossa

> alma é muito semelhante ao divino, imortal, inteligível, simples, indissolúvel, sempre igual e parecida consigo mesma, e que nosso corpo se assemelha perfeitamente ao que é humano, mortal, sensível, composto, solúvel, sempre mutável e jamais parecido consigo mesmo (Platão, *Fédon*, 1986, p. 128-131).

Vimos, portanto, nesse diálogo, que o exercício da filosofia demanda a atividade da parte da alma que é semelhante ao divino, chamada também de intelecto, dotada da capacidade do raciocínio especulativo: para se atingir a meta principal do pensamento filosófico, é preciso seguir um longo e rigoroso aprendizado. Segundo Platão, o conhecimento se funda na existência das ideias, entidades eternas, inatas e imutáveis, não relativas, fundamento de tudo o que experimentamos no mundo sensível. O filósofo diferencia o âmbito do sensível (o que é atingível pelos sentidos corpóreos) do âmbito do inteligível (as ideias, o mundo real). Os dois instrumentos para alcançar o conhecimento das ideias são a dialética (percurso racional em direção à verdade) e a reminiscência (baseada na suposição de que a alma já apreendeu a verdade numa vida anterior). O âmbito da filosofia, segundo Platão, abraça tudo o que existe. E, sobretudo, a filosofia apresenta-se como escola de bem viver e proporciona soluções para os dilemas existenciais, não apenas individuais, mas também sociais e políticos.

A psique na *República*

No diálogo *A República*, Platão idealiza um sistema social e político que corresponde especularmente à estrutura da alma humana individual. Nesse texto, encontra-se a proposta platônica de tripartição da alma em concupiscível, irascível e racional: ou seja, a parte da alma que é sede dos desejos, a parte que é sede dos ímpetos, e a parte que é sede do conhecimento. Assim, ao princípio concupiscível corresponde o grupo social dos trabalhadores, cuja virtude principal é a temperança; ao princípio irascível corresponde o grupo dos militares, cuja virtude é a coragem; ao princípio racional, corresponde o grupo dos filósofos, cuja virtude é a sabedoria. Leiamos um trecho da *República* (Livro IV, p. 129-142).

> Sócrates: Essa expressão parece-me querer dizer que existem duas partes na alma humana: uma superior em qualidade e outra inferior; quando a superior comanda a inferior, diz-se que é o homem senhor de si mesmo — o que é, sem dúvida, um elogio; mas quando, devido a uma má educação ou a uma má frequência, a parte superior, que é menor, é dominada pela massa dos elementos que compõem a inferior; censura-se este domínio como vergonhoso e diz-se que o homem em semelhante estado é escravo de si mesmo e corrupto.
>
> Glauco: Parece-me sensata essa explicação.
>
> Sócrates: Atenta agora para a nossa jovem cidade; verás uma dessas condições realizada e dirás que é com razão que se lhe chama senhora de si mesma, admitindo que se deve chamar moderado e senhor de si mesmo a tudo aquilo em que a parte superior comanda a inferior.
>
> Glauco: Atento e vejo que falas verdade.
>
> Sócrates: É claro que também descobrirás nela, em grande número e feitio, paixões, prazeres e dores, sobretudo nas crianças, nas mulheres, nos escravos e na turba de homens de baixa condição que são considerados livres.
>
> Glauco: Sim, sem dúvida.
>
> Sócrates: Porém, quanto aos sentimentos simples e moderados que o raciocínio dirige e que acompanham a inteligência e a reta opinião, só os encontrarás em raras pessoas, aquelas que, dotadas de excelente caráter, foram formadas por uma excelente educação.
>
> Glauco: É verdade.
>
> [...]
>
> Sócrates: Não percebes também que, na tua cidade, os desejos da turba dos homens de baixa condição são dominados pelos desejos e pela sabedoria do número menor dos homens virtuosos?
>
> Glauco: Percebo.

Sócrates: Se é possível dizer de uma cidade que é senhora dos seus prazeres, das suas paixões e de si mesma, é desta que é preciso dizê-lo.

Glauco: Não há dúvida.

Sócrates: E, por isso mesmo, pode-se concluir que ela possui temperança, não?

Glauco: Com toda a certeza.
[...]
De sorte que podemos dizer, com toda a razão, que a moderação consiste nessa concórdia, harmonia natural entre o superior e o inferior quanto à questão de saber quem deve mandar, tanto na cidade como no indivíduo.

Sócrates: Ora, a cidade foi por nós considerada justa quando cada uma de suas classes se ocupava de sua tarefa específica; por outro lado, nós a consideramos moderada, corajosa e sábia pelas disposições e as qualidades dessas mesmas classes.

[...]
Difícil, sim, será decidir se é pelo mesmo elemento que realizamos cada uma das nossas ações ou determinada ação por um dos três elementos; se julgamos por um, nos irritamos por outro, desejamos por um terceiro os prazeres da comida, da reprodução e todos os da nossa família, ou então, se a alma inteira intervém em cada uma dessas operações, quando somos chamados a realizá-las. Isso é que será difícil de determinar satisfatoriamente (Platão, *República*, Livro IV, [436 a8-b3], s/d, p. 129-142).

A psique no *Fedro*

O diálogo é dedicado ao tema do amor pela beleza e a arte de conduzir as almas pela palavra. Nele encontramos a mais bela metáfora usada por Platão para descrever a psique (na unidade entre as suas dimensões mortais e imortais), a da parelha alada. A partir dessa imagem, Sócrates também se refere ao cuidado e ao descuido da alma. A unidade da alma se realiza à medida que ela é movida pela força do amor em direção à verdade e à beleza.

A alma pode ser comparada com uma força natural e ativa, constituída de um carro puxado por uma parelha alada e conduzido por um cocheiro. Os cavalos e os cocheiros das almas divinas são bons e de boa raça, mas os dos outros seres são mestiços. O cocheiro que nos governa rege uma parelha na qual um dos cavalos é belo e bom, de boa raça, enquanto o outro é de raça ruim e de natureza arrevesada. Assim, conduzir nosso carro é ofício difícil e penoso. Cabe ainda explicar a razão pela qual, entre os seres animados, uns são mortais e outros, imortais.

A alma universal rege a matéria inanimada e manifesta-se no universo de múltiplas formas. Quando é perfeita e alada, paira nas esferas e governa a ordem do cosmos. Mas quando perde as suas asas, decai através dos espaços infinitos até se consorciar a um sólido qualquer, e aí estabelece o seu pouso. Quando reveste a forma de um corpo terrestre, este começa, graças à força que lhe comunica a alma, a mover-se. É a esse conjunto de alma e de corpo que chamamos de ser vivo e mortal.

Quanto à denominação de *imortal*, isso é algo que não podemos exprimir de uma maneira racional. Nós conjeturamos, sem disso termos experiência alguma nem a suficiente clareza, que um ser *imortal* seria a combinação de uma alma e de um corpo que se unem para toda a eternidade. Mas isso depende de Deus.

Expliquemos agora de que modo as almas perdem as asas.

A tarefa da asa consiste em conduzir o que é pesado para as alturas, onde habita a raça dos deuses. A alma participa do divino mais do que qualquer outra coisa corpórea.

O que é divino é belo, sábio e bom. Dessas qualidades as asas se alimentam e se desenvolvem, enquanto todas as qualidades contrárias, como o que é feio e o que é mau, fazem-na diminuir e fenecer. Zeus, o grande condutor do céu, anda no seu carro alado a dar ordens e a cuidar de tudo (Platão, *Fedro*, [253 d1-e1], 2000, p. 15).

Ainda na explicação de Sócrates, os dois cavalos da parelha representam os níveis inferiores da alma que são ligados à corporeidade (o nível concupiscível e o nível irascível), ao passo que o cocheiro é a razão.

No princípio do mito dividi cada alma em três partes, sendo dois cavalos, e a terceira, o cocheiro. Assim devemos continuar. Dissemos que um dos cavalos é bom e o outro, não. Esclareçamos agora qual é a virtude do bom e a maldade do outro. O cavalo bom tem o corpo harmonioso e bonito; pescoço altivo, focinho curvo, cor branca, olhos pretos; ama a honestidade e é dotado de sobriedade e pudor, amigo como é da opinião certa. Não deve ser fustigado, e sim dirigido apenas pelo comando e pela palavra. O outro — o mau — é torto e disforme; segue o caminho sem firmeza; com o pescoço baixo, tem um focinho achatado, e a sua cor é preta; seus olhos de coruja são estriados de sangue; é amigo da soberba e da lascívia; tem as orelhas cobertas de pelos.
Obedece apenas — a contragosto — ao chicote e ao açoite (Platão, *Fedro*, [253 d-c], 2000, p. 19).

O dinamismo da alma ocorre pelo amor (*eros*), de modo que

Quando o cocheiro vê algo amável, essa visão lhe aquece a alma, enchendo-a de pruridos e desejos. O cavalo obediente ao guia, como sempre, obedece e a si mesmo se refreia. Mas o outro não respeita o freio nem o chicote do condutor. Aos corcovos, move-se à força, embaraçando ao mesmo tempo o guia e o outro cavalo; obriga-os, por fim, a entregarem-se à volúpia. Os dois a princípio resistem, ficam furiosos, como se fossem coagidos a praticar um ato mau e imoral, mas acabam por se deixar levar e concordam em fazer o que manda o mau cavalo. E eles se dirigem ao amado para gozar de sua presença, que brilha ofuscante como um relâmpago.
Quando o cocheiro vê o ser amado, a lembrança o reconduz para a essência da beleza. Este a revê no santo pedestal, ao lado da sabedoria, e ele se assusta, teme e necessariamente puxa o freio. E com tal violência o retrai que ambos os cavalos recuam; o bom, voluntariamente e sem resistência; o ruim, entretanto, a contragosto. Afastam-se ambos do amado. Enquanto um, pela vergonha, banha de suor a alma, o outro, passada a dor causada pelo freio e pela queda, arfa ruidosamente, enraivece-se e luta com o condutor e o companheiro por terem abandonado o acordo por covardia e inépcia (*ibid.*, [261]).

Nesse diálogo, Platão propõe a retórica como uma *psicagogia* (ψυχαγωγία), conforme coloca pelas palavras de Sócrates: "Não te parece que a retórica seja a arte de dirigir as almas por meio de palavras, não só nos tribunais e outras reuniões públicas, mas também entre particulares, tanto nos grandes como nos pequenos assuntos?" (*ibid.*, 261). A retórica, ou seja, a oratória, é concebida por Platão como uma arte essencialmente filosófica que, através da palavra, tem a função de conduzir a psique. Para tanto, os discursos devem acomodar-se aos diferentes tipos de temperamentos. E aqui a retórica se aproxima dos conhecimentos médicos que serão propostos no diálogo *Timeu*. Inclusive, no diálogo, Sócrates aproxima a retórica e a medicina, devendo, "de acordo com a arte, uma dar saúde e força, ministrando remédios e alimentos, e outra infundir a convicção que desejas, tornando o homem virtuoso mediante discursos e argumentos legítimos" (*ibid.*, 269, p. 85).

Desse modo, o orador deve também distinguir os diferentes caracteres e temperamentos dos seus interlocutores, assim como o médico faz com seus pacientes. Será capaz de persuadir somente à medida que adaptar seu discurso à diversidade das psiques dos ouvintes.

> Visto que a força da eloquência consiste na capacidade de guiar as almas, aquele que deseja tornar-se orador deve forçosamente conhecer quais formas existem na alma. Elas são em certo número e têm as suas respectivas qualidades. É por isso que os homens têm caracteres diferentes. Depois de classificar as almas desse modo, deverá distinguir, também, cada espécie de discurso em suas diferentes qualidades.
> Desse modo, há homens que serão persuadidos por certos discursos, enquanto os mesmos argumentos terão pouca ação sobre a alma de outros.
> É mister que o orador que aprofundou suficientemente seus conhecimentos seja capaz de discernir rapidamente, na vida prática, o momento exato em que é oportuno usar uma ou outra forma de argumentação. Se assim não for, ele nunca saberá mais do que sabia quando ainda andava na escola. Quando for capaz de dizer por qual espécie de discurso se

pode levar à persuasão as mais diferentes almas, quando, posto à frente de um indivíduo, ele souber ler no seu coração e souber reconhecer para si mesmo: eis o homem, eis o caráter que os meus mestres pintaram. Quando souber aplicar a esse homem o discurso apropriado, quando possuir todos esses conhecimentos, quando souber discernir o momento em que deve se calar ou falar, quando souber empregar ou evitar o estilo conciso ou despertar com amplificações grandiosas e dramáticas a paixão, só então a sua arte será consumada e perfeita. Mas se esquecer uma dessas regras ao falar em público, ao escrever ou ao dar lições, e apesar disso se considerar senhor da sua arte, teremos plena razão em não acreditar nisso (277).

A psique, o homem e o seu conhecimento em *Alcibíades primeiro*, dito *Grande Alcibíades* ou *Alcibíades maior*

Nesse diálogo, Platão demonstra que a alma é a essência do homem e, como tal, conhecer a alma é conhecer o ser humano. O contexto do diálogo é o seguinte: Alcibíades, o tutelado do grande Péricles, pretende falar ao povo e intervir nos negócios de Atenas. Apaixonado por ele, Sócrates o questiona a respeito do que seria necessário conhecer para poder fazer política. Alcibíades se vê por várias vezes em dificuldades diante das questões de Sócrates e precisa reconhecer: não pode dizer o que é o justo e o injusto nem qual relação há entre aquilo que pensam os cidadãos e a justiça. Pois, em primeiro lugar, é preciso conhecer-se e cuidar de si mesmo.

> Alcibíades: Pelos deuses, Sócrates, eu mesmo nem sei mais o que digo; e é bem possível que eu tenha vivido há muito tempo despercebido e na vergonha de não sabê-lo.
> Sócrates: Mas é preciso ter coragem. Se isso tivesse acontecido nos teus cinquenta anos, seria difícil que cuidasse de ti. Mas agora tens [ainda] tempo de vida, e é o momento de te aperceberes.
>
> A: E quando nos apercebemos, o que é preciso fazer, Sócrates?

S: Responder às questões, Alcibíades. Se fizeres isso, se o deus o quiser, e se for para se acreditar em minha adivinhação, tu e eu encontraremos o melhor.

A: Se para isso basta responder, não há dificuldade.

S: Nesse caso, dize então o que é ter cuidado consigo mesmo, pois muitas vezes não temos cuidado conosco, despercebidamente, quando gostaríamos de ter... Quando é que um homem tem cuidado consigo mesmo? Será que ao cuidar de suas [coisas] estará cuidando de si mesmo?

A: Acho que sim.

S: Então, vejamos: quando é que um homem cuida dos pés? Será que é quando cuida das [coisas] dos pés?

A: Não entendi!

S: A mão: não dize que há [coisas] que são dela? Por exemplo, um anel, de que outra parte do homem seria ele, senão do dedo?

A: De nenhuma outra.

S: E, da mesma forma, o calçado não seria do pé?

A: Sim.

[...]

S: Ora, ao cuidarmos de nossos calçados, não estamos cuidando de nossos pés?

A: Não entendo completamente, Sócrates!

S: Mas como, Alcibíades? Não chamas corretamente "ter cuidado" o lidar com algo?

A: Chamo.

S: Quando dizer "tomar cuidado", será que não é tornar algo melhor?

A: Sim.

S: Qual é a arte que torna melhores os calçados?

A: A do sapateiro.

S: Pela arte do sapateiro, cuidamos dos calçados?

A: Sim.

S: E, pela arte do sapateiro, cuidamos dos pés? Ou é outra arte que torna melhores os pés?

A: É outra.

S: Tornando melhores os pés, não será por essa outra que se torna melhor todo o resto do corpo?

A: Acho que sim.

S: Não seria esta a ginástica?

A: Precisamente!

S: Se, de um lado, temos cuidados com os pés pela ginástica, por outro lado, com o que é dos pés pela arte do sapateiro.

A: É isso mesmo.

S: E ainda, pela ginástica, cuidamos das mãos; pela arte do gravador de anéis cuidamos daquilo que é das mãos.

A: Sim.

S: Pela ginástica, cuidamos do corpo, e, pela tecelagem e outras artes, das [coisas] do corpo.

A: Totalmente correto.

S: Portanto, uma é a arte pela qual cuidamos de algo, e outra a arte pela qual cuidamos das [coisas] desse algo.

A: Manifestamente.

S: Ter cuidado com tuas [coisas] não é ter cuidado contigo mesmo?

A: Absolutamente!

S: Pois, ao que parece, não é a mesma arte aquela pela qual se cuida de si mesmo e aquela pela qual se cuida das [coisas] de si mesmo.

A: Manifestamente, não é.

S: Continua, então, e dize qual é a arte pela qual poderíamos cuidar de nós mesmos.

A: Não tenho o que dizer!

S: Em todo caso, concordamos que não é aquela que nos tornaria nossas [coisas] melhores, mas, antes, aquela que nos tornaria melhores?

A: Falas com verdade.

S: Por outro lado, poderíamos conhecer alguma arte que torne melhor os calçados, sem saber o que é calçado?

A: Impossível.

S: E então? Poderíamos conhecer alguma arte que nos torne melhores a nós mesmos, sem saber o que somos nós mesmos?

A: Tampouco, em verdade.

S: No entanto, seria algo fácil conhecer a si mesmo? E teria sido um aprendiz aquele que instituiu esse preceito no templo da pitonisa? Ou será que é tarefa árdua, que não está ao alcance de todos?

A: De minha parte, Sócrates, várias vezes pensei que era para todos e, outras tantas vezes, que era totalmente árdua.

S: Mas, Alcibíades, quer seja fácil, quer não, algo sabemos igualmente: que conhecendo isso poderemos conhecer o cuidado conosco mesmos e, sem conhecer isso, não poderemos.

A: É isso mesmo.

S: Dize então: de que maneira encontrar esse "si mesmo"? Pois, se o conhecêssemos, talvez encontrássemos o que somos nós mesmos; estando, como estamos, na ignorância, é impossível.

A: Falas corretamente.

S: Agora, vamos, por Zeus! Com quem dialogas neste momento? Não é comigo?

A: Sim.

S: E eu, contigo?

A: Sim.

S: É Sócrates quem dialoga?

A: Claro que sim.

S: E é Alcibíades o ouvinte?

A: Sim.

S: E Sócrates não dialoga por meio de palavras?

A: Como assim?

S: Não dizes que, de algum modo, dialogar e servir-se de palavras é a mesma coisa?

A: Digo, absolutamente.

S: Mas aquele que se serve de uma [coisa] e a [coisa] de que ele se serve não são diferentes?

A: O que queres dizer?

S: Por exemplo: o sapateiro corta com sovela e com tranchete, e outros instrumentos.

A: Sim.

S: Não são diferentes aquele que corta e aquilo que serve para cortar?

A: E como não?

S: Era isso que eu perguntava agora há pouco, se eram diferentes aquele que se serve de algo e aquilo de que ele se serve.

A: Parece que sim.

S: Mas o que dizer do sapateiro? Ele corta só com instrumentos, ou também com as mãos?

A: Também com as mãos.

S: Ele se serve também delas?

A: Sim.

S: E estamos de acordo para distinguir aquele que se serve de algo e aquilo de que ele se serve?

A: Sim.

S: Portanto o sapateiro e o citarista diferem das mãos e dos olhos com os quais trabalham?

A: Manifestamente.

S: Ora, o homem não se serve do corpo inteiro?

A: Complemente.

S: E são diferentes aquilo que serve e aquele que se serve dele?

A: Sim.

S: Então o homem difere do seu próprio corpo?

A: É o que parece.

S: O que é então o homem?

A: Não tenho o que dizer!

S: Ao menos sabes que ele é aquele que se serve do corpo?

A: Sim.

S: Mas quem é que se serve dele, senão a alma?

A: Nenhuma outra [coisa].

S: E não é ela quem comanda?

A: Sim.

S: Há ainda uma [coisa] que não comporta divergências de opinião.

A: Qual?

S: Há três [coisas], uma das quais é o homem.

A: Quais?

S: A alma, o corpo e o conjunto, o todo.

A: De que modo?

S: Acabamos de concordar que quem comanda o corpo é o próprio homem?

A: Concordamos.

S: E o corpo comanda a si mesmo?

A: De modo algum.

S: Então ele é comandado?

A: Sim.

S: Será o corpo, então, aquilo que buscamos?

A: Não me parece.

S: Seria então o conjunto, corpo e alma, que comandaria o corpo, e seria esse o homem?

A: Pode ser.

S: Menos ainda! Pois, se uma das partes não participa do comando, é impraticável que o conjunto o comande.

A: É correto.

S: Assim, uma vez que nem o corpo nem o conjunto é o homem, resta que ou ele é nada, ou, se ele é algo, nenhuma coisa ocorre ser o homem, senão a alma.

A: Perfeitamente!

S: Seria preciso demonstrar-te de modo mais profundo que a alma é o homem?

A: Por Zeus! Acho que já está fortemente demonstrado.

S: Se não é muito rigoroso, é, no mínimo, quanto basta para nós. Veremos mais rigorosamente quando buscarmos aquilo que deixamos de lado por um momento, como exigia muita reflexão.

A: O que foi?

S: O que há pouco dizíamos: que era preciso buscar o que seria "o si mesmo". Ora, de fato, em vez do "em si e por si mesmo", consideramos o que é cada [coisa], e recomeçamos igualmente (Platão, *O Alcebíades primeiro*, [127 d6-130 d5], 1986, p. 122-136).

Se o conhecimento da parte intelegível é aprofundado por Platão em alguns importantes diálogos como *Fedro*, *Fédon*, e *Alcibíades*, o conhecimento da parte sensível do ser humano é abordado no diálogo *Timeu*, o qual constituirá um dos alicerces da visão antropológica psicossomática e da medicina da alma. Esse texto, mesmo sendo uma obra filosófica, contém teorias possivelmente advindas dos saberes médicos e foi inspirador desses saberes ao longo dos séculos até o Renascimento. Por isso, ele vem a ser um elemento constitutivo do que definimos como o eixo estruturante inspirado pela medicina da alma, que a seguir iremos definir.

Eixo estruturante *O equilíbrio e o desequilíbrio psíquico na perspectiva psicossomática da medicina da alma*: a concepção do *Timeu* platônico

Vimos que na tradição cultural grega é vivo também o interesse pela corporeidade humana, e que já existe um conhecimento acerca do fato de que o complexo somatopsíquico humano pode adoecer por causa de algum tipo de circunstância externa ou interna. Nesse ponto, os saberes dos filósofos, dos poetas e dos escritores trágicos se entremeiam também com os saberes médicos, sendo a medicina uma importante área de conhecimento na Grécia, herdeira das influências da medicina de outros países como o Egito, a Índia e a China. Desse modo, criam-se terrenos comuns e quase interdisciplinares (utilizando um termo contemporâneo, de modo um tanto anacrônico) para a discussão de temáticas referentes ao ser humano. Esses terrenos assumirão ao longo do tempo o nome de "medicina da alma". Um marco inicial muito importante desse domínio é o diálogo platônico *Timeu*.

A psique no *Timeu*

Já dissemos que o diálogo *Timeu* (420-421 a.C.) é um dos textos nos quais podemos apreender o conceito de homem e de dinamismo psíquico em Platão. Nesse texto, o autor propõe um conceito de psique que se torna princípio ontológico e cosmológico: a psique como alma do mundo. O *Timeu* foi muito lido e estudado na Idade Média e no Renascimento, inclusive nos cursos médicos.

Sobre o homem e sua origem Platão disserta nas partes 40 a 47 D do diálogo, ao relatar a criação do mundo. Dentre os seres vivos, o ser humano é a única espécie criada pelos deuses que participa da vida divina. A psique, ou alma, é aquela parte dos seres humanos "a que pertence ter o mesmo nome que os imortais, a parte a que chamamos divina e que comanda os que entre eles praticam sempre a justiça". Entretecida com essa parte, o homem possui "uma parte mortal" (Platão, *Timeu*, [41 d8-42 d7], 2011, p. 128). Platão usa o termo *psykhé* para referir-se ora ao intelecto, ora ao conjunto de três dimensões da alma, de que em breve trataremos.

Inicialmente, "na sua origem, a alma é primeiro gerada sem intelecto cada vez que é aprisionada num corpo mortal". Mas, num segundo momento, os movimentos dos astros, dos quais cada alma depende, "acabam por tornar racional quem a possui". O intelecto é a parte da alma que logra a imortalidade, ao passo que, por exemplo, a parte sensorial não logra a imortalidade e sua atividade termina com a morte do corpo.

A qualidade da vida do indivíduo depende do modo de cada um cuidar de si mesmo. Se cuidar bem, "se tornará completamente perfeito e saudável, pois escapou à doença mais grave. Mas, se for negligente, levando ao longo da vida uma existência desequilibrada, irá novamente para o Hades em estado de imperfeição e demente" (*ibid.*, p. 122).

O corpo humano foi criado "à imagem da figura do universo". A parte central do corpo é a cabeça, sendo o resto do corpo criado pelos deuses em função dela:

> Esta a que chamamos cabeça, que é a parte mais divina, e domina todas as outras partes que há em nós, a ela os deuses entregaram todo o corpo, como servo, ao qual a juntaram, percebendo que tomaria parte em todos os movimentos e em tudo quanto ele tivesse. Para que não rolasse sobre a terra, que tem altos e depressões de todo tipo, e não tivesse dificuldade em transpor umas e sair de outras, deram-lhe esse veículo para fácil deslocamento; daí que o corpo seja comprido, e tenha por natureza quatro membros extensíveis e flexíveis, fabricados pelo deus para o deslocamento. Recorrendo a eles para se apoiar e se agarrar, era capaz de se deslocar por todos os locais, enquanto transportava no topo a morada daquilo que em nós é mais divino e sagrado. Foi por esse motivo e desse modo que a todos foram anexadas pernas e mãos (*ibid.*, 2011, p. 123).

Na cabeça, de um lado há o rosto, e, de outro lado, estão localizados, no córtex, os centros do governo da alma, ou seja, "os instrumentos relacionados com todas as capacidades de providência da alma" (*ibid.*, p. 123).

Dentre os mais importantes instrumentos para o governo do dinamismo humano, a vista é destacada por Platão: "entre os instrumentos, fabricaram em primeiro lugar os olhos, portadores da luz", "essa espécie de fogo que não arde, antes oferece uma luz suave" (p. 124). São importantes instrumentos também a voz e a audição: nesse ponto, Platão disserta sobre a harmonia dos sons e da música, apontando a notável função da música ao equilibrar os movimentos da alma:

> Com efeito, para aquele que se relaciona com as Musas com o intelecto, a harmonia, feita de movimentos congêneres das órbitas da nossa alma, não é um instrumento para um prazer irracional — como agora se julga ser — mas, em virtude de as órbitas da nossa alma serem desprovidas de harmonia desde a

geração, aquela foi concedida pelas Musas como aliada da alma para pô-la em ordem e em concordância (*ibid.*, 2011, p. 128).

O homem é composto pelo "princípio imortal da alma" e pelo "corpo mortal", que é o veículo da alma. No corpo, os deuses colocaram a alma vegetativa e a sensorial, submetidas à causalidade necessária e, portanto, regidas pelos determinismos naturais:

> (os deuses) construíram outra forma de alma, mortal, que contém em si mesma impressões terríveis e inevitáveis: primeiro, o prazer, o maior engodo do mal; em seguida, as dores, que fogem do bem; e ainda a audácia e o temor, dois conselheiros insensatos; a paixão, difícil de apaziguar, e a esperança, que induz em erro. Tendo misturado essas paixões juntamente com a sensação irracional e com o desejo amoroso que tudo empreende, constituíram a espécie mortal submetida à Necessidade (*ibid.*, 2011, p. 170).

Da afirmação desse caráter misto da alma humana (em que um princípio imortal é entretecido com outro mortal) deriva uma concepção tripartida da localização da alma no corpo humano. De fato, os deuses, ao criar o homem, "no peito, também chamado tórax, sediaram a parte mortal da alma" (*ibid.*, p. 171) e

> estabeleceram a parte da alma que participa da coragem e do fervor, que é adepta da vitória, mais perto da cabeça, entre o diafragma e o pescoço, para que escutasse a razão e, em conjunto com ela, refreasse pela força a espécie dos desejos, sempre que estes não quisessem de modo algum obedecer prontamente às ordens e aos decretos da cidadela do alto (*idem*).

No que diz respeito ao coração, os deuses colocaram, nessa "morada, dois guardiões", para que, "quando o sentimento de cólera fervilhasse por a razão anunciar uma ação injusta (a partir de causas exteriores, ou que se prepara a partir do íntimo, causada pelos desejos)", o corpo sensível apreendesse imediatamente "as advertências e ameaças, estivesse atento, obedecesse em absoluto e, dessa forma, permitisse que a parte mais nobre prevalecesse sobre tudo" (*idem*). Platão considera o fenômeno dos batimentos intensos do coração "perante a expectativa de perigos e o despertar de paixões": afirma que é por causa do fogo que se produz essa dilatação nas pessoas encolerizadas; e que, para controlá-la,

> os deuses engendraram um reforço, implantando a forma do pulmão, que, primeiro que tudo, é mole e exangue e, por outro lado, tem no seu interior cavidades perfuradas, como as de uma esponja, para que, ao receberem o ar e as bebidas, arrefecessem o coração e o dotassem de fôlego e calma quando aquece (*ibid.*, p. 172).

Assim, os deuses criaram

> um canal desde a traqueia até o pulmão e estabeleceram-no em volta do coração como uma almofada, para que, quando a paixão se desencadeasse dentro dele, ressaltasse contra algo que amortece e arrefece, para que se esforçasse menos e, juntamente com as paixões, pudesse submeter-se mais facilmente à razão (*idem*).

A parte da alma que preside à nutrição, "eles estabeleceram entre o diafragma e o limite do umbigo, fabricando em toda essa região uma espécie de manjedoura para o sustento do corpo". Nesse local, os deuses "aprisionaram essa parte da alma como se fosse uma criatura selvagem, mas que era necessário alimentar", "de modo que estivesse sempre situada junto à manjedoura e estabelecida bem mais longe do centro de decisões, provocando nele o menos possível de distúrbios e clamores" e de modo que a parte mais nobre da alma "pudesse deliberar com tranquilidade sobre tudo o que respeita ao conjunto e a cada parte" (*ibid.*, p. 172-173).

Desse modo, a localização orgânica das partes da alma é funcional a seu controle e harmonia: assim, a parte mais primordial da alma, que é dominada pelos instintos, é localizada no fígado, de modo que, sendo esse órgão "espesso, liso e brilhante e contendo doce e amargor [...], a potência das noções, ao transportá-las do intelecto até ele, como num espelho que recebe impressões e fornece reflexos a quem o contemplar, o atemoriza, ao trazer-lhe ameaças terríveis"; e de modo análogo, "quando algum movimento inspiratório reflete do pensamento simulacros de suavidade, converte o amargor em tranquilidade" (*ibid.*, p. 174). Assim, a teoria da localização da alma no corpo humano funda uma abordagem psicossomática do ser humano.

O conhecimento de si mesmo, segundo o Platão do diálogo *Timeu*, é fruto da sabedoria. Disso decorre que todos os aspectos da experiência humana, mesmo a atividade onírica (aparentemente alheia ao mundo consciente), para serem valiosos, devem ser apropriados pela consciência: "é em consciência que o homem deve compreender o que foi dito — depois de trazê-lo de novo à memória — em sonhos ou em estado de vigília sob o efeito da natureza da divinação e do delírio" (*idem*). As imagens oníricas devem, "por meio da reflexão", ser explicadas para se entender "de que modo e por que motivo cada uma delas possa significar algo de mau ou de bom, quer pertença ao futuro, ao passado ou ao presente". Segundo Platão, "pertence somente ao sábio cumprir a sua tarefa de se conhecer a si mesmo" (*idem*). Esse conhecimento revela que o homem é dotado da alma e que esta é o princípio que dá vida não apenas ao ser humano, mas também a todos os viventes. Existem vários níveis da alma (o vegetativo, o sensitivo e o racional), alguns dos quais são comuns às plantas, aos animais e ao homem (o nível vegetativo); e outros são comuns apenas ao homem e ao animal (o sensitivo); e o nível específico (essencial) do homem, que é o da alma racional ou razão.

Em síntese, vimos que a concepção de psique de Platão é multifacetada: princípio vital e mortal, ligada ao corpo e nele localizada (sendo que as diversas complexões corporais dão origem a diferentes temperamentos e, portanto, às diferenças entre as almas dos homens); e, ao mesmo tempo, alma imortal em sua dimensão racional, ligada ao divino. Essa parte é característica específica do homem e, portanto, constitui sua essência. A unidade dessas diversas dimensões que podem entrar em conflito, produzindo desequilíbrio e doença, é possibilitada pela prática filosófica, que inspira o amor pela beleza e pela verdade, sendo a beleza o resplendor da verdade. Esse amor direciona todos os níveis psíquicos de modo unitário em direção a um objeto único. A arte da palavra tem uma função importante, junto à filosofia, para educar essa atitude e assim guiar as almas à sua felicidade, que é a relação com a verdade e a beleza.

Platão fornece uma contribuição muito importante ao estudo da psique entendida por ele seja como princípio da vida, seja como sujeito do conhecimento. E, ao fazer isso, sugere diferentes métodos e gêneros de conhecimento para aprofundar cada uma das facetas da psique. No que diz respeito à primeira dimensão — a alma como princípio da vida —, o filósofo aprofunda o conhecimento da alma ligada ao corpo (e, por isso, mortal), suas diversas funções, sua localização no corpo. No que diz respeito à segunda dimensão, Platão tematiza a natureza da alma racional, princípio divino e imortal, sujeito do conhecimento, fonte da sabedoria que a filosofia busca alcançar. A estrutura multidimensional da alma humana é concebida por Platão como modelo da organização da sociedade. A retórica visa persuadir os interlocutores ao cuidado da alma e da *pólis*, cuidado que se obtém de forma máxima pelo exercício filosófico. De modo geral, a saúde é proporcionada pelo equilíbrio, ou seja, pela justa proporção entre as diversas dimensões da via psicossomática. A medicina da alma é a área de competências voltadas a auxiliar o homem em manter ou restabelecer esse equilíbrio.

Na escola de Platão, um dentre os seus discípulos, Aristóteles, move os primeiros passos na especulação filosófica para depois trilhar um caminho próprio. Vejamos agora a contribuição dele para a história dos saberes psicológicos.

Eixo estruturante *A construção do arcabouço teórico dos saberes psicológicos no âmbito dos conhecimentos especulativos*: Aristóteles e a evidência da psique como princípio vital dos seres vivos

Com Aristóteles, a concepção de psique se amplia: as formas de vida são intepretadas em função da alma, tendo assim a tripartição desta em vegetativa, sensitiva e racional. Além do mais, Aristóteles introduz conceitos novos para a definição de psique: forma, ato, enteléquia. A seguir, aprofundaremos o estudo desses temas.

Biografia

Juntamente com Platão e Sócrates, Aristóteles é tido como um dos fundadores da filosofia ocidental. Aristóteles nasceu em Estagira (384 a.C.) e morreu em Atenas (322 a.C.). Filho do médico Nicômaco, foi aluno de Platão. Em Atenas, a partir de 335 a.C., ensinou no Liceu da cidade: sua escola foi chamada de *peripatética* devido ao *perípatos*, passeio situado no local do Liceu. Posteriormente, foi contratado por Felipe, rei de Macedônia, para ser preceptor de seu filho, Alexandre.

As obras de Aristóteles abrangem diversos assuntos: física, metafísica, poesia, teatro, música, lógica, retórica, governo, ética, biologia e zoologia. Sua teoria sobre a física dominou o cenário intelectual medieval e renascentista até ser substituída pela física newtoniana. Nas ciências biológicas, a precisão de algumas de suas observações foi confirmada no século XIX e na atualidade; foi retomado recentemente o conceito aristotélico de forma (Gárcia, 2013). Seus textos contêm o primeiro estudo formal conhecido da lógica, que foi incorporado posteriormente à lógica formal. À busca das causas e dos princípios primeiros da realidade, Aristóteles reserva uma área da filosofia chamada de metafísica (que literalmente quer dizer "as coisas e os livros depois das coisas e dos livros da física").

O aristotelismo teve uma influência profunda no pensamento filosófico e teológico do Ocidente, nas tradições judaico-islâmicas durante a Idade Média e no Renascimento, e continua a influenciar a filosofia e inclusive a teologia cristã. Sua contribuição à ética foi retomada com o advento da Idade Moderna. Todos os aspectos da filosofia de Aristóteles continuam a ser objeto de estudo acadêmico até hoje. O filósofo contemporâneo Alasdair MacIntyre (2003), por exemplo, retoma a ética aristotélica como uma possível superação do impasse da crise da ética no fim da modernidade. É também conhecido como "o Estagirita", por causa de sua terra natal, Estagira.

A psicologia segundo Aristóteles

Para adentrarmos a contribuição de Aristóteles para os saberes psicológicos, é preciso compreender sua visão do homem. Em filosofia, a visão de homem é também chamada de antropologia filosófica. Segundo Aristóteles, o ponto de partida para reconhecer a essência do homem é a constatação de que ele é movido pela exigência da busca da verdade, e essa busca é expressão do princípio imortal que existe nele: a alma racional. Escreve Aristóteles: "Não devemos seguir os que aconselham o homem, como mortal, a limitar-se a pensar em coisas humanas e mortais. Pelo contrário, na medida do possível, devemos comportar-nos como imortais e fazer o possível para viver conforme a parte mais nobre que está em nós" (Aristóteles *apud* Marias, 1975, p. 71). Nesse aspecto, seu pensamento é muito próximo ao de Platão.

Ao mesmo tempo, Aristóteles segue também as concepções herdadas da tradição cultural grega, de que a psique é o princípio da vida, e dedica-se a construir uma fundamentação teórica para essas concepções. Nessa perspectiva, a psique é concebida como parte da natureza. Os estudos de Aristóteles sobre a psicologia enquanto ramo de estudo da natureza (ou seja, da física = φύσις) encontram-se no tratado *Da alma*.

O filósofo passa por três fases de elaboração da sua concepção de psique: na obra *Eudemo*, fase juvenil inspirada pela teoria platônica, afirma o princípio da imortalidade e da transcendência da alma e sua presença no corpo como uma prisão; já numa segunda fase de pensamento, que coincide com a redação do texto *De partibus animalibus*, o corpo é tido como o instrumento da alma que usa dele para realizar seus fins. Por fim, na obra da maturidade, o *De anima*, Aristóteles aplica, ao conhecimento da alma, os binômios "matéria e forma" e "potência e ato". Com efeito, segundo o que Aristóteles afirma na *Metafísica*, a substância (ser) da realidade é um *sýnolo* de matéria (*hýle*) e forma; de possibilidade (*dýnamis*) e de ato (*enérgeia*; ou *entelékheia*). Assim, a alma pode ser tida como a forma do corpo, e o corpo, como a matéria da alma.

Definição de psique

Para Aristóteles, a alma, ou psique, não é tanto caracterizada pelos diferentes níveis de concupiscível, irascível e racional (conforme Platão), mas, antes de mais nada, é a vida que se atualiza de modos diferentes nos diferentes domínios dos seres vivos. Tendo como ponto de partida de suas considerações o mundo animado, isto é, vivente, o qual se distingue essencialmente do mundo inorgânico (o ser vivo, diversamente do ser inorgânico, possui internamente o princípio da sua atividade, que é precisamente a alma, forma do corpo), Aristóteles procede na tematização das diferentes manifestações do princípio vital nos fenômenos. Essas diferentes manifestações do princípio vital nos seres vivos são colhidas pela observação. Em primeiro lugar, Aristóteles observa que as características essenciais e diferenciais da vida da planta são a nutrição e a reprodução: atribui essas características à presença da alma vegetativa. Da presença da alma sensitiva derivam as características da vida animal: a sensibilidade e a locomoção. Da alma sensitiva decorrem os fenômenos sensoriais que ocorrem pela atividade dos cinco órgãos de sentido: visão, ouvido, tato, paladar, olfato. A característica peculiar da vida do homem é o pensamento (capacidades cognitivas), que Aristóteles atribui à alma racional.

A alma racional cumpre no homem também as funções da vida sensitiva e vegetativa; e, em geral, o princípio superior cumpre as funções do princípio inferior. Com efeito, segundo Aristóteles (diversamente de Platão), todo ser vivo tem uma só alma, ainda que haja nele funções diversas que são responsáveis por atos diversos.

Desse modo, a psique atualiza-se nas plantas como princípio vegetativo, atualiza-se nos animais como princípio vegetativo e sensitivo, atualiza-se nos seres humanos como princípio vegetativo, sensitivo e racional. A alma, portanto, se manifesta através das potências vegetativa; sensitiva; racional.

Em suma, a alma é simplesmente o princípio da vida: é a fonte das atividades próprias de cada ser vivo.

Para Aristóteles, os homens não são os únicos seres que possuem alma ou psique; todos os seres vivos a possuem, desde as flores e os moluscos aos seres mais complexos. Diferentes seres vivos possuem capacidades variadas: as plantas crescem e reproduzem-se, mas não podem mover-se nem ter sensações; os animais têm percepção, sentem prazer e dor; alguns podem mover-se, mas não todos; os seres humanos, animais racionais e políticos, conseguem também pensar e compreender. As almas diferem de acordo com essas diferentes atividades por meio das quais se exprimem.

No que diz respeito ao ser humano, Aristóteles destaca que no âmbito da capacidade racional, ele dispõe do intelecto ativo, capaz de conceber em si o universal e atuá-lo (*noûs poietikós*) e que possui todas as características da alma imortal, conforme exposto no terceiro livro do *De anima*. Ao abordar as manifestações da alma humana, Aristóteles enfoca os fenômenos que a psicologia atual define como processos psicológicos básicos.

A relação da psique com o corpo e os processos psicológicos básicos

Já vimos que a psique é, segundo a definição mais geral que Aristóteles nos apresenta, a forma de um corpo orgânico. Portanto, é definida como forma substancial do corpo, que se atualiza nele; porém, ela, diferentemente do corpo, permanece imortal em sua dimensão racional.

Tal como uma forma, a alma é um ato de um tipo particular. Nesse ponto, Aristóteles introduz uma distinção entre dois tipos de ato, utilizando-se de um exemplo. Uma pessoa que não sabe falar o grego encontra-se num estado de pura potência no que diz respeito à utilização dessa língua. Aprender a língua grega é passar da potência ao ato. Todavia, uma pessoa que, apesar de ter aprendido o grego, ao longo de um tempo não exercita a fluência do idioma, encontra-se num estado simultâneo de ato e potência: ato, em comparação com a posição de ignorância inicial; potência, em comparação com alguém que fale fluentemente o grego. Ao simples conhecimento do grego, Aristóteles chama de "ato primeiro"; à fluência no grego, de "ato segundo". Aristóteles aplica essa distinção à descrição da alma: a alma é o ato primeiro de um corpo orgânico. As operações vitais das criaturas vivas são atos segundos.

Se houver almas capazes, no seu conjunto ou em parte, de existir sem um corpo, essa é uma questão que Aristóteles teve dificuldade de abordar e que os seus comentadores tentaram resolver definindo o conceito de "alma separada"; nesse caso, tal existência independente seria possível não por serem essas almas simplesmente almas, mas por serem almas de um tipo particular com atividades vitais especialmente poderosas, como seria, por exemplo, a condição do filósofo após a morte.

Segundo Aristóteles, diversamente de Platão, o corpo humano nunca é obstáculo, mas sempre é instrumento da alma racional, que é a forma do corpo. O homem é uma unidade substancial de alma e de corpo, em que a primeira (a alma) cumpre as funções de forma em relação à matéria (o corpo).

Como já dissemos, as funções da alma correspondem ao que hoje chamamos de processos psicológicos básicos, como veremos a seguir.

Processos cognitivos

As funções fundamentais da alma racional são duas: teorética e prática, cognoscitiva e operativa, contemplativa e ativa. Cada uma destas se modula em dois níveis: sensitivo e intelectivo. De fato, sendo o homem um animal racional, ele não é um espírito puro, mas um espírito que anima um corpo animal, e a vida sensorial é inerente a esse corpo.

A atividade racional humana, a *cognição*, inicia-se sempre pelo conhecimento sensível, por essa atividade ocorrer num corpo vivente. O *conhecimento sensível* baseia-se nas sensações e pressupõe a ação física do objeto sensível sobre o órgão que sente, imediatamente ou à distância, através do movimento de um meio. Mas o fato físico transforma-se num fato psíquico, isto é, na sensação propriamente dita, em virtude das específicas faculdade e atividade sensitivas da alma. O sentido recebe as qualidades materiais sem a matéria delas, como a cera recebe a impressão do selo sem a sua matéria.

Na obra *Parva Naturalia* (século IV a.C./1993), Aristóteles afirma que os objetos presentes no mundo produzem impressões no corpo através dos órgãos dos sentidos, e impressões na alma. A *sensação* seria como uma espécie de pintura conservada na memória. Assim, potência comum a todos os animais, a *memória* preserva os vestígios da sensação vivenciada. A sensação, embora limitada, possui valor objetivo, é sempre fidedigna com respeito ao próprio objeto; a falsidade, ou a possibilidade da falsidade, começa com a síntese, com o juízo. O sensível próprio é percebido por um só sentido, isto é, as sensações específicas são percebidas, respectivamente, pelos vários sentidos; o sensível comum, as qualidades gerais das coisas (tamanho, figura, repouso, movimento etc.) são percebidas por mais sentidos. O senso comum é uma faculdade interna, tendo a função de coordenar, unificar as várias sensações isoladas, que a ele confluem, e se tornam, por isso, representações, percepções.

Sobre o *senso comum*, Aristóteles fala no texto *De somno* (2, 455, a 13), parte de *Parva Naturalia* (século IV a.C./1993), em que define essa potência psíquica como a capacidade geral de sentir, uma espécie de consciência da sensação, ou seja, capaz de "sentir o sentir" e de perceber as determinações sensíveis comuns aos vários sentidos (por exemplo: movimento, repouso, tamanho, número, unidade, aspecto):

> Existe também uma potência comum que acompanha todos os sentidos particulares, pela qual o animal percebe que vê e ouve, pois com certeza não é pela visão que vê de ver nem é pelo paladar ou pela vista que se pode julgar a diferença entre o branco e o doce, mas por meio de outra potência comum a todos os órgãos de sentido: [...] o senso comum (Aristóteles, 1993, p. 86, trad. nossa).

No *De anima* (2001), Aristóteles, ao descrever as propriedades psíquicas, coloca a potência da *imaginação* como intermediária entre a percepção e o pensamento, "implicando sempre a presença da percepção e, além disso, encontrando ela própria implícita no ato de julgar" (p. 97). A imaginação não é redutível à sensação: "imaginar é formar uma opinião exatamente correspondente a uma percepção direta" (*idem*). Da memória e da imaginação, elabora-se então a experiência, que por sua vez dá origem às artes e às ciências. Da experiência surge também a inteligência dos princípios, de modo tal que, por indução, a sensação leva ao universal.

Acima do conhecimento sensível está o *conhecimento inteligível*, especificamente diverso do primeiro. Aristóteles aceita a essencial distinção platônica entre sensação e pensamento, ainda que rejeite o inatismo platônico, contrapondo-lhe a concepção do intelecto como tábula rasa, sem ideias inatas. Objeto do sentido é o particular, o contingente, o mutável, o material. Objeto do intelecto é o universal, o necessário, o imutável, o imaterial, as essências, as formas das coisas e os princípios primeiros do ser, o ser absoluto.

Por consequência, a alma humana, conhecendo o imaterial, deve ser espiritual e, enquanto tal, deve ser imperecível.

Processos afetivos e motivacionais (apetites)

Analogamente às atividades teoréticas, duas são as atividades práticas da alma: o apetite (apetite sensível) e a vontade (apetite inteligível). O apetite sensível é a tendência guiada pelo conhecimento sensível, e é próprio da alma animal. Esse apetite é concebido de modo teleológico como sendo orientado em direção a um fim, e esse fim, por sua vez, depende do conhecimento sensível. Trata-se das emoções, ou afetos. A vontade, ou apetite inteligível, é o apetite guiado pela razão, e é próprio da alma racional. Trata-se do processo que a psicologia atual rotula como motivação.

Em suma, segundo Aristóteles, a atividade fundamental da alma é teorética, cognoscitiva, e dela depende a prática; ativa, no grau sensível, bem como no grau inteligível.

Vocabulário aristotélico

Para facilitar a leitura dos textos aristotélicos, colocamos aqui um pequeno glossário de termos filosóficos por estes utilizados.

Substância

Substância, em grego *"ousia"*, estrutura necessária, essência necessária, pela qual cada ser é o que é. Aristóteles chamou a essência de *quididade* (*quidditas*); ou *forma*, entendendo com esse termo a perfeição de cada coisa.

Matéria

Hýle, princípio determinável. Tudo o que se percebe no mundo é matéria formada.

Forma

Morphé, princípio determinante. Determinação do ser, o que faz que ele seja isto ou aquilo.

Potência

Dýnamis, aptidão para a mudança, princípio e possibilidade de uma mudança, em oposição ao ato. Pode ser ativa (capacidade de realizar mudança em algo fora de si) e passiva (capacidade de sofrer mudança). Pode-se mudar para melhor ou para pior. É potência também a resistência à mudança.

Força

Sinônimo de potência.

Disposição ou hábito

Segundo Aristóteles (*Metafísica, Livro V, par. 19*), significa arranjo daquilo que possui partes, ou no que se refere ao espaço, à potência ou à forma. Identifica-se com *habitus*; estado. Aprendemos as virtudes éticas por hábito: a natureza nos dispõe a elas, mas as aperfeiçoamos pelo hábito (*Ética*, lib. 2).

Ato

O ser que está alcançando sua forma plena e final, a própria existência do objeto. Por exemplo, a árvore é o ato da semente. A semente é a árvore em potência.

Na *Metafísica* (IX, 6, 1048 a 37), Aristóteles define a relação entre potência e ato deste modo: o ato está à potência assim como construir uma casa está para saber construir, como estar acordado está para dormir, como olhar está para estar de olhos fechados podendo enxergar. O objeto extraído da matéria e elaborado à perfeição é a forma da matéria bruta e o objeto ainda não acabado.

Organismo

Corpo dotado de força vital, ou alma.

Forma interior do corpo, ou alma

Ou *entelékheia*, ou força vital — que dá forma à matéria. Causa ou razão de ser de uma coisa, pela qual a coisa é o que é. Princípio e fim de seu devir. Há uma única forma em cada ser.

Alma vegetativa

Princípio vital interior cujas atividades são a nutrição e a reprodução.

Alma sensitiva

Caracterizada por liberdade de movimento no espaço e pela sensibilidade, ou abertura sensível. Liberdade aqui não é livre arbítrio: indica que o movimento animal é determinado do exterior e do interior, com base em leis, e é resultante da interação entre essas duas direções. A alma animal possui vida interior no sentido de um centro interior ao qual converge tudo o que provêm do exterior e do qual brota toda reação. É o ponto de intercâmbio aonde chegam os impulsos e de onde partem as reações.

A alma humana

É a alma racional, ou seja, a alma que possui, num dos seus estratos, a razão.

Homem

O homem é substância composta: sendo a alma a forma e a matéria o corpo. Entre alma e corpo há união substancial (união que combina dois seres que, tomados separadamente, seriam incompletos).

Potências da alma

A alma é origem das potências. No ser vivo, as potências são a faculdade da nutrição – o desejo (apetite, paixão e vontade) –, e da sensação – o pensamento e o movimento.

Alguns animais possuem todas as potências (é o caso do ser humano), ao passo que outros possuem apenas algumas (por exemplo, os insetos), ou somente uma. Essa diversidade na posse das potências é o que constitui a diferença entre as espécies animais.

No texto a seguir, Aristóteles analisa os fenômenos da percepção e da imaginação, processos psíquicos também muito estudados hoje pela psicologia contemporânea:

Faculdades da alma relacionadas com o pensamento.
Imaginação: como se relaciona com a sensação

A alma é definida especialmente por duas diferenças, isto é, pelo movimento espacial e por entender e pensar. O percepcionar assemelha-se, com efeito, ao entender e ao pensar.
É que, de fato, quer um, quer o outro são como percepcionar alguma coisa. Em ambos os casos, com efeito, a alma discrimina e conhece um ente. Os antigos diziam, igualmente, que pensar e percepcionar são o mesmo. Por exemplo, Empédocles disse que "a sageza é aumentada pelos homens usando o que está presente" e, noutros locais, "daí lhes vem estarem sempre a mudar aquilo que pensam". O mesmo quer dizer a expressão de Homero: "pois de tal natureza é o entendimento".
Todos eles supuseram, assim, que o entendimento é corpóreo, tal como o percepcionar, e que o semelhante se percepciona e pensa pelo semelhante, como explicamos nas exposições do início deste estudo. Deveriam, no entanto, ter se pronunciado também a respeito de nos enganarmos, o que é particularmente característico dos animais e onde a alma se demora mais tempo. Por isso, é necessário, como alguns dizem, ou que tudo aquilo que aparece seja verdadeiro, ou que o engano seja a ação de tocar o contrário, uma vez que isso é o inverso de conhecer o semelhante pelo semelhante. É opinião comum, no entanto, que o engano e a ciência dos contrários são o mesmo.
Ora, é evidente que percepcionar e pensar não são o mesmo: de um participam todos os animais, enquanto do outro participam poucos. "Percepcionar" também não é o mesmo que entender, em que ocorre o entender corretamente e o entender incorretamente; o entender corretamente, então, é a sensatez, a ciência e a opinião verdadeira, quando o entender incorretamente é o contrário daquelas. É que a percepção dos sensíveis próprios é sempre verdadeira; mais, ela pertence a todos os animais.

A imaginação

A imaginação, por seu turno, é algo diferente da percepção e do pensamento discursivo. Ela não sucede, de fato, sem a percepção sensorial, e sem ela não existe suposição. Que a imaginação não é, contudo, a mesma coisa que [o pensamento], ou que a suposição, isso é evidente. É que essa afecção depende de nós, de quando temos vontade (é possível, pois, supor algo diante dos olhos, como os que arrumam "as ideias" em mnemônicas, criando imagens). Formar opiniões, por sua vez, não depende apenas de nós, pois "as opiniões" são necessariamente ou falsas ou verdadeiras. Além disso, quando formamos a opinião de que algo é ou temível ou horrendo, somos diretamente afetados. O mesmo acontece no caso de algo encorajador.

Já quando se trata da imaginação, comportamo-nos como se observássemos, num quadro, as coisas temíveis ou encorajadoras.

Da própria suposição também existem vários tipos: a ciência, a opinião, a sensatez e os contrários destas. Acerca da diferença entre estas terá de haver outra exposição.

A respeito do entender, uma vez que é diferente do percepcionar, e que dele parecem fazer parte quer a imaginação, quer a suposição, depois de termos explicado detalhadamente o que respeita à imaginação, temos de nos pronunciar sobre a última.

Se a imaginação é, com efeito, aquilo segundo o qual dizemos que se forma em nós uma imagem — isto é, se não usarmos a palavra metaforicamente —, é ela uma certa potência ou disposição de acordo com a qual discriminamos, dizemos a verdade ou mentimos? Desse tipo são a percepção sensorial, a opinião, a ciência e o entendimento.

Diferença entre percepção sensorial e imaginação

Que a imaginação não é a percepção sensorial, fica claro a partir do que se segue. A percepção sensorial é, com efeito, ou uma potência ou uma atividade, como a visão e o ato de ver, quando uma imagem pode aparecer-nos sem que suceda qualquer um daqueles. É o caso das coisas que nos aparecem nos sonhos. Além disso, a percepção sensorial está sempre presente, e a imaginação não. Já se fossem o mesmo em

atividade, a todos os animais selvagens poderia pertencer a imaginação. Não parece, no entanto, que ela exista, por exemplo, na formiga ou na abelha, ou mesmo na larva.
Mais, as sensações são sempre verdadeiras, enquanto as imagens são majoritariamente falsas. [...]

A imaginação pressupõe a percepção sensorial

Mas visto ser possível que, ao mover-se uma coisa, outra se mova por ação dela, e a imaginação parece ser certo movimento e não ocorrer sem a percepção sensorial — a imaginação parece antes dar-se nos seres dotados de sensibilidade e ter por objeto os objetos da percepção sensorial; mais, visto ser possível que o movimento se dê por ação da percepção em atividade, e esse movimento é necessariamente semelhante à percepção, tal movimento não poderá suceder sem a percepção sensorial e pertence apenas aos seres dotados de sensibilidade: o ser que o possui pode fazer e sofrer muitas "ações" por causa dele, e "esse movimento" pode ser quer verdadeiro, quer falso. Ora, isso acontece pelo seguinte: "em primeiro lugar", a percepção dos sensíveis próprios é verdadeira, ou está sujeita a um erro mínimo. Em segundo lugar "vem a percepção de" que as coisas que acompanham os sensíveis próprios os acompanham; e aqui é já possível errar. Não se erra, de fato, a respeito de ser branco, mas já se erra quanto ao fato de o branco ser esta ou outra coisa. Em terceiro lugar está o percepcionar dos sensíveis comuns, isto é, os que acompanham os sensíveis por acidente e aos quais os sensíveis próprios pertencem.

Refiro-me, por exemplo, ao movimento e à grandeza, [os quais acontecem aos sensíveis próprios]. É especialmente acerca destes que é já possível enganarmo-nos na percepção. Então, o movimento que se gera pela ação da percepção sensorial em atividade será diferente consoante provenha de um destes três tipos de percepção: o primeiro movimento é verdadeiro quando a sensação está presente; os outros podem ser falsos, na presença ou na ausência de sensação, e principalmente quando o sensível está distante. Assim, se nenhuma outra faculdade possui as características referidas a não ser a imaginação, e ela é o que foi dito, a imaginação será um movimento gerado pela ação da percepção sensorial em atividade. Ora, uma vez que a visão é o sentido por excelência, a palavra "imaginação" deriva da palavra "luz", porque sem luz não é possível ver. E por "as imagens" permanecerem e serem semelhantes às sensações, os animais fazem muitas coisas graças a elas. Acontece isto a uns — por exemplo, aos animais selvagens — por não terem entendimento; a outros, porque se lhes tolda, por vezes, o entendimento, por estarem doentes ou durante o sono. Este é o caso, por exemplo, dos homens. A respeito da imaginação, o que é e por que — baste o que foi dito (Aristóteles, *De anima*, Livro III, [427a-429a], 2010, p. 284-294).

No trecho a seguir, Aristóteles discorre sobre o desejo, ou apetite, e o entendimento. Foca também os nexos entre desejo e imaginação. O desejo é também uma tópica importante da psicologia científica e da psicanálise:

Movimento dos seres animados. Desejo e entendimento

Aparentam imprimir movimento, de qualquer modo, estas duas coisas, o desejo e o entendimento, desde que se tenha a imaginação por um tipo de pensamento. É que muitos obedecem, à margem da ciência, às imaginações. Mais, nos outros animais não existe pensamento nem raciocínio, mas sim imaginação.

Ambos, com efeito — isto é, o entendimento e o desejo — são capazes de mover espacialmente. Mas o entendimento "que o faz" é o prático, o que raciocina em vista de uma coisa. Este difere do teórico em finalidade. Quanto ao desejo, todo ele existe, também, em vista de alguma coisa; o objeto do desejo é, pois, o princípio do entendimento prático, enquanto o termo final "do raciocínio" é, então, o princípio da ação. De forma que essas duas coisas parecem ser, com boa razão, as que movem: o desejo e o pensamento discursivo prático. Com efeito, o objeto do desejo é que move, e o pensamento discursivo move, porque o seu princípio é o objeto do desejo. E a imaginação, quando move, não move sem o desejo.

Existe apenas uma coisa, então, que move: a faculdade desiderativa. E, se duas coisas movessem — o entendimento e o desejo —, moveriam devido a algum aspecto comum.

Agora o entendimento não parece mover sem o desejo, pois a vontade é um desejo, e quando nos movemos de acordo com o raciocínio, movemo-nos também de acordo com uma vontade. O desejo, por seu turno, move também à margem do raciocínio, pois o apetite é um tipo de desejo. O entendimento, com efeito, está sempre correto; já o desejo e a imaginação podem estar corretos ou incorretos. Por isso, é sempre o objeto do desejo que move. Este, por sua vez, é ou o que é bom, ou o que aparenta sê-lo. É que nem tudo é bom, apenas o realizável através da ação; o realizável através da ação, por seu turno, é o que pode também ser de outra maneira (Aristóteles, *De anima*, Livro III, [433a-433b], 2010, p. 324).

Nos textos que apresentamos, Aristóteles trata dos processos básicos da percepção, da imaginação e do desejo, que, unido ao raciocínio discursivo, corresponde ao que hoje chamamos de motivação.

O conhecimento acerca da inserção desses processos no dinamismo psicossomático humano será consolidado não apenas na filosofia, mas também na medicina.

Eixo estruturante *O equilíbrio e o desequilíbrio psíquico na perspectiva psicossomática da medicina da alma*: a contribuição da medicina grega

Origens

A medicina grega tem uma importante contribuição para a história dos saberes psicológicos, especialmente através da teoria dos humores, ou dos temperamentos.

As origens dessa teoria encontram-se na antiga Grécia. Os filósofos gregos, ao investigar o cosmo, buscam explicá-lo, movidos pela exigência de reduzir a complexidade em termos de uma estrutura universal, formada por poucos e simples elementos fundamentais: água, ar, fogo, terra (*concepção quaternária do cosmo*). Tais elementos poderiam ser expressos pelos números e sua interação seria norteada pelo princípio da harmonia.

Um passo importante, nesse sentido, deve-se aos filósofos pitagóricos: estes consideram o número quatro a síntese da raiz e essência da natureza e do ser humano (como parte dela). O homem é concebido como governado por quatro princípios localizados no cérebro, no coração, no umbigo e no órgão genital masculino. Os médicos e filósofos pitágoricos Alcmeão (século VI a.C.) e Filolau de Crotona (século V a.C.) aplicam essa visão ao corpo, definindo o número quatro como princípio da saúde. Outro passo é dado pelo médico filósofo Empédocles de Agrigento (490-435 a.C.), que combina a concepção quaternária e material do universo dos antigos filósofos naturais com a doutrina pitágorica fundada no ideal do número puro. A partir dessa união de duas perspectivas aparentemente opostas, Empédocles cria a teoria dos quatro elementos, na qual os princípios últimos da realidade são associados a quatro entidades do cosmos: o sol, a terra, o céu e o mar. A combinação perfeita dos quatro elementos é dada pela composição de todos em partes iguais e da pureza de cada um dos componentes. Desse modo, estabelece-se um fundamento comum entre macro e microcosmo. Se a crase (o equilíbrio) das qualidades for proporcionada, tem-se a saúde; ao passo que a doença resulta do excesso ou do defeito de um dos componentes.

No século 400 a.C., desenvolve-se assim, nessas bases, a teoria humoral propriamente dita: a doutrina dos quatro elementos é aplicada a quatro substâncias empiricamente encontradas no corpo humano como fruto do metabolismo: os *humores*. O texto fundamental para a consolidação dessa teoria é anônimo e escrito em grego por volta do ano 400 a.C.: *Acerca da natureza do homem*. Os humores, já conhecidos pelos médicos como causa de doenças, especialmente o fleuma e a bílis (que posteriormente foi distinguida em bílis amarela e bílis preta), são sobras do metabolismo do organismo não utilizadas para o seu crescimento. Posteriormente, a esses três humores foi associado também o sangue.

A teoria humoralista assim definida combina uma doutrina médica (do metabolismo e seus efeitos) com um sistema de filosofia natural, elevando substâncias que, inicialmente inúteis ou nocivas (como eram quase todos os humores, com exceção do sangue), uma vez associadas com as qualidades universais, adquirem a dignidade de estrutura básica do ser humano (compleição). De modo que os fenômenos que inicialmente eram tidos como sintomas de doença aos poucos foram considerados tipos de disposições.

Existem no ser humano quatro humores que imitam os quatro elementos da natureza: *sangue (ar)*; *bílis amarela (fogo)*; *bílis preta (terra)*; *fleuma (água)*. Cada um dos humores presentes no corpo prevalece em determinados períodos do ano e do ciclo da vida humana: a bílis preta sobressai no outono; a bílis amarela, no verão; o sangue, na primavera; e a fleuma, no inverno. Analogamente também essa prevalência realiza-se nas quatro estações da vida: infância; adolescência; maturidade; velhice.

A *saúde* perfeita é concebida como um ideal a ser alcançado apenas por aproximações, sendo a prevalência de um ou outro humor o fator determinante da constituição de cada pessoa, bem como de sua predisposição para tipos específicos de enfermidades. A configuração e composição humoral do organismo (*compleição*) é também tida como responsável pelas qualidades psíquicas do indivíduo (*temperamento*). Dentre os humores, o sangue é o único essencial e benéfico ao corpo humano: desse modo, a prevalência do sangue é considerada como sendo a disposição mais saudável (*complexio temperata*).

O humor melancólico, pelo contrário, é tido como o mais nocivo, sendo ele mesmo uma degeneração da bílis amarela: objeto de pesquisas e cuidados médicos, as alterações psíquicas a ele associadas são das mais diversificadas: desde a depressão e o medo até a fúria e os surtos mais violentos.

Da teoria dos humores para a teoria dos temperamentos

Os autores trágicos e os filósofos também contribuem para o aperfeiçoamento da teoria médica dos humores. Ao longo do século IV a.C., sob a influência das tematizações da loucura propostas pelos autores trágicos e do conceito platônico de furor, identifica-se o humor melancólico como o agente causador das condutas delirantes, furiosas, maníacas e, ao mesmo tempo, é associado a comportamentos heroicos e à genialidade intelectual. Platão (428-437 a.C.), no *Fedro*, considera o furor um dom divino; tal noção é associada por Aristóteles (384-322 a.C.) à visão médica num texto famoso: o *Problemata XXX* (Aristóteles, 1994). Na parte central do texto, Aristóteles afirma que o humor melancólico, por sua constituição natural, é uma mescla das qualidades quente e fria, podendo assim tornar-se muito quente ou muito frio. Se a atrabilis (ou bílis negra), naturalmente fria, mantiver essa qualidade originária, ela pode produzir paralisias, depressões ou ansiedade. Se excessivamente fria, produz uma depressão tal que pode levar ao suicídio. Se, pelo contrário, for aquecida, causa alegria, exaltação, mas também loucura. O temperamento melancólico, devido a essa sua composição mista, é variável por natureza, podendo passar de um estado de grande tristeza para um de suma euforia. Submetido às influências climáticas (o calor e o frio do ambiente externo), pode ser por elas modificado numa vertente ou na outra de seus extremos. Os sujeitos cuja atrabilis é mediamente aquecida possuem temperamento melancólico, aptidões destacadas no que diz respeito aos trabalhos intelectuais e artísticos ou políticos, podendo ser geniais. Vê-se nesse caso a aplicação do critério aristotélico do meio termo, originário da Ética, como norma para a saúde. O melancólico natural tem um estado de ânimo particular que o diversifica dos demais, causado pela influência da atrabilis sobre as disposições interiores. Um aspecto específico do dinamismo psíquico do melancólico é a agitação da memória e a força da imaginação (*vis imaginativa*).

A evolução da teoria dos humores para a teoria dos temperamentos (sistema explicativo da composição humana em que as disposições psíquicas são incluídas) é possibilitada pela contribuição do médico Hipócrates (460-377 a.C.): ele estabelece nexos entre características físicas e disposições mentais no organismo humano. Hipócrates era um asclepíade, isto é, membro de uma família que durante várias gerações praticara a arte médica. Nascido na ilha grega de Cós, seus dados biográficos são incertos. Parece certo, contudo, que viajou pela Grécia e pelo Oriente. Criou um grupo de discípulos chamado "Escola de Cós". Suas obras são designadas como Corpo Hipocrático e são caracterizadas pela rejeição da superstição e das práticas mágicas e pela busca de uma medicina fundada na observação sistemática e no estudo das causas naturais dos fenômenos patológicos. A concepção de saúde de Hipócrates repropõe o ideal grego da harmonia: a *crase* é o equilíbrio entre quatro humores no corpo humano e corresponde a uma condição orgânica saudável; a *dis-crasia* é a ruptura desse equilíbrio. A *cocção* é o restabelecimento natural do equilíbrio por meio de uma operação química (cozimento dos humores e expulsão destes do corpo humano). Uma falha nesse processo determina a *crise* ou *dias críticos*, quando os humores se depositam de modo desequilibrado numa determinada parte do organismo, provocando assim uma doença local. Um exemplo é a melancolia, causada pelo depósito excessivo de bílis negra. As causas do desequilíbrio dos humores são *internas*: excesso de humores, preocupações, estafa; *externas*: mudança de clima, miasmas no ar, terreno, traumas acidentais, alimentação.

Segundo Hipócrates, o organismo vivo é condicionado por três elementos: a alimentação, as bebidas e a energia vital, invisível (pneuma). Com efeito, o ar fora do corpo e o sopro vital dentro dele são os princípios fundamentais que regem o funcionamento do organismo vivo. Existe uma estreita relação entre o ser humano e o cosmos (homem, microcosmo). Nessa relação, o ar assume um papel essencial. O cérebro é a sede da inteligência: é o intermediário entre o ar e o organismo.

Hipócrates dedicou-se também ao estudo de algumas doenças que hoje rotulamos como mentais: curiosa é a explicação que ele fornece para a doença da histeria que acomente as mulheres: seria, segundo ele, causada pelo deslocamento do útero (em grego, *hister*) em diversas partes do corpo.

No que diz respeito à epilepsia, escreve um texto, *A doença sagrada*, no qual propõe um novo paradigma para compreender o fenômeno patológico, não mais baseado no recurso a causas sobrenaturais: "[...] na minha opinião, essa doença não é mais divina do que qualquer outra; tem a mesma natureza (e causa) que as outras doenças" (Hipócrates, I e XX *apud* Cairus, 1999). Na realidade, a epilepsia seria o acúmulo do "ar com vida" nas veias, causado pela fleuma que desce da cabeça.

Mais tardiamente, no período helenista, surge uma ciência específica, a fisionômica, que constitui uma semiologia dos indivíduos normais, inspirada, por um lado, na doutrina aristotélica, segundo a qual a alma é a forma do corpo, e, por outro, no interesse da cultura helenista pelas características individuais.

O sistema da teoria dos humores associa, assim, diversas tradições médicas e filosóficas, consagrando definitivamente como tecido do cosmo (macro e microcosmo) a conexão entre humores, estações e qualidades dos quatro elementos componentes do universo. Trata-se de uma visão do mundo unitária e ao mesmo tempo inerente e aplicável a cada parte e fragmento do mesmo. Essas características lhes conferem potência teórica e eficácia prática, e explicam sua transmissão e permanência numa longa duração temporal que abrange a Idade Média, o Renascimento e a Idade Moderna, e também em diversos contextos geográficos e culturais (do mundo grego ao mundo latino, ao Ocidente medieval e moderno e aos Novos Mundos).

No texto a seguir, Hipócrates aborda o tema da epilepsia, dessacralizando sua visão mítica, e afirma que a causa da epilepsia reside no cérebro e na complexão humoral do organismo, sendo mais propensos a ela os fleumáticos.

Eis aqui o que há acerca da doença dita sagrada: não me parece ser de forma alguma mais divina nem mais sagrada do que as outras, mas tem a mesma natureza que as outras enfermidades e a mesma origem. Os homens, por causa da inexperiência e da admiração, acreditaram que sua natureza e sua motivação fossem algo divino, porque ela em nada se parece com as outras doenças. Devido à sua dificuldade de não a conhecer, continuam lhe atribuindo caráter divino, e devido à facilidade do modo de cura pelo qual é curada, engana, pois, que a curam por meio de purgações e encantamentos. Se ela vier a ser considerada sagrada por causa de seu caráter admirável, haverá muitas enfermidades sagradas, e não apenas uma; assim, eu mostrarei outras (doenças) em nada menos admiráveis, nem monstruosas, as quais ninguém acredita serem sagradas [...].

Outra grande prova de que esta não é em nada mais divina do que as outras enfermidades: nos fleumáticos, ocorre por natureza, e jamais sobrevém aos biliosos. Se realmente fosse mais divina do que as outras, essa doença necessariamente acometeria todos da mesma forma, e sem escolher bilioso nem fleumático.

[...]

Vejo homens enlouquecidos e que deliram sem nenhuma motivação aparente, e praticam muitos atos inoportunos, e sei de muitos que soluçam e gritam no sono, que se sufocam, que dão saltos, saem para fora (de suas casas) e deliram até despertar; depois estão sãos e conscientes como antes, mas pálidos e débeis, e isso ocorre não uma única vez, mas muitas. Há casos muitos e variados, acerca de cada um dos quais poderia haver muito a ser discutido.

[...]

As mãos tornam-se impotentes, contorcem-se, uma vez que permanece o sangue imóvel e não se distribui, como de costume. Os olhos reviram, visto que as veias não recebem o ar e tornam-se túrgidas. Provinda do pulmão, a espuma sai da boca; pois quando o fôlego não entra nele, o indivíduo espuma e ebule, como se estive morrendo. O excremento sobrevém por força do sufocamento quando o fígado e o ventre são pressionados para cima, em direção aos diafragmas, e há obstrução na boca do estômago. Ocorre pressão quando o fôlego não entra na boca, como de costume. O indivíduo bate os pés quando o ar é interceptado nos membros e não é capaz de escorrer para fora, devido ao fleuma. [O ar], lançando-se para cima e para baixo através do sangue, produz espasmo e dor; por isso o indivíduo esperneia.

Tudo isso ocorre quando o fleuma frio flui para o sangue, que é quente, pois o sangue esfria e se estagna. Se o fluxo for abundante e espesso, o indivíduo morre imediatamente.

Mas, de fato, o cérebro é o causador dessa afecção, assim como das outras doenças gravíssimas; de que maneira ocorre e a partir de qual motivação é o que exporei claramente. O cérebro do homem é duplo, assim como os de todos os outros animais. Uma leve membrana o divide ao meio. Por isso, não se sente dor sempre no mesmo lugar da cabeça, mas em uma das partes, e, por vezes, na cabeça inteira. E as veias se estendem até ela, vindo de todo o corpo, muitas e finas, mas duas grossas: a que vem do fígado e a que vem do baço. A que vem do fígado se comporta assim: uma parte da veia estende-se para baixo, pelo lado direito, ladeando o rim e os músculos lombares, até o interior da coxa, e atinge o pé, e é chamada de veia cava. Outra se estende para cima, através dos diafragmas direitos e do pulmão, e se divide e vai ao coração e ao braço direito. O resto se eleva pela clavícula até o lado direito do pescoço, até a própria pele, de sorte a ser visível. Oculta-se perto do ouvido e nele se separa. A parte mais grossa, maior e mais calibrosa, termina no cérebro; outra parte, sendo uma pequena veia fina, vai ao ouvido direito; outra vai ao olho direito e outra vai à narina. Assim são as veias que vem do fígado. A veia que vem do baço estende-se até o lado esquerdo, tanto para baixo como para cima, assim como a que vem do fígado, porém mais fina e mais fraca.

Através dessas veias recolhemos a maior parte do fôlego, pois estas são respiradouros do nosso corpo, atraindo o ar até elas, e o conduzem ao resto do corpo, através de pequenas veias; esfriam e retornam. O fôlego, então, não podendo permanecer parado, move-se, contudo, de cima a baixo. Porque, se permanecer em algum lugar e for retido, a parte onde ele permanece torna-se impotente. Eis a prova: quando se está sentado ou deitado, as veias são pressionadas, de modo a não passar o fôlego pela veia, em seguida ocorre entorpecimento. É assim que ocorre com as veias.

Contudo, a doença acomete os fleumáticos, mas não os biliosos. Começa a criar-se no embrião, quando ele ainda está no útero. De fato, também o cérebro, assim como as outras partes, purifica-se e floresce antes mesmo do nascimento. Nessa purgação, se se purga devidamente e na medida exata, e caso flua nem mais nem menos do que o devido, tem-se, então, a cabeça totalmente sã. Mas, se há fluxo excessivo proveniente de todo o cérebro, e a coliquação se torne abundante; ao crescer, o indivíduo terá a cabeça adoentada e repleta de barulho, e não suportará o sol nem o frio. Se o fluxo provém de somente uma parte, ou do olho, ou do ouvido, ou se alguma veia se resseca, essa parte fica lesada na proporção em que se dá a coliquação. Se, porém, não ocorrer a purgação, mas o fluxo se condensar no cérebro, então o indivíduo será necessariamente fleumático. Naqueles em que, quando crianças, brotam erupções na cabeça, nas orelhas e em outra parte da pele, e ocorre fluxo salivar e muco nasal, neles, essas coisas vão apresentando melhora com o avançar da idade. Então, é liberado e expurgado o fleuma que deveria ter sido purgado no útero. E a quem for assim purgado, geralmente não ocorre esse mal. Aqueles que forem assim purgados não são geralmente atingidos por essa doença. Mas aqueles que estão purgados, e nenhuma ulceração, nem muco e nenhuma saliva lhes sobrevém; nem procederam, dentro dos úteros, à purgação; para tais indivíduos, há o risco de serem tomados por essa doença (Hipócrates, *Da doença sagrada*, §1-7, *apud* Cairus, 1999, p. 52-53).

Síntese

Portanto, podemos dizer que, na cultura grega, firmam-se alguns aspectos fundamentais dos saberes psicológicos:

1. A representação da condição humana através dos gêneros literários (no âmbito da poesia e da tragédia).
2. A existência de uma voz interior que particulariza os seres humanos e os impulsiona para o conhecimento de

si mesmos e do mundo; a apreensão da consciência que se dá por um duplo movimento de volta para a interioridade e de abertura à alteridade (os deuses), tematizada pelo *tópos* da "voz interior", que, como veremos, permanecerá mesmo que de formas diversas ao longo da história da cultura ocidental.
3. O conceito de psique: esta, sinônimo do termo latino *anima* e do termo português alma, é, antes de mais nada, o princípio vital que no homem assume conotações diversificadas correspondentes a diferentes funções observáveis na experiência: as funções voltadas para a sobrevivência biológica (nutrição e reprodução), as voltadas para a relação com o ambiente (sensibilidade), e as funções voltadas para o conhecimento e a ação no mundo (racionalidade em sentido amplo). A sociedade é uma expressão do homem, que é também definido como animal político.
4. A concepção psicossomática do ser humano: essas funções são inerentes a um sujeito caracterizado por um corpo vivo, que por sua vez é totalmente integrado no cosmo, a ponto de ser ele mesmo composição dos elementos cósmicos fundamentais: ar, água, fogo, terra.

Referências bibliográficas

ARISTÓTELES. *Sobre a Alma*. Lisboa: Imprensa Nacional-Casa da Moeda, 2010. Biblioteca de Autores Clássicos.
CAIRUS, Henrique Fortuna. *Os limites do sagrado na nosologia hipocrática*. Rio de Janeiro, UFRJ, Faculdade de Letras, 1999. 175 fls. mimeo. Tese de Doutorado em Língua e Literatura Grega.
CAMPOS, J. N. "Ação, destino e deliberação na tragédia grega e na ética aristotélica". Dissertação de mestrado, Universidade de Goiás, 2012.
DÁGIOS, M. "Aspectos políticos da tragédia grega: a importância do concurso e do mito". In: *Em tempo de histórias* — Publicação do Programa de Pós-graduação em História da Universidade de Brasília (PPGHIS/UnB), n. 23, Brasília, ago-dez 2013, p. 94-107.
DODDS, E. R. *Os gregos e o irracional*. Trad. Leonor Santos de Carvalho. Lisboa: Gradiva, 1988.

ÉSQUILO. *Prometeu acorrentado* (trad. J. B. de Mello e Sousa). E--booksBrasil. Edição digitalizada de Clássicos Jackson, v. 22, 2005.
EURÍPIDES. *Hécuba*. E-books. www.oficinadeteatro.com
_____. *Medeia*. E-books. 2005. www.oficinadeteatro.com
_____. *Hécuba*. In: LAFER, M. C. N. *Letras clássicas*, n. 12, 2008, p. 267-270.
HIPÓCRATES. "A doença sagrada". Em: ROCHA PEREIRA, M. H. *Hélade, Antologia da Cultura Grega*. 2ª ed. Coimbra: Faculdade de Letras da Universidade de Coimbra, 1963.
JAEGER, W. *Paideia. A formação do homem grego*. Tradução de A. Parreira. São Paulo: Martins Fontes, 1995. (Original de 1936.)
GÁRCIA, L. N. R. *El concepto de forma en la biología contemporánea. Examen filosófico*. Madri: Universidade Complutense-Paris I, 2013.
MACINTYRE, A. *After Virtue*. 2ª ed. Notre Dame: University of Notre Dame, 2003.
MIGLIORI, M. "La domanda sull'immortalità e la risurrezione. Paradigma greco e paradigma biblico". In: *Hypnos. Da alma*. Ano 10, 2005, p. 1-23.
NUSSBAUM, M. *The Fragility of Goodness: Luck and Ethics in Greek Tragedy and Philosophy*. Cambrigde: University Press, 1986.
PLATÃO. "Fédon (128-131)". Tradução de M. Pugliesi e E. Bini. In: PUGLIESI, M; BINI, E. (orgs.). *Diálogos*. São Paulo: Hemus, s/d.
_____. *Timeu*. Tradução de R. Lopes. Coimbra: Centro de Estudos Clássicos e Humanistas da Universidade de Coimbra, 2011.
_____. *Apologia de Sócrates*. Tradução de C. A. Nunes. In: NUNES. C. A. (org.). *Platão — Diálogos*. Coleção Amazônica. Série Farias Brito. V. XI. Belém: Universidade Federal do Pará, 1986.
_____. *A República*. Tradução de Enrico Corvisieri. São Paulo: Nova Cultural Ltda, s/d.
_____. *Fedro*. Tradução de P. Gomes. Lisboa: Guimarães Editores, 2000.
_____. *O Alcibíades Primeiro*. Tradução C. A. Nunes. In: NUNES. C. A. (org.). *Platão — Diálogos*. Coleção Amazônica. Série Farias Brito. V. XI. Belém: Universidade Federal do Pará, 1986.
PESSOTTI, I. *A loucura e as épocas*. São Paulo: Editora 34, 1994.
REALE, G. *Corpo, alma e saúde. O conceito de homem de Homero a Platão*. Trad. M. Perine. São Paulo: Paulus, 2002.
REALE, G. *Léxico da Filosofia Grega e Romana*. São Paulo: Loyola, 2014.
ROCHA, Z. "O desejo na Grécia Arcaica". In: *Revista Latinoamericana de Psicopatologia. Fundamental*, v. II, n. 4, 1999, p. 94-122.
SÓFOCLES. *Rei Édipo*. Tradução J. B. de Mello e Sousa. E-booksBrasil. Edição digitalizada de Clássicos Jackson, v. 22, 2005.
SOUZA, J. M. R. "A poesia grega como Paideia". In: *Princípios*, v. 14, n. 21, 2007, p. 195-213.
VERNANT, J.-P. *Mito e Pensamento entre os gregos. Estudos de Psicologia Histórica*. Rio de Janeiro: Paz e Terra, 1990.

Capítulo 2
A medicina da alma e a cura da alma na Roma antiga

Fonte: https://pt.wikipedia.org/wiki/Muralha_de_Adriano#/media/File:
RomanEmpire_117-pt.svg

A transmissão da cultura grega nos territórios do domínio romano é um interessante exemplo do fato (inusitado) de que um país colonizado cuja identidade cultural seja forte e propositiva pode influenciar e até dominar, por sua cultura, o colonizador. Com efeito, a cultura romana absorve e difunde os saberes dos gregos, mas apropria-se deles conforme uma dimensão que a caracteriza, ou seja, um interesse pragmático, ainda mais evidenciado nas épocas de crise política. O saber deve ser voltado para auxiliar a vida concreta do homem. Desse modo, especialmente duas áreas de conhecimento se sobressaem no que diz respeito aos saberes psicológicos: a medicina e a filosofia, fortemente aliadas sob o rótulo de medicina da alma. Esse campo se volta ao estudo do indivíduo e à cura de seus desequilíbrios, estudo que pode ser realizado em primeira pessoa, mas que sempre pressupõe o diálogo com um interlocutor experiente, ou seja, sábio. O uso da palavra, oral ou escrita, é indispensável para esse tipo de conhecimento. Através da palavra, a condição anímica interior é representada para si mesmo e para o outro. Assim, a retórica, muito difundida na cultura romana, adquire papel decisivo. Desse modo, os principais resultados da investigação grega no que diz respeito à área dos saberes psicológicos (representação da condição humana; escuta da voz interior ao conhecer a si mesmo; arcabouço teórico; equilíbrio e/ou desequilíbrio psicossomáticos) são apropriados e transformados numa práxis que converge em conhecimento e cura de si mesmo.

Periodização e regime de temporalidade

No período entre 753 e 509 a.C., Roma tem o regime político da monarquia, e uma vida social formada por diversos componentes, entre os quais se destacam os etruscos, os latinos e os gregos. A classe social dominante é dos patrícios. No período monárquico, a economia é baseada na agricultura, com propriedade privada da terra. Em 509 a.C., a revolta patrícia põe fim à monarquia e inicia a república.

O *período republicano* se estende de 509 a 527 a.C.: a própria palavra república é uma invenção dos romanos, significando literalmente coisa (*res*) de todos (*pública*). Nesses anos, ocorrem intensas lutas sociais entre patrícios e plebeus, e grandes reformas legislativas, como também as Guerras Púnicas (264-146 a.C.), a derrota de Cartago e a expansão territorial de Roma. A organização da agricultura por latifúndios aumenta o recurso ao trabalho escravo. O empobrecimento da plebe leva às revoltas plebeias (121-110 a.C.) e a um período de instabilidade política que desemboca na ditadura (110-79 a.C.). Após o regime dos triunviratos (60-31 a.C.) sucede o principado de César (autocracia) e o principado de Otávio, que culmina na formação do império e no fim da república.

O período entre os séculos I a.C. e III d.C. é chamado de *alto império* e é caracterizado pela forte organização militar e pela autocracia política. Assiste-se ao grande expansionismo das colônias e do trabalho escravo. Desde o império de Augusto (28 a.C.) até a morte de Marco Aurélio (180 d.C.), há um tempo de relativa paz (chamado de *pax romana*). É o tempo da maior extensão do Império Romano, que sob o domínio do imperador Trajano (97-117 d.C.) chegou a abranger quase seis milhões de quilômetros quadrados de extensão, do Atlântico até o sul da Rússia e da Pérsia. Unificado pela língua (latim), pela cultura helenística, pelo sistema administrativo e por uma rede admirável de estradas, o mundo mediterrâneo romanizado chegou a constituir, na época, uma civilização única. Trata-se do momento do apogeu de Roma, sob o domínio de Otávio Augusto, sobrinho de Júlio César e grande gênio político: escreve sobre ele um historiador a ele contemporâneo, Veleio Patérculo: "não há nada que os homens possam pedir a Deus que Augusto não tenha proporcionado ao povo romano e ao universo" (*apud* Daniel-Rops, 1988, p. 120). Trata-se de uma cultura universalista que possui a consciência de uma missão a desenvolver. Depois, aos poucos se manifestam os sinais de declínio, como, por exemplo, na época dos imperadores Calígula e Nero; mas tais sinais ainda não chegam a destruir a estabilidade do Império. Entre 96 e 192, sobe ao governo a dinastia dos Antoninos, da qual faz parte Marco Aurélio, o imperador sábio, de quem falaremos a seguir. Nesse período, em Roma, dá-se o nascimento do cristianismo, que se propaga no Império e cuja presença é tida como fator de subversão da ordem imperial, acarretando a consequente perseguição dos cristãos, a partir do reinado de Nero, que durou de 64 a 192.

De modo geral, o apogeu do Império Romano coincide com a visão de um tempo marcado pela estabilidade e pelo sentimento da permanência da ordem política constituída. O sistema romano é tido como evento histórico único e definitivo.

O regime de temporalidade que vigora na Roma imperial é marcado pela concepção da *pax romana*, que se pretende universal e definitiva, e, portanto, eterna; nessa perspectiva temporal, marcada pela espera de uma longa duração do Império, a história *magistra vitae* proporciona aos homens os exemplos para se conduzir no presente. O sentimento de que a cidade de Roma estivera, desde as suas origens, sob uma especial proteção divina está presente em muitas fontes da época, como, por exemplo, o prefácio ao livro I do *Ab urbe condita*, de Tito Lívio:

> E se a algum povo deve ser permitido considerar divinas as suas origens, e atribuir aos deuses a sua autoria, a glória militar do povo romano é tal que, quando afirma que o seu pai e pai do seu fundador é, de preferência a todos os outros, Marte, os povos do mundo aceitam isto com tanta serenidade como aceitam o domínio romano (*apud* Pereira, 2013, p. 13).

O historiador Políbio viera para Roma, como refém, na sequência da vitória romana sobre a Macedônia, em Pidna, e não esconde, no início de suas *Histórias*, todo o espanto e admiração pela grandeza de Roma: "Na verdade, quem haverá de tão mesquinho ou frívolo que não queira saber de que modo e com que espécie de governo é que quase todo o mundo habitado, conquistado em menos de 53 anos, caiu sob um poder único, o dos romanos? Fato ao qual não se encontram antecedentes" (*apud* Oliveira, 2013, p. 9).

Contexto histórico

O governo de Roma se caracteriza pela organização administrativa e jurídica, sendo o direito um dos mais importantes legados da civilização romana. Os usos tradicionais ligados à organização familiar foram inspiradores da formação do direito romano, tendo regulado as relações entre indivíduos. A Lei das Doze Tábuas, no século V a.C., inaugurou o regime do direito escrito. Desse modo, a prática jurídica precedeu a teoria, sendo a prática posteriormente elaborada em teoria pelos jurisconsultos. O direito romano era baseado em conceitos éticos, como equidade (*aequitas*), costume (*mos majorum*) e dignidade (*honestas, dignitas*). O direito romano se distinguia em *jus naturale*, direito natural comum a todos os seres animados; *jus gentium*, direito das gens, comum a todas as nações; *jus civile*, direito civil, constituído pelas regras próprias de cada cidade; *jus publicum*, direito público; e *jus privatum*, direito privado. No Império, cidadãos, escravos e estrangeiros ou peregrinos possuíam estatutos jurídicos distintos. Depois da conquista, as populações colonizadas tinham direitos limitados; sua promoção social e jurídica dependia da concessão do direito romano (cidadania romana), que, a partir de 212, foi estendido a todos os habitantes livres do Império.

Já observamos que uma característica própria da cultura da Roma antiga foi a capacidade de absorver e transmitir o conhecimento dos povos que conquistou. Assim, por exemplo, muitas das suas concepções de filosofia foram tomadas dos gregos antigos grande parte dos deuses cultuados pelos romanos eram divindades gregas que eles renomeavam. A pintura, a escultura e outras formas de arte foram também profundamente influenciadas pela tradição grega.

Os romanos se destacaram de modo original pelas obras de engenharia: os arquitetos e engenheiros construíram prédios, como o Coliseu, aquedutos, pontes, estradas, em todos os territórios de seu extenso império. Muitas dessas construções permanecem íntegras ainda hoje.

Os escritores romanos dedicaram-se à história, à oratória, ao teatro e à poesia. Lembrem-se poetas como Virgílio, Catulo, Lucrécio, Propércio, Horácio; dramaturgos como Sêneca; oradores como Cícero; historiadores como Tácito. O gênero da poesia, sobretudo a elegia, dedicada ao tema do amor, é um âmbito muito importante para a tematização das emoções eróticas e de suas possíveis transformações patológicas. Essa importância diz respeito especialmente ao fato de que a elegia cria formas de expressão literária das emoções e uma linguagem destinada a expressar tais fenômenos. Um século depois, a filosofia estoica irá colocar a necessidade da ordenação das emoções e do controle dos excessos, impulsionando o processo que levará ao que foi definido como "passagem do homem cívico ao homem interior" (Hadot *apud* Veyne, 1983).

A *Eneida*, o poema épico escrito por Públio Virgílio Marão, no século I a.C., relata, num tempo mítico, a saga do piedoso Eneias, herói troiano que escapara da guerra de Troia, carregando nas costas o seu velho pai, e seu filho, pela mão, com a missão traçada pelo destino de fundar uma nova Troia, que simbolizaria futuramente a gloriosa Roma. Destaque no livro IV do poema é o episódio do amor entre Eneias e Dido, a figura mitológica de rainha fundadora de Cartago, que se apaixona pelo herói quando este se refugia na cidade antes de chegar a Roma. Desesperada pela partida do amado, a rainha mata-se com a espada dele.

É na oratória que, como veremos, se desenvolve a mais relevante contribuição para a história dos saberes psicológicos. A oratória se afirma em Roma com a ascensão política da república, a partir da tradição grega. O estilo romano foi fortemente influenciado por Cícero, com forte ênfase numa educação abrangente em todas as áreas de estudos humanísticos (nas artes liberais, incluindo a filosofia), no apelo às emoções dos ouvintes e nos recursos como metáforas, exemplos etc. No Império Romano, a retórica desempenhou uma função menos central para a vida política do que na república, mas manteve-se importante no direito, e tornou-se forma de entretenimento.

Do latim, que era a antiga língua romana, derivaram muitos outros idiomas, hoje conhecidos como línguas neolatinas: francês, espanhol, português, italiano e romeno. Com o alfabeto latino, escrevemos ainda hoje.

No âmbito da filosofia, da oratória e do direito é que se desenvolve o interesse pelo estudo do ser humano voltado para a prática política e para o cuidado com a saúde individual. Tal interesse influencia também o modo com que a medicina humoralista grega é recebida e reinterpretada em Roma.

Eixo estruturante *O equilíbrio e o desequilíbrio psíquico na perspectiva psicossomática da medicina da alma*: a teoria dos temperamentos na medicina romana

Galeno e o determinismo dos temperamentos

No século I, o médico Galeno (131-200) explicita a relação causal entre crase do corpo e disposições mentais, nos tratados *Sobre a natureza do homem* e no *Sobre a crase* e nos pequenos livros *Sobre as paixões e os erros dela decorrentes* e *As faculdades da alma seguem os temperamentos do corpo*. No escrito sobre as paixões, ele afirma já no primeiro parágrafo que "as faculdades da alma seguem os temperamentos do corpo" (Galeno *apud* Menghi; Vegetti, 1984, p. 95). A demonstração dessa determinação é feita com base na observação das diferenças nas condutas, reações, vivências interiores observáveis nas crianças pequenas. Galeno atribui as origens dessas diferenças à enorme variedade dos temperamentos dos corpos. A conclusão é a afirmação de um claro determinismo orgânico:

> Será, portanto, necessário que também os que acreditam que a alma tenha uma essência própria admitam que ela seja escrava dos temperamentos dos corpos, sendo que estes têm o poder de separar a alma do corpo, retirando dela a capacidade do uso da razão, ou da memória ou do entendimento e tornando-a mais sofrida, vil e covarde, como observamos nos casos de melancolia (*apud* Menghi; Vegetti, 1984, p. 102, trad. nossa).

Aliás, continuando seu raciocínio, o autor coloca que o temperamento do corpo pode ser identificado com a parte mortal da alma (ou seja, tudo o que não for a alma racional), sendo porém a alma racional de certo modo a ele submetida. A melancolia, o frenesi e a loucura atestam que a alma é dominada pelas doenças do corpo. Galeno recorre a Hipócrates para afirmar que a complexão humana (inclusive o caráter e as qualidades intelectuais de cada indivíduo) depende das *influências climáticas*: por exemplo, no caso dos povos que moram em regiões em que o clima é mais uniforme, e menores são as mudanças entre as estações, os caracteres individuais tendem a ser mais moles e pacíficos, ao passo que regiões com montanhas e águas tendem a determinar nos habitantes condutas de coragem, violência e braveza. Os moradores de lugares quentes e ensolarados tendem à preguiça e à covardia. Nas regiões áridas, frias no inverno e quentes no verão, os habitantes são ativos, inflexíveis, selvagens nas guerras e agudos na inteligência.

Ao mesmo tempo, Galeno reconhece (seguindo Hipócrates) a existência de sinais indicadores de tais disposições na fisionomia individual. A *alimentação* e a *bebida* são consideradas também determinantes, já que as substâncias assim absorvidas pelo corpo são responsáveis pela produção dos humores, de modo que o regime alimentar é muito importante para o cuidado da saúde da pessoa. Dessa forma, Galeno constrói *uma teoria determinista dos temperamentos* atribuindo a estes não apenas as complexões corporais e as qualidades da alma vegetativa e sensorial, mas também as da alma racional. Nessa perspectiva, o argumento ético acerca da responsabilidade individual é resolvido no sentido de que os maus são punidos, corrigidos e eventualmente eliminados, pelas suas condutas, independentemente da causa destas. O bem é desejável e necessário independentemente se a sua causa derivar da natureza, da educação, do ensino, da vontade ou dos costumes.

Galeno constrói uma *tipologia dos temperamentos*. Nos tratados *Sobre as discrasias compostas*, descreve os sanguíneos como dispostos para o sono e exuberantes nos sonhos, tendo sentidos obtusos, voltados para a ação e eventualmente para a cólera; os coléricos como tendo sentidos agudos, propensos para a insônia, prontos para a ação, impetuosos, violentos, ferozes, rápidos, dispostos para comportamentos tirânicos e para a ira; os melancólicos como dotados de sentidos vivos, mas que tendem a esmorecer com o passar do tempo, precoces em tudo; e os fleumáticos como tardios no entendimento, dispostos ao sono e à preguiça, tímidos e pacatos.

Conexões entre eixos estruturantes

No período romano se reforçam as conexões entre três eixos estruturantes dos saberes psicológicos: *O equilíbrio e o desequilíbrio psíquico na perspectiva psicossomática da medicina da alma*; *A voz interior e o imperativo de conhecer a si mesmo*; e *A construção do arcabouço teórico dos saberes psicológicos nos conhecimentos especulativos (filosofia)*. Essa conexão se realiza por obra da filosofia estoica romana, como veremos a seguir.

Exercícios espirituais e palavra ordenada

Na cultura romana, ocorre o cruzamento de gêneros entre filosofia e retórica, que dá propriamente origem à área da medicina da alma.

Já vimos que uma parte do *Timeu* de Platão é dedicada à questão das doenças da alma humana e à explicação de suas causas. Segundo o filósofo, a doença da alma seria a demência, e haveria dois gêneros de demência: a loucura e a ignorância. Portanto, para a prevenção da demência, deve-se evitar o excesso de prazeres e dores, as causas mais graves de doenças psíquicas. De fato, quando um homem está excessivamente contente ou, pelo contrário, sofre demasiado por causa da dor, ou quando se apressa a possuir inoportunamente algum objeto ou a fugir do outro, se torna incapaz de ver e de ouvir; sua capacidade de raciocínio encontra-se reduzida ao mínimo. Desse modo, o desequilíbrio anímico é tido como indutor de patologias. A partir dessa tematização, se desenvolveu uma rica tradição conceitual e de práticas de cuidado.

No período helenístico na Grécia e no período do império em Roma, num momento histórico marcado por uma profunda crise de valores desencadeada pela decadência dos ideais originários da Grécia antiga e da Roma republicana, vários autores e escolas filosóficas dedicam-se ao estudo das enfermidades anímicas e de suas curas, praticando a filosofia como um exercício espiritual que deve levar o homem a conduzir uma vida boa e feliz. Com efeito, nesse período histórico, o eixo da vida política dos povos gregos e romanos passa a ser não mais a *pólis*, e sim o Estado. A cidade não representa mais o horizonte da vida política do indivíduo, e afasta-se, assim, a possibilidade de um empenho mais direto da pessoa com a vida pública. Isso favorece o voltar-se da filosofia para a vida individual. A prática filosófica é destinada a assegurar a felicidade de seus seguidores. Nesse sentido, esse momento histórico adquire grande importância para a história dos saberes psicológicos.

Na Grécia helenística, surgiram três novas escolas filosóficas (estoicismo, epicurismo e ceticismo). O estoicismo tem origem no pensamento de Zenão (333 a.C.) e de Crisipo (281 a.C.). Epicuro (341 a.C.) deu origem a uma escola chamada "Jardim", que se instalou em Atenas a partir de 306 a.C. O ceticismo foi proposto por Pirro (365 a.C.). Todas essas escolas se caracterizavam por propor um conjunto de exercícios espirituais que, como uma terapia, deveriam levar o praticante a adquirir a sabedoria. Essas práticas concentravam-se no controle das fortes emoções (paixões) e no conhecimento e na cura de si mesmo. Ao retomar o tema do conhecimento de si mesmo, originário da filosofia grega, os pensadores do período helenístico tratam a filosofia não tanto como conjunto de doutrinas e sistematização de uma visão do mundo, e sim como uma prática cujo interesse prioritário é o homem interior empenhada com a existência em sua totalidade: quase como uma transformação radical da vida do indivíduo que proporcione paz, autonomia e equilíbrio psíquico. Tópicos comuns a essas abordagens são evitar os excessos dos afetos e cultivar o uso da razão.

Dentre essas filosofias, devemos ressaltar, por sua importância para a constituição da medicina da alma, o estoicismo, sistema filosófico fundado trezentos anos antes de Cristo por

Zenão, oriundo de Cítio (hoje Lárnaca), em Chipre. A escola filosófica recebeu o nome da "*stoa*", ou colunata, em Atenas, o local onde ele costumava dissertar. O principal discípulo de Zenão foi Cleanto, que por sua vez foi mestre de Crisipo. O pensamento desses três autores criou uma doutrina que pretendia abarcar "todas as coisas divinas e humanas". Os três postulados fundamentais dessa filosofia são o materialismo, o monismo e a mutação. Segundo o princípio do materialismo, todo o universo, inclusive o tempo e o pensamento, é formado por uma espécie de substância corpórea. Na visão dos estoicos, essa substância é caracterizada por um princípio ativo (logos) e por um princípio passivo (matéria). Esses princípios agem unitariamente e são separados apenas pela mente humana, ao refletir sobre eles. Desses dois princípios derivam os quatro elementos que compõem o universo (água, ar, terra, fogo). Daqui brota a afirmação do monismo. Segundo o monismo, o real se pode resumir a uma única substância. E por fim, tudo está em perpétuo processo de mudança e transforma-se em algo diferente daquilo que antes era (mutação). Esse processo se desenvolve de modo cíclico. Todavia, todas essas mudanças são ordenadas por uma inteligência divina que rege o universo, segundo uma ordem necessária que preside à sucessão dos acontecimentos. Esses três postulados são os alicerces do estoicismo.

Os estoicos definem a filosofia como "luta pela sabedoria"; e a sabedoria como "conhecimento das coisas divinas e humanas". Dividem esse conhecimento em três ramos: a lógica, a física e a ética.

Uma vez que o primeiro requisito para a procura da verdade é um pensamento claro e rigoroso que decorre do uso preciso das palavras e do raciocínio, o estudo inicia pela lógica. Segue a investigação dos fenômenos naturais e das leis da natureza, que inclui a interpretação metafísica do universo. Com efeito, o estudo da física abraça o conhecimento completo do Ser na sua tripla manifestação: o homem, o universo e Deus. Por fim, o lugar mais importante do sistema estoico é ocupado pela ética: a verdadeira função da filosofia é a própria conduta do homem, o movimento do homem em direção ao bem, definido pela palavra "virtude". Nesse aspecto, o estoicismo retoma as tradições éticas platônicas e aristotélicas (Courcelle, 2002).

A concepção estoica da psique

A psique é comum aos animais e ao ser humano e possui várias partes: os cinco sentidos, a faculdade da geração, a linguagem e a parte diretora (*hegemonikón*), que possui quatro capacidades: a representação, o impulso, o assentimento e a razão. A alma é, portanto, parecida com um polvo, de que o *hegemonikón* seria a cabeça, e as demais sete partes, os tentáculos. A alma humana é parte do *pneuma* (sopro: princípio primeiro originário do Universo, em que logos e matéria se compenetram), é corpórea e mortal. Todavia, as almas dos virtuosos são menos perecíveis do que as demais. O impulso da psique tem a função de inspirar o cuidado consigo mesmo, que nos animais coincide com a autoconservação, e nos homens, com a racionalidade. A perfeição da racionalidade se realiza na prática da virtude. Desse modo, o sábio é o homem virtuoso. Cada indivíduo possui um *kathêkon* (ofício) a realizar ao longo da vida, e a realização dele é que torna a vida humana conforme à razão.

Essa abordagem tem um desenvolvimento singular em Roma, por conjugar-se a outro domínio muito importante: a retórica, ou seja, o uso bem ordenado da palavra visando lograr alguma eficácia no ouvinte, segundo os três preceitos do deleitar, mover e ensinar. A partir do encontro entre esses dois domínios, a medicina da alma não cuidará apenas de diagnosticar as doenças e de predispor remédios de tipo médico com base na teoria humoralista, mas considerará a capacidade terapêutica da palavra. Esta, portanto, ocupar-se-á, de modo prioritário, da cura da alma, num momento histórico em que sua função política é impossibilitada pela tirania do Império Romano.

Medicina da alma e cura da alma pela palavra em Sêneca e Cícero

Já vimos que a insistência acerca do cuidado de si mesmo é originária da filosofia socrática; e é herdada posteriormente pelo estoicismo. Se, por um lado, o interesse indagador acerca da totalidade do objeto é próprio do método filosófico, por outro lado, na tradição clássica e depois medieval, o médico é aquele que conhece o universo como um todo: a música, a astrologia, a meteorologia, as relações entre os deuses e os homens. Esse enfoque global aplicado à visão do ser humano afirma que cuidar dele implica considerar todas as dimensões de sua existência, segundo o ideal socrático. Por volta dos séculos I e II, a retórica romana e a filosofia estoica realizam um processo de apropriação de tais tópicos comuns ao discurso médico, visando sistematizar certo "exercício" das atividades psíquicas ou espirituais; e articular o uso da palavra à cura das almas (Pigeaud, 2006).

Lúcio Aneu Sêneca

Oriundo de família ilustre, era o segundo filho de Hélvia e Marco Aneu Sêneca (Sêneca, o Velho). O pai era um orador eloquente e muito abastado. O irmão mais velho de Lúcio chamava-se Lúcio Júnio Gálio e era procônsul (administrador público) na Acaia, onde, em 53, se encontrou com o apóstolo cristão Paulo. Sêneca, ainda criança, foi enviado a Roma para estudar oratória e filosofia. Com a saúde abalada pelo rigor dos estudos, passou uma temporada no Egito para se recuperar e regressou a Roma por volta do ano 31. Nessa ocasião, iniciou carreira como orador e advogado, e logo chegou ao Senado. Em 41, foi acusado por Messalina, esposa do imperador Cláudio, de ter cometido adultério com Júlia Livila, sobrinha do imperador. Como consequência, foi exilado para a Córsega. No exílio, em meio a grandes privações materiais, Sêneca dedicou-se aos estudos e redigiu vários de seus principais tratados filosóficos. Entre eles, os três intitulados *Consolationes* [Consolos], em que expõe os ideais estoicos clássicos de renúncia aos bens materiais em busca da tranquilidade da alma mediante o conhecimento e a contemplação. Por influência de Agripina, a Jovem, sobrinha do imperador, Sêneca retornou a Roma em 49. Agripina tornou-o preceptor de seu filho, o jovem Nero, e elevou-o a pretor em 50. Sêneca contraiu matrimônio com Pompeia Paulina e organizou um poderoso grupo de amigos. Quando Nero, aos dezessete anos, tornou-se imperador, Sêneca continuou a seu lado, porém não mais como pedagogo, e sim como seu principal conselheiro. Aos poucos, porém, a índole perversa de Nero foi se revelando. Sêneca retirou-se da vida pública em 62. Entre seus últimos textos estão a compilação científica *Naturales quaestiones* [Problemas naturais]; os tratados *De tranquillitate animi* [Sobre a tranquilidade da alma], *De vita beata* [Sobre a vida beata] e, talvez sua obra mais profunda, as *Epistolae morales*, dirigidas a Lucílio, em que reúne conselhos estoicos e elementos epicuristas. Em 65, Sêneca foi acusado de participar da conspiração de Pisão, que planejara o assassinato de Nero. Sem qualquer julgamento, foi obrigado a cometer o suicídio. Na presença dos seus amigos, cortou os pulsos com o ânimo sereno que defendia em sua filosofia.

Sêneca, em suas *Cartas a Lucílio* aborda, entre outros, o tema da tranquilidade da alma. No pequeno tratado *Ad Serenum de tranquillitate animi*, elabora um dos textos de referência dessa concepção. O texto estrutura-se em forma de diálogo, como verdadeira consulta médica: o interlocutor de Sêneca, Sereno, descreve-lhe seu estado psíquico (*habitus*) como a um médico (*ut medicus*), relatando os sintomas, e solicita-lhe um diagnóstico. A queixa de Sereno é de certa "inconstância da alma" (Sêneca, 1994, p. 15), ou "inconstância da boa intenção" (p. 19), em virtude da qual vive uma "flutuação" contínua da vontade que ora é atraída pela contemplação dos bens da alma, ora pelas coisas externas que a distraem da atenção a si mesma. Sêneca lhe responde dizendo que a tranquilidade da alma é justamente aquela condição em que esta, "sendo mais propícia a si mesma, possa atentar para as suas coisas, não interrompendo esse gáudio, mas permanecendo em estado plácido, sem se exaltar alguma vez nem se deprimir" (*ibid.*, p. 21). A degradação desse estado, com efeito, depende da presença dos desejos que, sempre "instáveis e movediços", insinuam nela aquela "agitação que não encontra saída" (*ibid.*, p. 23). Por isso, Sereno pede ao mestre: "arranca o que quer que isso seja de mal e socorre o que sofre à vista das terras" (*ibid.*, p. 19). Sêneca ensina, assim, ao seu interlocutor o caminho e os meios para "recolher-se em si mesmo", mas termina dizendo que nenhum desses meios age por sua própria conta e sim na medida de um "aplicado e assíduo cuidado" (*ibid.*, p. 73).

A dimensão temporal da dor e a função da memória aparecem nos discursos consolatórios escritos por Sêneca para pessoas enlutadas. No texto *Consolação a Márcia* (*Ad Marciam de Consolatione*), contrapõe os exemplos de duas pessoas que perderam seus filhos e que, diante desse acontecimento, se portaram de forma muito diferente uma da outra: Octávia, que jamais superou o luto, recusando-se a lembrar-se da vida de seu filho e preferindo fixar-se em sua morte; e Lívia, que optou pelo gozo da memória, não pelo gozo da dor. Segundo o filósofo, ela não pôde presenciar os últimos momentos do filho, mas jamais deixou de falar sobre ele, ou contemplar suas imagens. Essa atitude seria, segundo Sêneca, o modo mais saudável de enfrentar a dor pela perda de um ente amado (Silva, 2011).

Nas últimas exortações da *Consolação a Políbio*, Sêneca sugere ao destinatário, ministro do imperador Cláudio, enlutado pela perda de um irmão mais novo, que ele escreva as memórias do irmão porque seria a melhor maneira de imortalizá-lo: "mais vale imortalizá-lo por seu talento durável do que lhe consagrar lágrimas estéreis" (Sêneca, XVIII, 2, 1998, p. 98; tradução nossa).

Na perspectiva estoica, não se deve dar vazão à própria dor. Por essa razão, é permitido emocionar-se, mas não deixar-se perturbar excessivamente pela emoção. Para tanto, concorre o cultivo da memória do vivo: "Trate de desejar que a lembrança de seu irmão venha a todo momento ao seu espírito, de falar frequentemente de seu irmão, de ter sua imagem sempre perante os olhos" (Sêneca, XVIII, 7, 1998, p. 99; tradução nossa). Entretanto, Sêneca também adverte que essa estratégia somente terá o efeito esperado se Políbio souber tornar essa lembrança mais agradável do que dolorosa: "Lembre-se de sua delicadeza, lembre-se de sua habilidade nos negócios, de seu zelo nas ações, de sua fidelidade à palavra empenhada. Conte aos outros todas as suas proposições e todos os seus atos, repita-os a si mesmo" (Sêneca, XVIII, 8, 1998, p. 99; tradução nossa; Silva, 2011, p. 713).

Cícero

Marco Túlio Cícero nasceu a 13 de janeiro do ano 106 a.C. em Arpino, Itália, e morreu em 7 de dezembro de 43 a.C. em Formia, Itália. Educado pelos maiores oradores e jurisconsultos de sua época, seu primeiro triunfo no Fórum ocorreu em 80 a.C., na defesa de Sextio Róscio Amerino, num processo cuja importância política devia-se ao fato de que, contra o acusado, estava o ditador Sila. Para escapar à vingança, Cícero viajou para a Grécia, onde se dedicou ao estudo da filosofia, e voltou a Roma depois da morte de Sila.

Em 76 a.C., foi eleito questor na Sicília, onde, em 70 a.C., acusou o ex-governador da Sicília, Caio Licínio Verres, de extorsões. Posteriormente eleito edil (69 a.C.) e pretor (66 a.C.), Cícero fez seu primeiro pronunciamento político importante ao reivindicar para Pompeu o comando das tropas romanas. Em 63 a.C., eleito cônsul, defende, com êxito, o senador Caio Rabírio contra a acusação de traição lançada por Júlio César e denuncia a conspiração do anarquista Catilina (o pronunciamento tem o título de "Catilinárias"). Contra a vontade de César, pede e obtém do Senado a morte dos conspiradores. Desse modo, Cícero é aclamado como salvador da república. A eleição de Clódio, inimigo político de Cícero, para o tribunato leva Cícero ao exílio. Um ano mais tarde, volta em triunfo a Roma, chamado por Pompeu, e no ano seguinte é designado como procônsul para o governo da Cilícia. Ao regressar, no final do ano 50 a.C., encontra Roma mergulhada na guerra civil entre as tropas de Pompeu e César. Cícero permanece afastado da política por quase dois anos, elaborando suas obras filosóficas. Em 44 a.C., após o assassinato de César, este é sucedido por Marco Antônio, cujas ambições ditatoriais Cícero denuncia em veementes discursos (as Filípicas). Na última das Filípicas, ele exalta a vitória de Otávio, filho adotivo de César, contra Marco Antônio. Todavia, Otávio, vencedor na guerra, constitui com Marco Antônio e Lépido o segundo triunvirato. Os oposicionistas são executados, e Cícero é um dos primeiros a cair, em dezembro de 43.

Marco Túlio Cícero apresentou aos romanos as escolas da filosofia grega e criou o vocabulário filosófico em latim. Suas correspondências, muitas das quais dirigidas ao amigo Ático, são especialmente importantes, introduzindo a arte da escrita de cartas, além de fornecer aos leitores informações acerca da história do período. Do ponto de vista filosófico, foi adepto da filosofia estoica.

Cícero, no *De oratore*, afirma imitar o médico que, "antes de prescrever qualquer remédio aos enfermos, não somente examina o mal atual que ele pretende curar, mas se informa sobre seus hábitos e seus temperamentos ordinários no estado de saúde" (Cícero, 1942, p. 81, trad. nossa).

No tratado *Das divisões da arte oratória*, Cícero aprofunda as modalidades de utilizar a palavra de modo que ela obtenha efeitos benéficos para os destinatários. Declara que a competência própria do orador consiste "em pensamentos e palavras. A invenção diz respeito aos pensamentos; a elocução, às palavras; já a disposição, embora comum a ambas, incide mais sobre a invenção. A voz, o gesto, a expressão, em suma, a arte de representar acompanham a elocução; a todos esses recursos, guarda-os a memória" (*apud* Pinheiro, 2010, p. 32).

Ao descrever as quatro partes do discurso (a narração e a confirmação, para apresentar os fatos, e o exórdio e a peroração, para emocionar os ouvintes), afirma que "a primeira e a última servem para emocionar o ouvinte, pois o ouvinte deve ser comovido tanto no exórdio como na peroração; a segunda é a narração, e a terceira, a confirmação, a parte que torna persuasivo o discurso" (ibid., p. 46). Cícero se refere à exigência de que o discurso permita "representar o assunto como que diante dos nossos olhos" e chama esse recurso de amplificação: "a amplificação é uma espécie de argumentação veemente, de tal modo que a argumentação serve para ensinar, e aquela, para comover" (ibid., p. 45). Cícero explora o potencial da palavra ao descrever a técnica: "a amplificação é uma espécie de enunciação mais desenvolvida que, ao suscitar emoções nos ouvintes, produz a persuasão" (ibid., p. 64). A amplificação "concretiza-se pela escolha das palavras e da natureza dos assuntos. Devem-se empregar palavras que tenham o poder de clarificar e que não se afastem do uso, palavras pesadas, plenas, sonoras, compostas, bem formadas, invulgares, sinônimas, hiperbólicas e, sobretudo, palavras metafóricas". Além do mais, a palavra deve ser acompanhada pela performance: "uma atuação — da voz, da expressão, do gesto — apropriada e capaz de emocionar os ouvintes". De alguma forma, "importa julgar com atenção o que convém em cada caso" (ibid., p. 65).

O bom uso da palavra moldado pela arte retórica é essencial para transmitir a arte de viver condensada na filosofia, sendo que esta comunicação da sabedoria pela palavra era concebida por Cícero como a verdadeira medicina da alma. Afirma Cícero, ainda em *De oratore*:

> Com efeito, a eloquência não é outra coisa senão sabedoria dotada de expressão eloquente; embora tenha a mesma origem que a arte dialética, é mais rica, mais vasta e mais apropriada para comover os ouvintes e conduzir as paixões da multidão. Quanto à virtude que vela por todas as outras, que foge do que é desonesto e busca, mais que tudo, o que dá glória, é a decência (ibid., p. 78).

A tarefa do orador concebido como médico da alma é, portanto, conhecer "os caracteres da alma humana" e, levando em conta que as pessoas, "consoante as suas inclinações e a sua índole assim se distinguem umas das outras pela especificidade da virtude que lhes é própria", buscar "adaptar os pensamentos, ditos e ações de cada um aos tipos de virtudes" (*ibid.*, p. 79) que lhe convém. Evidentemente, "se fôssemos sempre capazes de nos orientar para o que é melhor, [...] praticamente não teríamos necessidade de conselho"; "mas, [...] por força das circunstâncias, que podem ser poderosíssimas, tantas vezes sucede contender o que é útil com o que é honesto", de modo que isso gera conflito interior. Assim, é papel do orador "ensinar por que caminho poderemos alcançar o bem e evitar o mal" (*ibid.*, p. 92).

Na obra *Tusculanae*, Cícero se propõe a usar a palavra (escrita) para aconselhar seu interlocutor (Brutus) e seus leitores ao cuidado e à cura das doenças da alma. Aderindo à visão do estoicismo de que a alma fica enferma pelo predomínio de falsas ideias que desviam a vontade, Cícero afirma que "tal como a corrupção do sangue, o excesso de humor ou de bílis fazem surgir as doenças do corpo e o mal-estar: a perturbação que acompanha as opiniões incorretas e a contradição de opiniões despojam a alma de sua saúde e a perturbam por meio de enfermidades" (1997, ed. italiana, livro III, p. 221, trad. nossa). Seguindo o estoicismo, Cícero define a enfermidade anímica como "uma ideia tenaz, fixa e profundamente enraizada em nós, que determina um forte desejo por um objeto que não deve ser desejado" (*ibid.*, p. 309), ou "que determina um movimento de repulsão para um objeto que não deve ser evitado".

Portanto, "a filosofia é como a medicina: ao curar o corpo em seu conjunto, cuida também das partes alcançadas pela doença. Da mesma forma, a filosofia, ao eliminar a aflição de modo geral, tira também as ideias falsas e os afetos destas decorrentes" (*ibid.*, p. 281). Seu método terapêutico consiste em apontar a causa da enfermidade da alma, a saber, "uma ideia errada e um ato da vontade", com base na razão, pois a "função da filosofia é justamente ordenar os princípios da razão" e a ela devemos recorrer "se quisermos ser felizes", "para obter dela todos os meios e apoios adequados para tornar virtuosa e feliz a nossa vida" (*ibid.*, p. 369). Com efeito, "os meios para dar serenidade à alma se resumem no exame cuidadoso da natureza humana", de modo a reconhecer a correspondência entre felicidade e virtude. Para isso, a palavra é um grande auxílio, na medida em que "ela evidencia a condição normal dos homens e a lei que governa a vida" (*ibid.*, p. 349).

A ideia errada muitas vezes é fruto do exercício desregrado da imaginação, que cria imagens de bens falsos, ou de males inexistentes; portanto, o cuidado não deve ser direcionado ao objeto da inquietação, e sim ao afeto inquieto. A questão é libertar a vontade da emoção perturbadora. Com efeito, segundo Cícero e o estoicismo, "os afetos intensos são viciosos por si mesmos e não são naturais nem necessários" (*ibid.*, p. 345). Nesse aspecto, o estoicismo se contrapõe à visão aristotélica, que considera as emoções como apetites naturais.

Cícero estabelece uma diferença entre doenças da alma e doenças do corpo: estas acontecem independentemente do doente, aquelas dependem de sua vontade: "na alma todas as doenças e as perturbações são efeitos da desobediência à razão" (*ibid.*, p. 315). Por isso, esse tipo de enfermidade é peculiar apenas aos seres humanos.

A saúde da alma é definida como "uniformidade e concordância de ideias e juízos combinada com firmeza inabalável" (*idem*), ao passo que a doença é desordem causada por vícios (disposições estáveis) ou por afetos intensos (disposições móveis). Um afeto intenso perdurando na alma produz doença.

Marco Aurélio

Durante o reinado de Marco Aurélio, designado ao trono em 138, as fronteiras do Império Romano foram constantemente atacadas por diversos povos: na Europa, germanos tentavam penetrar na Gália, e na Ásia, os partas renovaram seus assaltos. Sendo necessária uma figura autoritária para guiar as tropas, e não podendo o mesmo imperador defender as duas fronteiras em simultâneo, enviou Lúcio Vero como comandante das legiões situadas no oriente. Marco Aurélio casou-se com Faustina, a Jovem, filha de Antonino Pio e da imperatriz Faustina, a Velha, em 145. Durante os seus trinta anos de casamento, Faustina gerou treze filhos, entre os quais Cômodo, que se tornaria imperador após Marco Aurélio, e Lucila, que se casou com Lúcio Vero para solidificar a aliança deste com Marco Aurélio. Marco Aurélio faleceu em 17 de março de 180, durante uma expedição contra os marcomanos, que cercavam Vindobona (atual Viena, na Áustria). Suas cinzas foram trazidas para Roma e depositadas no mausoléu de Adriano.

As *Meditações* de Marco Aurélio são um exemplo de exercício espiritual ditado pela posição filosófica do estoicismo. Trata-se de um diário ou "livro de apontamentos" em que Marco Aurélio, de tempos em tempos, registra qualquer coisa que lhe pareça merecer ser guardada na memória. Ora registra um pensamento sugerido por qualquer acontecimento recente, ou encontro pessoal; ora medita sobre os mistérios da vida e da morte do homem; ora recorda uma máxima prática para o autoaperfeiçoamento; ora transcreve das suas leituras do dia um pensamento de que gostou particularmente. Todos esses assuntos, e uma grande variedade de outros, são registrados à medida que ocorreram ao escritor.

Hadot (2005) comenta que as *Meditações* de Marco Aurélio expressam a concepção do saber filosófico como arte de viver e estilo de vida — concepção esta que se diferencia profundamente da visão moderna. Já outro filósofo contemporâneo, antes de Hadot, M. Foucault (1985), ocupa-se do escrito de Marco Aurélio, que interpreta como um exercício de conhecimento voltado a obter a "soberania do indivíduo sobre si mesmo" (p. 72). Hadot discorda da interpretação de Foucault por ela ser demasiadamente centrada no "si mesmo", no cultivo e no gozo do eu e, portanto, moldada pela visão do homem contemporâneo. Apesar de Hadot concordar com Foucault acerca da derivação estoica e epicurista da prática de cultura de si atuada por Marco Aurélio, assinala que ocorre situar essas correntes filosóficas em sua época. E é nesse sentido que seria impróprio e anacrônico concordar com a afirmação de Foucault de que tais práticas visariam uma "construção do sujeito". Pelo contrário, segundo Hadot, a cultura de si é um exercício no qual "o conteúdo psíquico [...] tem como núcleo o sentido do pertencer a uma totalidade: a totalidade da comunidade humana, ou a totalidade do cosmos" (Hadot, 2005, p. 171, trad. nossa). A consciência de pertencer a essa totalidade é o fator que permite o autoconhecimento. Nessa visão, a escrita é recurso importante da cura de si: registrar pela escrita ações e estados de ânimo significa expor-se à possibilidade do olhar do outro, sendo, portanto, uma busca de universalização. Entender a escrita de si como uma espécie de construção de si mesmo (conforme Foucault preconiza) seria, segundo Hadot, uma leitura anacrônica da tradição antiga modelada no enfoque da subjetividade moderna e pós-moderna. A narrativa escrita não constitui o eu, mas contribui para o seu nexo com o universo

> o indivíduo não constrói sua identidade espiritual ao escrever [...], mas (o ato de escrever) permite que, ao se libertar da sua própria individualidade, quem escreve se eleve à universalidade. É, portanto, inexato falar da escritura de si [...]; a escritura não é o si. Como os demais exercícios espirituais, ela muda o nível do eu — eleva-o em direção àquela universalidade (*ibid.*, p. 175, trad. nossa).

Por isso, o valor da escrita é terapêutico e universal. Segundo Hadot:

> O milagre deste exercício, praticado em solidão, é que abre o acesso à universalidade da razão no tempo e no espaço. [...] Quem escreve sente-se de algum modo observado, não está mais só, mas é parte da comunidade humana silenciosamente presente. Expressando pela escrita os próprios atos pessoais, o escritor é tomado pela engrenagem da razão, da lógica, da universalidade. Desse modo, conteúdos que antes poderiam ser confusos e subjetivos adquirem objetividade (*idem*).

A relação do eu com a totalidade como contexto adequado para o conhecimento de si mesmo obtido pela narrativa parece ser, em suma, a característica peculiar desses escritos no período histórico da Roma antiga. A medicina da alma encontra, portanto, sua eficácia ao remeter, através da palavra ordenada, o indivíduo ao todo e, assim fazendo, proporcionar-lhe o sentido de sua condição.

Textos

Propomos aqui a leitura de alguns textos produzidos na forma de diferentes gêneros no seio da cultura romana, onde destacamos a presença de saberes psicológicos acerca das emoções e dos desequilíbrios anímicos e de conselhos terapêuticos para restabelecer o equilíbrio psíquico.

Apresentamos a seguir alguns trechos da *Eneida*, de Virgílio: nos primeiros dois relata-se o surgir da paixão amorosa de Dido por Eneias, paixão que a levará ao suicídio; no terceiro trecho relata-se o reencontro do casal no Hades. No drama dos protagonistas, o sentimento amoroso é submetido ao fado, ou seja, aos decretos dos deuses, e, nesse sentido, é ressaltada a impotência humana diante do destino, como fica evidente no silêncio final entre os dois amantes, nesse último encontro. Ao narrar a paixão de Dido, Virgílio descreve em pormenores os sinais psíquicos e físicos do surgir do intenso afeto amoroso.

> Dido, a rainha, não desviava os olhos do herói, presa ao sortilégio das suas palavras. Várias vezes a narrativa — tão comovente que era — lhe fazia vir lágrimas aos olhos e arfar o peito. Enquanto ouvia a história, o seu amor por aquele que a contava ardia, e ardia cada vez mais profundo na sua alma. Escutava-o — lábios entreabertos e respiração suspensa — a falar moderadamente dos próprios feitos e os olhos luziam-lhe de um amor que não conseguia esconder.
> A noite, passou-a em claro a rainha, consumida pela paixão que lhe devorava o sangue e que não a deixava afastar da mente o rosto, as palavras e os gestos do herói. Quando se

aproximou a aurora de açafrão, fazendo fugir do céu e da terra as sombras da noite, Dido levantou-se e dirigiu estas palavras a sua irmã Ana:

— Que noite má passei, entre insônia e pensamentos agitados! Que hóspede é este que entrou na nossa casa e tanto perturba a minha alma? Com tal rosto, tais armas e tais feitos, não posso deixar de acreditar que seja filho dos deuses. O temor dá a conhecer os animas fracos.

[...]

A formosa Dido, ela própria, segurando na mão direita uma taça, derramou vinho sagrado entre os chifres de uma vaca branca, pedindo os favores dos deuses. Seguia pelo templo ante os altares e imagens dos deuses, renovando as oferendas e procurando ler os presságios nas entranhas quentes das reses sacrificadas. Ai! Espíritos ignaros dos adivinhos! De que servem os vaticínios, os votos e os altares, se uma mulher está apaixonada? Uma chama devora-lhe a medula e sangra uma tenra ferida no seu peito.

E inquieta, e infeliz, ela vagueia pela cidade, sem poder repousar ou dormir — tal qual a gazela incauta que, ferida pela seta traiçoeira do pastor, é por este perseguida, e pelos cães, e que, esperando e buscando refúgio numa moita acolhedora, corre e voa pela solva, sem saber que o ferro mortífero lhe está preso à ilharga.

Dido conduziu Eneias num passeio pelas muralhas, mostrando-lhe as riquezas e os progressos da cidade. Começava a falar, quando teve de interromper o que dizia, porque, aproximando-se a noite, recolheram novamente ao salão do banquete, onde Eneias, instado pela rainha apaixonada, repetiu os lances e os feitos da história de Troia, já contada. E nem por isso lhe era menor a atenção de Dido, que o ouvia embevecida.

Depois de se separarem, já adiantada a noite, estando as estrelas a aconselhar o sono, ficou a rainha, triste e solitária, no palácio. Longe de Eneias, a sua imaginação via-o e ouvia-o permanentemente. Para minorar a sua dor, tomava nos braços o pequeno Ascânio, vendo, com olhos apaixonados, no rosto do filho, as feições do pai. Já não pensava na sua cidade de torres altas, na juventude que se exercitava para as batalhas, nem nos portos e baluartes que seriam a garantia de Cartago contra os inimigos. Num último e doloroso gemido, atirou-se soluçando sobre o divã, onde Eneias estivera deitado naquela noite, antes de partir.

[...]

Não longe dali se estendem por todos os lados os campos das lágrimas: assim são chamados. Lá, aqueles que um duro amor devorou numa cruel consumpção, encontram, afastados, veredas que os escondem e florestas de mirtos que os abrigam; seus tormentos não os abandonam nem mesmo na morte. Vê, nesses lugares, Fedra e Prócris, e a triste Erifila mostrando as feridas que um cruel filho lhe fez, e Evadne e Pasífae; Laodamia as acompanha, e Ceneu, donzel outrora, agora mulher, é revestido pelo destino com seu primitivo sexo.

Entre estas, a fenícia Dido, sangrando ainda da ferida, errava pela grande floresta; logo que o herói troiano chegou perto dela e a reconheceu, obscura, entre as sombras, como no começo do mês se vê ou se julga ver a lua entre as nuvens, deixou as lágrimas correrem e lhe disse com doce amor:

— Infortunada Dido! Era, pois, verdade que não vivias mais e que, com o ferro na mão, seguiste o partido extremo! Da tua morte, ai de mim! Fui eu a causa. Juro pelas constelações, pelos deuses do alto, e por tudo aquilo que há de sagrado nas profundezas da terra, foi, malgrado meu, ó rainha, que abandonei tuas plagas. Não fiz senão obedecer aos deuses, cujas ordens imperiosas me forçam agora a ir por entre estas sombras, por entre estes lugares cobertos de espantosos espinheiros e esta noite profunda. Não poderia crer que minha partida te causaria tão grande dor... Detém-te! Não fujas aos meus olhares! De quem foges? É a última vez que o destino me permite te falar. Com tais palavras, Enéias tentava abrandar aquela alma ardente, de torvo olhar, e procurava arrancar-lhe lágrimas. Mas ela, voltando a cabeça, tinha os olhos fixos no solo; seu rosto não se alterou com essa tentativa de conversação, como se ela fosse dura pedra ou um alto contraforte do Marpesso. Finalmente retirou-se e fugiu, hostil, para a floresta umbrosa, onde seu primeiro esposo, Siqueu, corresponde a seus cuidados e partilha seu amor. Eneias, todavia, abalado por essa iníqua desgraça, seguiu-a ao longe, chorando, e, enquanto ela se afastava, ele dela se compadecia (Virgílio, 2015, p. 57, 59 e 107. Disponível em: <http://www.livros-digitais.com/virgilio/eneida/59>. Acesso em: 27 mar 2015).

Propomos a seguir alguns trechos de uma obra de Sêneca: *A tranquilidade da alma*. Trata-se de um diálogo entre Sereno e Sêneca. No início do diálogo, Sereno interpela Sêneca, expondo o seu problema: uma flutuação da alma que o deixa inquieto. Ao responder, Sêneca usa de metáforas derivadas do discurso médico para se referir à cura da alma. Desse modo, trata-se de um dos textos que, juntamente ao *Timeu* platônico, fundam o campo da medicina da alma.

> Sereno: [...] Rogo, pois, se tens algum remédio com o qual possas refrear essa flutuação, para que me consideres digno de dever a ti a minha tranquilidade.
> Sei que esses movimentos da alma não são perigosos nem trazem qualquer inquietação mais tumultuosa. Lançando mão de uma imagem que expresse o que sinto, digo que não me cansa a tempestade, mas, sim, a náusea. Portanto, afasta o que quer que seja este mal e socorre ao náufrago que já avista a terra.
>
> Sêneca: O que tu queres, pois, é grande, de máxima importância e próximo de um deus: não ser abalado. Os gregos chamam a esse estado estável da alma de *euthymía*, sobre tal tema existe uma excelente obra de Demócrito. Eu o chamo de tranquilidade. Assim, não é preciso imitar ou traduzir as palavras pela sua forma; a própria coisa deve ser designada por algum nome, que deve ter a força da nomenclatura grega e não a aparência.
> Portanto, investiguemos de que modo a alma deverá prosseguir sempre igualmente e no mesmo ritmo. Ou seja, estar em paz consigo mesmo, e que essa alegria não se interrompa, mas permaneça em estado plácido, sem elevar-se, sem abater-se. A isso eu chamo tranquilidade. Investiguemos como alcançá--la. Isso feito, tu tomarás desse remédio universal a teu gosto. Examinando tal mal-estar, cada um reconhece qual parte dele

é sua. Ao mesmo tempo, compreenderás quão pequeno é teu problema pessoal em relação ao de outros, presos a uma profissão brilhante ou a um título importante. Em tal situação, mais por vergonha do que por decisão própria, impera a simulação. Todos eles estão na mesma situação, tanto os que estão envergonhados por sua própria leviandade — pelo tédio e pela contínua mudança de propósitos, aos quais agrada sempre mais o que foi abandonado — quanto aqueles que relaxam e passam a vida bocejando. Acrescente a esses os que, não de modo diferente daqueles aos quais o sono é difícil, se reviram de um lado e de outro até que venha o quieto descanso.
Tratando sempre de reformar o estado de sua vida, permanecem por último naquele que os surpreendeu no ódio às mudanças, pois a velhice é preguiçosa para a novidade.
Acrescente também aqueles pouco dados a mudanças, não por serem obstinados, mas por inércia, já que vivem como não gostariam, mas como sempre o fizeram.
São inumeráveis as propriedades do vício, mas o seu efeito é um só: o aborrecer-se consigo mesmo. Isso nasce do desequilíbrio da alma e dos desejos tímidos ou pouco prósperos, visto que não ousam tanto quanto desejam ou não o conseguem. Dessa forma, realizam-se apenas na esperança. Sempre são instáveis e volúveis. Por todas as vias tentam realizar seus desejos. Eles se instruem e se conduzem para coisas desonestas e difíceis e, quando o seu trabalho é frustrado, atormentam-se não por terem desejado o mal, mas por tê-lo desejado em vão. Então eles se arrependem de ter começado e temem recomeçar. Daí advém uma agitação que não encontra saída, porque não podem nem dominar nem se submeter aos seus desejos. Em consequência, reflete-se a indecisão de uma vida que pouco se expande e o torpor de uma alma em meio aos seus desejos fracassados.
Todos os males se agravam quando, longe dessa incômoda angústia, obtém-se a paz na tranquilidade ou nos estudos solitários, os quais não pode suportar uma alma dedicada às coisas cívicas, desejosa de ação e, por natureza, inquieta. Ou seja, não encontra consolo em si mesma. Por isso, privado dos deleites que as mesmas ocupações proporcionam aos que as perseguem, não suporta a casa, a solidão e as paredes.

> Desgostoso, vê-se como um ser abandonado.
> Daí o tédio e o desgosto para consigo mesmo. Tal o desassossego que em lugar nenhum encontra descanso, projetando uma aflitiva intolerância da própria inércia, cujos motivos não ousa confessar. Assim, seus desejos, fechados em sua estreiteza, sem possibilidade de evadir-se, acabam por sufocar a si mesmos.
> Por esse motivo, advêm tristeza, fraqueza e milhares de flutuações de uma mente tomada pela indecisão. Ela mantém em suspenso as esperanças suscitadas e se frustra na desolação.
> Consequentemente, aquela disposição de detestar o seu próprio repouso e de se queixar por não ter nada para fazer, e também de invejar fortemente o sucesso do próximo. A inércia não desejada alimenta a inveja, ambiciona a ruína de todos, porque não conseguiu atingir o seu próprio êxito.
> Dessa aversão pelo sucesso alheio e do desespero em virtude de seus fracassos, a alma exaspera-se contra a sorte e queixa-se do tempo, esconde-se e afunda na autocomiseração, porque entediada e com vergonha de si própria. Por natureza, a alma humana é ágil e pronta ao movimento, grata a tudo aquilo que lhe excite e lhe distraia, e mais gratos ainda são aqueles nascidos com os piores instintos, os quais sentem prazer com a confusão em suas obrigações.
> Assim como certas feridas instigam as mãos para que as machuquem e, do mesmo modo, se deleita o corpo tomado pela sarna com o ato de coçar, assim também digo que, para essas mentes, não é diferente. Nelas irrompem desejos como feridas cujo tormento equivale à sensação de prazer (Sêneca, 1994, p. 13-14).

Sêneca aconselha de muitos modos seu interlocutor e na parte final do texto dá-lhe os seguintes conselhos.

> Faz-se necessário muito recolhimento para dentro de si próprio.
> O contato com aqueles que são de outro nível atinge o nosso equilíbrio, renova paixões e excita debilidades latentes e tudo o que não esteja bem curado.

Solidão e companhia devem ser mescladas e alternadas. Esta desperta o desejo de viver entre os homens, aquela, conosco mesmos. Portanto, uma é remédio para a outra. A solidão irá curar a aversão da multidão, e a multidão, o tédio da solidão.
[...]
Igualmente, não se deve manter a mente fixa apenas num único objetivo, ela deve ser conduzida, por vezes, às distrações. Sócrates não se envergonhava de divertir-se jogando com os meninos. Catão relaxava o espírito com o vinho, quando se sentia cansado das preocupações da vida pública. Cipião exercitava seu corpo triunfante e militar através da dança. Não como agora costumam fazer, com trejeitos afeminados, mas como os antigos costumavam fazer, nos jogos e nas festas, dançando virilmente, sem ser, por isso, desconsiderados, mesmo que tenham sido vistos pelos seus inimigos.
Deve-se dar à alma algum descanso. Repousando, ela se torna mais atilada para a ação.
Assim como não se deve exigir demais dos campos férteis, porque uma fertilidade nunca interrompida os esgotaria, também o trabalho contínuo abate o ímpeto das almas, cujas forças se recuperariam com um pouco de descanso e de distração. Quando o esforço é demais, ele transmite à mente certo esgotamento e frouxidão.
Certos homens não tenderiam tanto para passatempos e jogos se disso não tirassem algum deleite. A frequência, no entanto, absorve do espírito toda a força.
Também o sono é muito necessário ao descanso, porém, se for contínuo, levará à morte. Existe muita diferença entre o afrouxar e o desligar.
Os legisladores instituíram os dias festivos para coagir publicamente os homens a se alegrarem, interpondo ao trabalho uma interrupção necessária. Portanto, como já disse, grandes homens se davam mensalmente alguns dias de férias. Outros, enfim, alternavam uma jornada de trabalho com outra de lazer.
Lembremos o grande orador Asínio Polião, que de nada se ocupava após as quatro horas da tarde. Ele não lia nem uma carta depois dessa hora, para que não surgissem novas preocupações. Assim, em duas horas repunha as energias gastas

durante o dia. Alguns cessavam suas atividades ao meio-dia, reservando as horas da tarde para os trabalhos mais leves (*ibid.*, p. 41).

Estes trechos são retirados do segundo livro das *Meditações* de Marco Aurélio. O autor aconselha seus leitores acerca da conduta diante do mal, da finitude da condição humana e de sua determinação por circunstâncias transcendentes, do conhecimento de si mesmo, da arte do bem viver.

A atitude sábia diante do mal

1. Começa cada dia por dizer a ti próprio: hoje vou deparar com a intromissão, a ingratidão, a insolência, a deslealdade, a má vontade e o egoísmo — todos devidos à ignorância por parte do ofensor sobre o que é o bem e o mal. Mas, pela minha parte, já há muito percebi a natureza do bem e a sua nobreza, a natureza do mal e a sua mesquinhez, e também a natureza do próprio culpado, que é meu irmão (não no sentido físico, mas como meu semelhante, igualmente dotado de razão e de uma parcela do divino); portanto, nenhuma dessas coisas me ofende, porque ninguém pode envolver-me naquilo que é degradante. Nem eu posso ficar zangado com o meu irmão ou entrar em conflito com ele; porque ele e eu nascemos para trabalhar juntos, como, de um homem, as duas mãos, os dois pés, as duas pálpebras ou os dentes de cima e de baixo. Criar dificuldades uns aos outros é contra as leis da natureza — e o que é a irritação, ou a aversão, senão uma forma de criar dificuldades aos outros?

Quem sou eu

2. Um pouco de matéria, um pouco de respiração e uma Razão para tudo dirigir — isso sou eu. (Esquece os teus livros; deixa de suspirar por eles; não faziam parte do teu equipamento.) Como alguém já à beira da morte, não penses na primeira — no seu sangue viscoso, nos seus ossos, na sua teia de nervos e veias e artérias. E a respiração, o que é? Uma lufada de ar; e nem sequer o mesmo ar, mas, antes, sempre diferente a cada inspiração e expiração. Mas a terceira, a Razão, a mestra — é

nela que te deves concentrar. Agora que o teu cabelo já está grisalho, não deixes mais que ela tenha um papel de escrava, que se contorça, qual marionete, a cada acesso de interesse pessoal; e deixa de te exasperares com o destino, resmungando com o hoje e queixando-te do amanhã.

A providência

3. Toda a organização divina está impregnada da Providência. Mesmo os caprichos do acaso têm o seu lugar no esquema da Natureza, isto é, no intricado tecido das disposições da Providência. A Providência é a fonte donde fluem todas as coisas; e a ela aliada está a Necessidade, e o bem-estar do universo. Tu próprio és parte do universo; e para qualquer das partes da natureza, aquilo que lhe é atribuído pelo Mundo-Natureza, ou a ajuda a existir, é bom. Além disso, o que mantém todo o mundo em existência é a Mudança: não meramente a mudança dos elementos básicos, mas também a mudança das formações maiores que elas compõem. Contenta-te com estes pensamentos, e considera-os sempre como princípios. Esquece a tua sede de livros, para que, quando o teu fim chegar, não resmungues, mas o encares com boa vontade e verdadeira gratidão aos deuses.

O tempo

4. Pensa nos teus muitos anos de adiamento; como os deuses repetidamente te proporcionaram mais períodos de graça que não aproveitaste. Está na altura de te dares conta da natureza do universo a que pertences, e daquele poder controlador de que és filho; e de compreenderes que o teu tempo tem um limite. Usa-o, portanto, para avançares no teu esclarecimento, senão ele vai-se e nunca mais voltará a estar de novo em teu poder.

Algumas dicas para o bem-viver:

5. Decide com firmeza, a todas as horas, como romano e como homem, fazer tudo aquilo que te chegar às mãos com dignidade, e com humanidade, independência e justiça. Liberta o espírito de todas as outras considerações. Isto podes tu fazer se abordares cada ação como se fosse a última, pondo de

lado o pensamento indócil, o recuo emocional das ordens da razão, o desejo de causar uma boa impressão, a admiração por ti próprio, a insatisfação pelo que te calhou em sorte. Vê o pouco que um homem precisa dominar para que os seus dias fluam calma e devotadamente: ele apenas tem de observar esses poucos conselhos, e os deuses nada mais lhe pedirão.

[...]

7. A tua atenção é desviada para preocupações exteriores? Então, concede-te um espaço de sossego dentro do qual possas aumentar o conhecimento do bem e aprender a refrear a tua inquietação. Defende-te também de outro tipo de erro: a loucura daqueles que passam os seus dias com muita ocupação, mas carecem de qualquer objetivo em que concentrem todo o seu esforço, melhor, todo o seu pensamento.

8. Dificilmente encontrarás um homem a quem a indiferença pelas atividades de outra alma traga infelicidade; mas para aqueles que não prestam atenção aos movimentos da sua própria, a infelicidade é certamente a recompensa.

9. Tendo sempre em mente aquilo que o Mundo-Natureza é, e aquilo que a minha própria natureza é, e o que uma é em relação à outra — uma fração tão pequena de um Todo tão vasto — lembra-te de que ninguém pode impedir-te de consertar cada palavra e cada ação com a Natureza de que és parte (Marco Aurélio, 2002, p. 35-39).

Síntese

A importância para a história dos saberes psicológicos do período histórico da antiga Roma reside no fato de que, neste, elaborou-se o campo da medicina da alma, pela cooperação entre medicina, poesia, filosofia (especialmente o estoicismo) e arte retórica. Por um lado, a medicina de Galeno acentua o conhecimento dos efeitos psicológicos dos humores e, nessa perspectiva, detalha a caracterização dos perfis correspondentes aos quatro temperamentos. E a poesia romana (lírica e épica) dá expressão literária às vivências emocionais, traduzindo em palavras experiências afetivas intensas e perturbadoras. Por outro lado, dando continuidade à tradição socrática da voz interior, o conhecimento de si mesmo é desenvolvido pela filosofia e pela oratória romanas, explicitamente voltado para a arte de bem viver. A condição de bem-estar se torna possível à medida que o indivíduo cuida de seu equilíbrio psicossomático e controla os excessos. Favorece esse processo o estabelecimento de uma forte ligação com a totalidade do universo. Um dos recursos mais importantes do campo da medicina da alma é o bom uso da palavra, seja oral pela retórica, seja escrita.

Referências bibliográficas

MARCO AURÉLIO. *Meditações*. L. A. Varela Pinto, tradutor. Espinho: s/e, 2002.
CÍCERO, M. T. *On the Orator: Books 1-2*. Trad. E. W. Sutton, H. Rackham. Loeb Classical Library 348. Cambridge: Harvard University Press, 1942.
CICERONE, M. T. *Le Tusculane*. A. Di Virgilio, tradutor. Milão: Mondadori, 1996.
COURCELLE, P. *Conosci te stesso. Da Socrate a Bernardo*. F. Filippi, trad. Milão: Vita e Pensiero, 2001. (Original publicado em 1974-1975).
DANIEL-ROPS. *A igreja dos apóstolos e dos mártires*. São Paulo: Quadrante, 1988.
GALENO. "Le passioni e gli errori dell'anima". In: MENGHI, M.; VEGETTI, M. (orgs). *Galeno. Opere morali*. Veneza: Marsílio Editore, 1984.
HORÁCIO. *Lírica e lugar-comum: alguns temas de Horácio e sua presença em português*. Francisco Achcar, tradutor. São Paulo: Edusp, 1994.
MASSIMI, M. *A teoria dos temperamentos e suas aplicações nos trópicos*. Ribeirão Preto: Holos, 2010.
OLIVEIRA, F.; BRANDÃO, J. L.; MANTAS, V. G.; SERRANO, R. S. *A queda de Roma e o alvorecer da Europa*. Coimbra: Imprensa da Universidade de Coimbra Classica Digitalia Universitatis Conimbrigensis. Centro de Estudos Clássicos e Humanísticos da Universidade de Coimbra, 2013.
PIGEAUD, J. *La maladie de l'âme. Elude sur la relación de lame et du corps dans la tradition médico-philosophique antique* (thèse de doctorat, pubbl. 1981). Paris: Les Belles Lettres, 2006. (Original: 1981).

PINHEIRO, N. E. M. *Cícero: as divisões da arte oratória. Estudo e tradução*. Faculdade de Letras da Universidade do Porto, 2010.
SÊNECA, L. A. "Cartas a Lucílio". In: Nuestros clásicos, n. 53. México: Universidade Autonoma de Mexico, 1980.
SÊNECA, L. A. *Da tranquilidade da alma*. L. S. Rebello e E. I. N. Vranas, tradutores. L&PM Pocket, 1994.
SILVA, P. J. C. "Lembrar para esquecer: a memória da dor no luto e na consolação". In: *Rev. Latinoam. Psicopat. Fund.*, São Paulo, v. 14, n. 4, dezembro 2011, p. 711-720.
VEYNE, P. *A elegia erótica romana*. São Paulo: Brasiliense, 1983.
VIRGILIO, P. M. *Eneida*. Tassilo Orpheu Spalding, tradutor. Disponível em: <http://www.livros-digitais.com/virgilio/eneida/59>. Acesso em: 27 mar 2015.

Capítulo 3

*O homem, a anima
e as origens do conceito
de pessoa na tradição judaica
e na primeira era cristã*

Introdução

O período histórico que se estende desde meados do primeiro século até o século V é marcado pela convergência de duas tradições culturais entre si muito diferentes, a tradição greco-romana e a judaica, e do elemento de assimilação entre elas constituído pelo cristianismo. A cidade de Roma é cenário importante dessa convergência. As concepções de homem e de psique de derivação grega são, desse modo, apropriadas e modificadas, introduzindo-se elementos novos, entre eles o conceito de liberdade, ou livre-alvedrio. Assim, a análise da vontade humana torna-se tão importante quanto o estudo de sua capacidade cognitiva. A capacidade reflexiva do ser humano já tematizada pelos gregos adquire importância na visão antropológica do judaísmo e do cristianismo, sendo ele um ser à imagem e semelhança de Deus e, portanto, dotado em si mesmo do sopro divino que dá vida e que é consciência dela. Ao mesmo tempo, a valorização do homem em sua concretude e corporeidade introduzida pelo judaísmo e depois pelo cristianismo transforma o dualismo antropológico presente em algumas vertentes da cultura grega numa visão integrada de homem. Um dos resultados mais significativos dessas transformações é o nascimento de um conceito novo: o de *persona* — em português, pessoa. Por fim, a dimensão decisiva da temporalidade e da história presente na cultura judaica em contato com a concepção grega da alma racional assume conotação interior: o ser humano é ser histórico, e o tempo é uma vivência interior. O imperativo socrático de conhecer-se a si mesmo não se refere mais a um conhecimento estático e ontológico do ser, mas ao conhecimento de si ao longo do tempo. Disso decorre uma grande valorização da memória, que, já assinalada por Platão em sua teoria do conhecimento, se torna o instrumento principal de autoconhecimento. Da ênfase atribuída pela cultura romana à palavra como lugar de conhecimento e de cura de si deriva o conhecimento de si se transformar em narrativa: nasce a autobiografia. Todos esses elementos se condensam no pensamento de um autor justamente considerado por vários historiadores da psicologia (Chateau, 1978) como um dos marcos desta área de conhecimento: Agostinho de Hipona.

Periodização e regime de temporalidade

No Ocidente, assiste-se à crise da civilização greco-romana e à colocação de novos alicerces que resultarão posteriormente na configuração da Europa medieval. Algumas datas devem ser lembradas.

No ano 70 d.C. as forças romanas sob o comando de Tito capturaram e destruíram Jerusalém.

O período chamado de Baixo Império, entre os séculos III e V, é um tempo de anarquia militar e de conflitos entre generais do exército e imperadores, com consequente fragmentação do exército. É o fim das expansões coloniais, com decorrente crise do mercado escravo. O Édito Máximo substitui a escravidão pela servidão.

No ano de 293, Diocleciano dividiu o Império Romano em quatro prefeituras e estabeleceu duas capitais: Nicomédia, na Ásia menor, e Milão, na Europa.

Nesse período ocorre uma grande expansão do cristianismo: na época do Imperador Diocleciano (284-305) registra-se ainda uma violenta perseguição em 303, sobretudo no Egito. Mas com o Imperador Constantino (306-337) é proclamada a liberdade de culto religioso, e se concede aos cristãos a liberdade de expressar suas crenças; pelo Édito de Milão (313) e pelo Édito Tessalônico, o cristianismo se torna religião oficial de Roma.

Os séculos III e IV marcam a decadência do império e da civilização romanos. O império cessou de expandir-se, o que implicou uma grave crise econômica: a falta de escravos e a desistência do trabalho levaram a um empobrecimento progressivo e dívidas nas finanças imperiais. O exército fica fragilizado por sua composição heterogênea, constituído pelos vários povos das colônias. Além disso, a crise moral atinge o mundo romano em seu âmago mais profundo. Povos do norte e do leste da Europa aproximam-se dos confins do império e buscam penetrá-lo: em 342, os francos; em 354, os alamanos; em 376, os hunos, em 380, os vândalos etc. As Invasões Bárbaras dos povos germânicos causam uma fragmentação política do território do Império, com grande êxodo urbano.

Em 395 ocorre a divisão do império em Império Romano do Ocidente (Roma como capital; devastada pelas invasões barbáricas) e Império Romano do Oriente (capital em Constantinopla; consegue resistir às invasões, tornando-se mais tarde o Império Bizantino).

A tomada de Roma pelos hérulos e pelos godos em 24 de agosto de 410, quando a cidade é cercada, invadida e saqueada pelo exército bárbaro de Alarico é um evento arrasador. A queda do Império Romano do Ocidente ocorre em 476, quando o último imperador romano Rômulo Augusto é deposto pelo comandante germânico Odoacro. Os dois eventos assinalam o fim de um mundo e o início de uma nova época histórica.

Com a queda de Roma, difunde-se o sentimento de que o mundo poderá findar. Com efeito, o império sofre seu maior golpe, não apenas do ponto de vista político e militar, mas, sobretudo, *moral*. A invasão e o saque de Roma são o ponto culminante de uma crise que se anunciava havia anos com a entrada dos bárbaros nos limites do império: o "orgulho romano" e o "mito da Cidade Eterna" são atingidos em sua raiz; e, aos romanos, resta buscar explicações para o que era inexplicável; como também diante da decadência do ideal da *res publica* buscar caminhos de salvação individual ou uma vivência estética do tempo presente que se esgota em si mesma. O famoso *carpe diem* do poeta romano Horácio (65-8 a.C.) se torna, então, mentalidade comum:

> Tu não indagues (é ímpio saber) qual o fim que a mim e a ti os deuses tenham dado, Leuconoé, nem recorras aos números babilônicos. Tão melhor é suportar o que será! Quer Júpiter te haja concedido muitos invernos, quer seja o último o que agora debilita o mar Tirreno nas rochas contrapostas, que sejas sábia, coes os vinhos e, no espaço breve, cortes a longa esperança. Enquanto estamos falando, terá fugido o tempo invejoso; colhe o dia, quanto menos confia no de amanhã (*Odes* I, 11.8) (Horácio *apud* Achcar, 1994, p. 88).

Em suma, a queda de Roma é um acontecimento trágico, sobretudo pelo conteúdo simbólico. Vários autores da época assinalam esse significado: por exemplo, no século V, o teólogo São Jerônimo (c. 345-419) escreve em carta a Heliodoro:

> A alma fica horrorizada ao ver as ruínas dos tempos presentes. Há vinte ou mais anos que o sangue romano é derramado diariamente entre Constantinopla e os Alpes Júlios. A Cítia, a Trácia, a Macedônia, a Dardânia, a Dácia, a Tessália, a Acaia, o Epiro, a Dalmácia e as Panônias, devastam-nas, exploram-nas, saqueiam-nas o Godo, o Sármata, o Quado, o Alano, os Hunos, os Vândalos, os Marcomanos [...]. O orbe romano está a ruir [...] (Oliveira, 2013, p. 8).

Contexto histórico

No meio da profunda crise cultural e religiosa desencadeada pela queda de Roma, difunde-se a visão judaico-cristã do mundo, como resposta à busca de salvação individual e coletiva, diante da crise da filosofia, que parece ter se demonstrado incapaz de converter os ânimos das pessoas e dos povos.

À procura da verdade, muitos empreendem viagens, outros procuram uma resposta no saber, ou nas religiões. A trajetória do filósofo Justino (100-165) é um exemplo: Justino nasceu por volta do ano 100 na antiga Siquém, em Samaria, na Terra Santa; e procurou por longo tempo a verdade, peregrinando nas várias escolas da tradição filosófica grega. Finalmente, como ele mesmo narra nos primeiros capítulos do seu *Diálogo com Trifão*, uma personagem misteriosa, um idoso encontrado à beira-mar, demonstra-lhe a incapacidade do homem de satisfazer unicamente com as suas forças a aspiração pelo divino. Depois, indica-lhe nos antigos profetas as pessoas às quais se dirigir para encontrar o caminho de Deus e a "verdadeira filosofia". Ao despedir-se dele, o idoso exortou-o à oração, para que lhe fossem abertas as portas da luz. A narração alegórica se refere ao episódio crucial da vida de Justino: no final de um longo itinerário filosófico de busca da verdade, ele alcançou a fé cristã. Fundou uma escola em Roma, onde gratuitamente iniciava os alunos na nova religião, considerada a verdadeira filosofia, a arte de viver de modo reto. Por esse motivo foi denunciado e decapitado por volta do ano de 165, sob o reinado de Marco Aurélio, o imperador filósofo ao qual o próprio Justino tinha dirigido a sua Apologia, na qual estabelece uma conexão entre o conceito estoico e o conceito cristão de *logos* (Spinelli, 2002).

Afirma-se a exigência de superar o teor fatalista e determinista do pensamento antigo que concebe o homem como totalmente condicionado pelos eventos naturais; como também se afirma a urgência por uma mudança nas relações humanas, marcadas pela escravatura. Além disso, é muito importante o exemplo da vida transformada dos primeiros cristãos, seja individualmente seja socialmente. Um antigo documento descreve o impacto das primeiras comunidades cristãs na sociedade da época:

> Os cristãos, de fato, não se distinguem dos outros homens, nem por sua terra, nem por sua língua ou costumes. Com efeito, não moram em cidades próprias, nem falam língua estranha, nem têm algum modo especial de viver. Sua doutrina não foi inventada por eles, graças ao talento e a especulação de homens curiosos, nem professam, como outros, algum ensinamento humano. Pelo contrário, vivendo em casas gregas e bárbaras, conforme a sorte de cada um, e adaptando-se aos costumes do lugar quanto à roupa, ao alimento e ao resto, testemunham um modo de vida admirável e, sem dúvida, paradoxal. Vivem na sua pátria, mas como forasteiros; participam de tudo como cristãos e suportam tudo como estrangeiros. Toda pátria estrangeira é pátria deles; cada pátria é estrangeira.
> Casam-se como todos e geram filhos, mas não abandonam os recém-nascidos. Põe a mesa em comum, mas não o leito; estão na carne, mas não vivem segundo a carne; moram na terra, mas têm sua cidadania no céu; obedecem as leis estabelecidas, mas com sua vida ultrapassam as leis; amam a todos e são perseguidos por todos; são desconhecidos e, apesar disso, condenados; são mortos e, desse modo, lhes é dada a vida; são pobres e enriquecem a muitos; carecem de tudo e têm abundância de tudo; são desprezados e, no desprezo, tornam-se glorificados; são amaldiçoados e, depois, proclamados justos; são injuriados e bendizem; são maltratados e honram; fazem o bem e são punidos como malfeitores; são condenados e se alegram como se recebessem a vida. Pelos judeus são combatidos como estrangeiros, pelos gregos são perseguidos, e aqueles que os odeiam não saberiam dizer o motivo do ódio (*Carta a Diogneto*. Disponível em: <http://veritatis.com.br/patristica/165-obras/1406-carta-a-diogneto>. Acesso em: 2 abr 2015).

Entre os anos 200 e 300, assiste-se assim a uma grande difusão do cristianismo, sobretudo no Oriente e em Roma. O cristianismo tinha sido longamente hostilizado em Roma, inclusive pelo mundo intelectual. A nova religião foi definida nas palavras do historiador Gaio Suetônio Tranquilo (70-140 a.C.), funcionário imperial de alto nível sob Trajano e Adriano, intelectual e conselheiro do imperador, como "superstição nova e maléfica". Ao referir-se à perseguição desencadeada pelo incêndio de Roma no ano 65, época de Nero, o grande historiador Tácito Cornélio (54-120), senador e cônsul, descreve o acontecimento em seus *Anais*, convencido de que os cristãos merecem as mais severas punições porque a sua superstição os leva a cometer infâmias:

> O nome deles provinha de Cristo, que sob o reinado de Tibério fora condenado ao suplício por ordem do procurador Pôncio Pilatos. Momentaneamente adormecida, essa superstição maléfica prorrompeu de novo, não só na Judeia, lugar de origem daquele flagelo, mas também em Roma, onde tudo que seja vergonhoso e abominável acaba confluindo e encontrando a própria consagração.

O imperador filósofo Marco Aurélio, nas *Memórias* já citadas, expressa um grande desprezo pelo cristianismo; proibiu, num rescrito de 176-7, a introdução de cultos desconhecidos, de modo que não corresse perigo a religião do Estado. A situação dos cristãos, sempre difícil, endureceu-se ainda mais com ele. O filósofo grego Celso, em seu *Discurso sobre a verdade*, escreve: "Recolhendo gente ignorante, que pertence à mais vil população, os cristãos desprezam as honras e a púrpura, e chegam até mesmo a chamar-se indistintamente de irmãos e irmãs [...]. O objeto de sua veneração é um homem punido com o último dos suplícios e, do lenho funesto da cruz, eles fazem um altar, como convém a depravados e criminosos".

É no segundo século que os primeiros apologistas cristãos (Justino, Atenágoras, Taciano) negam, com a evidência dos fatos, as acusações mais infamantes, e procuram expressar a visão cristã em termos culturalmente aceitáveis por um mundo embebido de filosofia greco-romana. A busca de uma mediação intelectual entre a tradição filosófica greco-romana e a visão religiosa judaico-cristã é evidente neste trecho de Atenágoras de Atenas, no qual se colocam argumentos semelhantes aos dos filósofos para justificar o monoteísmo:

Platão e Aristóteles — aviso, antes de tudo, que não tenho a intenção de expor com absoluto rigor as doutrinas dos filósofos, ao citar o que disseram a respeito de Deus; com efeito, sei quanto superais a todos por vossa inteligência e o poder de vosso império; também sois versados em cada uma das partes da ciência, como não o são nem os que se reservaram uma só delas; todavia, como, sem citar nomes, era impossível demonstrar que não somos apenas nós que encerramos Deus na mônada, recorri aos florilégios ou coleções de sentenças. Platão, portanto, diz o seguinte: "Ao Criador e Pai de todo o universo não só é difícil encontrá-lo, mas, uma vez encontrado, é difícil manifestá-lo a todos", dando a entender que o Deus incriado e eterno é um. É certo que ele conhece outros, como o sol, a lua e as estrelas, mas conhece-os como seres criados: deuses de deuses, de que eu sou o artífice, e pai de obras que, se eu não quiser, não são desatáveis, pois tudo o que é atado é desatável". Portanto, se Platão não é ateu, por entender que o artífice do universo é um só Deus incriado, muito menos o somos nós, por saber e afirmar o Deus, por cujo Verbo tudo foi fabricado e por cujo Espírito tudo é mantido. Aristóteles e sua escola, que introduzem um só Deus como uma espécie de animal composto, dizem que Deus é composto de alma e corpo e consideram como seu corpo o éter, as estrelas errantes e a esfera das estrelas fixas, tudo movido circularmente; e consideram a alma como a inteligência que dirige o movimento do corpo, sem que ela própria se mova, sendo ela, em troca, a causa do movimento. Quanto aos estoicos, embora nos nomes multipliquem o divino nas denominações que lhe dão, conforme as mudanças da matéria, na realidade consideram Deus como uno. Com efeito, se Deus é o fogo artificioso, que marcha por um caminho para a geração do mundo e compreende em si todas as razões seminais, segundo as quais tudo se produz conforme o destino, e se o espírito de Deus penetra o mundo inteiro, Deus é uno, segundo eles; e chama-se Zeus, se olha o fervor da matéria; ou Hera, se o ar; e daí por diante, conforme cada parte de matéria, por onde penetra a abrir para outros nomes que apontam (*Atenágoras de Atenas*. Disponível em: <http://www.apologistascatolicos.com.br/obraspatristicas/index.php?af=AtenagorasApeloPelosCristaos>. Acesso em: 2 abr 2015).

Serão Tertuliano, no Ocidente, e Orígenes, no Oriente (terceiro século), a darem uma forma sistemática e imponente à cultura cristã (Pitta. Disponível em: <http://imperioroma.blogspot.com.br/2010/03/perseguicao-aos-cristaos.html>).

Tal esforço cultural resultou na produção de textos em que a visão antropológica do cristianismo foi tematizada em suas semelhanças com a cultura greco-romana assim como em suas diversidades. Dessa produção podemos derivar o conhecimento das concepções referentes ao psiquismo e o delinear-se de um novo arcabouço cultural.

Eixo estruturante *A construção do arcabouço conceitual dos saberes psicológicos no âmbito dos conhecimentos especulativos*: as tradições do judaísmo e do cristianismo

Ao prosseguirmos nosso percurso de história dos saberes psicológicos, usaremos agora o termo português alma, sinônimo do latim *anima* e do grego *psykhé*. Veremos que na formulação da concepção da alma, realizada ao longo do extenso período histórico medieval, convergem dois importantes filões culturais: a tradição grega e latina e as tradições judaica e cristã. Abordaremos agora sinteticamente os aspectos fundamentais dessas duas tradições no que concerne ao conceito de homem e de alma.

O judaísmo

A tradição religiosa do judaísmo é condensada num conjunto de livros sagrados chamado *Bíblia* (termo grego que significa livros), escritos por cerca de quarenta autores entre 1500 e 450 a.C.

Nessas fontes, encontram-se três conceitos fundamentais no que diz respeito à visão de homem (que lhe são peculiares e divergem da visão grega que abordamos anteriormente).

Em primeiro lugar, o *homem é imagem e semelhança de Deus*, sendo modelado por Deus com a argila do solo e com o sopro divino. No livro de Gênesis, assim relata-se a criação do homem:

> Então disse Deus: "Façamos o homem à nossa imagem, conforme a nossa semelhança. Domine ele sobre os peixes do mar, sobre as aves do céu, sobre os grandes animais de toda a terra e sobre todos os pequenos animais que se movem rente ao chão" (capítulo 1, v. 26).
> "Então o Senhor Deus formou o homem do pó da terra e soprou em suas narinas o fôlego de vida, e o homem se tornou um ser vivente" (capítulo 2, v. 7).

Nesse relato, os termos homem e Adão (*adam*), nome do primeiro homem, assemelham-se à palavra terra (*adamah*) no hebraico.

O homem — imagem e semelhança de Deus — perdeu a experiência plena de sua filiação divina por uma decisão de autonomia tomada com relação a esta filiação e uma consequente queda da condição originária, denominada *pecado (= falta) original*. No livro de Gênesis este posicionamento é colocado como um fator originário e representado pela narrativa mítica do pecado original. Nesta, Adão e Eva, os primeiros homem e mulher criados por Deus, escolhem alcançar poder e conhecimento de modo autônomo do seu Criador (esta autonomia sendo simbolizada pela figura da serpente) e devido a isso perdem sua convivência e familiaridade com ele (o estado do paraíso terrestre). A perda da condição originária é propriamente o pecado.

Em segundo lugar, a imortalidade do homem não se dá pela alma, e sim por ele pertencer a um *povo* e por ele gerar filhos. Ainda no livro *Gênesis*, Deus diz a Abrão, o pastor nômade que chama para tomar posse de uma nova terra: "Não será mais chamado Abrão; seu nome será Abraão, porque eu o constituí pai de muitas nações" (livro 17, v. 5).

Em terceiro lugar, cada homem tem um destino *histórico* e é uma realidade histórica, sendo a positividade desse destino garantida pela relação com Deus (pelo fato de ser o homem sua imagem e semelhança). Assim canta o rei Davi no salmo

15: "Ó Senhor, sois minha herança e minha taça, meu destino está seguro em vossas mãos!".

A cultura hebraica bíblica usa os termos *neshamash* (sopro), *nephes* (respiro) e *ruach* (sopro vital). Esses termos são inicialmente referidos a partes do corpo que desempenham as funções de assoprar e respirar: assim, por exemplo, *nephes* é a gula, depois, em época mais tardia, passa a significar a necessidade de água ou ar; e finalmente o sentido do termo é internalizado (atribuído ao sujeito que experimenta a necessidade de assoprar ou beber etc.). O mesmo ocorre com o termo *ruach*, que inicialmente significa o ar e depois passa a significar aquele que respira. De modo geral, assiste-se, na linguagem bíblica, a uma transformação de termos concretos em abstratos, do órgão visível para uma função invisível.

Outro termo bíblico muito importante é o coração (*leb* ou *lebab*). Inicialmente usado para denominar o órgão concreto, passa a significar aspectos cognitivos, expressivos, motivacionais do ser humano. O coração é ligado à memória e à reflexão interior, bem como à vontade e à decisão.

Uma expressão muito interessante do pensamento judaico acerca da psique é a de Fílon de Alexandria (20 a.C.-40 d.C.), embaixador e escritor. Entre outros, Fílon redige um pequeno livro sobre a comunidade dos assim chamados Terapeutas de Alexandria. Estes são judeus "adeptos à vida contemplativa" cujo projeto é a profissão de uma medicina superior à medicina comum, "que apenas cuida do corpo": a medicina dos terapeutas "também cuida do psiquismo atormentado por essas doenças penosas e difíceis de curar que são o apego ao prazer, a desorientação do desejo, a tristeza, as fobias, as invejas, a ignorância, o não conformar-se ao que se é, e uma infinidade de outras patologias e sofrimentos" (Leloup, 2004, p. 36). Eles vivem em comunidades, seguem uma regra que diz respeito à vida corporal (hábitos diários, vestes e moderação na bebida e na alimentação), espiritual (relação com Deus através da oração e do silêncio) e também à educação do desejo (orientar os desejos para o verdadeiro bem e atingir o domínio de si e a moderação). Esforçam-se por eliminar o orgulho, tido por eles como "o começo da ilusão" (*ibid*. p. 48).

O cristianismo

A tradição religiosa do cristianismo tem como fontes principais o assim chamado Novo Testamento (que compreende os quatro Evangelhos; os Atos dos Apóstolos; as Epístolas de São Paulo, São Pedro, São Tiago e São João; e o livro do Apocalipse). O cristianismo enxerta-se na tradição judaica, derivando dela vários elementos no que diz respeito à visão do homem e somando outros novos.

Segundo o cristianismo, a condição de filiação maculada pelo pecado original foi restaurada por Deus pelo envio de seu próprio filho, Jesus Cristo, o qual assumiu a condição humana para restaurar nela sua plena dignidade. Rejeitado pelos mestres da lei do judaísmo que não o reconhecem como o Messias, e sendo, portanto, por eles acusado de blasfêmia e condenado à morte na cruz pelos romanos que então governavam a Judeia sob a chefia de Pôncio Pilatos, ressuscitou no terceiro dia, conforme atestado pelas fontes históricas do cristianismo redigidas por diversas testemunhas. Nesse sentido, o cristianismo fundamenta-se em um *fato histórico: a existência de Cristo Homem-Deus*, e por isso apoia-se nas fontes que documentam o fato, tendo ele a pretensão de ser um acontecimento único, decisivo e definitivo da história humana.

Nessas fontes, o homem é definido pelo corpo (em grego: *sôma*), podendo ser corpo animado (*soma psykhikón*) (= natural) ou corpo espiritual (*sôma pneumatikón*). O corpo define o homem em sua existência concreta, histórica. Nessa concepção, a noção grega de alma, ou psique, corresponde ao princípio vital, sendo comum a todos os seres vivos. O homem possui também a *noûs* (= alma racional), ou razão (sinônimo de entendimento, ou inteligência), e a liberdade. Ambas são responsáveis pela vida cognitiva e moral. Todavia, diferentemente da concepção dos gregos, pelo cristianismo a razão é imperfeita, ela também sendo submetida à condição mortal inerente ao pecado original (Massimi, 1986).

O fato do ser humano qualificar-se como ser *psykhikón*, ou *pneumatikón*, depende da opção de sua liberdade. A liberdade é, com efeito, o elemento novo introduzido pelo cristianismo.

Segundo o filósofo russo N. Berdiaev,

> o cristianismo revela (pela primeira vez e de modo definitivo) ao mundo o princípio da liberdade espiritual, desconhecido pelo mundo antigo e, de certo modo, pelo judaísmo. Com efeito, a liberdade na acepção cristã pressupõe que o verdadeiro sujeito da ação histórica é um sujeito livre, um espírito livre. Se não admitirmos esse sujeito que atua livremente e determina o destino histórico da humanidade, não podemos falar propriamente de história. A mentalidade cristã se rebela à submissão ao *fatum*, típica do mundo antigo. Foi o cristianismo que evidenciou o tema do homem como sujeito criador (Berdiaev, 1979, p. 100, trad. nossa).

A liberdade é a participação do ser humano no poder criador divino (poder que se expressa na noção de sopro ou espírito criador) e, como tal, cada homem tem a possibilidade de viver sua condição em conformidade ou não com a vontade do Criador. Desse posicionamento derivam diversas maneiras de viver a existência, de expressar a condição humana: permanecer no plano da natureza (*psykhikón*) ou viver em unidade com o espírito divino (*pneumatikón*).

Portanto, a vida do homem é um devir, entendido como transformação de homem carnal (= *sárx* = expressão grega que define a condição moral do homem que vive e age autonomamente, sem relacionar-se com Deus) em homem espiritual (= *pneumático* = expressão que define a condição do homem que vive e age relacionando-se com Deus).

Em resumo, os termos que definem a antropologia judaico--cristã são:

1. *Sárx* (= carne): é a condição moral do homem que vive e age fora do relacionamento com Deus.
2. *Sôma* (= corpo): é o homem na sua existência concreta.
3. *Psique* (= alma): é o princípio vital que anima o corpo.
4. *Noûs* (= razão, mente): é o princípio da inteligência e do critério moral; pode ser corrompida pelo pecado.
5. *Pneuma* (= espírito): o homem enquanto filho de Deus. É o estado de plena realização do ser humano, quando o homem se torna *sôma pneumatikón* (= corpo espiritual).
6. *Liberdade*: o homem compartilha uma característica muito importante da vida divina que é a liberdade de se autodeterminar, ou seja, de escolher os rumos de seu caminho histórico.

Eixo estruturante *A voz interior e o imperativo de conhecer-se a si mesmo*: pessoa e introspecção segundo Agostinho de Hipona

Pessoa é um termo corriqueiramente usado em nossa linguagem cotidiana assim como na clínica psicológica para indicar o sujeito humano em sua individualidade. O termo, porém, não pertence a todas as culturas humanas, nem a todas as épocas históricas. Importa assim acompanhar sua gênese e contextualizá-lo em seu berço cultural originário.

Etapa decisiva no itinerário da formação do conceito de pessoa e dos métodos para o seu conhecimento por introspecção, nos primeiros séculos da era cristã, foi a contribuição de Agostinho de Hipona (354-430). Ele realizou a primeira tematização de pessoa e o primeiro modo de conhecimento em primeira pessoa. Na consideração da obra desse autor, nos deteremos, portanto, com maior profundidade.

Biografia

Aurélio Agostinho (em latim: Aurelius Augustinus), ou Agostinho de Hipona, nasceu em Tagaste (13 de novembro de

354) e morreu em Hipona (28 de agosto de 430). A cidade de Tagaste se encontra na província de Souk Ahras, Argélia. Sua mãe, Mônica, era cristã. Foi educado no Norte da África e atuou na área da retórica e da filosofia. Interessado pelos estudos filosóficos, aderiu ao neoplatonismo, conjunto de doutrinas e escolas de inspiração platônica que se desenvolveram do século III ao século VI, focado em aspectos espirituais e cosmológicos do pensamento platônico, e assimilando doutrinas da teologia egípcia e judaica.

No que diz respeito à religião, por muitos anos Agostinho resistiu aos pedidos da mãe para se tornar cristão, aderindo ao maniqueísmo, doutrina sincrética e dualista fundada por Maniqueu, filósofo do século III, que concebia o mundo dividido em bem e mal, sendo a matéria intrinsecamente má e o espírito intrinsecamente bom.

Posteriormente, tendo ido para a Itália visando se aprimorar na arte oratória em Milão, conheceu o bispo Ambrósio e se converteu ao cristianismo, criando uma comunidade monástica de teor filosófico religioso. Foi aclamado bispo da cidade de Hipona na África e, à sua revelia, teve que voltar para a terra natal. Mesmo na função episcopal, continuou se dedicando aos estudos filosóficos, teológicos e à arte retórica, como documentam seus inúmeros tratados e sermões. Criou, entre outros, a área da oratória sagrada, aplicando ao ministério da pregação os preceitos da retórica clássica. Tido como um dos mais importantes filósofos do Ocidente, e venerado como santo pela Igreja católica, nesta e nas Igrejas anglicana e luterana, é considerado um dos teólogos mais importantes.

Para a história dos saberes psicológicos, suas contribuições mais importantes encontram-se nos seguintes escritos: *Confissões* (397-398); *A trindade* (422); *A cidade de Deus* (413-426).

As principais contribuições de Agostinho para essa área são a *afirmação do ser pessoal do homem*; o fato de que a pessoa pode se conhecer a partir de sua própria *narrativa autobiográfica*, e a tematização da *memória* como o lugar do conhecimento de si.

O conhecimento de si

O ponto de partida da investigação de Agostinho é a própria experiência. A origem de sua investigação acerca de si mesmo é, na esteira da tradição romana estoica, a busca da felicidade (Arendt, 1971/1987). Agostinho propõe não tanto uma teoria metafísica quanto uma visão do conhecimento voltado para a ação, para o bem viver do próprio homem. Por isso, a busca que desencadeia toda a atividade cognitiva é a da felicidade: "buscar o objeto cujo encontro apaziguará nosso apetite de conhecer e por isso estabelecerá nosso estado de beatitude" (Gilson, 1943/2007, p. 223). Não se trata de "saber pelo saber", e sim de *"saber para ser feliz"* (*ibid.*, p. 224). Esse objetivo confere ao conhecimento uma orientação, uma direção: ao invés de perambular sem meta, "o pensamento do homem procede na direção de uma meta fixa" (*idem*). Trata-se de um posicionamento ideal que corresponde ao sentido originário da filosofia: a "inteligência consiste em viver com mais perfeição e esplendor graças à luz mesma da mente" (Agostinho, 1995, p. 45).

Na experiência de Agostinho, narrada no livro autobiográfico das Confissões, o desafio da dor é a faísca que desencadeia a busca da felicidade e a investigação pelo sentido da vida, como ele mesmo revela, ao narrar a experiência do sofrimento pela morte de seu amigo mais caro: "Tinha-me transformado num grande problema (*quaestio mihi factus sum*). A dor entenebreceu-me o coração. Tudo o que via era a morte. A pátria era, para mim, exílio, e a casa paterna, um estranho tormento. Interrogava a minha alma: por que andava triste e se perturbava tanto? E nada me sabia responder" (Agostinho, 397/1988, p. 80). Esse questionamento coincide em Agostinho com a *descoberta da vida da interioridade,* como o lugar em que o ser humano se põe os interrogativos fundamentais acerca do sentido do seu existir e da existência da realidade toda. Vimos que a tradição filosófica anterior da escola socrática e dos pensadores romanos já tinha aberto (mas não solucionado) essa questão; Agostinho incumbe-se da tarefa de descobrir um método para essa pergunta ser respondida através de um percurso de conhecimento.

No tratado *O mestre,* Agostinho reafirma, em consonância com a tradição filosófica grega, a existência do *homem interior*, lugar em que o indivíduo dialoga com a divindade, o centro mais íntimo da alma racional (Agostinho, 389/1991, p. 55). Vimos que a existência de uma vida interior no ser humano foi o ponto de chegada do itinerário gnosiológico da filosofia grega. Esse ponto representa o início do de Agostinho. O "homem interior" é o ponto focal do conhecimento de si e da realidade, na medida em que as vivências interiores sejam analisadas pela atenção.

O tratado *A trindade* (416/2000) é dedicado ao "conhecimento da alma por si mesma" (pressuposto também para o conhecimento alheio). Por alma (*anima*, em latim), Agostinho entende a psique humana, caracterizada peculiarmente pela dimensão racional (*mens*), conforme o conceito transmitido pela cultura grega e romana que o antecede. Agostinho afirma que o conhecimento da alma assume duas facetas: o conhecimento intuitivo e imediato que cada pessoa tem da própria experiência interior "quando está atento ao que experimenta em seu interior"; e o conhecimento filosófico que se dá pelo raciocínio dedutivo (*ibid.*, p. 296). Agostinho discute então esse conhecimento adquirido por experiência, o qual precede o conhecimento filosófico ou intelectual. Sustenta que, quando a alma procura conhecer racionalmente a si mesma, já sabe que é alma; e pelo conhecimento intelectual busca completar este seu conhecimento intuitivo dado pela experiência. Inclusive a evidência da alma oferecida pelo conhecimento intuitivo constitui-se em ponto de partida para a reflexão filosófica acerca de sua natureza:

> Quando a alma procura conhecer-se, já sabe que é alma; caso contrário ignoraria se procura a si mesma e correria o risco de procurar uma coisa por outra. [...] Como sabe que ainda não se encontrou toda, ela sabe qual é a sua grandeza. E assim busca o que lhe falta a seu conhecimento (*ibid.*, p. 318-319).

Esse saber intuitivo sobre nós mesmos possui as características da certeza, pois "por si mesma a alma sabe de existir, de viver e de entender": "É um surpreendente estudo a investigação de como a alma deve buscar a si mesma e se encontrar: em direção do que deve dirigir-se para encontrar a si mesma e de onde vem para se encontrar? O que existe de mais presente à alma do que a própria alma?" (*ibid.*, p. 324). Com efeito, nada é mais presente a nós mesmos do que a certeza de que somos e estamos vivendo.

Todavia, este conhecimento de si, que por si mesmo seria intuitivo e imediato, é dificultado por um dinamismo psíquico específico que diz respeito à relação entre os afetos e os objetos apreendidos pelos sentidos. Tais objetos focalizam sensações e afetos, de modo que os distraem da consideração da própria alma: "como a alma se habituou a colocar amor nas coisas em que pensa com amor, ou seja, nas coisas sensíveis e corporais, não consegue pensar em si mesma, sem essas imagens sensoriais", identificando-se assim com aquelas imagens, apesar dela ser mais íntima a si mesma do que estas. Assim, por exemplo, podemos identificar o sentido de nossa vida e de nosso agir em certas imagens (sermos bem sucedidos na carreira, sermos bonitos conforme certo padrão da moda etc.); ou na posse de determinados objetos (carro, namorada etc.), sem focar o que nós efetivamente somos e desejamos. O conhecimento de nós mesmos acaba sendo distorcido pela imposição dessas imagens, ou pelo apego a esses objetos.

Por isso, é preciso ir além dessas imagens e objetos e usar a atenção e o entendimento para avaliarmos nossas vivências. A atenção necessária para dar-se conta de si mesmo deve ser mobilizada pela vontade, essencial para atingir o autoconhecimento: "que a alma conheça, portanto, a si mesma", não "como se vivesse ausente", "mas fixe em si mesma a intenção da vontade que vagueia por outras coisas e pense em si mesma". Ao fazer isso, a alma "verá assim que nunca deixou de se amar nem de se conhecer, mas ao amar outras coisas confundiu-se com elas e, de certo modo, com elas adquiriu consistência" (*ibid.*, p. 325).

Portanto, para conhecer a si mesmos, "basta desapegar-se do que sabemos não sermos nós mesmos" (*idem*), ou seja, das imagens e opiniões que temos acerca de nós mesmos, mas que não são "nós mesmos". Esse desapego é sempre possível de ser alcançado, pelo fato de a alma sempre estar "presente a si mesma" (idem). Desse modo, a norma metodológica é "que a alma não acrescente nada ao conhecimento (isto é, à autoconsciência) que tem de si mesma, quando ouve a ordem de se conhecer. [...] Que ela deixe de lado o que pensa ou imagina de si e veja o que 'sabe'. E fique com essa certeza" (*ibid.*, p. 326). Evidentemente, o processo aqui proposto por Agostinho demanda o desejo sincero de conhecer a si mesmo e o empenho em dedicar-se a esse conhecimento: atenção, vontade, inteligência são empenhadas neste dinamismo. Trata-se do *saber-se da alma*.

Por sua vez, *pensar acerca da alma* traz um conhecimento obtido pelo emprego do pensamento lógico, do raciocínio, da linguagem, que desemboca na formulação de conceitos, teorias e sistemas. É o que hoje definimos como psicologia; e que na época de Agostinho correspondia à filosofia e à teologia, enquanto áreas do conhecimento organizadas e reconhecidas pela comunidade dos pensadores.

Esses dois níveis de conhecimento (intuitivo e reflexivo) são unidos entre si pela vontade, ou seja, o amor entendido como desejo de possuir o objeto a ser conhecido. De fato, o amor por mim mesmo, o interesse pelo conhecimento de minha vida interior, pode me levar a buscar também os conhecimentos teóricos que podem me auxiliar nesse empreendimento. Posso, por exemplo, ler os livros de Freud, ou de Platão, ou de Dostoievsky, buscando luzes para eu me conhecer melhor.

Agostinho aprofunda essa distinção entre saber e pensar. Uma coisa é saber (*habere notitia*) e outra é pensar (*cogitare*). O saber depende da memória, pois a alma tem conhecimento de tudo o que há na mente mesmo sem utilizar o pensamento, pela memória; o conhecer supõe também o entendimento e o amor pelo objeto. O filósofo entende o saber experiencial que a alma tem de si própria como o ponto de partida de todo o processo intelectual. Com efeito, sem esse primeiro nível de conhecimento possivelmente não surgiria o interesse pelo estudo da psicologia, da filosofia e das ciências humanas de modo geral.

Agostinho coloca a existência de outra modalidade de conhecimento da subjetividade que demanda diferente procedimento metodológico: o *conhecimento indireto*, que se pode obter na escuta da experiência da pessoa por ela mesma relatada: "assim, quando alguém me fala de sua própria alma afirmando, por exemplo, que compreende ou não isto ou aquilo; ou quer ou não isto ou aquilo; eu acredito nele" (*ibid.*, p. 296); ele é possibilitado pelo procedimento da certeza moral que atesta a razoabilidade do conteúdo expressado pelo relato subjetivo através da avaliação dos sinais que documentam as vivências e disposições interiores do depoente. Trata-se do procedimento pelo qual eu posso acreditar em alguém pelos sinais de fidedignidade de que disponho: "o que outro poderá acreditar, embora sem o ver" (*idem*). De fato, para eu confiar no outro e em seu relato como fidedignos, devo testar essa confiança baseando-me em sinais que documentem a razoabilidade do depoimento e do depoente. É um tipo de conhecimento prático que empregamos todos os dias em nossa vida cotidiana quando, por exemplo, ao tomar o ônibus confiamos no fato de que o motorista seja capaz de conduzi-lo; ou que podemos comer a sopa preparada pela nossa mãe sem receio de que esteja envenenada ou estragada.

Em resumo, Agostinho propõe três modalidades de conhecimento da alma: o conhecimento da experiência da pessoa por ela mesma, que acarreta o uso da atenção e da reflexão; o conhecimento intersubjetivo; o conhecimento filosófico obtido pelo raciocínio dedutivo que busca "razões universais" através do consenso intersubjetivo entre os pensadores.

A pessoa

Agostinho, ao mesmo tempo que disserta acerca do conhecimento de si mesmo, delineia também o que é a pessoa, e faz isso propositalmente, pois, como ele mesmo diz, "a alma se conhece no momento mesmo em que se procura" (*ibid.*, p. 329).

No tratado *A trindade*, ele aprofunda o conteúdo desse "saber-se a si mesmo" da alma e afirma que a alma sabe com certeza que existe, vive e entende. Esse "saber" experiencial da alma acerca de si mesma não abarca apenas o campo do ser e do entender, mas também o da vontade ("do mesmo modo toda alma humana sabe que quer" [*idem*]) e da memória ("a alma sabe igualmente que se recorda" [*idem*]). Nessa tríade, a memória e a inteligência são potências da alma e "contêm o conhecimento e a ciência de muitas coisas"; a vontade, por sua vez, "está lá, para nos fazer gozar e usar dessas coisas". Com efeito, "gozamos do que conhecemos, quando a vontade repousa com complacência nessas coisas" (*ibid.*, p. 327).

Através dessa experiência de conhecimento em que memória, afeto e inteligência estão envolvidos, revela-se a nós o que é *a pessoa: o dinamismo unitário que nos caracteriza e nos particulariza*. Na vida pessoal, ocorre uma apreensão unitária de todo esse dinamismo, pois "a alma sabe igualmente que para querer é preciso ser, é preciso viver" e "ela sabe que, para recordar, é preciso ser, é preciso viver" (*ibid.*, p. 327).

O conceito de pessoa como o núcleo unitário do ser humano e a evidência de que a pessoa é uma substância são, portanto, descobertos por Agostinho através da experiência refletida do conhecimento de si mesmo, e depois tematizados em linguagem filosófica (que emprega termos técnicos da filosofia como "substância") assim: "Estas três coisas, memória, inteligência, vontade, como não são três vidas, mas apenas uma só, nem três mentes, mas uma só mente". Desse modo, empregando a terminologia filosófica, Agostinho afirma que memória, inteligência e vontade "não são três substâncias, mas uma só substância". Com efeito, "me lembro de que tenho memória e inteligência e vontade, e entendo, quero e lembro; e quero querer e lembrar e entender; e lembro, ao mesmo tempo, toda minha memória e minha inteligência e minha vontade, toda inteira" (*ibid.*, p. 331-332). E finaliza o capítulo reiterando: "As três formam uma só unidade: uma só vida, uma só alma e uma só substância" (*ibid.*, p. 333).

Uma vez estabelecida essa unidade trinitária que é a pessoa, Agostinho observa que esta se evidencia quando essas potências se encontram reunidas num único sujeito, que pode dizer de si mesmo que "essas três faculdades: memória, inteligência e amor são minhas", pois "sou eu que atuo servindo-me delas. Sou eu que recordo pela minha memória., compreendo pela minha inteligência e amo pelo meu amor" (*ibid.*, p. 539-540).

Com base nisso, Agostinho formula a definição de pessoa:

> Eu recordo, eu entendo, eu amo, servindo-me dessas três faculdades. Eu que não sou memória, nem inteligência, nem amor, mas que os possuo. Portanto, pode-se dizer que são de uma só pessoa, que ela possui as três faculdades, mas ela mesma não é essas três faculdades (Agostinho, 1995, p. 540).

A pessoa é o sujeito: do amor, do conhecimento, da memória; sujeito das funções psíquicas, que, porém, não se identifica com nenhuma delas. Desse modo, Agostinho define também a relação entre pessoa e psiquismo: vontade, conhecimentos, memória são funções psíquicas de um sujeito que, porém, não se identifica com nenhuma delas.

Autobiografia como método para o conhecimento de si mesmo

Esse "saber experiencial" que cada um de nós tem acerca de si mesmo pode ser articulado numa narrativa: nasce assim o gênero autobiográfico, cujo método é baseado na observação interior (introspecção) e no registro da memória (recordação).

Agostinho inaugura, nas *Confissões* (397-398), esse método peculiar para o conhecimento de si mesmo, analisando em pormenores a estrutura interna do ato cognitivo que possibilita ao homem a autorreflexão (Biolo, 2000) e relatando os resultados obtidos numa narrativa elaborada em primeira pessoa.

Com as *Confissões,* pela primeira vez é visto na história ocidental um texto escrito no qual a busca pelo conhecimento de si mesmo através da memória e da reflexão torna-se o eixo motor da narrativa. Por esse motivo, segundo Reale, Agostinho realiza uma reviravolta conceitual em relação aos gregos, substituindo a perspectiva cosmocêntrica pela antropocêntrica (Reale; Sini, 2006).

Na obra, já vimos que Agostinho revela a origem de sua investigação, ao narrar a experiência de dor vivenciada pela morte de seu amigo mais caro. Vimos também que no tratado *A trindade* ele reflete sobre a dinâmica do autoconhecimento da alma. Vamos agora analisar em pormenores as características do ato da confissão, ou, em termos modernos, do relato narrativo acerca de si mesmo.

Em primeiro lugar, o que se entende por confissão? A confissão é um posicionamento do eu, em que o ato de conhecimento de si e o ato da narrativa de si coincidem. Nesse sentido, a narrativa autobiográfica difere profundamente da modalidade em que o ato da introspecção foi concebido no nascer da psicologia científica no século XIX, desvinculado do conhecimento da pessoa apreendida em sua totalidade (Massimi, 2010). De fato, a introspecção científica acarretava por parte do depoente um distanciamento da própria vivência, obtido pela abstração e pela colocação entre parênteses do saber intuitivo acerca de si mesmo que vimos, pelo contrário, ser em Agostinho o motor do conhecimento de si.

Inúmeros autores contemporâneos evidenciam a importância de Agostinho como fundador do gênero autobiográfico, analisando suas implicações do ponto de vista filosófico (Arendt, 1987; Przywara, 2007). Dentre eles, Zambrano (1946/2000) toma as *Confissões* de Agostinho, analisando nelas a dinâmica psicológica e existencial que informa a narrativa autobiográfica. Em primeiro lugar, a autora destaca a exigência de tornar-se visível, oferecer-se ao olhar do outro/Outro, a exposição de si ao olhar alheio, sendo, por si, ação unificadora. "A quem eu conto estas coisas?", pergunta-se

Agostinho. Esse movimento já constitui uma ação de mudança do eu. Em segundo lugar, a confissão sempre envolve uma dinâmica afetiva: na narrativa, o autor busca afirmar o que ama e seu coração amante. De modo que conhecer a si mesmo corresponde também ao afirmar-se como sujeito e objeto de amor. Em terceiro lugar, a confissão move da exigência de restabelecer a justiça, tomada como relacionamento de confiança entre os homens, num contexto dominado pela injustiça, pela confusão entre os semelhantes.

De fato, nas *Confissões*, Agostinho declara que o ato de confessar-se responde ao objetivo de narrar-se aos seus semelhantes, ao gênero humano como um todo, mesmo que poucos leiam seus escritos. Ao revelar-se pela escrita autobiográfica, na totalidade de sua pessoa, ele quer expor ao leitor sua autêntica personalidade. Essa exposição não demanda do interlocutor um conhecimento direto do narrador, mas uma confiança em suas palavras baseada na certeza moral: o narrador dá conta de si ao outro, e este poderá entender a razoabilidade de sua vida, acreditar nele, confiar nele e amá-lo. A confissão, portanto, mesmo quando realizada em solidão, sempre tende a estabelecer uma relação intersubjetiva.

Finalmente, Zambrano (1946/2000) destaca características peculiares da confissão na perspectiva de Agostinho que a particularizam em relação a outras possibilidades de escrever uma autobiografia ou de realizar uma confissão. Na abordagem de Agostinho, "a confissão é falada", é "uma longa conversa que tem a mesma duração da conversa real" (p. 37); ainda para este autor, a elaboração da confissão responde à exigência de sair da fragmentação e de se aproximar da unidade, da "figura total faltante", realizando sua busca de algo que unifique, sustente e ilumine a existência. O sujeito da confissão carrega em si o sentimento da carência de sua condição presente e "a esperança que pareça algo que ainda não possui" (p. 46). A autobiografia revela, assim, seu valor como meio valioso para articular a unidade entre os processos psíquicos e para conectar o pensamento à vida, como Zambrano (1946/1995) assinala. Segundo a filósofa espanhola, a fecundidade da confissão na proposta de Agostinho estaria no fato de que a ruptura entre a verdade racional e a vida é superada: retoma-se, assim, aquela unidade originária que foi essencial para a constituição da filosofia na antiga Grécia.

Dessas características depende, segundo Zambrano, a atualidade da autobiografia enquanto expressão da subjetividade: Agostinho é o autor que desvela a confissão com uma plenitude e clareza que nunca mais se alcançarão depois dele, podendo, portanto, seu texto ser tomado como ponto de referência para avaliar os demais documentos autobiográficos produzidos ao longo do tempo.

É importante inserir as confissões no amplo universo da narrativa autobiográfica. Com efeito, a confissão é uma modalidade de narrativa autobiográfica que não esgota as possibilidades do gênero, podendo ela também assumir feições diferentes ao longo do tempo e do espaço, conforme as diferentes percepções de si mesmo vivenciadas pelo homem ocidental em sua história e em sua cultura particular. Veremos em outros capítulos o desenvolvimento desse gênero ao longo da história dos saberes psicológicos na cultura ocidental.[1]

Conhecimento de si mesmo e dinamismo psíquico

O conhecimento de si mesmo envolve a mobilização de todas as componentes do dinamismo psíquico implicadas no processo de conhecimento e cujo funcionamento é delineado nos escritos de Agostinho: memória, entendimento e vontade. Abordaremos a seguir as modalidades em que as três potências anímicas atuam

---

[1] Courcelle (1975/2001) assinala uma interessante diferença entre tipos de escrita autobiográfica, a saber, os de matriz agostiniana e os modernos: os primeiros visam constituir fontes para a construção de uma antropologia, para o estudo da condição humana; ao passo que os segundos, por diversas razões, renunciam a esse objetivo e, portanto, não se preocupam em propor um método rigoroso de conhecimento da subjetividade que inclusive possa ser aceito pela filosofia e pela ciência. Todavia, abordagens recentes da psicologia, como, por exemplo, a psicologia cultural, buscam resgatar essa possibilidade.

nesse processo, segundo o autor, lembrando mais uma vez que são essas as potências a partir de cujo dinamismo Agostinho tematiza o conceito trinitário de pessoa no tratado *A trindade* (Massimi; Mahfoud, 2007).

1) A memória

De que forma a memória possibilita a apreensão da própria vivência pessoal e a narrativa autobiográfica?

Nas *Confissões*, Agostinho apresenta a memória como o lugar em que se encontra a si mesmo: "É lá que me encontro a mim mesmo, que recordo as ações que fiz, o seu tempo, lugar e até os sentimentos que me dominavam ao praticá-las" (Agostinho, 1987, p. 226). Por isso, o tema da memória é abordado longamente por Agostinho no livro X das "Confissões", em que descreve a memória pela metáfora do "palácio": em seu espaço, a memória retém as imagens trazidas pela percepção, como também todos os produtos do pensamento. A evocação dos conteúdos da memória é feita pela vontade: "Quando lá entro, mando comparecer diante de mim todas as imagens que quero" (*ibid.*, p. 224). Apesar das diferentes imagens comparecerem com intensidades e tempos diferentes, é a escolha da vontade que as organiza, como Agostinho frisa repetidamente pelo uso dos verbos querer e apetecer: "quando eu quiser", "se me apetece chamá-los", "conforme me agrada".

Agostinho analisa a memória em suas diversas dimensões (Peres; Massimi, 2012), sendo todas necessárias para compor sua narrativa autobiográfica: em primeiro lugar, a memória sensorial: esta é um palácio interiormente organizado, no qual "se conservam, distintas e classificadas, todas as sensações que entram isoladamente pela sua porta" (Agostinho, 397-398/1987, p. 225), ou seja, pelos cinco sentidos. As imagens das coisas sensíveis que entram na memória nela permanecem "sempre prestes a oferecer-se ao pensamento que as recorda" (*idem*). Na memória estão presentes todas as lembranças do mundo real, derivadas dos sentidos e que também compõem a narrativa das confissões.

Em segundo lugar, Agostinho trata da memória intelectual, depósito dos conhecimentos adquiridos. Neste caso também, ressalta a dimensão espacial da memória, caracterizando-a, porém, como espaço não físico, e sim virtual: "estes conhecimentos serão como que retirados num lugar mais íntimo, que não é lugar" (*ibid.*, p. 227), em que "as imagens (dos objetos) são recolhidas com espantosa rapidez e dispostas, por assim dizer, em células admiráveis, donde admiravelmente são tiradas pela lembrança" (*idem*).

Uma terceira função da memória é ser o lugar no qual se encontra a si mesmo: a recordação de ações, sentimentos, ideias, experiências vividas. Analisemos a seguir essa importante função e suas complexas conotações.

Agostinho destaca que a memória lembra sua própria atividade e encerra em si os afetos da alma, mas "não da maneira como os sente a própria alma, quando os experimenta, mas de outra muito diferente, segundo o exige a força da memória" (*ibid.*, p. 230). De fato, no ato de lembrar-nos esses afetos vivenciados, não somos alterados por eles, como quando os vivenciamos. Nesse ponto, Agostinho retoma uma metáfora já usada em outras ocasiões (Massimi, 2010), para ilustrar o motivo pelo qual os afetos vivenciados são modificados pela memória: "A memória é como o ventre da alma. A alegria, porém, e a tristeza são o seu alimento, doce ou amargo. Quando tais emoções se confiam à memória, podem ali encerrar-se depois de ter passado, por assim dizer, para esse estômago; mas não podem ter sabor" (Agostinho, 397-398/1987, p. 231). De modo que posso apoiar-me na memória para reconhecer as "quatro perturbações da alma" (*idem*), a saber, desejo, alegria, medo e tristeza, mas ao mesmo tempo "não me altero com nenhuma dessas perturbações quando as relembro com a memória" (*idem*). E continua: "Assim como a comida, graças à ruminação, sai do estômago, assim também elas saem da memória, devido à lembrança", mas ao serem recordadas elas não trazem "à boca do pensamento a doçura da alegria nem a amargura da tristeza" (*idem*). De fato, isso é necessário para que tenhamos a vontade de lembrar, pois "quem de nós falaria voluntariamente da tristeza e do temor, se fôssemos obrigados a entristecer-nos e a temer, sempre que falamos da tristeza ou temor?" (*ibid.*, p. 232). Todavia, esses sentimentos também são retidos na memória: da memória, tiramos o som das palavras utilizadas na conversa, conforme as imagens gravadas pelos sentimentos corporais, mas também a noção dos sentimentos associados, que estão igualmente retidos nela.

A "força" ou "potência da memória" é retratada por Agostinho como sendo idêntica à dimensão mais essencial do homem, "o eu mesmo", "uma vida variada de inúmeras formas com amplidão imensa" (*ibid.*, p. 234). Devido à vastidão e complexidade da memória, Agostinho utiliza-se também de outra metáfora espacial: "eis-me nos campos de minha memória" que "percorro" indo "por aqui e por ali" (*idem*), penetrando "por toda a parte quanto posso, sem achar fim". Adentra assim "nos seus antros e cavernas sem número" e descobre que eles são ocupados por "presenças": "repletas, ao infinito, de toda espécie de coisas que lá estão gravadas, ou por imagens como os corpos, ou por si mesmas como as ciências e as artes, ou então por não sei que noções e sinais, como os movimentos da alma, os quais, ainda quando não a agitam, se enraízam na memória, posto que esteja na memória tudo o que está na alma" (*idem*).

Todavia, ao percorrer os campos da memória, o ser humano não se satisfaz com os achados proporcionados pelo aspecto da memória que é comum também aos animais: esta funciona como sistema de referência para a vida cotidiana, permitindo-nos adquirir hábitos e regressar a lugares corriqueiros. Além disso, o homem procura na memória o que mais profundamente e ardentemente deseja, a saber, a "felicidade real", "a felicidade em concreto" (*ibid.*, p. 237), essa felicidade que "os homens de todas as línguas têm um desejo ardente de alcançar" (*ibid.*, p. 238). Cada ser humano, ao ser perguntado se quer ser feliz, pode sem hesitação responder que sim, pelo fato de que em sua memória conserva a lembrança real do que a palavra felicidade significa.

A memória é, portanto, o lugar em que o homem busca encontrar não somente o saber, mas também a vida. A memória é, num certo sentido, a mola do pensamento. O ato de pensar implica sempre a atividade da memória: todo pensar é um repensar, e este repensar se torna possível somente porque a imaginação atuou preparando objetos disponíveis ao pensamento e colocados na memória. Por exemplo, "antes de formular as interrogações acerca do que seja a felicidade, do que seja a justiça, do que seja o conhecimento etc., precisa ter visto pessoas felizes, ou infelizes; ter presenciado ações justas, ou injustas; ter vivenciado o desejo de saber e sua satisfação ou frustração" (Arendt, 1971/1987, p. 170); em suma, "precisa que a experiência vivida diretamente seja repetida na mente após ter deixado a cena onde ocorreu" (*idem*). Portanto, "antes se vê e depois se conhece" (*ibid.*, p. 171).

A memória é o lugar do significado como tensão da vida: é o lugar onde mora o desejo da felicidade. Com efeito, diz Agostinho

> quando ouvimos este nome "felicidade", imediatamente temos de confessar que é isso mesmo o que apetecemos; não nos deleitamos simplesmente com o som da palavra. [...] A felicidade real não é nem grega nem latina, mas os gregos, os latinos, e os homens de todas as línguas têm um desejo ardente de alcançá-la. Assim, se fosse possível perguntar-lhes a uma só voz se queriam ser felizes, todos, sem hesitação, responderiam que sim. O que não aconteceria se a memória não conservasse a própria realidade, significada nessa palavra (Agostinho, 397-398/1987, p. 238).

Portanto, é na memória que a pessoa reencontra o objetivo de seu percurso existencial, a partir do qual todas as suas vivências ordenam-se e adquirem significado.[2]

---

[2] Segundo Arendt, a articulação entre percepção, imaginação, memória e pensamento é essencial para que esse último não se torne alienado ao anseio humano mais decisivo, que é o da busca de significado.

2) O ato do entendimento

De que modo a potência intelectiva atua no autoconhecimento e na escrita autobiográfica?

Para Agostinho e a tradição filosófica que o inspira, há coincidência entre o pensamento e a vida. Nessa concepção, o pensamento é uma atividade que se ocupa de conceitos tais como a justiça, a felicidade, a virtude, conceitos esses oferecidos pela linguagem para expressar o significado de tudo o que ocorre na vida. A busca de significado implica aquilo que, na terminologia socrática, é expresso como *Eros*, amor, ou seja, tensão para aquilo que ainda não temos, procura por algo que ainda não está presente e acerca do qual, portanto, temos necessidade de discorrer e evocar "como quando, na ausência do bem amado, falamos nele" (Arendt, 1971/1987, p. 273). Desse modo, devemos tomar o pensamento "no sentido não cognitivo, não especializado", "como necessidade natural da vida humana", atuante em cada um de nós. E, juntamente ao pensar, evidencia-se outro aspecto da vida racional do homem: o juízo, entendido como a capacidade de julgar o particular, de afirmar "isto é bem"; "isto é mal". O juízo é a potência anímica pela qual, "conforme as regras inseridas de modo imutável em nossas mentes" (as "razões eternas"), avaliam-se as "representações das coisas corpóreas, formadas através dos sentidos e que ficam de certo modo impressas na memória, inclusive de coisas nunca vistas por nós, formadas pela fantasia" (Agostinho, 400-416/1995, p. 297). Desse modo, a melhor manifestação do pensamento "não é o conhecimento e sim a atitude de discernir entre o bem e o mal, entre o belo e o feio" (Arendt, 1971/1987, p. 289). O conhecimento racional próprio da filosofia, o raciocínio etc. são passos posteriores.

Para Agostinho, todo conhecimento humano, em primeiro lugar o autoconhecimento, apreende com "os olhos da mente" a forma das coisas e não é registro passivo, e sim é um ato da pessoa, cuja estrutura é, mais uma vez, a "intenção", que orienta o dinamismo do conhecimento "para nos fazer alcançar aquilo a que aspiramos e ao que tendemos" (Agostinho, 400-416/1995, p. 286).

Nas *Confissões*, a narrativa não é apenas um relato do que foi vivido, mas é iluminada pelo significado desse vivido, apreendido pelo juízo. Nesse sentido, a narrativa autobiográfica é ato de elaboração do "homem interior").

Em que sentido a narrativa autobiográfica é ato de elaboração do juízo como ato do homem interior? O poder de conhecimento de si mesmo é inerente à essência do homem, ao homem interior: cada um pode "dizer verbalmente de sua alma pessoal, quando está atento ao que experimenta em seu interior" (Agostinho, 400-416/1995, p. 296). Este "dizer verbalmente de si", à condição de que "esteja atento ao que experimenta em seu interior" (*idem*), implica sempre atos de juízo. Portanto, o juízo perpassa toda apreensão da experiência pessoal e, de certo modo, organiza a narrativa autobiográfica. Isso quer dizer que a narrativa autobiográfica é a busca de compreender e afirmar um dado sentido, um significado que coloca uma direção à própria história de vida do narrador; e é a tentativa de avaliar, a partir desse significado reconhecido e afirmado pela narrativa, o valor de cada momento e acontecimento. A tematização do ato de juízo como sendo inerente à subjetividade é o elemento que caracteriza o estilo autobiográfico de Agostinho (e dos autores que nele se inspiram). A sua escrita autobiográfica não se restringe à mera evidenciação da experiência subjetiva em termos de sensação, dinamismo afetivo, movimento dos instintos etc., pura exposição descritiva do mundo interno; nem se constitui numa narrativa que realiza a construção da subjetividade, segundo construtos advindos do ambiente sociocultural, ou nos moldes de modelos externos, em que haveria coincidência entre a escrita de si e o ato da construção de si mesmo. Em Agostinho, através da escrita, o percurso reflexivo da apreensão de si mesmo em ação se atua como juízo; e isso possibilita o movimento da vontade no sentido do domínio de si, do cuidado de si, da mudança e da escolha.

3) Conhecer a si mesmo e querer a si mesmo: conhecimento de si como ato da vontade

"Quero recordar" (Agostinho, 1989, p. 45): assim Agostinho inicia a narrativa de sua história de vida. De fato, as imagens depositadas na memória lá estão guardadas para serem de lá tiradas "quando quiser" (*ibid.*, p. 228). Essa afirmação evidencia a função decisiva da vontade no processo do autoconhecimento e da escrita autobiográfica. Para melhor entendimento dessa função, retomemos sucintamente a concepção agostiniana de vontade.

No tratado *O livre-arbítrio* (388-395/1995), Agostinho assinala o papel decisivo da vontade, realizando definitivamente a superação das concepções acerca do destino humano vigentes na época: a visão fatalista da cultura grega e a visão maniqueísta, que como se sabe fascinou o autor em sua juventude. Agostinho abre caminhos para uma concepção da subjetividade marcada pela atividade e pela ação da vontade. Faz isso se apoiando nos alicerces da concepção platônica da harmonia anímica humana e da sobressalência da alma racional, mas superando essa concepção ao afirmar o papel ativo do sujeito.

Agostinho parte da visão de matriz platônica de que o homem é perfeitamente ordenado em si mesmo e que sua superioridade no meio do mundo animal é derivada da vida racional; assinala, porém, que, no concreto da existência, somente quando a razão domina todos os movimentos da alma é que o sujeito alcança o estado de perfeição, realizando-se então nele a condição ideal do sábio. Para exercer tal senhorio, é preciso que a razão seja mais poderosa do que as paixões e os demais movimentos inferiores da alma. A força da razão depende da decisão da vontade. O posicionamento da vontade diante de dado objeto — o querer — é, portanto, decisivo para a ordenação da pessoa conforme o senhorio da razão, que por sua vez é a condição para uma vida feliz.

Arendt (1929/2004), ao discutir a concepção de vontade em Agostinho, em primeiro lugar evidencia a diferença colocada pelo autor entre a concupiscência (*cupiditas*) e o amor (*caritas*). A *cupiditas* tende a um objeto externo a si: o sujeito busca possuir não a si mesmo, e sim o mundo externo; todavia, como o mundo externo se subtrai ao seu poder e não permanece ao longo do tempo, a *cupiditas* acaba por perder o bem e assim vivencia a falta, a insatisfação, o medo que derivam da dissipação dos bens que logrou. O sujeito se dispersa na multiplicidade dos objetos de desejo (*dispersio*) e perde-se a si mesmo. Para exorcizar o medo, foge na distração; insegurança e vaidade o levam longe de si mesmo. Por sua vez, a *caritas* busca, antes de mais nada, a si mesma (*appetere se*); ao voltar-se para si mesmo e ao entrar em seu mundo interior, o sujeito encontra aspectos que são mutáveis e passageiros e aprende que morrerá (*mutabilis*), mas junto com esse reconhecimento afirma uma interrogação (*quaestio mihi factus sum*), uma exigência de imutabilidade e permanência. Assim, o amor de si busca em si mesmo "um ponto onde resplandeça algo que nenhum lugar pode conter e onde ressoa uma voz que o tempo não leva embora, onde está fixo algo que a saciedade não destrói" (Arendt, 1929/2004, p. 36). Esse objeto, para Agostinho, é Deus: "isto é o que amo quando eu amo a Deus: a luz, a voz, o perfume do homem interior que está em mim" (Confissões, X, 8 *apud* Arendt, 1929/2004, p.36). Arendt comenta: "Deus é amado como aquele elemento do homem interior que nenhum tempo pode subtrair. [...] Encontrando a Deus, ele encontra aquilo de que ele carece, ou seja, o eterno" (*idem*). Este é o amor a si mesmo: amando o Outro, o sujeito ama a si mesmo efetivamente (*recte*).

O amor se torna um *se quaerere*. Nesse amor, a vontade encontra sua força unificadora que a coloca numa tensão permanente e não a faz dispersar atrás de objetos insatisfatórios; é ela quem direciona, conforme sua força, os afetos, a memória e o pensamento, realizando-se desse modo a unidade da pessoa. Fica evidente que o amor a si mesmo, assim entendido, é a condição para a o bem-estar psicológico da pessoa, para a ordenação de seu dinamismo psíquico: por isso é que Agostinho afirma o amor ser o peso da alma, "a força de gravidade da alma", que a conduz e a tira de suas flutuações (Arendt, 1978/1987, p. 414).

Segundo Agostinho, a alma, quando ama a si mesma, quer gozar com ardor da presença de si mesma; e pode amar a si mesma somente à medida que se conhece a si mesma. Desse modo, a alma, o seu amor e o seu conhecimento formam três realidades, sendo, porém, uma unidade e sendo iguais na medida de sua perfeição. Portanto, o amor é inerente ao conceito de pessoa e ao modo de conhecimento de si mesmo. De modo que conhecer a si mesmo e amar a si mesmo compõem um dinamismo unitário; e a narrativa autobiográfica é ela também ato da memória, do pensamento e da vontade: "quero recordar".

4) O conhecimento de si mesmo compartilhado

Ao finalizar nosso percurso, queremos evidenciar um último e importante aspecto: o caráter modelar do conhecimento de si mesmo e da escrita autobiográfica de Agostinho. O autêntico cuidado de si acontece somente à medida que atentarmos para as possibilidades de *ser pessoa*, continuamente disponíveis em nosso horizonte existencial, num contexto sempre dinâmico e numa vivência sempre dramática. Nesse sentido, o conhecimento de si é um exercício constante voltado para a autoconsciência e para a posse racional de si mesmo. E pode ser aprendido através do exemplo de outros.

A narrativa autobiográfica de Agostinho pretende ser exemplar: em sua escrita, o autor espelha a si mesmo na alteridade do texto, ao revelar-se para um leitor imaginário; de modo análogo, em sua leitura, o leitor se espelha na experiência do autor e, nesse espelho, se reconhece, se conhece e também corrige suas disposições.

A escrita de si, portanto, exige a intersubjetividade, a comunicação oral, o diálogo: não é expressiva de uma mera reflexão consigo mesmo, mas é diálogo com um interlocutor, real ou imaginado; presença humana ou divina que seja.

Segundo Agostinho, a transmissão do conhecimento demanda o uso da palavra: o verbo ouvido evoca na alma do ouvinte certa recordação sensível, guardada na mente de quem fala. Esse verbo é concebido por amor, amor por objetos de natureza mutável (= concupiscência) e amor pela verdade imutável (= caridade). Portanto, a transmissão do conhecimento de si mesmo é também ato de amor: amor a si mesmo e ao outro, interlocutor da confissão.

Essas considerações nos remetem à tradição da medicina da alma. Como vimos, segundo esse filão, não existe conhecimento de si que não implique também a cura de si mesmo, no sentido ciceroniano do termo;[3] e não existe amor a si mesmo e cuidado de si que não levem à busca de indagar os horizontes ainda desconhecidos que perpassam o próprio eu. A apreensão só pode acontecer num horizonte intersubjetivo, sempre diante de uma alteridade (Hadot, 2005).

O palácio da memória

Chego aos campos e vastos palácios da memória onde estão tesouros de inumeráveis imagens trazidas por percepções de toda espécie. Aí está também escondido tudo o que pensamos, quer aumentando quer diminuindo ou até variando de qualquer modo os objetos que os sentidos atingiram. Enfim, jaz aí tudo o que se lhes entregou e depôs, se é que o esquecimento ainda não absorveu e sepultou.

Quando lá entro, mando comparecer diante de mim todas as imagens que quero. Umas apresentam-se imediatamente, outras fazem-me esperar por mais tempo, até serem extraídas,

---

[3] Como o próprio Agostinho (397/1987) revela, é a partir da leitura de um texto perdido de Cícero, o *Hortensio*, que ele empreendeu sua busca ao mesmo tempo filosófica e existencial. O tema estoico do cultivo e da cura da alma assume, no desenvolvimento do pensamento e da vida de Agostinho, as feições daquela medicina da alma que, segundo o autor, é a própria experiência cristã, segundo a metáfora repetida em várias obras e discursos (Discurso 240; 87; 63; 88, 360; 391; 77 etc. em *Aurelii Augustini Opera Omnia. Editio Latina*. Roma: Città Nuova Editrice. Disponível em: <http://www.augustinus.it/latino/index.htm>. Acesso em: 13 out 2013.)

por assim dizer, de certos receptáculos ainda mais recônditos. Outras irrompem aos turbilhões e, enquanto se pede e se procura uma outra, saltam para o meio, como a dizerem: "Não seremos nós?" Eu, então, com a mão do espírito, afasto-as do rosto da memória, até que se desanuvie o que quero e do seu esconderijo a imagem apareça à vista. Outras imagens ocorrem-me com facilidade e em série ordenada, à medida que as chamo. Então as precedentes cedem lugar às seguintes e, ao cedê-lo, escondem-se para de novo avançarem, quando eu quiser. É o que acontece quando de memória digo alguma coisa.

Lá se conservam distintas e classificadas todas as sensações que entram isoladamente pela sua porta. Por exemplo, a luz, as cores e as formas dos corpos penetram pelos olhos; todas as espécies de sons, pelos ouvidos; todos os cheiros, pelo nariz; todos os sabores, pela boca. Enfim, pelo tato entra tudo o que é duro, mole, frio, brando ou áspero, pesado ou leve, tanto extrínseco como intrínseco ao corpo.

O grande receptáculo da memória — sinuosidades secretas e inefáveis, onde tudo entra pelas portas respectivas e se aloja sem confusão — recebe todas essas impressões, para as recordar e revisar quando for necessário. Todavia, não são os próprios objetos que entram, mas suas imagens: imagens das coisas sensíveis sempre prestes a oferecer-se ao pensamento que as recorda.

Quem poderá explicar o modo como elas se formaram, apesar de se conhecer por que sentidos foram recolhidas e escondidas no interior? Pois mesmo quando me encontro em trevas e silêncio, posso representar na memória, se quiser, as cores e distinguir o branco do preto e todas as mais entre si. Os sons não invadem nem perturbam as imagens que aí se encontrarem. Estão como que escondidos e retirados. Se me apetece chamá-los, imediatamente se apresentam. Então, estando a língua em repouso e a garganta em silêncio, canto o que me apraz. Aquelas imagens das cores, que não obstante lá continuam, não se interpõem nem me interrompem quando manejo este outro tesouro que entrou pelos ouvidos.

Do mesmo modo, conforme me agrada, recordo as restantes percepções que foram reunidas e acumuladas pelos outros sentidos. Assim, sem cheirar nada, distingo o perfume dos lírios do das violetas, ou então, sem provar nem apalpar, apenas pela lembrança, prefiro o mel ao arrobe e o macio ao áspero.

Tudo isso realizo no imenso palácio da memória. Aí estão presentes o céu, a terra e o mar com todos os pormenores que neles pude perceber pelos sentidos, exceto os que já esqueci. É lá que me encontro a mim mesmo, se recordo as ações que fiz, o seu tempo, lugar e até os sentimentos que me dominavam ao praticá-las. É lá que estão também todos os conhecimentos que recordo, aprendidos ou pela experiência própria ou pela crença no testemunho de outrem.

Desse conjunto de ideias, tiro analogias de coisas por mim experimentadas ou em que acreditei apoiado em experiências anteriores. Teço umas e outras com as passadas. Medito as ações futuras, os acontecimentos, as esperanças. Reflito em tudo, como se estivesse presente. "Farei isto e aquilo" — digo no meu interior, nesse seio imenso do espírito, repleto de imagens de tantas e tão grandes coisas. Tiro esta ou aquela conclusão: "Oh! Se sucedesse tal e tal acontecimento! Afaste Deus esta ou aquela calamidade!"

Eis o que exclamo dentro de mim. Ao dizer isso, tenho presentes as imagens de tudo o que exprimo, hauridas do tesouro da memória, pois, se faltassem, absolutamente nada disso poderia dizer

É grande essa força da memória, imensamente grande, grande, ó meu Deus. É um santuário infinitamente amplo. Quem pode compreendê-la até o fundo? Ora, essa potência é própria do meu espírito e pertence à minha natureza. Não chego, porém, a apreender todo o meu ser. Será porque o espírito é demasiado estreito para conter a si mesmo? Então onde está o que de si mesmo não encerra? Está fora e não dentro dele? Mas como é que não o contém?

Esse ponto faz brotar em mim uma admiração sem limites que me subjuga.

Os homens vão admirar os píncaros dos montes, as ondas alterosas, as largas correntes dos rios, a amplidão do oceano, as órbitas dos astros: mas não pensam em si mesmos! Não se admiram de eu ter falado (agora) de todas essas coisas num tempo em que não as via com os olhos! Ora, não poderia falar delas se, dentro da minha memória, nos espaços tão vastos como se fora de mim os visse, não observasse os montes, as ondas, os rios, os astros que contemplei e o oceano em que acredito por testemunho alheio. Mas, ao presenciá-lo com os olhos, não os absorvi com a vista: residem em mim não os próprios objetos, mas as suas imagens. Conheço com que sentido do corpo me foi impressa cada imagem (Agostinho, *Confissões*, 1987, p. 227-228).

A memória, a inteligência e a vontade. Unidade essencial e trindade relativa

17. Deixemos de lado, por enquanto, os demais atos de que a alma está certa de lhe pertencer como propriedade; tratemos agora das três faculdades já antes consideradas: a memória, a inteligência e a vontade.

Com efeito, também o temperamento ou, como outros preferem chamar, a índole das crianças, costuma refletir essas três faculdades. Quanto mais tenaz e facilmente a criança recorde, com mais presteza entenda e com mais afinco seja aplicada, de tanto mais elogiável índole é possuidora.

Por outro lado, quando se indaga do saber de um homem, não se pergunta com quanta firmeza e facilidade se recorda e com quanta agudeza compreende as coisas, mas se indaga do que se recorda ou o que compreende. E como a alma é digna de louvor não somente quando é instruída, mas também quando manifesta bondade, não se tem em conta tão somente do que ela se lembra e o que compreende, mas também o que quer ou ama. E não se trata com que ardor quer, mas antes qual o objeto de seu querer, e só depois, com quanto ardor ama. Então, é digna de encômios a alma que muito ama quando o que ama é digno de ser amado com ardor.

Ao mencionar, pois, as três realidades: o talento, a ciência e o uso (ou, em outras palavras: o Dom natural, o conhecimento e o emprego que deles se faz), a primeira coisa a ser tratada em relação a essas três faculdades é o poder da memória, da inteligência e da vontade. Em segundo lugar, é mister considerar o que cada um adquiriu pela memória, inteligência e o ponto até onde chegou a alma, com sua força de vontade.

Em terceiro lugar, o emprego que a vontade fez disso tudo. Passando revista aos conhecimentos adquiridos pela memória e a inteligência, verificar-se-á se a vontade os dirige a outro fim ou se descansa neles mesmos com um fim alcançado. Com efeito, usar de alguma coisa é dispor dela sob a direção da vontade; gozar dela é empregá-la com prazer, não em vista de algo que se espera mais, mas já pela sua posse. Portanto, todo aquele que goza de algo possui essa coisa a seu uso. Dispõe dela sob a direção da vontade, com a finalidade a seu deleite. Mas, ao contrário, nem sempre quem se utiliza de algo goza dessa coisa, pois acontece nesse caso que aquilo que possui à sua disposição, ele não o procura por si mesmo, mas em vista de outro fim.

18. Portanto, as três coisas: memória, inteligência e vontade, como não são três vidas, mas uma vida; nem são três almas, mas uma alma, consequentemente não são três substâncias, mas uma só. Quando se diz que a memória é vida, alma, substância, ela é considerada em si mesma. Mas quando é nomeada propriamente como memória, ela é considerada em relação a alguma outra coisa. O mesmo se diga quanto à inteligência e à vontade: inteligência e vontade dizem relação a alguma coisa. Por outro lado, o termo vida é sempre tomado em relação a si mesmo; assim como os termos alma e essência. Eis por que essas três coisas, pelo fato de serem uma só alma e uma só essência, formam uma só realidade. Por isso, o que se refere a cada uma ou a todas em conjunto, se diz sempre no singular e não no plural.

Mas são três enquanto são consideradas em suas relações recíprocas, e não se compreenderiam mutuamente se não fossem iguais; não somente quando cada uma está em relação com cada uma das outras, mas também cada uma em relação a todas. Não somente cada uma está contida em cada uma das outras, mas todas em cada uma.

Pois eu me lembro que tenho memória, inteligência e vontade; compreendo que entendo, quero e recordo; quero querer, lembrar-me e entender; e me lembro ao mesmo tempo de toda a minha memória, minha inteligência e minha vontade toda inteira. O que não me lembro de minha memória não está em minha memória. Nada, porém, existe tão presente na memória como a própria memória. Portanto, recordo-me dela em sua totalidade. Do mesmo modo, tudo o que entendo sei que entendo, e sei que quero o que quero, e recordo tudo o que sei. Portanto, lembro-me de toda a minha inteligência, e de toda minha vontade. Igualmente, quando entendo as três faculdades, entendo todas ao mesmo tempo. Nada existe de inteligível, a não ser o que ignoro. E o que ignoro, não recordo e não quero. E o inteligível que não entendo, não recordo nem quero. Tudo, porém, que recordo e quero de inteligível, também o entendo. Minha vontade abrange também toda minha inteligência e toda minha memória, quando uso do que entendo ou recordo. Concluindo, quando todas e cada uma das faculdades se contêm reciprocamente, existe igualdade entre cada uma e cada uma das outras, e cada uma com todas juntas em sua totalidade. E as três formam uma só unidade: uma só vida, uma só alma e uma só substância.

A alma, imagem da Trindade nas três faculdades

19. E agora, já não será tempo de elevar-nos, com quaisquer sejam as forças de nossa atenção, à suma e altíssima essência, da qual a alma humana é uma imagem imperfeita, entretanto, imagem? Ou seria ainda necessário distinguir na alma as três faculdades, apoiando-nos no que captamos do exterior com os sentidos corporais, onde se fixa no tempo, o nosso conhecimento das coisas materiais?
Encontramos a presença da mente na memória, na inteligência e na vontade que ela possui de si mesma, e dizíamos que ela se conhecia e se queria sempre, e por aí compreendemos que ela não deixa de se lembrar de si mesma, e ter inteligência, e amor de si mesma. E por isso torna-se difícil distinguir nela a memória de si mesma e a inteligência de si mesma. Poder-se--ia pensar que não sejam duas as faculdades: a inteligência e a memória de si, mas uma só, denominada com dois termos, por aparecerem tão unidas na alma, que uma não precede à outra quanto ao tempo. A própria existência do amor não é tão perceptível, ainda que ele não se traia pela indulgência, já que aquilo que ama lhe está sempre presente. Pelo que tudo isso poderá ficar claro mesmo aos tardos de inteligência,

quando tratarmos do que se chega à alma, no tempo, e que lhe acontece no tempo, por exemplo o fato de lembrar-se a alma do que antes não se lembrava; de ver o que não via; e de amar o que antes não amava (Agostinho, *A trindade*, 1994, p. 449-452).

Síntese

Esse período é muito significativo para a história dos saberes psicológicos. Vimos como o entrelaçamento das tradições greco-romana e judaico-cristã leva a uma visão integrada do ser humano e de seu dinamismo psíquico. A partir disso, Agostinho de Hipona elabora alguns conceitos fundamentais para a psicologia, como o de pessoa, e estabelece um método de análise do dinamismo psíquico baseado na introspecção e na memória, cujos resultados podem ser descritos seja pela narrativa em primeira pessoa (autobiografia), seja pela dissertação filosófica em terceira pessoa (filosofia). Processos psíquicos como a memória, a vontade, a cognição podem assim ser conhecidos e compreendidos no âmbito da unidade pessoal. Destaca-se, portanto, a contribuição decisiva de Agostinho de Hipona, cuja proposta é ainda hoje objeto de estudos, por ter colocado alicerces essenciais para o conhecimento da pessoa e do dinamismo psíquico.

Referências bibliográficas

SANTO AGOSTINHO. *Contro Fausto Manicheo*. Disponível em: <http://www.augustinus.it/italiano/contro_fausto/index2.htm>. Acesso em: 29 out 2010 (original de 410).

_____. *Esposizione sul Salmo 141*. Disponível em: <http://www.augustinus.it/italiano/esposizioni_salmi/index2.htm>. Acesso em: 20 out 2010.

_____. *Confissões*. J. O. Santos e A. A. de Pina, tradutores. Petrópolis: Vozes, 1987 (original de 397-398).

_____. *A trindade*. A. Belmonte, tradutor. São Paulo: Paulus, 1994 (original de 400-416).

_____. *O livre-arbítrio*. N. Assis Oliveira, tradutor. São Paulo: Paulus, 1995 (original de 388-396).

_____. *Opera omnia. Editio Latina*. Roma: Cittá Nuova Editrice. Disponível em: <http://www.augustinus.it/latino/index.htm>. Acesso em: 13 out 2013.

_____. "O mestre". In: PINHEIRO, A. S. *Opúsculos selectos de filosofia medieval*. Braga: Editora da Faculdade de Filosofia, 1991.

ARENDT, H. *Il concetto di amore in Agostino*. L. Boella, tradutor. Milão: SE SRL, 2000 (original publicado em 1929).

ATENÁGORAS DE ATENAS. *Petição em favor dos cristãos*. Trad. Ivo Storniolo e Euclides M. Balancin. Disponível em: <http://www.apologistascatolicos.com.br/obraspatristicas/index.php?af=AtenagorasApeloPelosCristaos>. Acesso em: 2 abr 2015.

AUTOR DESCONHECIDO. *Carta a Diogneto*. Trad. Luiz Fernando Karps Pasquotto. Disponível em: <http://veritatis.com.br/patristica/165-obras/1406-carta-a-diogneto>. Acesso em: 2 abr 2015.

BERDIAEV, N. *O sentido da história*. Madri: Encuentros, 1979.

CHÂTEAU, J. *As grandes psicologias da Antiguidade*. A. Gonçalves, tradutor. Lisboa: Publicações Europa-América, 1978.

FOUCAULT, M. *A coragem da verdade*. E. Brandão, tradutor. São Paulo: Martins Fontes, 2011 (original de 1983-1984).

GILSON, E. *Introdução ao estudo de Agostinho*. C. N. A. Ayub, tradutor. São Paulo: Paulus, 2007 (original publicado em 1943).

HADOT, P. *Esercizi Spirituali e filosofia antica*. A. M. Marietti, tradutor. Torino: Einaudi, 2005 (original publicado em 2002).

LELOUP, J. Y. *Cuidar do ser. Filon e os Terapeutas de Alexandria*. Petrópolis: Vozes, 2004.

MASSIMI, M. "A questão mente-corpo nas doutrinas dos primeiros séculos da cultura cristã". In: *Cadernos Pontifícia Universidade Católica*, São Paulo, EDUC, 1986, n. 23, p. 9-24.

PERES, S. P.; MASSIMI, M. "A espacialidade da memória nas Confissões de Agostinho". In: *Memorandum*, 22, 2012, p. 68-91. Disponível em: <http://www.fafich.ufmg.br/memorandum/a22/peresmassimi02>. Acesso em: 6 mai 2013.

PRZYWARA, E. *Agostino informa l'Occidente*. P. Cevasco, tradutor. Milão: Editoriale Jaca Book, 2007 (original publicado em 1933).

SPINELLI, M. *Helenização e recriação de sentidos. A filosofia na época da expansão do cristianismo — Séculos II, III e IV*. Porto Alegre: EdiPUCRS, 2002.

ZAMBRANO, M. *La confessione come genere letterario*. E. Nobili, tradutor. Milão: Mondadori, 2000 (original publicado em 1943).

Capítulo 4

Saberes psicológicos no contexto medieval

Fonte: https://www.lib.utexas.edu/maps/historical/colbeck/europe_1135.jpg

Introdução

No percurso já realizado, vimos que na história da cultura ocidental coloca-se a pergunta "Quem sou eu?" — que os filósofos gregos já tematizaram no século V a.C. e que fora retomada pela filosofia romana no primeiro século. A elaboração das respostas a essa pergunta não deve ser entendida, porém, como sendo apenas uma construção teórica; tratou-se, pelo contrário, da tematização racional de evidências emergentes pela observação da experiência humana e pela reflexão sobre ela. São elas: a evidência da racionalidade humana (tematizada pela filosofia grega); a evidência da harmonia e do equilíbrio como fatores de bem-estar (assinalados pela medicina e pela filosofia grega); a evidência da liberdade e da vontade (introduzida pelas tradições religiosas judaica e cristã); a evidência da interioridade humana (tematizada pelo filósofo e teólogo Agostinho de Hipona); a evidência da complexidade somato-psíquica e espiritual da condição humana (expressa pelas filosofias platônica, aristotélica e estoica). Desse modo, podemos entender a elaboração do conceito de pessoa, assim como utilizado na cultura ocidental, como um percurso conceitual que se constitui, ao longo do tempo, numa resposta a essa questão ("quem sou eu"), um percurso que se inicia na antiga filosofia grega e termina nos alvores da Idade Moderna, tendo com o advento do cristianismo e na Idade Média seu período de definição filosófica nas universidades medievais. Com efeito, segundo o filósofo russo N. Berdjaev, "o cristianismo foi o primeiro a pôr conscientemente o problema da pessoa humana porque somente ele foi o primeiro a colocar o problema de seu destino eterno" (1979, p. 101, trad. nossa). O motivo disso é o fato de que "o cristianismo liga a pessoa humana à natureza suprema divina e a sua origem divina" e desse modo torna o homem consciente de sua dignidade superior. Paradoxalmente, continua Berdjaev, "a personalidade humana foi forjada e reforçada naquele período da história que por longo tempo foi considerado desfavorável à pessoa: a Idade Média" (*idem*).

Na longa duração da Idade Média, três principais eixos dos saberes psicológicos se desenvolveram: a consolidação no âmbito filosófico e teológico dos alicerces conceituais do conceito de pessoa e de dinamismo anímico desta por obra de autores como Tomás de Aquino; o aprofundamento do conhecimento de si mesmo na mística e espiritualidade e no desenvolvimento do gênero autobiográfico inspirado em Agostinho; a tematização da dimensão psicossomática e de sua importância quanto ao dinamismo psíquico e ao seu cuidado e cura, pela medicina medieval.

Algumas instituições representaram lugares decisivos para o desenrolar desse processo: a universidade e os mosteiros. Por isso retrataremos brevemente também a história dessas instituições. A arte que se desenvolveu nas cidades medievais também forneceu uma contribuição importante na medida em que, sobretudo na pintura, visou a representação de figuras humanas almejando expressar também seu estado interior.

Precisamos ressaltar o fato de que o processo de elaboração do conceito de pessoa e de dinamismo psíquico ocorrido no Ocidente ao longo da Idade Média foi fruto de um longo percurso norteado pela observação atenta da experiência humana e pela reflexão sobre ela, moldado pelo aporte de tradições mais antigas, advindas do Ocidente e também do Oriente.

Periodização e regime de temporalidade

A Idade Média é um longo arco de tempo da história ocidental que decorre a partir do ano de 476 d.C. (fim do Império Romano do Ocidente) ao ano de 1492 (descobrimento da América).

Os estudos históricos desenvolvidos atualmente acerca desse período apontam para a dissolução de "duas imagens igualmente falsas da Idade Média: uma imagem negra, que a identifica com a 'idade das trevas', e uma imagem dourada, que faz dela um período idílico" (Le Goff, 1994).

Trata-se de um longo período histórico que se divide em três momentos, caracterizados por eventos históricos e circunstâncias peculiares.

1) Do século V ao século X: Alta Idade Média

O marco inicial do período é o ano de 486, quando Clóvis tornou-se rei dos francos e fundou a dinastia merovíngia, governante do Primeiro Estado Franco.

Entre 527 e 565, Justiniano I governou o Império Bizantino e desenvolveu o Código Justiniano de Leis.

Em 622, Maomé, fundador da religião muçulmana, fugiu de Meca para Medina. A fuga de Maomé, chamada de Hégira, assinala o começo do calendário muçulmano. Em 661, o califado dos omíadas estabeleceu a capital do império muçulmano em Damasco. Ali permaneceu até 750, quando o califado dos abássidas substituiu o dos omíadas no governo do Império Muçulmano e estabeleceu a nova capital em Bagdá. Quando, em 969, os fatímidas conquistaram o Egito, transformaram o Cairo no centro do império. Em 711, os muçulmanos invadiram a Espanha e deram início à ocupação que durou cerca de 700 anos. Em 732, Carlos Martel, rei da dinastia merovíngia, liderou os francos na derrota que impuseram aos invasores muçulmanos em Tours: essa vitória impediu que estes conquistassem a Europa.

No ano de 750, Carlos Magno tornou-se governante dos francos; em 800, foi coroado pelo papa Leão III imperador dos romanos. Inicia-se assim o Sacro Império Romano. No ano de 843, o tratado de Verdun dividiu o império em três partes, colocando as raízes para o desenvolvimento nacional da França, Alemanha e Itália.

Em 862, Rurik, chefe dos vikings, estabeleceu seu governo em Novgorod e fundou o império russo.

Em 987, Hugo Capeto tornou-se rei da França e fundou a dinastia capetíngia, que governou até 1328.

Na Alta Idade Media ocorre a consolidação do feudalismo. Esse sistema organizou a sociedade em estratos: os nobres; o clero; os servos (o setor que desenvolve uma produção voltada para a subsistência).

2) Do século XI ao XIII: Baixa Idade Média

Em 1016, Canuto tornou-se rei da Inglaterra e submeteu todo o país ao domínio dinamarquês, mas em 1066, forças normandas, sob o comando de Guilherme, o Conquistador, derrotaram os anglo-saxões na batalha de Hastings, terminando o domínio anglo-saxão na Inglaterra.

No ano de 1099, é realizada a Primeira Cruzada, na ocasião da qual exércitos cristãos conquistaram Jerusalém, ocupada pelos muçulmanos; todavia, em 1187, as tropas muçulmanas sob o comando de Saladino reconquistaram a cidade.

Na Baixa Idade Média, o crescimento populacional na Europa se choca com o limite do sistema feudal, que, por sua estrutura, não permite um amplo desenvolvimento da produção agrícola e comercial. Ocorre também grande crescimento populacional e um período de paz que favorece o avanço comercial e o crescimento das cidades.

3) Do século XIII ao século XIV

Entre 1337 e 1453, a Europa foi marcada pelo trágico evento da Guerra dos Cem Anos, série de conflitos armados entre França e Inglaterra. Foi a primeira grande guerra europeia que provocou profundas transformações na vida econômica, social e política da Europa Ocidental. A França foi apoiada pela Escócia, Boêmia, Castela e Papado de Avinhão. A Inglaterra teve por aliados os flamengos, alemães e portugueses.

Iniciada em 1337, a Guerra dos Cem Anos foi deflagrada quando o trono francês esteve carente de um herdeiro direto. Aproveitando a situação, o rei britânico Eduardo III, neto do monarca francês Felipe, o Belo (1285-1314), reivindicou o direito de unificar as coroas inglesa e francesa. Os ingleses venceram as primeiras batalhas e conseguiram o controle de alguns territórios do norte da França. Contudo, a ocorrência da peste negra impôs uma pausa aos dois polos da guerra. As batalhas foram retomadas em 1356, quando a Inglaterra conquistou novas regiões com o apoio de nobres franceses. No ano de 1360, pelo Tratado de Brétigny, a Inglaterra oficializou o seu domínio sobre parte da França e recuperou alguns territórios inicialmente tomados pelos franceses. Um longo período de secas, fome, marcado pelo avanço da peste negra, acompanhou a guerra.

Outras datas importantes na história desse período são o ano de 1440, pela invenção do tipo móvel por Johannes Gutenberg, um impressor alemão; e o ano de 1453, quando os turcos otomanos conquistaram Constantinopla (Istambul) e derrubaram o Império Bizantino.

Na Idade Média, o regime de historicidade é marcado pela noção judaico-cristã do tempo, orientado pelo acontecimento que mudara definitivamente o curso da história: a inserção no tempo humano da presença do divino: a encarnação, morte na cruz e ressurreição de Cristo, o filho de Deus. Trata-se então de uma história de salvação na qual, através dos acontecimentos, manifesta-se a ação da providência divina. A concepção de história expressa por Agostinho de Hipona em *A cidade de Deus* e em seus sermões molda a consciência do homem medieval: o significado da história é sagrado e humano ao mesmo tempo. A história é interpretada por Agostinho como um drama, tendo "começo" (criação), "meio" (redenção) e "fim" (juízo final). Se a criação do mundo e do homem é originariamente boa e harmoniosa, já a queda é um distanciamento original do ser humano de seu criador, decorrendo disso o fato de a existência humana ser submetida à mortalidade. A redenção é proporcionada pela vitória de Cristo sobre a morte, por ele, enquanto homem-Deus, ter morrido e ressuscitado. O corpo de Cristo ressuscitado na realidade mundana é o povo cristão: a Igreja. Na Idade Média, o pertencimento à Igreja constitui-se no tecido da vida individual e social. A Igreja enquanto instituição materializa a presença do povo cristão na história: na forma política teocrática, o corpo místico se transforma num poder institucional; daqui decorrem todas as reduções e distorções de que a história medieval é cenário e que darão origem a movimentos de reforma como o franciscanismo e os movimentos heréticos. Com efeito, apesar de existir dentro de condições espaço-temporais, o ideal antropológico e social cristão não poderia prender-se e fixar-se numa forma histórica particular, sendo, por natureza, dinâmico. A ordem do tempo, marcada pela tensão escatológica, é captada pela fé. Agostinho de Hipona, no sermão 124, proferido por volta de 410, expressa o ideal antropológico medieval: "vivamos neste mundo como peregrinos". Tal condição implica que "vivamos bem neste curto espaço, para que no fim possamos ir aonde nunca passamos" (Agostinho, 1988, vol. 23, p. 60-61). A metáfora do peregrino perpassa a história medieval: o peregrino não é simplesmente estrangeiro, viajante, sem pátria. Sua verdadeira pátria é a meta, o destino de seu caminhar; sua vida se identifica com a peregrinação da terra do exílio até a pátria que é o mundo totalmente restaurado por Cristo no fim do tempo, mas que também se encarna no tempo na Igreja. O tempo presente é, portanto, caminho. O homem é "construtor" do tempo, no sentido de que o tempo é aquilo que os homens são e fazem dele, ainda segundo uma expressão do Hiponate: "Os tempos somos nós! Quais somos, assim são os tempos" (Agostinho, 410/1988, vol. 10, p. 451). Nesse sentido, torna-se decisiva a ação humana no mundo. Os sujeitos da história, portanto, são a providência divina e os homens, que no exercício de sua liberdade buscam no tempo construir sua existência, realizando seu destino.

O tempo presente é a pré-condição do *eskháton*, do destino final. Na visão agostiniana, vivemos, no momento atual, uma era da tribulação, que teve início com a morte de Cristo e cessará quando este retornar em sua segunda vinda. A retomada do conteúdo escatológico do último livro da Bíblia, o *Apocalipse*, dá origem, sobretudo na Itália, entre os séculos X e XIII, a movimentos de espera messiânica que culminaram na criação de seitas heréticas. No século X, ao aproximar-se do novo milênio, escritores e pregadores medievais chegaram a pensar que se aproximariam os tempos do juízo final (Delumeau, 2000). O desejo de acelerar o curso da história leva a cristandade medieval a mitizar a iminência do fim do tempo. Regenerar o mundo, livrá-lo de toda a dor e todo o mal, alimenta a esperança num tempo áureo, de eterna felicidade, de um paraíso terreal. Contribuiu para inspirar esses movimentos o estado de corrupção da Igreja, que após ter passado por uma reforma no século XI por ação de Gregório VII e Alexandre III, voltara a se fixar em formas e interesses demasiado mundanos.

Surgiram assim formas populares de milenarismo religioso que preconizavam uma intervenção sobrenatural e apocalíptica eminente. Uma delas foi liderada por Joaquim di Fiore (1130-1202), que, baseado na concepção trinitária de Agostinho, pensava haver três idades do mundo: a do Pai, a da revelação do Filho e a do Espírito Santo, caracterizada por um entendimento mais profundo e espiritual das Escrituras. Seria essa a era definitiva guiada pelo Evangelho. Joaquim di Fiore tematiza a figura apocalíptica do Anticristo que identifica com Saladino (1134-1193), um chefe militar curdo que, quando fora sultão do Egito e da Síria, liderou a guerra contra os Cruzados. Mais tarde, outros movimentos, após a queda de Constantinopla nas mãos dos turcos, identificam essa mesma figura mítica com o sultão turco. Já no fim da Idade Média destaca-se a figura de Girolamo Savonarola (1452-1498), frade dominicano que, percebendo a perda de valores na sociedade de sua época, realizava pregações baseadas no texto do Apocalipse passando a anunciar o juízo final e pretendendo instaurar em Florença a nova Jerusalém (Eliade, 1991). Ao desafiar a autoridade, o papa Alexandre VI, foi por este excomungado e condenado à morte por heresia.

De toda forma, o homem medieval concebe sua vida como espera e caminha na direção de um tempo futuro: nesse sentido, o regime de temporalidade medieval implica uma concepção antropológica: o *homo viator*,

> o homem em marcha, em viagem permanente nesta terra e na sua vida, que são o espaço/tempo efêmeros de seu destino e onde ele caminha, segundo as suas opções, para a vida ou para a morte — para a eternidade. [...] O homem da Idade Média é, por essência, por vocação, um peregrino, e nos séculos XII e XIII, sob a forma terrena mais elevada e mais perigosa da peregrinação, um cruzado (Le Goff, 1989, p. 13).

Contexto histórico

Do ponto de vista cultural, a Idade Média é marcada pela visão cristã do mundo e da história: busca-se criar o Reino do

Céu na terra como documentado pela construção das grandes catedrais que se erguem no território europeu. Trata-se de um mundo caracterizado pela interculturalidade: o cristianismo incorpora elementos do platonismo oriundos do norte da África, elementos do aristotelismo introduzidos pelos árabes que ocuparam a Península Ibérica; do Império Romano o cristianismo recebe a tradição jurídica e administrativa; do judaísmo, a tradição religiosa e o sentido da história. A cultura árabe fornece uma enorme contribuição em campos como medicina, arquitetura, álgebra, arte, culinária, e na filosofia introduz os textos de Aristóteles, pois até a entrada dos árabes a filosofia cristã era fundamentalmente platônica. A nação muçulmana na Andaluzia, no sul da Península Ibérica, no século XIV, tem uma biblioteca de mais de quinhentos mil volumes, centros de estudo e tradutores especializados que tornam acessíveis não só os textos de Aristóteles como o esforço de compatibilizar o saber grego com a tradição religiosa. Centros importantes nesse diálogo intercultural são as universidades e as bibliotecas muçulmanas e monásticas.

Do ponto de vista literário e artístico, a Idade Média é um período muito fecundo, sobretudo na Itália: na literatura, destacam-se autores como Dante Alighieri (1265-1321), autor de *A divina comédia*, Giovanni Boccaccio (1313-1375) e Francesco Petrarca (1304-1374). Na arte, destacam-se pintores como Cimabue (1240-1302), Giotto da Bodone (1267-1337), Duccio da Buoninsegna (1255-1318), Gentile da Fabriano (1370-1427), Frei Angelico (1387-1455). Esses escritores e artistas, erroneamente indicados em vários manuais brasileiros de história como sendo renascentistas, na verdade são plenamente medievais, como as datas de suas biografias assinalam, mas também pelas características de suas obras literárias e de seus trabalhos artísticos.

Uma observação importante a fazer é sobre o fato de que, apesar de algumas tradições historiográficas terem enfatizado o caráter de ruptura entre a Idade Média e os períodos históricos anteriores (Idade Clássica) e posteriores (Renascimento), na verdade, como assinala Oliveira, "esta visão da história torna-se um impeditivo para se entender e construir a própria história, na medida em que perdemos sua essência: um movimento feito de mudanças e de continuidades" (2012, p. 114). No que diz respeito à Idade Média, segundo a autora,

> comumente se considera que, por ocasião da dissolução das instituições romanas e das incursões nômades, os homens do Ocidente latino caíram em uma obscuridade intensa, uma vez que a cultura, a civilização e as leis romanas teriam sucumbido junto ao Império. Todavia, isso não se verificou. Ao contrário, foram preservados os costumes, leis, política e saberes do mundo greco-latino. Essa preservação foi, inclusive, condição da manutenção dos homens e um elemento essencial para a constituição das novas relações sociais. Nesse sentido, devemos destacar que a principal instituição medieval da Alta Idade Média nasceu precisamente das entranhas do mundo romano: a Igreja Católica (idem).

A autora coloca um segundo exemplo, localizado

> na passagem da Baixa Idade Média para o mundo moderno. Supôs-se, frequentemente, que a ruptura entre essas duas épocas históricas foi radical. Isso se deve ao fato de a historiografia apoiar-se, de um modo geral, no olhar dos humanistas e renascentistas. Mas trata-se de um olhar enviesado desses autores, porque alguns — como Erasmo, Morus, Francis Bacon — não destruíram por completo o mundo medievo. Por outro lado, conservaram um dos aspectos mais essenciais desse tempo, que era o espírito de religiosidade. Inclusive, deve-se notar, foi a partir desse espírito que fizeram formulações basilares para as novas relações sociais. Evidentemente combateram, incansavelmente, as instituições do medievo, especialmente a Igreja, pois esta se constituía em obstáculo à nova ordem nascente: a modernidade. No entanto, conservaram parte de sua mentalidade, ou seja, a concepção cristã de homem. Cabe mesmo salientar que, sob esse aspecto, os autores da modernidade não foram os iniciadores dessa luta. No

passado (no século XIII, Tomás de Aquino e João de Quidort; Dante, na virada do XIII; no XIV, Marsílio de Pádua e Guilherme de Ockham), encontramos autores que explicitaram isso em seus escritos, uns com mais intensidade (Oliveira, 2012, p. 114).

A forma como o homem medieval conhece a si mesmo é se espelhando em modelos, ou experiências exemplares, e comparando-se com essas figuras. Voltando-se para elas, o ser humano toma consciência de si e molda sua personalidade (Gurevic, 1996). Nesse sentido, cabe conhecer quais sejam os modelos antropológicos recorrentes na Idade Média. Segundo Berdjaev (1979), duas foram as principais modalidades, no universo medieval, através das quais a pessoa adquiriu consistência e disciplina: o fenômeno monástico e a tradição da cavalaria. "Justamente os tipos humanos do monge e do cavaleiro foram modelos de disciplina da personalidade humana" (p. 102) que lhe permitiram alcançar a independência das forças da natureza e das demais contingências externas. A tradição ascética cristã que se desenvolveu nos mosteiros medievais serviu, nesse sentido, para promover uma concentração das energias espirituais do homem. Le Goff também enfatiza a importância dessas duas figuras, o monge e o cavaleiro, juntamente com a figura do cidadão e do mercador. Vamos, portanto, nos deter um pouco mais sobre elas.

O modelo do cavaleiro

Um fenômeno característico da Idade Média é o da cavalaria. O termo "cavalaria" deriva do francês antigo *"chevalerie"* (cavaleiro). Entre os séculos XI e XV, os significados do termo mudam, mas, geralmente, ele indica indivíduos militares que cavalgam cavalos e se dispõem à batalha a serviço dos valores cristãos, como também a serviço de pessoas injustiçadas, ou a serviço de alguma dama amada. Disso origina-se um gênero que se tornaria popular no século XII: o ideal de amor cortês do cavaleiro medieval. Por volta do século XV, o termo se desvincula das suas origens militares.

O ideal ético da cavalaria medieval é profundamente influenciado pelo cristianismo, que modifica o conceito clássico do heroísmo e da virtude. Escreve Fernandez (2010) a respeito:

> Foi somente no séc. XII que surgiu a figura do *cavaleiro* tal como a entendemos ainda hoje: um tipo particular de herói caracterizado não apenas por seu armamento específico, mas, sobretudo, pelo exigente código de conduta a que deve obedecer e pela missão elevada que tem a desempenhar. O ideal cavalheiresco é um dos legados mais duradouros da Idade Média — e não perdeu a capacidade de exercer seu fascínio em tempos tão pragmáticos como o nosso (Fernandez, 2010, p. 1).

Segundo o autor, "para o surgimento da noção de cavalaria, concorreu, ao lado de circunstâncias históricas precisas, o poderoso influxo da literatura. As narrativas sobre façanhas cavalheirescas — que se multiplicam depois da *Canção de Rolando* (fins do séc. XI) [...] contribuíram de modo decisivo para a formação do 'mito' do cavaleiro andante". Diante da desproporção entre os hábitos dos cavaleiros medievais e sua representação ficcional, a literatura incumbe-se do "papel de reavivar a tensão para o ideal". Ou seja, ainda segundo Fernandez, "a novela de cavalaria medieval revela a pretensão de servir como instrumento educativo. Os autores dessas narrativas buscavam propagar as excelências do estilo de vida que florescia nas cortes feudais do séc. XII, cuja síntese era expressada na noção de 'cortesia'".

Ao exaltar a instituição da cavalaria, juntamente com seus atributos militares e sobretudo morais, a literatura atendia também à dupla função de reforçar a identidade de classe que a nobreza feudal começava a adquirir e auxiliar na defesa de seus interesses, ameaçados pela pressão decorrente do processo de fortalecimento monárquico, que então ganhava novo impulso na Europa.

Do ponto de vista da história dos saberes psicológicos, a importância da cavalaria deve-se ao fato de que ela contribui ao fenômeno que Georges Duby define como "emergência do indivíduo", fenômeno característico da época. Com efeito, diante "do caráter extremamente gregário da sociedade medieval, em que a identidade do indivíduo era determinada pelos grupos a que ele pertencia (a linhagem, o estado ou posição social etc.), observa-se, no entanto, a partir do ano 1100, um progressivo acúmulo de sinais a apontar para o reconhecimento mais claro da consciência pessoal" (Fernandez, 2010, p. 1). Esse movimento é evidente em diversas áreas da cultura (como veremos, por exemplo, na pintura, com o emprego de novos recursos para retratar a figura humana; e na esfera religiosa, em uma tendência de interiorização testemunhada, por exemplo, pela prescrição da confissão auricular e periódica a partir do IV Concílio de Latrão, 1215). No que diz respeito à cavalaria,

> um dos principais traços distintivos do herói cavalheiresco é justamente a necessidade do contínuo resgate de sua autoconsciência, dever que se traduz na exigência de aperfeiçoamento permanente de seu próprio ser cavaleiro. Ao apresentar modelos heroicos perfeitos, a literatura pretende educar através do exemplo e não permitir a acomodação em formas incompletas de cumprimento do ideal cavalheiresco. [...] aquele ideal, que a princípio poderia ser descrito apenas como tentativa de legitimação de interesses específicos da nobreza, adquire, dessa forma, feição paradigmática e valor universal. Foi essa abertura a horizontes mais amplos, aliás, que permitiu ao ideal da cavalaria não apenas transcender os limites do círculo da nobreza, convertendo-se em estímulo para todo o mundo medieval, como ainda sobreviver para além das circunstâncias históricas que presidiram a sua formação, alimentando o imaginário de gerações sucessivas mesmo depois do fim da Idade Média (*idem*).

Comenta Souza (2010, p. 2) que a nomeação do cavaleiro é "um cerimonial de enorme importância na vida de um futuro guerreiro, pois se trata de um rito de passagem no qual, terminada a infância, o homem feito será admitido na sociedade dos adultos, tornando-se cavaleiro". E cita uma afirmação de

Duby: "Os ritos de investidura consagram essa cerimônia na qual um homem toma posse de si mesmo" (Duby, 1987, p. 100). As armas que o cavaleiro recebia — a espada, escudo, lança, elmo, esporas — na cerimônia de investidura também possuíam um simbolismo que servia para fortalecer o dever e a missão de um cavaleiro. Carregando essas armas, o guerreiro carregava também a força cristã necessária para o combate. Pois, "cada arma, cada veste, cada gesto, transforma-se em símbolo de virtude e de requisito cristão". A espada será o gládio do espírito, o elmo será a fé e assim por diante" (Cardini, 1984, p. 66). As armas cavalheirescas adquiriam cada vez mais simbolismos cristãos.

A aventura cavalheiresca, segundo Cardini (*apud* Le Goff, 1989), era inspirada na procura por novas fontes de riqueza, mas também era movida pelo desejo de aventuras em terras longínquas como a Terra Santa e Jerusalém e pelo fascínio exercido pelo Oriente, que era, sobretudo, um horizonte onírico, mas de que também se dispunha já de alguns conhecimentos (por exemplo, as especiarias). Os cavaleiros participaram também das Cruzadas, guerras empreendidas para libertar Jerusalém do domínio turco, que ocorreram entre 1096 e 1272. Ainda segundo Cardini, "a atração pelas terras longínquas e pelos seus costumes, que irá ter um peso decisivo na cultura europeia entre o século XVIII e o século XIX, [...] tem as suas raízes na literatura cavalheiresca medieval" (*ibid.*, p. 69).

Surgimento do monaquismo

Comenta Miccoli, que "há muito tempo os monges e os mosteiros deixaram de fazer parte da vivência comum dos habitantes da Europa" (*apud* Le Goff, 1989, p. 33), mas que ao longo de muitos séculos eles caracterizaram a face do Ocidente cristão. Afirma que em grande parte a Europa se reconhecia cristã "graças a essa experiência e às instituições a que deram vida". A tradição monástica inicia desde os primeiros séculos do cristianismo e encontra sua formulação mais elaborada na

Regra de Benedetto (Bento) da Nursia (480-547), constituindo um dos alicerces da própria civilização europeia. Juntamente com a tradição filosófica acima delineada, o movimento beneditino influencia, de modo direto e indireto, a cultura ocidental.

As origens do monaquismo remontam à tradição apostólica documentada pelos Atos dos Apóstolos, nos quais se relata que os cristãos punham tudo em comum e vendiam seus bens dividindo o arrecadado entre todos conforme as necessidades de cada um. Esse ideal começou, porém, a ser contaminado; de modo que os que realmente desejavam viver segundo esse preceito começaram a sair das cidades e a procurar, em lugares desertos, restabelecer a experiência comunitária originária. Eram chamados de mônacos (termo que deriva do grego *mónos*, μόνος, que significa solitário, único). No início do século V, João Cassiano, nascido em Marselha, na Gália meridional, sintetizou de forma escrita as normas que regravam a vida dessas comunidades. Bento de Núrsia, ou Benedetto da Norcia (Nórcia, c. 480-monastério de Montecassino, c. 547), nasceu na Itália; após ter transcorrido em Roma o tempo de sua formação universitária em medicina, retirou-se ao longo de três anos nas montanhas do Apenino, perto de Subiaco, onde viveu vida eremítica e dedicada à oração. Posteriormente, fundou comunidades de monges: tais comunidades deram origem à Ordem dos Beneditinos, até hoje uma das maiores ordens monásticas do mundo. Ainda hoje, a "Regra" escrita por Bento é um dos mais importantes instrumentos de formação da vida religiosa e monástica, sendo inspirada por um grande conhecimento do ser humano e um extraordinário equilíbrio das práticas propostas. Bento foi designado padroeiro da Europa pelo papa Paulo VI em 1964, e é venerado não apenas por católicos, mas também por ortodoxos. O corpo de Bento e de sua irmã Escolástica, que também o seguiu na experiência monástica, repousam na Abadia do Monte Cassino, na Itália (destruída durante a Segunda Guerra Mundial e posteriormente restaurada).

A regra beneditina, cujo objetivo é regulamentar a vida comunitária dos habitantes dos mosteiros (monges), é composta por 73 capítulos que fornecem indicações acerca de todos os aspectos da vida cotidiana: administração, organização dos espaços, horários, celebrações e orações, conduta social, cuidado com os idosos e doentes, hábitos alimentares, formação dos jovens. Inspira-se num patrimônio já existente de escritos espirituais e regras de vida, como as elaboradas por João Cassiano, Basílio de Cesareia, Evágrio Pôntico, o monge egípcio Pacômio, os ditos dos padres do deserto (chamados também anacoretas, ou retidados), entre outros. Tais conhecimentos, voltados para a orientação prática, beneficiavam-se também da herança das escolas filosóficas gregas, romanas e helenistas, que como vimos eram voltadas para proporcionar a arte da vida boa e feliz. De modo particular, essas dicas se baseavam no cuidado dos afetos da alma, que em excesso seriam a origem de vícios que, por sua vez, levariam ao adoecimento. Seriam eles: a glutonia, a luxúria, a avareza, a tristeza, a ira, o tédio, ou acídia, a sede da glória e a soberba. Se os padres do deserto e as regras de Evágrio e Cassiano buscavam a reorientação dos afetos e o restabelecimento do equilíbrio pela moderação dos hábitos, Bento sugere um regime preventivo e educativo, propondo um estilo de vida em que os vícios não se instalem. O uso frequente do vocabulário médico na escrita da Regra de Bento aponta o fato de que ela se propõe a ser um verdadeiro guia para a saúde da alma e do corpo, individual e comunitária.

Carruthers (2006) demonstra em suas pesquisas acerca da história cultural medieval a dimensão pedagógica e psicológica do processo proporcionado pela Regra, denominado *ortopraxi*: a construção de uma experiência disciplinada que permite ao usuário identificar-se com base numa vivência reconhecida como original e constitutiva.

O historiador francês Moulin (1989), ao reconstruir o cotidiano da vida monástica, afirma que a vivência comunitária nos mosteiros em sua origem era marcada por uma sorte de democracia na qual todos os membros participavam dos processos de decisão através de assembleias convocadas pelo abade, que também era eleito por sufrágio universal pelo grupo (capítulo 64 da Regra).

Deve-se por fim destacar a importância dos mosteiros na preservação e divulgação da cultura nessa época. Através do trabalho dos copistas realizado nessas comunidades, salvaram-se muitas obras clássicas que, sem o labor persistente dos monges, para sempre teriam desaparecido. "Os homens do Ocidente medieval, por meio do trabalho de seus copistas, conservavam o espírito de *humanitas* produzido no passado" (Oliveira, 2012, p. 121).

De modo geral, como veremos, a cultura monástica proporciona à história dos saberes psicológicos métodos para o conhecimento do homem interior já tematizado por Agostinho, apropriando-se para isso de toda a tradição da filosofia romana e grega, voltada para a cura da alma.

Cidades e catedrais

As cidades surgem, sobretudo, a partir do século XI, pela intensificação da vida agrícola e comercial, e não raro em torno de mosteiros. Inicialmente se estruturam na forma de burgos, em volta dos castelos feudais ou dos mosteiros, onde se concentravam mercadores e artesãos dos diversos ofícios. Os burgos, posteriormente, se tornaram independentes dos senhores feudais e das comunidades religiosas, e se transformaram em comunas: essas experiências no início baseavam-se na igualdade entre seus habitantes, contavam com milícias próprias e tinham um governo independente. De simples local de trocas e mercado, as cidades se tornaram centros manufatureiros especializados no artesanato de lã, linho, tapetes, couraças, elmos, vestuário, vitrais para as catedrais etc.

Nas cidades, a produção era realizada pelos artesãos que se reuniam em corporações de ofício. Em cada corporação existiam os mestres, os oficiais e os aprendizes de determinada profissão, que fabricavam e comercializavam os artigos necessários ao consumo da cidade e das propriedades senhoriais vizinhas. Cada mestre tinha um número variável de aprendizes: foi nesse âmbito que também nasceram as escolas de pintura de Cimabue, de Giotto e de Duccio. As corporações de ofício atuavam na defesa de seus membros, e através de regulamentos controlavam os preços mínimos e máximos, a venda e a qualidade dos produtos, o número de trabalhadores e o horário de trabalho, impedindo invenções isoladas, concorrência entre seus membros e a concorrência dos produtos de cidades vizinhas.

Quanto ao sentido do trabalho na sociedade medieval, Oliveira retoma os estudos de George Duby, em duas obras clássicas: *Guerreiros e Camponeses* e *Economia rural e vida no campo no Ocidente medieval*. Duby comenta que

> na civilização desse tempo, o campo é tudo. Vastas regiões, a Inglaterra e quase toda a Germânia, não têm uma única cidade. Mas existem noutras regiões: antigas cidades romanas, menos profundamente degradadas no sul do Ocidente, ou então pequenos burgos de comércio muito recente, acabados de nascer ao longo dos rios, que correm para os mares do Norte. Salvo algumas exceções lombardas, estas "cidades" parecem todas elas aglomerações irrisórias, que reúnem no máximo algumas centenas de habitantes permanentes e vivem profundamente ligadas ao campo. Na verdade, nem sequer se distinguem dele. Estão cercadas por vinhas, interpenetradas com os campos; cheias de animais, celeiros e rapazes nos trabalhos da terra. Todos os homens, mesmo os mais ricos, os bispos, os próprios reis, e os raros especialistas, judeus ou cristãos, que nas cidades exercem o ofício do comércio a longa distância, todos eles permanecem rurais, e sua existência é ritmada pelo ciclo das estações agrícolas; a sua subsistência depende da terra-mãe, dela retirando no imediato todos os recursos (*apud* Oliveira, 2012, p. 118).

Nesse sentido, mesmo na cultura urbana, a tradição camponesa permanece marcante. O fenômeno urbano medieval é um dos aspectos mais significativos da história da sociedade e da cultura da Europa dos séculos XI ao XIII: grande parte das cidades da Europa, ainda hoje, mantém sua estrutura medieval originária. No seio da cidade, uma das figuras mais significativas é a do mercador, ou comerciante, que, diferentemente do cavaleiro, busca a fixação no território, e condições econômicas para isso, preocupando-se também com a educação dos filhos. Tal preocupação está na origem do crescimento das instituições escolares e universitárias, como veremos em breve. Além do mais, nas cidades desenvolve-se uma cultura do trabalho na qual se valoriza sua dignidade não apenas enquanto meio de sobrevivência, mas também enquanto expressão da criatividade e do engenho humano. Esse fato dá destaque à ação como sendo expressiva de importantes qualidades do ser humano, uma grande novidade do ponto de vista antropológico, se se lembrar de que na antiga Grécia o trabalho manual era considerado algo desnecessário, sendo entregue aos escravos, e que, na antiga Roma, o *otium* era prezado como a melhor condição para a sabedoria.

Nas cidades devemos evidenciar também a presença das Ordens Mendicantes e, mais precisamente, a dos franciscanos. Esse movimento religioso foi criado por Francesco de Bernardone (1182-1226), morador da cidade italiana de Assis: filho de comerciantes, após ter se dedicado à atividade militar na juventude, vivenciou por volta de 1205 uma profunda conversão religiosa que o levou a conduzir uma vida totalmente dedicada ao serviço dos pobres. A partir de então, Francesco se desfez de todos os seus bens e começou a conduzir uma vida de total pobreza, seguido nesse caminho por outros jovens da região, entre eles Chiara Schifi, jovem nobre da cidade de Assis. Desse primeiro movimento, nasceram duas ordens religiosas, uma masculina e outra feminina: os religiosos e as religiosas viviam de forma comunitária em conventos, e os homens dedicavam-se à pregação nas cidades e nas campanhas. Francesco afirmou a importância e o valor positivo da natureza contra a heresia cátara que pregava uma rígida visão dualista da realidade (marcada pelo conflito entre o bem e o mal); criou um movimento religioso de retorno à vida evangélica e aos seus valores contra a corrupção dos costumes eclesiásticos; e em suas pregações missionárias, chegou até o Egito, onde encontrou e pregou ao sultão Al-Kamil, governador do Egito e da Síria.

Além dos franciscanos, surgiram outras ordens religiosas: dominicanos, carmelitas, agostinianos, sendo que todas elas eram chamadas de mendicantes, pois pretendiam originariamente viver como pobres, recusando o dinheiro, a terra, a propriedade. Dedicavam-se principalmente à pregação nos campos e nas cidades, onde eram responsáveis também pelas missas e pelos sacramentos. Em alguns casos, membros dessas ordens ocuparam cátedras na universidade: eminentes intelectuais, filósofos e cientistas surgiram nos conventos, como, por exemplo, os franciscanos ingleses Roger Bacon (1214-1292) e William de Ockham (?-1350). Em todas as cidades medievais encontram-se conventos dessas ordens religiosas, que foram muito importantes pela vivência comunitária que propunham e constituíram exemplo de relações sociais construtivas do tecido urbano.

As catedrais marcam a paisagem das cidades medievais: geralmente, todo o povo participava da construção: seja pelo trabalho manual na obra, seja pela oferta de recursos financeiros. Na edificação havia o esforço comum de mão de obra profissional, trabalhadores voluntários, nobres, magistrados, comerciantes, mestres artesãos e o povo da cidade e dos campos circunvizinhos. Daniel-Rops cita a frase do Cardeal Eudes de Chateauroux, legado papal: "Foi com os óbolos de mulheres já idosas que se construiu, em grande parte, a catedral de Paris" (1993, p. 395). Em alguns casos, as corporações de ofício ofereciam partes da igreja, como, por exemplo, os vitrais.

Ainda Daniel-Rops transcreve este significativo trecho de uma carta do abade de Saint Pierre sur Dives, Aimon, para os monges ingleses de Tombury, em que relata a construção da catedral de Nossa Senhora de Chartres:

> Viam-se homens vigorosos, orgulhosos de seu nobre nascimento e de suas riquezas, e acostumados a uma vida de ócio, atrelarem-se com correias a um carroção e arrastar pedras, cal, madeira e todos os materiais necessários. [...] Às vezes, mil pessoas e mais, homens e mulheres, puxavam tais carroções,

tão pesada era a sua carga. E tudo num tal silêncio que não se ouvia uma única voz ou murmúrio. Quando paravam ao longo do caminho, apenas se ouvia a confissão dos pecados e uma oração pura e suplicante a Deus, pedindo perdão das faltas cometidas. Os padres exortavam à concórdia; calavam-se os ódios, as inimizades desapareciam, as dívidas eram perdoadas e os espíritos reentravam na unidade. Se aparecia alguém tão aferrado ao mal que não queria perdoar e seguir o conselho dos padres, a sua oferenda era lançada fora do carroção e ele mesmo expulso com ignomínia da sociedade do povo santo (1993, p. 395).

Comenta ainda Daniel-Rops: "através das catedrais, deixa-se compreender toda a civilização que as criou" (1993, p. 386). Dois estilos arquitetônicos, o românico e o gótico, se sobressaem na edificação das catedrais.

Cabe ressaltar também a grande contribuição da arte (especialmente da pintura e da arquitetura) para o surgimento da dimensão da pessoa no contexto da cultura medieval. Entre os demais artistas, destaca-se a pintura inovadora do já citado Giotto: ao representar os rostos humanos em suas obras de teor religioso, o artista evidencia dimensões expressivas e traços psicológicos, conferindo às figuras características pessoais (Romano; Petraroia, 2015). Afirma, acerca desse tópico, o historiador G. Duby:

> Desde o momento em que as personagens do drama litúrgico se multiplicaram no teatro erguido nos pórticos das catedrais, foi preciso singularizar cada uma delas. Sem dúvida, usavam insígnias distintivas, os atributos particulares que a iconografia cristã dava a cada profeta, a cada precursor, a cada apóstolo. Quis-se também dotá-las de rostos pessoais, capazes de exprimir uma psicologia individual.
> E como o sistema de pensamento se fundava no princípio da unidade do universo, como afirmava a estreita coesão dos três componentes do ser humano — o espírito, a alma, e o corpo —, considerava naturalmente que as feições duma fisionomia mostravam a tradução fiel das tendências individuais (Duby, 1993).

Outro importante historiador medievalista, J. Le Goff, assinala o humanismo que se afirma, sobretudo, por volta dos séculos XII e XIII, através da representação do corpo humano na medicina e na arte da miniatura:

> Assim se acha vivificada e preenchida de uma significação profunda a velha imagem do homem-microcosmo. Desde Bernardo Silvestris até Alain de Lille, desenvolve-se a tese da analogia entre o mundo e o homem, entre o megacosmo e o universo em miniatura que é o homem. Essa concepção é revolucionária. A grande enciclopédia científica de Adelardo de Bath estende-se longamente sobre a anatomia e a fisiologia humanas. Isso se desenvolve paralelamente ao progresso da medicina e da higiene, fundamentando-as. O homem, a quem se desenvolveu o seu corpo, chega assim de forma completa à descoberta do amor humano, que é um dos grandes acontecimentos do século XII.
> O homem microcosmo acha-se, desse modo, situado no centro do universo que ele reproduz em harmonia consigo mesmo, apto a manejar seus cordéis, e em estado de conivência com o mundo.
> Perspectivas infinitas lhe são abertas, como as popularizadas por Honório d'Autun e mais ainda talvez por uma mulher extraordinária, a abadessa Hildegarda de Bingen, que mistura as teorias novas ao misticismo monástico tradicional em obras como o *Liber Scivias* e o *Liber divinorum operum*. Miniaturas rapidamente célebres conferem-lhes um alcance excepcional. Lembremos aquela que representa o homem microcosmo em estado de nudez, revelando um amor pela modelagem do corpo, que comprova que o humanismo dos intelectuais do século XII não esperou a outra renascença para acrescentar essa dimensão, onde o prazer estético das formas se alia ao amor pelas verdadeiras proporções.
> Sem dúvida, a última palavra desse humanismo é que o homem, que é natureza e que pode compreendê-la por meio da razão, pode também transformá-la por sua atividade (Le Goff, 2003, p. 53-54).

A origem da universidade na Idade Média

A criação da universidade representou a concretização, na Europa, do ideal platônico da comunidade dos filósofos. Em *A república*, Platão (427-347 a.C.) afirma que a alma é, de certo modo, todas as coisas e deve travar relações com tudo o que é, estando aberta para conhecer tudo o que existe no mundo. Segundo Platão, o aprofundamento do saber e sua transmissão deviam acontecer numa escola entendida como comunidade de vida entre mestres e discípulos, formando homens capazes de vivenciar os ideais de verdade, de justiça, de beleza e bondade. Essa comunidade de vida e de saber seria o lugar mais adequado no qual desenvolver o processo de conhecimento com base no diálogo e no método dialético, tendo por fim a perfeição das pessoas que a ele se aplicam. Na Academia platônica, a busca do estudo é uma forma de vida, compromisso pessoal com a verdade e o bem, em oposição à posição dos sofistas, que consideravam a filosofia como meio de ascensão econômica e social.

Foi essa concepção do homem e de sua racionalidade que, séculos mais tarde, inspirou a fundação da primeira universidade em Paris, por um grupo de estudantes e mestres que se ocupavam de estudos teológicos, filosóficos e jurídicos. A universidade não nasceu como instituição, nem houve data marcada para o seu aparecimento. De fato, conforme afirma Nunes (1979, p. 217),

> as bulas pontifícias e as cartas patentes dos reis foram expedidas numa data determinada, mas só vieram consagrar o que era fato consumado, ou seja, a constituição de uma corporação de mestres e estudantes. Com efeito, as primeiras universidades formaram-se espontaneamente, e reis e papas apenas reconheceram oficialmente as novas instituições.

Além disso, outro evento que favoreceu o surgimento das universidades foi o Concílio Lateranense III (1175), que instituíra uma espécie de "cátedra" junto a cada igreja matriz, onde um mestre lecionava gratuitamente a clérigos e leigos. O Concílio Lateranense IV (1215) reforçou e ampliou essas normas. Escolas desse tipo surgiram nas cidades de Salerno, Bolonha, Paris, Oxford, Montpellier e Cambridge. Tais escolas e associações se difundiram na Europa ao longo do século XIII. Em Paris, por exemplo, junto à catedral de Notre Dame, a Abadia de São Vítor e a Igreja de Santa Genoveva, lecionaram Abelardo e Pietro Lombardo.

Algumas datas documentam a rápida e ampla expansão dessas realidades na Europa medieval: o reconhecimento formal da Universidade de Paris aconteceu no ano de 1200, quando o rei Felipe Augusto concedeu privilégio aos professores e estudantes; em 1231 o papa Gregório IX reconheceu sua existência com uma bula (*Parens scientiarum*). A Universidade de Bolonha surgiu de um grupo de professores de direito (entre eles, o mais famoso chamava-se Irnerio), tendo sido habilitada por Bula do Papa Honório III a conferir em 1219 o grau de doutor. Sua patente de fundação foi a Bula *Authentica habita*, de 1158, quando o imperador Federico Barbarossa outorgara privilégios aos estudantes e professores. Os Estatutos datam de 1252. Esses privilégios consistiam em isenção de taxas, direito a serem julgados apenas por tribunais eclesiásticos, dispensas de serviço militar, entre outros, e duraram até o século XVII, quando a comuna os usurpou. Diversas escolas em Paris foram reconhecidas em 1231 por Gregório IX como corpo de associações universitárias; Oxford teve seus estatutos confirmados por Inocêncio IV em 1254; Cambridge, em 1260; e depois Salamanca, Pádua, Orleans, Angers. Antes do fim do século XIV, surgem as universidades de Florença, Pisa, Pavia, Perúgia, Grenobla, Avignon, Valladolid, Viena, Cracóvia e Praga. A Universidade de Montepellier surgiu entre 1180 e 1220 a partir da união de escolas livres de medicina. Em Portugal, a universidade foi fundada em 1290 pelo rei D. Dinis em Lisboa, tendo sido transferida para Coimbra em 1308. No início do século XVI, havia oitenta universidades atuantes na Europa.[1] Em Bolonha destacava-se o estudo do direito; lá

---

[1] Na América Latina, as universidades foram criadas a partir do século XVI: inicialmente em São Domingos (1538), em Lima (1551), no México (1551). Nas colônias espanholas, houve vinte universidades, seus estatutos sendo inspirados nos de Salamanca e Alcalá, importantes centros universitá-

emergiram as figuras docentes de Irnerio e Graziano; em Paris destacou-se o estudo da teologia (lá lecionou inclusive Tomás de Aquino). Oxford se distinguiu pela escola de lógica e de ciências, hospedando personalidades como Robert Grosseteste, Roger Bacon, Thomas Bradwardine, Duns Scoto. Em Salerno, a escola médica elaborou comentários das obras de Hipócrates, Galeno e Avicena. Nas universidades medievais ocorreu ampla circulação de cultura, mobilidade docente, legislação voltada para proteger os estudos.

Devido a esse caráter espontâneo, as universidades inicialmente não possuíam prédio próprio e as aulas eram ministradas em salas, claustros, e até ao ar livre. Muitos professores davam aulas em suas próprias casas, sendo que os estudantes sentavam no chão coberto de palha. Por isso, em Paris há uma rua com este nome: Ruas das Palhas. O professor lecionava por cima de um estrado, tendo diante de si uma estante para apoiar o livro.

O termo *universitas* designava as corporações de mestres e estudantes que se consagravam de modo organizado ao estudo das artes liberais, direito, medicina e teologia: *Universitas magistrorum et scholarium* (= associação de mestres e discípulos). Portanto, originariamente, o termo "universidade" não significava o conjunto das faculdades, e sim a associação de pessoas (alunos, professores e funcionários) dedicadas ao estudo das referidas disciplinas. Utilizava-se também o termo *Studium Generale*, que, porém, não indicava a extensão universal dos conhecimentos e sim o fato de que as aulas eram públicas, acessíveis a alunos de qualquer país e condição social.

Nas universidades medievais, os estudantes vinham de várias regiões da Europa e, portanto, agrupavam-se de acordo com sua origem e nacionalidade em "nações" (uma espécie de movimento estudantil) — comunidades em que eles procuravam se ajudar e defender seus direitos. Cada universidade era composta por

rios da Metrópole. Já no Brasil, nenhuma universidade foi instituída no período colonial, por proibição do governo português. Na América do Norte, as primeiras universidades nasceram sob forma de colégios, pela necessidade de formar pastores e administradores.

nações e assessorada por um conselho central formado por um representante (conselheiro) por nação, por esta eleito, e presidida por um reitor. As nações e as universidades reuniam-se em assembleias para discutir seus negócios, em diversos lugares da cidade, principalmente nas igrejas.

A atribuição mais importante dos conselheiros era eleger o reitor, que devia ser um estudante, clérigo, solteiro de 25 anos, ter estudado leis durante cinco anos, ser membro da universidade que o escolheu, ser homem virtuoso e principalmente prudente. Os ofícios do reitor eram: exercer jurisdição civil e criminal sobre os alunos e professores; resolver as pendências entre as escolas; supervisionar as matrículas; fixar o horário das aulas; determinar as férias; estabelecer o pagamento dos professores; presidir os exames e as cerimônias para conferir os graus acadêmicos; fiscalizar as atividades de copistas e livreiros. Os reitores foram instituídos desde o ano de 1180. Eles tinham precedência sobre outras autoridades, e inclusive, em alguns momentos, sobre os cardeais. A autoridade do reitor começou a diminuir no século XV, quando ele passou a ser chamado de "magnífico" e não mais "digníssimo", como era designado anteriormente.

Havia vários tipos de funcionários que compunham a administração universitária: quatro *síndicos*, que deviam rever os atos dos reitores: um deles — o advogado — cuidava dos interesses do reitor perante o foro público. Os livreiros — *stationarii* — promoviam as cópias dos livros e as vendiam. O trabalho deles era fiscalizado por um grupo de clérigos que revisavam os livros em circulação na universidade. Os *massarii* eram os tesoureiros. Os *notarii* anotavam as matrículas, redigiam os processos e copiavam os estatutos. Os bedéis gerais acompanhavam os reitores em cerimônias públicas, anunciavam os debates, as aulas, os feriados, a venda de livros e viviam da generosidade dos estudantes. Os bedéis especiais cuidavam da limpeza e de outros aspectos materiais da escola.

Quanto à população universitária, parece que no ano de 1400 Paris tinha provavelmente por volta de quatro mil alunos; Bolonha, entre dois e três mil.

Desde suas origens, a universidade lidou com questões salariais. Inicialmente, os professores recebiam seus salários diretamente dos estudantes. No fim do século XIII, a comuna ou municipalidade pagava o salário de alguns professores, escolhidos pelos estudantes. Na metade do século XI formou-se a magistratura dos reformadores, que fiscalizavam o comparecimento dos professores nas aulas e descontavam as faltas nas folhas de pagamento.

Havia muitos estudantes pobres que sobreviviam de vários modos, por exemplo oferecendo seus serviços a estudantes ricos, ou empregando-se como copistas ou cantores de igreja. Muitos viviam ao deus-dará, inclusive pedindo esmolas.

Taxas de inscrição, multas, curso da alimentação, cópias de livros, aluguéis encareciam os custos da vida universitária, como hoje. Alguns estudantes, que gozavam do *priviliegium paupertatis*, eram chamados de *bolseiros*. Toda sexta-feira os estudantes depositavam nas mãos do ecônomo da universidade certa quantia de dinheiro que era recolhida numa bolsa. Por isso, a quota paga por cada um chamava-se de *bursa*. Essas bolsas eram atribuídas aos estudantes que tinham pouco rendimento. Além das bolsas de estudo, a sociedade medieval criara outros meios para auxiliar os estudantes pobres. Entre outros, o papa Gregório IX concedia indulgência aos benfeitores que financiassem a estadia dos estudantes numa pensão. Em 1245, o papa Inocêncio IV ordenou que o bispo de Toulouse se encarregasse da hospedagem dos estudantes. Em Portugal, o rei D. Duarte convidava os estudantes ricos a pagarem de seu bolso pelos estudos dos pobres.

As contribuições mais interessantes das universidades para a cultura medieval foram o ensino e a difusão das doutrinas inovadoras dos grandes mestres; bem como a transmissão de uma boa formação, baseada na arte de raciocinar, de analisar minuciosamente os textos, no conhecimento de noções gerais e de uma visão coerente de mundo. As universidades propiciaram, assim, o aparecimento da figura social do intelectual.

A lista das matérias a serem ensinadas nas universidades foi fixada no século XIII, refletindo as classificações do saber da época: artes, medicina, teologia e direito. Havia um curso propedêutico em disciplinas que se chamavam *artes liberais*. Distinguiam-se em *trivium* (gramática, retórica, dialética) e *quadrivium* (aritmética, música, astronomia, geometria). No século XIII, acrescentou-se um ensino mais propriamente filosófico ao curso de dialética (incluindo o ensino da metafísica, da física e da ética), de modo que por volta da metade do século as faculdades de artes transformaram-se em faculdades de filosofia.

O método de ensino era baseado num pequeno número de textos chamados "autoridades", que continham os princípios gerais de uma determinada área de conhecimentos: Aristóteles, a Bíblia, os *corpus* médicos hipocráticos, galênicos e árabes, os dois *corpora* dos *juris civilis* e *juris canonicos*.

A leitura desses textos tinha como objetivo fazer surgir as "questões" ou os "casos" ao longo do comentário do texto. A questão tomou a forma concreta da "disputa", ou seja, uma discussão pública organizada entre estudantes sob a direção de um mestre. Algumas disputas aconteciam em salas de aulas, outras reuniam toda a faculdade. Verger comenta que as disputas constituíam um "exercício que contribuía para a formação dos estudantes e [...] um instrumento de descoberta da verdade" (Verger, 1995, p. 35). O ensino era basicamente oral, apesar de professores e alunos estudarem os textos.

Na universidade de Paris lecionou um importante intelectual que deu significativa contribuição à história dos saberes psicológicos: Tomás de Aquino.

A construção do arcabouço conceitual dos saberes psicológicos no âmbito dos conhecimentos especulativos: Tomás de Aquino — a pessoa, a alma e suas potências

A importância de Tomás de Aquino para a história dos saberes psicológicos é assim colocada por Amatuzzi:

> Pelo pensamento de Tomás de Aquino passa praticamente todo saber da época, buscando um lugar coerente numa doutrina polarizada pela fé religiosa. Assim é que podemos encontrar

em seus escritos um extenso e minucioso pensamento psicológico, baseado nos autores de referência na época, e em suas próprias observações, reflexões e sistematizações. Sua obra principal [...] foi a chamada *Suma teológica* (escrita entre 1268 e 1273), uma imensa e complexa reflexão, talvez comparável somente com as belíssimas catedrais medievais. Trata-se de uma obra escrita em latim medieval, composta de 5 volumes de aproximadamente 800 páginas cada um, mas para a qual já existem boas edições bilíngues (Amatuzzi, 2003, p. 43).

Antes de mais nada, apresentamos a seguir alguns dados sobre a biografia de Tomás de Aquino.

Biografia

Tomás nasceu em Aquino por volta de 1225, no castelo do pai, Conde Landulf de Aquino, localizado em Roccasecca (no Condado de Aquino, que pertencia ao Reino da Sicília e era localizado numa região do atual Lácio). Sua mãe, a condessa Teodora de Theate, pertencia à dinastia Hohenstaufen do Sacro Império Romano-Germânico. O irmão de Landulf, Sinibald, era abade da abadia beneditina em Monte Cassino. Enquanto os demais filhos da família seguiram carreira militar, Tomás tinha sido destinado a seguir o tio na abadia, como era costume no caso do filho mais novo de uma família nobre. Por isso, desde os cinco anos de idade, Tomás começou a ser educado em Monte Cassino. Graças, porém, ao conflito militar ocorrido entre o imperador Frederico II e o papa Gregório IX, a abadia foi invadida no início de 1239, e Landulf e Teodora matricularam Tomás numa *studium generale*, uma universidade criada recentemente por Frederico II em Nápoles. Lá, Tomás foi introduzido nas obras de Aristóteles, Averróis e Maimônides, autores que influenciariam sua filosofia; lá também conheceu João de São Juliano, um pregador dominicano que recrutava seguidores para a ordem. Desse modo, aos dezenove anos, contra a vontade da família, que o manteve por algum tempo preso no castelo, Tomás entrou na ordem fundada por Domingos de Gusmão. A tradição prega que, durante esse tempo de prisão domiciliar, Tomás aprofundou o estudo de Aristóteles e seus comentadores. Estudou filosofia em Nápoles e depois em Paris, onde se dedicou ao ensino e ao estudo de questões filosóficas e teológicas. Continuou os estudos teológicos em Colônia e em Paris, onde se tornou discípulo de Alberto Magno, que o "descobriu" e se impressionou com a sua inteligência. Ao apelidá-lo de "boi mudo", Alberto Magno afirmou dele: "Quando esse boi mugir, o mundo inteiro ouvirá o seu mugido". Foi mestre na Universidade de Paris no reinado de Luís IX de França. Morreu aos 49 anos na abadia de Fossanova, quando se dirigia para Lião a fim de participar do Concílio de Lião, a pedido do papa.

A visão de homem de Tomás de Aquino

Amatuzzi (2003) comenta que o interesse pelo homem perpassa a escrita da *Suma teológica*, já que a primeira questão nela colocada "diz respeito à suficiência ou não das doutrinas filosóficas (e da ciência) para dar ao homem uma orientação completa de vida. O pensamento de Tomás de Aquino aponta claramente para a insuficiência [...] de qualquer saber construído somente com os recursos racionais, e indica a necessidade de uma doutrina de outra ordem", capaz de tratar "de assuntos que vão além daqueles que a razão humana, sozinha, é capaz de investigar" (p. 43). O motivo disso é o fato de que "o ser humano aspira a coisas que estão além daquilo que pode ser investigado pela razão. Mas, além disso, porque, mesmo naquelas coisas que podem ser investigadas somente com a razão, quando se trata de assuntos como a vida e a felicidade, há grande dificuldade no seu questionamento sistemático e metódico" (*idem*).

Por isso, Tomás busca outro caminho na teologia, através da "participação de um saber maior, divino; o que significa, na sua linguagem, um saber recebido 'por revelação'" (*idem*). Escreve Tomás: "É necessário existir para a salvação do homem, [para] além das disciplinas filosóficas, que são pesquisadas pela razão humana, uma doutrina fundada na revelação divina" (*Suma teológica* I, q. 1, a. 1).

De fato, para Tomás (e, como vimos, para Aristóteles), o conhecimento de Deus tem a ver com o sentido do desejo humano:

> Está impresso naturalmente em nós algum conhecimento geral e confuso [...] de Deus, isto é, Deus como a felicidade do homem, pois o homem deseja naturalmente a felicidade, e o que por sua própria natureza ele deseja, naturalmente também conhece. Mas nisso não consiste em absoluto o conhecimento [...] de Deus [...]. Muitos [de fato] pensam que a felicidade, este bem perfeito do homem, consiste nas riquezas, outros a colocam nos prazeres ou em qualquer outra coisa (Aquino, ST, I, q. 2, a. 1, sol. 1).

É nesse sentido que a teologia é uma forma de conhecimento importante para o entendimento também do ser humano.

Ao mesmo tempo, todos os resultados mais relevantes alcançados pelo conhecimento humano devem ser valorizados, e é assim que Tomás irá buscá-los na filosofia de Aristóteles. Desse modo, a filosofia de Tomás brota de uma leitura das obras de Aristóteles à luz da tradição de pensamento cristão. Vejamos a seguir os principais conceitos que dizem respeito à história dos saberes psicológicos.

Homem

Seguindo Aristóteles, Tomás define o homem como "*sinolo*", ou seja, essência ou substância única, composta por matéria e forma. O que seria a essência? No livrinho *O ente e a essência*, Tomás define a essência como "algo de comum a todas as naturezas através das quais os diversos entes são englobados nos diversos gêneros e espécies" (Tomás de Aquino, 2000, p. 26). Por exemplo, a humanidade é a essência do homem.

A alma humana é a forma substancial do corpo, a forma que torna o corpo humano. De modo que "o homem não é somente a alma, mas um composto de alma e corpo". Portanto, o homem é constituído por ambos: por exemplo, um homem que pensa não é apenas alma; assim como um homem que sente não é apenas o corpo. Nesses atos estão envolvidas tanto as componentes anímicas como as componentes somáticas daquele homem.

Em suma, Tomás, na esteira de Aristóteles, define o homem como substância composta, em que a alma é a forma; e o corpo é a matéria. Mesmo que, como veremos, entre alma e corpo haja união substancial (ou seja, um tipo de união que combina dois seres, os quais, se tomados separadamente, seriam incompletos), "não se pode dizer que apenas uma delas", seja a alma, seja o corpo, "se denomine essência" do homem. Com efeito, o termo essência nas substâncias compostas significa "o que é composto de matéria e forma". Nesse composto, o princípio da individuação é a matéria (o corpo): portanto, tudo o que individualiza o homem concreto é determinado pela matéria individual: *matéria formada* (*materia quantitate signata*), que significa *esta* carne e *estes* ossos. De fato, se o homem fosse apenas sua forma, não haveria um indivíduo único, e, portanto, não haveria diferenças individuais. A pluralidade entre os homens somente se torna possível pela corporeidade (Tomás, Sum. I, 75, 7, ad. 3, 2002, p. 369).

Alma

A conceituação da alma em Tomás baseia-se na consideração dos seres vivos. Amatuzzi ilustra assim a concepção tomista de alma:

> ser vivente significa ter uma unidade que transcende a dos componentes materiais elementares que se agrupam no organismo. O que caracteriza a vida é justamente o fato de que o todo do ser é que se relaciona com o meio. O ser vivo é um sistema fechado que se organiza e se preserva na relação com o meio. O conceito de "alma" atende a essa percepção: num corpo vivo existe uma estrutura integrativa dinâmica responsável pelo seu ser, por seu funcionamento como unidade, e por seu desenvolvimento (2003, p. 47).

Amatuzzi explica o sentido dos termos matéria e forma, utilizados por Tomás de Aquino em sua psicologia, afirmando que "não podem ser concebidos como duas entidades completas em si mesmas, assim como, aliás, corpo e alma também não. [...] Matéria e forma não são duas 'entidades', mas dois 'princípios', isto é, algo que devemos pressupor, para podermos pensar a realidade de modo consistente" (I, q. 75, art. 1, 2002, p. 356). Quando um corpo tem como característica o fato de poder mover a si mesmo, então dizemos que é um ser vivo. Sua *forma* é a de um ser vivo. Nesse caso, ela, a forma, se chama "alma" (*anima*); pois dizemos que é um corpo animado. A alma é, então, a forma própria dos corpos que são vivos, sua estrutura unificadora e dinâmica. Dizer "tem alma" é o mesmo que dizer "é animado", "move-se por si mesmo" (2003, p. 48).

O conceito de alma proposto por Tomás deriva da filosofia aristotélica e se identifica com o princípio da vida. Tomás retoma Aristóteles, ao chamar a psicologia de ciência da alma, parte da filosofia natural. A alma é o princípio primeiro da vida nos seres vivos: "para investigar a natureza da alma convém pressupor que se chama alma o primeiro princípio da vida nos viventes que nos rodeiam; já que chamamos animados os seres que vivem, e inanimados os que carecem de vida" (Tomás, *Suma teológica* I, quaestio 75, art. 1, 2002, p. 355). Sendo a alma princípio de vida, ela está presente em todos os seres vivos, numa relação de inclusão ordenada segundo uma hierarquia que parte do ser menos perfeito para chegar ao mais perfeito.

De fato, como observa ainda Amatuzzi ao comentar Tomás, "a vida se apresenta em graus diferentes, e com características diferentes. O tipo de autonomia que têm as plantas não é o mesmo daquele que se apresenta nos animais. E a autonomia que é possível ao ser humano, por sua vez, ultrapassa aquela dos animais". Essas diferenças evidentes à observação fundamentam uma concepção pluridimensional da alma. Prossegue Amatuzzi:

> se a manifestação básica da vida em nosso mundo for a vegetativa, a partir daí ela vai se mostrando em formas cada vez mais complexas, até chegar ao ser humano. Este cresce

como uma planta, percebe e sente como um animal, e, além disso, pensa, é capaz de um entendimento e de um afeto de outra ordem de complexidade. O ser humano transcende as determinações de uma natureza fechada (própria da planta), de um instinto também totalmente determinante (como no animal), e se abre para a reflexão, o que lhe permite um grau de autonomia antes insuspeitado (I, q. 18, art. 3) (2003, p. 48).

Na psicologia contemporânea, "essa graduação nos processos da vida, explícita em Tomás de Aquino, corresponde ao [...] fluxo evolutivo: na história do mundo foram emergindo formas cada vez mais complexas de organização autônoma e unidade, transcendendo sempre mais as possibilidades isoladas da matéria elementar" (2003, p. 48).

Existe uma homologia estrutural entre o nível vegetativo da alma das plantas, o nível sensitivo das almas dos animais e o correspondente grau vegetativo e sensitivo da alma do homem. Por outro lado, os graus vegetativo, sensitivo e racional formam no homem uma mesma alma. Ou, em outras palavras, a alma se estrutura em alma vegetativa, alma sensitiva e alma racional ou intelectiva.

Vejamos mais em detalhe cada uma das partes que estruturam a alma humana. A alma vegetativa é o princípio vital interior cujas atividades são a nutrição e a reprodução. A alma sensitiva é caracterizada por liberdade de movimento no espaço e pela sensibilidade, ou abertura sensível. A alma sensitiva é o centro interior no qual converge tudo o que provém do exterior e de onde brota toda reação. É o ponto de intercâmbio com o ambiente externo e com o corpo, no qual chegam os impulsos e de onde partem as reações: "a alma é, com efeito, o primeiro princípio que nos faz nutrir-nos e sentir e mover quanto ao espaço, assim como também entender". A alma intelectiva é forma substancial do homem: ela contém em si o existir, o ser corpo, a vida, a energia sensitiva e a racionalidade: "Este primeiro princípio de nosso entender, pois, que se o chame entendimento ou alma intelectiva, é a forma do corpo, demonstração que também dá Aristóteles" (Tomás, *Suma teológica*, parte I, qu. 75, art. 4., 2002, p. 363).

A alma humana se especifica como mente, ou alma racional, que é a forma do corpo humano, é incorruptível, mas não é parte da substância divina, e sim criada por Deus. A alma racional se manifesta pela capacidade de domínio do homem sobre as suas ações, domínio exercido pela razão e pela vontade. Com efeito, quanto mais elevada for a forma (como é a alma racional), mais ela é capaz de conter em si todos os estados menos elevados. Desse modo, quando a alma racional aparece no embrião que ultrapassou o estado vegetativo atingindo o sensorial, ela absorve a forma existente e por si só proporciona à matéria tudo quanto a forma anterior nela atualizara, e, além disso, a capacidade da razão. Portanto, "no homem há somente uma única e mesma alma substancial, que é intelectiva, sensitiva e nutritiva" (Tomás, *Suma teológica*, I, 118, 2, ad. 2., 2002, p. 880).

A alma humana, assim como a animal e a vegetal, é forma do corpo: ela possui as potências, os *habitus* e a vida atual (I parte, qu. 54). Em algumas operações, ela depende dos órgãos corpóreos: "há em nossa alma algumas faculdades cujas operações são exercidas por órgãos corpóreos e são elas atividades de parte do corpo, como é a visão no olho, a audição no ouvido" (qu. 54, art. 5., 2002, p. 154). Além disso, enquanto alma racional, e como tal substância espiritual que não é mais ligada ao corpo (qu. 54), ela tem algumas faculdades "cujas operações não são exercidas por órgãos corpóreos, como o intelecto e a vontade; estas operações não são atos de uma parte do corpo" (*ibid.*, p. 154). Todavia, a alma na sua inteireza (aquela que forma o corpo, a animal-vivente, a espiritual) é apreendida como *uma só* alma.

O problema da unidade alma-corpo

Tomás afirma que o homem é composto de corpo e alma; e somente podemos dizer que ele é alma no sentido de afirmar o aspecto que nele é peculiar. Ao dizer isso, apoia-se em Aristóteles (*Ética*, livro IX), que afirmou que

> cada coisa parece ser, sobretudo, o que nela é principal; por exemplo, o que o governante de uma cidade faz diz-se que

a cidade faz. Assim, às vezes se chama homem o que é nele o principal. Umas vezes, é a parte intelectiva, o que corresponde à verdade, que é denominada *homem interior*; outras vezes, é a parte sensitiva, nela compreendido o corpo que, segundo a opinião de alguns, só se detém no que é sensível, e é denominada *homem exterior*" (Tomás, *Suma teológica*, parte I, qu. 75, art. 4, 2002, p. 363).

Afirma ainda Tomás:

> Dizemos que o homem se compõe de corpo e alma, expressando com isso que de duas coisas se constitui uma terceira, a qual não se identifica com nenhuma das duas. De fato, o homem não é nem alma nem corpo; todavia, se de algum modo se afirma que o homem consta de animal e de racional, não será como uma terceira realidade que resulta das outras duas, mas antes como uma terceira noção, resultante das outras duas (*idem*).

Assim, a noção da diferença racional entre homem e animal seria a determinação de uma forma especial, sendo que desses dois conceitos nasce o de espécie.

O filósofo reafirma o mesmo conceito no livro *Ente e essência*, cap. 3.

Amatuzzi (2003) comenta que, segundo Tomás, o conhecimento do ser humano pode ser realizado a partir das diversas perspectivas da alma e do corpo. Tomás escreve: "ao teólogo compete considerar a natureza do homem no que se refere à alma, e não no que se refere ao corpo, a não ser em sua relação com a alma" (I, q. 75, pról., 2002, p. 355). Comenta Amatuzzi:

> existem, portanto, duas considerações complementares do ser humano: uma por parte da alma, e isto, para Tomás, define o ponto de vista do teólogo (e de quem quer que o considere como um todo, em sua natureza e em seu sentido), e outra por parte do corpo, e isso define o ponto de vista do médico (ou de todos os cientistas naturais que consideram as condições físicas da existência). O médico se interessa (e cuida) primeiramente do corpo. Ele só aborda a alma enquanto possa ter relações com as disposições corporais. Paralelamente, o

teólogo se interessa primeiramente pela alma (isto é, o ser humano inteiro, em sua estrutura interior unificadora e doadora de sentido). O corpo só lhe interessa enquanto possa ter relações com as disposições anímicas. Considerar o ser humano *por parte da alma* é estar cuidando do sentido da vida, do significado de viver (e isso, com certeza, inclui a ética, diríamos nós hoje). Considerá-lo *por parte do corpo* é estar mais atento às condições físicas de saúde. [...] São dois modos de se estudar o ser humano e, consequentemente, de interagir com ele, determinando duas possíveis posturas profissionais (Amatuzzi, 2003, p. 51).

Potências anímicas

Ainda no primeiro livro da *Suma teológica* (nas questões de 76 a 78), Tomás aborda a questão das operações anímicas (que na psicologia moderna correspondem aos processos psíquicos). Retomando Aristóteles, afirma que a alma é o primeiro princípio que nos faz nutrir, sentir e mover, assim como também entender. Vimos que, portanto, ela é subdividida em três planos, ou graus: o grau vegetativo, o sensorial e o racional. A cada um deles corresponde um determinado número de potências, chamadas também de forças ou faculdades. Trata-se de forças *operacionais*, o princípio de todas as operações da alma. Cada potência é ativa, no sentido de que não apenas recebe a forma ou sofre uma ação, mas é capaz de produzir uma ação, ou operação. Assim, a potência se expressa na ação que dela resulta; ou, noutras palavras, a potência é ordenada para o ato. Nesse sentido, a potência é chamada também de forma acidental da alma.

Uma ressalva importante a fazer é a de que as potências da alma não são a essência da alma; elas não se identificam com o sujeito anímico. Há somente uma essência da alma, substrato comum, mas uma pluralidade de potências. Essa diferenciação é um dos aspectos que marcam a descontinuidade entre a psicologia filosófica tomista e a psicologia moderna, em seu surgimento no século XIX, que não se ocupava nem considerava o substrato comum, para deter-se somente no estudo dos processos psíquicos, ou, em termos tomistas, nas operações das potências anímicas.

As potências da alma humana são entre si muito diferentes: no que diz respeito às funções sensoriais e vegetativas, o homem é muito parecido aos animais, ao passo que, nas potências do nível racional da alma (= inteligência e vontade), ele eleva-se muito acima dos outros seres, participando de certa forma da natureza dos espíritos angélicos. Assim, as potências da alma no homem são responsáveis pela ocorrência dos fenômenos psíquicos: o conhecimento sensível (sensação, imaginação, memória); o conhecimento intelectual (ideias, juízo, raciocínio); o apetite sensível (prazer, dor, emoções); o apetite intelectual (vontade, atividade, hábitos, costumes). Vamos listá-las a seguir.

Em primeiro lugar, há a potência sensorial, que diz respeito aos sentidos. Os sentidos são de dois tipos: os sentidos externos (os cinco sentidos que correspondem aos cinco órgãos sensoriais) e os sentidos internos.

Os sentidos internos são as potências sensíveis que permitem a conservação das impressões; e são quatro: o *senso comum*, que acolhe na interioridade as espécies sensíveis; a *imaginatio*, que desempenha um papel de mediação entre sensação e conhecimento; a *vis aestimativa*, que distingue entre o útil e o dano; a *vis memorativa*, que conserva essas impressões. Essa concepção é derivada por Tomás dos comentaristas árabes de Aristóteles, Averróis e Avicena, como ele afirma na questão 78, art. 4. A existência dos sentidos internos é justificada, segundo Tomás, pelo fato de que "o animal deve, em sua alma sensitiva, não só receber as espécies das coisas sensíveis, no momento em que é modificada por elas, mas ainda retê-las e conservá-las" (2002, p. 431). O *senso comum* "recebe as formas das coisas sensíveis" (p. 432): a ele "são referidas todas as apreensões" dos cinco sentidos externos, e a ele cabe "fazer o discernimento", por exemplo, discernir o branco do doce (p. 433). A memória "funciona como um arquivo" (p. 432) e é comum também aos animais: atua ao se lembrar dos fatos passados, mas nos seres humanos ela assume também as conotações da *reminiscência*, "com a qual, de uma maneira quase silogística, investiga a memória desses fatos enquanto são intenções individuais" (p. 433). Intenções são os significados dos conteúdos da percepção: por exemplo, explica Tomás, "a ovelha que vê o lobo chegar foge não porque sua cor ou sua forma não são belas, mas porque é seu inimigo natural" (p. 432). A *vis aestimativa* (chamada nos homens *de cogitativa*) tem a capacidade de "descobrir essas intenções por uma espécie de comparação. Chama-se, ainda, *razão particular*, e os médicos lhe destinam um órgão determinado, a parte mediana da cabeça. Reúne comparando as representações individuais" (p. 433). A *imaginatio* "compõe e divide as formas imaginadas. Assim, da forma imaginada do ouro e da forma imaginada de uma montanha, compomos a imagem única de uma montanha de ouro" (p. 43).

Em segundo lugar, há as potências intelectivas, ou seja, o intelecto, que também corresponde à razão e é capaz de realizar atos quais: inteligir (ou seja, conhecer), opinar, julgar e medir, compreender. Afirma Tomás acerca dessa potência que

> ela primeiro apreende de modo absoluto algo, e este ato chama-se de *inteligência*. Depois, ordena o que ela apreendeu para conhecer ou operar alguma outra coisa, e é a *intenção*. Enquanto persiste na investigação daquilo que intenciona, é a r*eflexão*. Quando examina o que reflete em função de princípios certos, e isso se chama conhecer ou saber, é a *phrónesis*, ou *sabedoria*, porque diz o livro I da Metafísica de Aristóteles que é próprio da sabedoria julgar. Quando possui alguma coisa de certo, porque foi examinada, pensa na maneira de comunicá-la aos outros: e é a disposição da *palavra interior*, donde procede a *linguagem* (Tomás, 2002, p. 458).

O intelecto pode ser especulativo ou prático: quando for voltado ao puro conhecimento da verdade é especulativo; quando este conhecimento ordena a ação, é prático.

Em terceiro lugar, seguindo Aristóteles, Tomás afirma que há as potências apetitivas, constituídas pelos apetites, que são de dois tipos: o sensitivo, "cuja natureza é ser movida pelo objeto apreendido" (questão 80, 2002, p. 467); e o intelectivo, o qual ao mesmo tempo que se dirige para as coisas, "volta-se, contudo para elas sob certa razão universal: por exemplo, quando deseja uma coisa porque é boa" (p. 467). Assim, podemos desejar pelo apetite intelectivo "bens imateriais que os sentidos não apreendem, como a ciência, a virtude etc." (*idem*). O apetite sensitivo, que corresponde aos afetos ou emoções, se distingue em: irascível (que, baseado na permanência das impressões recebidas, se manifesta na busca de um bem ausente); concupiscível (que realiza a avaliação instintiva do que do mundo externo vem ao nosso encontro, como sendo útil ou danoso). Tal apetite independe da razão na medida em que "sabemos por experiência que o irascível e o concupiscível se opõem à razão, quando sentimos ou imaginamos uma coisa agradável que a razão proíbe, ou uma coisa desagradável que a razão prescreve". De fato, os sentidos externos são impressionados por objetos sensíveis externos "cuja presença não está no poder da razão". Todavia, as potências internas não dependem de objetos externos e, como tais, "são submetidas ao império da razão, que pode não só excitar ou acalmar as afeições do apetite, mas também formar representações na imaginação" (p. 474). O apetite intelectivo chama-se também de vontade (p. 478) e tende ao bem, à felicidade, mas como o bem é múltiplo, a vontade não é determinada por um só e único objeto. Nesse sentido, o homem é dotado de *livre arbítrio*, podendo se orientar para diversos objetos com base em seu julgamento racional (qu. 83, artigo 1). Afirma Tomás: "designamos livre-arbítrio o princípio pelo qual o homem julga livremente" (p. 290). Distinguindo entre vontade e livre-arbítrio, Tomás afirma: "*querer* implica um simples desejo de alguma coisa. [...] *Escolher* é desejar alguma coisa por causa de outra que se quer conseguir; por isso se refere propriamente aos meios ordenados ao fim" (p. 493).

Em resumo, a articulação das potências da alma é sintetizada no quadro abaixo:

**Funcionamento psíquico
na concepção aristotélico-tomista**

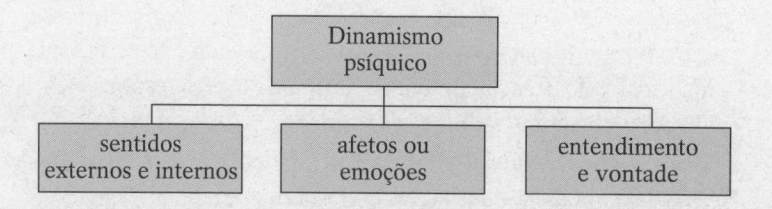

```
                    Dinamismo
                     psíquico
        ┌───────────────┼───────────────┐
    sentidos         afetos ou      entendimento
externos e internos   emoções        e vontade
```

A pessoa

Tomás realiza a sistematização definitiva do conceito de pessoa, a partir de um enunciado do filósofo Severino Boécio (480-526) no tratado *Sobre as duas naturezas*, que por sua vez retomara Agostinho, que como vimos abordara a questão no tratado *A trindade*.

Na definição de Tomás, pessoa significa substância individual de natureza racional: *este* corpo, *esta* alma. A "pessoa" não é a mesma coisa que a "essência" do ser humano, pois esta compreende os princípios específicos dos seres, e não os princípios individuais.

> O particular e o indivíduo realizam-se de maneira ainda mais especial e perfeita nas substâncias racionais que têm o domínio de seus atos e não são apenas movidas na ação, como as outras, mas agem por si mesmas. Ora, as ações estão nos singulares. Por isso, entre as outras substâncias, os indivíduos de natureza racional têm o nome de *pessoa*. Pessoa significa substância individual de natureza racional (Tomás, 2001, I, q. 29, art. 1, p. 523).

A pessoa, em termos filosóficos, é uma *"hipóstase"*, ou seja, um indivíduo do gênero substância humana, pois a alma, a carne e os ossos pertencem à definição de homem. Desse modo, quando se quer afirmar que esta alma, esta carne e estes ossos pertencem à definição *deste homem*, utiliza-se o termo "pessoa". Em suma, "hipóstase e pessoa acrescentam à razão de essência os princípios individuais. Eles não são, portanto, o mesmo que essência nos compostos de matéria e de forma" (Tomás, 2001, I, q. 29, art. 2, p. 527).

Do ponto de vista do dinamismo natural, cada pessoa possui funções psicológicas, ou potências da alma, que são responsáveis pela ocorrência dos fenômenos psíquicos.

Conforme a definição de pessoa que citamos acima, o caráter pessoal se manifesta nas ações do homem:

> diferencia-se o homem das outras criaturas irracionais pelo fato de ser dono de seus atos. Pelo que só se chamam propriamente humanas aquelas ações das quais o homem é dono. Porém o homem é dono de seus atos pela razão e pela vontade, pelo que também o livre-arbítrio é chamado a faculdade da vontade e da razão. São propriamente ditas humanas as ações que procedem da vontade deliberada. Se outras ações, porém, são propriamente do homem, poderão ser chamadas ações do homem, mas não são propriamente ações humanas, pois não são do homem enquanto homem. [...] O objeto da vontade é o fim e o bem. Por conseguinte, é preciso que todas as ações humanas tenham em vista o fim (*Suma teológica*, I, II, q. I, art. 1, 2003, p. 32).

A liberdade, ou livre-arbítrio, especifica o ato propriamente humano e o diferencia dos movimentos dos demais seres vivos. Com efeito, todos os movimentos dos seres vivos têm uma finalidade, mas a finalidade última da ação do homem é a felicidade, a saber, o bem perfeito, ou satisfação total. E a liberdade humana é a capacidade dessa satisfação total.

Apresentamos a seguir um texto de Tomás em que se evidencia a continuidade entre a concepção do dinamismo psicofísico humano por ele proposta e a doutrina aristotélica. Aspectos significativos dos saberes psicológicos elaborados pela cultura grega e reinterpretados à luz da visão de mundo medieval são transmitidos ao Ocidente cristão.

Comentário de Tomás de Aquino ao *De anima*, de Aristóteles

Livro III

5. Como as demais operações da alma são conjuntas com o corpo.
Tudo em que o complexo do corpo opera não é apenas da alma, mas também do corpo. Ora, o complexo do corpo opera em todas as paixões da alma, como na ira, na serenidade, no temor, na confiança, na misericórdia e outras assim. Portanto, estas paixões da alma são todas com o corpo.
Que o corpo participa das operações da alma acima citadas pode-se perceber pelo fato de que algumas vezes sobrevêm aos homens [provações] duras e manifestas, e o homem não se provoca nem teme. Mas, [se é acendido o furor], por algo muito pequeno e débil o corpo é movido, e é assim que ocorre quando o homem se ira. Da mesma maneira, se de maneira nenhuma o perigo é iminente, em algumas pessoas, como ocorre nas melancólicas, pela sua própria compleição desordenada se tornam tementes. E porque é a compleição [corporal] que provoca estas paixões, é manifesto que tais paixões apresentam seu ser na matéria. Por causa disso, as definições destas paixões não são colocadas sem a matéria. Por exemplo, ao definir-se a ira, diz-se que é o movimento de "tal corpo", como seja, o coração.

6. Que a consideração da alma pertence à [ciência] natural.
[A consideração da alma pertence à ciência natural porque] operações da alma e paixões da alma são paixões e operações do corpo, conforme visto. Ora, ao se definir qualquer operação, importa que se tenha o seu sujeito na definição. Assim, se estas operações e paixões não são apenas da alma, mas são também do corpo, é necessário que em sua definição o corpo seja colocado.
Mas tudo em que está o corpo ou matéria pertence à [ciência] natural.
Portanto, as operações e paixões da alma pertencem à [ciência] natural.
Compete, porém, àquele que considera as operações e paixões considerar também o sujeito delas. E por isso também

pertence ao físico considerar sobre a alma, ou simplesmente, ou daquela que está afixa ao corpo. Aristóteles faz essa última ressalva porque quer deixar sob dúvida se o intelecto é alguma potência afixa ao corpo ou não.

8. Como a alma e o corpo se fazem um único.
Alguns filósofos colocaram existir algum meio, pelo qual a alma se uniria ao corpo, que serviria de ligação entre os dois. Semelhante dúvida não pode mais apresentar-se, pois foi demonstrado que a alma é a forma do corpo. Ora, no livro VIII da Metafísica se demonstra que a forma se une à matéria por si mesma.

Portanto, pelo fato de o corpo ter o seu ser devido à alma assim como a uma forma [substancial], ele se une a ela de maneira imediata, na medida em que a alma é a forma do corpo. Mas, na medida em que a alma é motor [do corpo], nada proíbe a existência de algum intermediário, mediante o qual alguma parte seja movida pela alma [não diretamente].

Livro IV

2. Mostra-se como as diferentes partes da alma se ordenam consecutivamente entre si.
A [potência] sensitiva não pode estar sem a vegetativa, mas a vegetativa é separável da sensitiva, conforme acontece nas plantas.
Da mesma maneira, sem o sentido do tato, nenhum dos outros sentidos pode existir, somente o tato sendo achado sem os demais sentidos; [e também], da mesma maneira, a motora não pode existir sem a sensitiva, mas a sensitiva pode existir sem a motora.
Mas a potência que é última entre todas as partes da alma e não é divisível em diversas segundo a espécie é o intelecto, porque em qualquer [ser] do número dos [seres] corruptíveis, se existir intelecto, existirão também todas as demais potências. [A cláusula "dos seres corruptíveis"] está dita porque se excluem disso as substâncias separadas já que, não havendo nelas geração e corrupção, não necessitam

da potência vegetativa. Dessa maneira, os seus intelectos especulam *per se* as coisas inteligíveis *per se*, e assim não necessitam do sentido para que a este lhe seja consequente o conhecimento intelectivo. Mas nos mortais que possuem o intelecto, é necessário existirem todas as outras potências, que funcionam como certos instrumentos preparatórios ao intelecto, o qual é a intenção última na intenção almejada na operação da natureza (Tomás, 1948).

Eixo estruturante *A voz interior e o imperativo de conhecer a si mesmo*: "Sair de si mesmo" como acesso à experiência da pessoa na tradição monástica medieval

Bento, Bernardo e o conhecimento de si mesmo

Outro elemento significativo do percurso de consolidação do conceito de pessoa provém da tradição monástica, acerca da qual falamos ao abordar o contexto histórico medieval. Na longa tradição de saberes e de práticas que se fundamenta na proposta beneditina, o conhecimento de si mesmo passa por uma concepção da pessoa como parte da comunidade, no seio da qual a vida do indivíduo se aperfeiçoa pela aquisição de uma identidade civil e religiosa. Valorizam-se, para esse objetivo, recursos proporcionados pelos métodos, princípios e regras da retórica, entendida como instrumento de formação pedagógica e política: a imitação dos exemplos, a fabricação de imagens mentais, o papel de destaque da memória e a meditação como atividade cognitiva disciplinada.

Uma modalidade própria de entender o ato da leitura praticada pelos monges, chamada de *Lectio Divina*, é decisiva: a leitura dos textos sagrados, exercício cotidiano do monge, não é, antes de mais nada, fonte de conhecimento e informação, mas é vivenciada como palavra dirigida por Deus à pessoa do monge, possuindo, portanto, a palavra uma mensagem atual para cada leitor. A leitura silenciosa dos textos bíblicos, difundida a partir do século IV, dá origem à meditação, prática em que o texto já não é lido, mas está disponível na memória, tendo sido memorizado, para uma recitação ininterrupta que organiza temporalmente o dia do monge, tornando-se inseparável de cada gesto e atividade. Tais exercícios moldam todas as potências psíquicas do monge e o tornam capaz de um conhecimento da realidade ordenado ao seu fim último. A perfeição da vida monástica "coincide com a legibilidade do mundo, e o pecado, com a impossibilidade de ler (pelo fato de tornar-se ilegível)" (Agamben, 2014, p. 38). Desse modo, o texto torna-se espelho para ele, um lugar no qual ver sua própria imagem reproduzida: "lendo-a, podemos nos comparar àquilo que devemos ser, e tratar de adquirir aquilo que falta ao quadro para que ele seja conforme a seu modelo" (Lequercq, 2012, p. 99).

O conhecimento de si acontece diante desse "espelho" e é tido como um percurso que, para ser realizado, implica o envolvimento do entendimento, dos afetos e da vontade: daqui deriva a figura de "sair de si mesmo", tida como o deslocamento necessário para se obter esse conhecimento. A pedagogia monástica desenvolve, assim, uma arte meditativa concebida como um itinerário imaginário que compreende lugares, estações e também degraus de uma escada. O núcleo da pessoa coincide com um lugar interior no qual o monge vive seu diálogo com Deus, ponto de chegada de seu itinerário espiritual. Estações, degraus e escada simbolizam as etapas do percurso. No exercício de meditação, ao percorrer os passos desse percurso imaginário, a pessoa conhece a si mesma. O motor desse movimento é o que Gregório Magno (século VI), um dos mais destacados expoentes e divulgadores dessa tradição, chama de "força do amor"; segundo ele escreve, "é como uma máquina que nos tira fora de nós mesmos e nos eleva para o alto" (*apud* Carruthers, 2006, p. 128): a contemplação de fato eleva a alma para fora de si mesma.

Como disse um ilustre intérprete dessa tradição no século XII, Bernardo de Clairvoux (Claraval) (1009-1145)[2] (no Tratado do amor de Deus, II, 2 a 3, *apud* Santos, 2001, p. 187), para conhecer a si mesmo, o homem deve saber "duas coisas, quem é e o que não é". Quando o homem não conhece a si mesmo não enxergando sua própria capacidade racional que o diferencia dos demais seres vivos, pelo fato de que "não a reconhece, se torna, por isso mesmo, comparável aos animais que são seus semelhantes na sua atual corrupção e mortalidade" (p. 187). Assim, "o homem junta-se ao rebanho dos irracionais e então,

[2] Bernardo, nascido numa grande família nobre da Borgonha, no castelo de Fontaine-lès-Dijon, foi o terceiro de sete filhos; aos nove anos, foi enviado para a Escola Canônica de Châtillon-sur-Seine, onde desenvolveu um gosto particular pela literatura. Em 1112, decidiu entrar na Abadia de Cister, fundada em 1098 por Roberto de Molesme, e na qual Estêvão Harding era abade. Convenceu vários amigos, irmãos e parentes a ingressarem com ele na vida monástica e chegou, assim, com outros trinta candidatos para entrar na abadia. Em 1115, Harding envia o jovem à frente de um grupo de monges para fundar uma nova casa cisterciense no vale de Langres: a fundação é chamada "Vale Claro", ou Clairvaux – Claraval. Bernardo é nomeado abade dessa nova abadia. Muitas pessoas afluem à nova abadia, e Bernardo converte ao ideal monástico toda sua família: seu pai, Tescelin, e seus cinco irmãos tornam-se monges em Claraval. Sua irmã, Umbelina, toma igualmente o hábito no priorado de Jully-les--Nonnains. A partir de 1118, novas casas são fundadas. Em 1119, Bernardo faz parte do Capítulo Geral dos Cistercienses convocado por Estêvão Harding, que dá sua forma definitiva à Ordem, confirmada pelo papa Calisto II. Nesta época Bernardo escreve suas primeiras obras, tratados e homilias e cartas. Em 1128, Bernardo participa do concílio de Troyes, convocado pelo papa Honório II e é nomeado secretário do concílio. É durante o concílio que Bernardo consegue o reconhecimento para a Ordem do Templo, os Templários, cujos estatutos são escritos por ele mesmo. Torna-se uma personalidade importante e respeitada na cristandade: intervém em assuntos públicos, defende os direitos da Igreja contra os príncipes seculares; aconselha papas e reis. Em 1130, depois da morte de Honório II, durante o cisma de Anacleto II, é a sua voz que faz com que Inocêncio II seja aceito. Em 1145, um monge de Claraval é eleito papa: Eugênio III. Quando o reino de Jerusalém é ameaçado, Eugênio III pede a Bernardo que pregue a segunda cruzada em Vézelay em 31 de março de 1146 e mais tarde em Spire. O sucesso da pregação é tal que o rei Luís VII, o Jovem, e o imperador Conrado III assumem o empenho da cruzada. Bernardo fundou 72 mosteiros, espalhados por toda Europa: 35 na França, 14 na Espanha, 10 na Inglaterra e Irlanda, 6 em Flandres, 4 na Itália, 4 na Dinamarca, 2 na Suécia e 1 na Hungria, além de muitos outros que se filiaram à Ordem. Em 1151, dois anos antes de sua morte, havia 500 abadias cistercienses com ao todo 700 monges. Bernardo morreu em 1153 com 63 anos. Foi canonizado em 18 de junho de 1174 por Alexandre III e declarado Doutor da Igreja por Pio VIII em 1830.

ignorando sua própria glória que é toda interior, [...] faz-se igual às demais criaturas, porque não compreende ter recebido mais do que elas" (*idem*).

Segundo Bernardo, o conhecimento de si mesmo (assim como o conhecimento de Deus) acontece por experiência: no Terceiro Sermão da Ascensão, frisa a importância de que o espírito (a inteligência) seja acompanhado pela alma (afetos), para que se possa fazer experiência. Se o afeto e a vontade não forem purificados, a alma fica inteiramente tomada pelas distrações (*apud* Santos, 2001) e, assim, desprovida da necessária atenção, não consegue julgar o que prova e não se torna experiente.[3]

O objetivo principal da regra beneditina é *Habitare Secum*, ou seja, aprender a viver consigo mesmo, sob o olhar de Deus, tema esse desenvolvido na Regra de Bento (prólogo e capítulo 7, "Da humildade"); e nos *Diálogos* de Gregório Magno. O prólogo é a expressão concentrada da Regra; ao passo que os *Diálogos* de Gregório, contemporâneo de Bento, reconstroem a biografia deste, cujo itinerário começa com *fugit mundi*. Bento, jovem estudante de medicina, deixa a sociedade de Roma em busca de recolhimento, silêncio e oração, de uma vida de caridade e piedade. Dirige-se para a aldeia de Enfide; lá passa por algumas provações que marcam o itinerário do jovem protagonista até chegar a *habitare secum*. Em primeiro lugar, deve superar a tentação da fama e do orgulho, pois na aldeia ele fica famoso. Bento segue em frente e vai para Subiaco, onde se volta para uma vida eremítica, numa gruta. No capítulo segundo dos

---

[3] Aqui Bernardo refere-se a um conceito de experiência muito semelhante ao formulado pelo filósofo medieval Roger Bacon (1214-1292). Seguindo a tradição de Agostinho, esse filósofo inglês da Ordem dos Frades Menores afirma, em sua *Opus Maior* (IV,I), que a alma não repousa no conhecimento da verdade se não a encontrar pela experiência, pois esta proporciona à mente uma evidência maior do que o raciocínio. Segundo Bacon, há duas maneiras de conhecer: o raciocínio e a experiência. O primeiro permite a conclusão, mas não proporciona a segurança do espírito, ao passo que somente a experiência proporciona a certeza. Existem dois tipos de experiência: a interna e espiritual (vida interior, mística) e a externa, adquirida por meio dos sentidos. A primeira conhece as verdades sobrenaturais, a segunda, as naturais (Massimi; Mahfoud, 2007).

Diálogos, Bento experimenta uma segunda tentação: o apelo sexual, que faz o jovem cogitar largar seu percurso para seguir seu apetite. Gregório comenta que, porém, Bento reage, "tocado pela graça do alto, voltando a si". Desse modo, coloca-se a ideia de habitar novamente em si mesmo, *habitare secum*. A terceira tentação é relatada no terceiro capítulo do livro. Em Vicovaro, a 30 quilômetros de Subiaco, havia um mosteiro cujo abade falecera; impressionados com a fama de Bento, os monges o procuram para que ele assumisse a função de abade. Todavia, Bento é demasiado rigoroso segundo aqueles monges, que tentam envenená-lo, o que o leva a deixar o mosteiro. Afirma Gregório: "Voltou, então, ao recanto de sua amada solidão, e só, sob os olhares do Contemplador Supremo, pôs-se a viver consigo mesmo". A questão das tentações é crucial para entender o *habitare secum*. Habitar em si mesmo é o conhecimento de si à luz do olhar do Outro. Escreve ainda Gregório, comentando a posição de Bento: "sempre prudente na guarda de si mesmo, vendo-se continuamente sob os olhos do Criador e examinando-se sem cessar, nunca divagou, com o olhar da alma, fora de si".

Bonowitz (2013, p. 116-117) assim explica o significado da expressão *habitare secum*:

> cada contato com outro ser humano nos põe em contato com o conflito não resolvido entre a pessoa que queremos ser e a pessoa que somos. Esse é um sentimento tremendamente desconfortável, e [...] então desviamos o olhar longe da nossa duplicidade e o fixamos em nosso próximo. [...] Em vez de tentarmos resolver o conflito entre o eu ideal e o eu real por meio de uma comparação ofensiva com o próximo, [...] *habitare secum* é habitar conosco mesmos por um momento, para chegarmos a uma apreciação justa, clara, de quem nós somos.

Habitar em si mesmo é possível por um processo de formação: nesse sentido, a habitação comum dos monges é um elemento decisivo, como frisa Agamben. Segundo esse autor, "o termo *habitatio* parece indicar não tanto um simples conceito, mas também uma virtude e uma condição espiritual" (2014, p.

24). O termo parece designar um modo de vida: "o monge, é, nesse sentido, um homem que vive de acordo com o habitar, ou seja, seguindo uma regra e uma forma de vida"(*ibid*., p. 27). A vida comunitária monástica chama-se cenóbio. No seio desse modo de vida, Agamben sinaliza que "o tempo se tornou de fato a forma do sentido interno: à minuciosa regulação cronológica de cada ato exterior corresponde uma escansão temporal igualmente meticulosa do discurso interior" (*ibid*., p. 36). Com efeito, o cotidiano no mosteiro beneditino é moldado pela alternância entre o trabalho manual e a oração, segundo uma implacável articulação temporal. Trata-se de "uma escansão horária integral da existência em que cada momento corresponde ao seu ofício, tanto de oração e leitura como de trabalho manual" (p. 32). Agamben comenta que somos debitores aos mosteiros quanto "à continuidade da escansão temporal, interiorizada na forma de [...] uma articulação mental do decorrer das horas".

> Se hoje estamos perfeitamente habituados a articular nossa existência segundo tempos e horários e a considerar também a nossa vida interior um decurso temporal linear homogêneo, e não como uma alternância de unidades discretas e heterogêneas que devem ser medidas segundo critérios éticos e ritos de passagem, não devemos nos esquecer, no entanto, de que é no *horologium vitae* cenobítico que tempo e vida foram pela primeira vez sobrepostos intimamente, a ponto de quase coincidirem (p. 34).

Outro aspecto da cultura beneditina que adquire interesse para a história dos saberes psicológicos é a doutrina dos "oito espíritos", desenvolvida por Evágrio Pôntico[4] e Cassiano, mas

---

[4] Evágrio nasceu por volta de 345, na Capadócia, em Ibora, no Ponto, e por isso ele é chamado de Pôntico. Passou dezesseis anos de sua vida no deserto do Egito, como anacoreta. Foi discípulo e amigo de São Gregório Nazianzeno. Herdeiro dos Padres Alexandrinos, Clemente e Orígenes, ele conduziu uma das grandes correntes da espiritualidade bizantina. Escreveu vários tratados como o *Tratado prático* e o *Tratado sobre os oito espíritos malvados*.

presente também em Clímaco, em Máximo Confessor e em outros autores. Os espíritos, ou seja, pensamentos condicionados pela influência de um *daímon*, são impedimentos ao *habitare secum* que devem ser reconhecidos pelo exame de si mesmo, e superados através de um trabalho interior que leva a um estado de quiete (= ascese, ou *hesykhía*). O *daímon* segundo Evágrio não é o *daímon* socrático, mas sim corresponde à figura do demônio da tradição judaico-cristã.[5] Este é capaz de induzir no homem doenças anímicas graves que Evágrio descreve em seus textos. Especificamente os *daímones* sugerem ao ser humano pensamentos carregados por fortes afetos (*logísmoi*).

Partindo do pressuposto de que a saúde psíquica é o domínio de si (*autarkhía* = domínio sobre os movimentos anímicos), Evágrio assinala oito espíritos que ameaçam esse estado: gula, luxúria, cobiça, tristeza, ira, acídia (preguiça

---

[5] A origem dessa figura remonta à tradição bíblica: o *daímon* é um anjo decaído. Portanto, trata-se de uma figura muito diferente do daímon representado na filosofia grega, entidade inspiradora da missão filosófica de Sócrates. No livro do *Gênesis* (Gn 6,1-4), os demônios são filhos de Satanás (que se apresentou sob a forma de serpente no Paraíso). No livro da *Sabedoria*, o demônio é concebido como gerador da morte e das desgraças (no versículo 24 do capítulo 2): "é por inveja do diabo que a morte entrou no mundo" (cf. Jó 1,6; Gn 3,1; Sl 72,9). No *Livro de Judite* (capítulo 6), os demônios são "anjos que não conservaram o seu principado, abandonando a sua morada, e estão, por isso, presos em cadeias eternas à espera do grande juízo". A presença dos demônios ocorre também nos livros bíblicos do Novo Testamento, no qual aparecem casos de possessões demoníacas (nos Evangelhos, Atos e nas Cartas de Paulo). Nesses textos, os demônios agem sobre os homens, manifestando seu poder através de doenças e mortes; são chamados também de "espíritos": "Quando um espírito impuro sai do homem, perambula por lugares áridos, procurando repouso; mas, não encontrando, diz 'voltarei para minha casa, de onde saí'. Chegando lá, encontra-a varrida e arrumada. Diante disso, vai e toma outros sete espíritos piores que ele para habitar aí. E com isso a condição final daquele homem torna-se pior que antes. Eis o que vai acontecer com esta geração má" (Mt 12; Lc 11). Inúmeras são as passagens que se referem à possessão demoníaca trazendo doenças graves e contagiosas, como a epilepsia e a lepra, as privações físicas como cegueira, mudez e aleijamento corporal: Mt 12,43; Lc 8,31; Mt 8,29; Lc 4,6; Jo 13,2; 1Cor 2,6; 1Jo 3,8; Jo 12,31; 1Cor 5,5 etc. Os demônios são frequentemente chamados de "espíritos impuros": "Certa vez veio ao nosso encontro uma escrava que era possuída por um espírito impuro que fazia adivinhações trazendo muito lucro para seus donos" (At 16,16). São também chamados de "anjos de Satanás" por São Paulo:

espiritual), vaidade e orgulho. A estrutura dos oito espíritos é conforme à tríplice divisão da alma segundo Platão. Com efeito, Evágrio segue a concepção platônica da tríplice partição da alma: a parte racional (*lógos*), a parte irascível (*thymós*) e a parte concupiscível (*epithymía*). As últimas duas são as responsáveis pela dimensão "passional" (*páthos*); e a

---

"Para que eu não me encha de soberba e orgulho, foi me dado um aguilhão na carne, um anjo de Satanás, para me espancar..." (2Cor 12,7). Um dos aspectos do domínio do *daímon* é o seu poder de manipular (e de tentar) as mentes dos homens. Semelhante poder implica capacidade de penetração da alma humana, das vontades e das inclinações dos homens. Satanás é descrito como o tentador em Mateus: "Então, aproximando-se o tentador, disse: transforme estas pedras em pão" (Mt 4,3); como o pai da mentira, em João: "Vós sois do diabo, vosso pai, e quereis realizar os desejos de vosso pai. Ele foi homicida desde o princípio e não permaneceu na verdade. Porque nele não há a verdade. Quando mente, fala do que lhe é próprio, porque é mentiroso e pai da mentira" (Jo 8,44); é enganador e usa de formas inocentes para ludibriar o homem: "O próprio Satanás se transfigura em anjo de luz" (2Cor 11,14). O filósofo e teólogo Justino, no discurso "O Verbo e suas Sementes", comenta que "os malvados demônios usam de estratagemas para tentar o homem a separar-se da graça de Deus, desejando separar o Criador de sua criatura, o Pai de seus filhos. Esta separação constitui o traço essencial do pecado. O pecado de Adão é o pecado do rompimento da unidade, do rompimento da harmonia, rompimento da verdade. Em Adão a humanidade se afastou de Deus [...] Nossos primeiros pais eram puros, mas concebendo a palavra da serpente, geraram a desobediência, a divisão e a morte" (São Justino). O demônio usa a divisão para enfraquecer o homem. Quando a alma do homem está dividida pelo pecado, o egoísmo se instala e a inveja toma seu trono no coração humano. A inveja de Caim, fruto de um coração dividido e egoísta, levou-o a assassinar o irmão. Além da separação, a Satanás é atribuída tradicionalmente a transformação do poder de serviço para um poder para si mesmo: ele é descrito como o "príncipe deste mundo" (Jo 12,31). No relato evangélico, quando o diabo tentou Jesus, levou-o para uma alta montanha e lhe mostrou todos os reinos do mundo, dizendo: "eu te darei tudo isso se, prostrando-te, me adorares" (Mt 4,8). O ter, o ser e o poder são os alvos preferidos do demônio para tentar separar o homem de Deus. O demônio tem aparência sedutora: assim é descrito o demônio pelos primeiros cristãos gregos que o pintaram como sendo jovem e encantador. Isso para significar que o mal é atraente e poderosamente sedutor de modo que os homens cedem ou consentem com o mal diante de sua tentação. "De diversas maneiras o demônio mostra sua hostilidade para com a verdade. Pretende por vezes golpeá-la, simulando defendê-la" (Tertuliano, ao defender o dogma da Santíssima Trindade, contra heresia da Práxeas). Todavia, a liberdade humana tem o poder de se opor à sedução do demônio, através de uma tomada de posição que reafirma seu ser integral. É justamente essa a concepção de Evágrio ao descrever as diversas possibilidades do *daímon* se manifestar e os meios de combatê-lo (Tamanini, 2015).

primeira contém o *noûs*, intelecto puro, incorpóreo, o qual, purificado de todas as influências negativas da alma irascível e concupiscível, atinge a contemplação da ciência divina. Os espíritos buscam influenciar a parte irascível e concupiscível da alma. Os três primeiros espíritos são atribuídos à parte dos desejos (*epithymía*), os três seguintes, à parte excitável ou emocional (*thymós*), e os dois últimos à parte espiritual (*noûs*). Os primeiros três espíritos levam a hábitos distorcidos (vícios): gula, luxúria e cobiça, que se referem a instintos básicos fundamentais. Os demônios da tristeza, ira e acídia levam a estados anímicos muito mais difíceis de ser superados. Deve-se recuperar o equilíbrio da alma. A tristeza surge às vezes por frustração dos desejos, outras vezes ela é uma consequência da ira. A causa última da tristeza é para Evágrio um apego exagerado ao mundo, que leva a uma fácil decepção; ou um apego excessivo a uma imagem desfigurada do passado que torna a pessoa cega para o presente. Quando obrigada a confrontar-se com o presente, a pessoa se enterra em sua tristeza. Estreitamente ligada com a tristeza está a ira, que Evágrio descreve da seguinte maneira:

> A ira é uma paixão muito ardente que com facilidade faz sair de si mesmo quem a experimenta; torna a alma feroz e leva a evitar qualquer convívio. [...] Dizemos que é como uma fervura da parte emocional da alma contra quem nos fez uma injustiça ou quem nos parece haver feito uma injustiça. Ela azeda a alma o dia inteiro, mas, sobretudo, arrasta consigo a razão durante a oração, ao manter diante dos olhos a face do ofensor. Quando perdura e se transforma em ressentimento, provoca confusão à noite, desmaio e palidez do corpo e ataques de feras selvagens. Estes quatro sinais que se seguem ao ressentimento são quase sempre acompanhados de numerosos outros pensamentos (2010, p. 49, trad. nossa).

As emoções violentas arrastam consigo o homem, impedindo o exercício do pensamento. A ira clama por vingança; mas quando esta não é possível, se transforma em ressentimento, num estado de ânimo de permanente e raivosa insatisfação e tristeza.

A acídia "é a debilidade da alma que irrompe quando não se vive segundo a natureza"; "o fluxo do aborrecimento expulsa o monge de sua morada, enquanto aquele que é perseverante está sempre tranquilo". É também chamada de demônio do meio-dia, porque ataca a pessoa nesse horário. Primeiro faz com que tudo pareça transcorrer muito lentamente; depois provoca aversão contra o lugar em que se vive e contra a própria forma de vida, e contra o trabalho; faz com que a pessoa anseie por outros lugares onde possa encontrar mais facilmente o que precisa e ter uma vida menos trabalhosa e mais útil. Provoca o abatimento do corpo e do espírito, moleza e frouxidão. Para os antigos monges, o espírito da acídia é o mais perigoso de todos, pois enquanto os outros atingem uma parte da alma, o demônio do meio-dia ocupa a alma inteira. Ele sufoca a razão e rouba da alma todas as suas forças, tirando-lhe o gosto por qualquer coisa. Segundo Cassiano, a acídia pode ser chamada também de tédio, temor do coração, opressão interior. Segundo Gregório Magno, as consequências da acídia são: desespero, desânimo, mau humor, indiferença, sonolência, tédio, fuga de si próprio, aborrecimento, dispersão, agitação do espírito e do corpo, inconstância, pressa e vacilação.

Os demônios mais difíceis de combater são a vaidade e o orgulho. A vaidade não se encontra no mesmo plano dos outros vícios: segundo Cassiano, atinge a parte racional da alma. Nela, o que ocupa o primeiro plano é o próprio eu. O orgulho leva a alma a uma profundíssima queda, convence-a a não reconhecer a ajuda de Deus nem dos outros; ao orgulho sucedem a ira e a tristeza, e mais tarde, como último mal, a confusão do espírito, a loucura, as alucinações. O orgulhoso considera-se um deus, renega sua condição humana; uma sorte de inflação de si.

O ser humano, por sua liberdade, tem a capacidade de dar espaço em seu interior a esses espíritos, ou de rechaçá-los. A vida comunitária regrada e voltada para a contemplação (que significa a predominância do *noûs* no dinamismo interior) que ocorre nos mosteiros beneditinos é tida por Evágrio como o melhor caminho para a prevenção e cura dessas doenças anímicas decorrentes da ação dos demônios.

Segue um excerto do *Tratado dos oito espíritos malvados*, capítulo 15.

> Acídia é a fraqueza de alma que acontece quando a pessoa não vive de acordo com a natureza ou não sabe resistir à tentação nobremente. Na verdade, a tentação é para uma alma nobre o que o alimento é para um corpo vigoroso. [...] O fluxo de acídia lança o monge fora de sua casa, enquanto aquele que persevera sempre é tranquilo.
>
> O olho do acedioso é fixo às janelas e a mente imagina que chegam continuamente visitas: a porta abre e ele pula para fora, ouve uma voz e olha pela janela e fica lá sentado, todo anestesiado. Ao ler, o acedioso boceja muito, facilmente influenciável pelo sono, esfrega os olhos, se estende e afasta os olhos de seu livro, fixando-os na parede; volta a ler um pouco, depois virando as páginas, conta as páginas e os parágrafos, despreza a escrita e as imagens. E, finalmente, fechando o livro, coloca-o sob a cabeça e cai em um sono superficial e, em seguida, pouco depois, a fome desperta a alma com as suas preocupações. O monge acedioso é preguiçoso na oração e, certamente, nunca pronuncia as palavras da oração; assim como o paciente nunca carrega uma carga de peso excessivo, o acedioso não realiza os deveres com diligência; de fato, o doente perdera a força física; o outro perdeu o vigor da alma.
>
> Em cada atividade coloca para ti mesmo uma meta a ser realizada, para fazer tudo com muita perseverança, paciência e temor de Deus, sem desistir antes de terminar; reza com inteligência e pede sabedoria e força, e o espírito de acídia fugirá de ti (Pôntico, 2010, p. 55-56).

Apresentamos a seguir um texto em que se evidencia a aplicação dos saberes monásticos à prevenção dos transtornos alimentares, hoje considerados doenças mentais pela Organização Mundial da Saúde.

Qual é o caminho certo para emagrecer? Aprendendo com a sabedoria monástica

Os antigos monges do deserto já diziam: não basta esforçar-se para mudar um comportamento, é preciso, antes, mudar o "pensamento".

Quem tentou emagrecer muitas vezes sabe que não adianta esforçar-se durante um curto período para fazer dieta, pois é só uma questão de tempo para voltar a engordar. Muitos estudos mostram que quanto mais rápida e mais rígida é a dieta e, consequentemente, a perda de peso, maior é o ganho de peso logo em seguida. Assim, qualquer dieta restritiva tem um efeito de curta duração. Não há dieta milagrosa. Esta pode até emagrecer rapidamente, mas não tem efeito em longo prazo...
Descobriu-se também que um bebê, já no ventre materno, pode viver num ambiente obesogênico, devido à alimentação inadequada da mãe, especialmente quando esta come muitos doces, salgadinhos, sorvetes, biscoitos recheados, refrigerantes e achocolatados. Essa criança terá muito mais facilidade para engordar após o nascimento e um apetite voraz por esses produtos industrializados. Por isso, os olhos dos cientistas e clínicos voltam-se cada vez mais para o ambiente intrauterino e para um acompanhamento pré-natal adequado. E quando se trata de crescimento intrauterino adequado, o organismo humano é muito preciso: nem muito nem pouco; e por isso o ganho de peso materno por volta de 10 kg é o fiel da balança. Sabemos que os primeiros mil dias da criança poderão definir a sua saúde até o fim da vida.
O que fazer? O tratamento da obesidade tem sido o principal desafio da área da saúde na atualidade, ao mesmo tempo que essa doença tem crescido enormemente, e tornou-se o problema de saúde pública mais importante no mundo. Hoje mais de um terço da humanidade está com excesso de peso. Comer é a primeira paixão que tem por finalidade a garantia da vida. Mas por ser uma "paixão", pode se transformar num gesto obsessivo que domina o ser humano, sua mente e ações no cotidiano, tornando-o escravo, fazendo-o perder o controle da própria vontade [1]. Comer pode, então, tornar-se um vício. Os antigos gregos afirmavam que o vício da gula reside no

medo da própria vida estar ameaçada, da falta de segurança e ansiedade decorrentes, e diziam que a solução está num trabalho ascético direcionado pelos pensamentos.

Os antigos monges, filhos dos filósofos gregos, diziam que este trabalho ascético precisa iniciar-se nos pensamentos antes que numa mudança de comportamento ou atitude. Um apotegma muito apropriado diz a esse respeito: "Seja o porteiro do seu coração e não deixe entrar nenhum pensamento sem interrogá-lo. Interrogue cada pensamento individualmente e diga-lhe: você é um dos nossos ou um dos nossos adversários? Se for de casa, vai enchê-lo de paz. Mas se for do inimigo, vai perturbá-lo pela raiva ou provocá-lo pela cobiça" [2].

No *best-seller Acabar com o comer em excesso*, que em 2009 vendeu milhões de cópias nos Estados Unidos, David Kessler descreve algo muito semelhante a esse "trabalho" com os pensamentos: "Se você não consegue tirar da sua cabeça um pensamento involuntário (sobre comer aquela coisa gostosa), você pode consegui-lo se aprender respostas mentais que aquietam esse estímulo. Repetir para si mesmo esses pensamentos faz com que essa 'urgência' desapareça. Aqui estão possíveis respostas mentais para os pensamentos sobre comida:

- Comer aquela comida vai me satisfazer apenas momentaneamente.
- Comer isso vai me levar a ficar preso ao ciclo de sempre: vejo — quero ansiosamente — é uma recompensa momentânea.
- Comer isso vai me deixar preso numa armadilha: na próxima vez que me encontrar nessa situação, vou querer de novo fazer isso.
- Comer isso vai me fazer sentir-me mal.
- Se eu comer isso, estarei demonstrando a mim mesmo que não consigo romper o ciclo e ser livre.
- Eu vou ficar mais contente se não comer isso.
- Eu vou estar menos pesado amanhã se não comer isso" [3].

Ele diz ainda que "você pode tentar procurar palavras ou frases para tê-las em mente e pode lembrar-se delas quando precisar resistir a um estímulo. Repetir para si mesmo 'eu tenho controle (das minhas atitudes ou gestos)', ou ainda 'eu sou uma pessoa saudável que faz escolhas saudáveis' pode ser surpreendentemente útil" [4].

Há ainda outra máxima monástica fundamental: o ser humano só se move adequadamente quando se co-move por um ideal. No *Prólogo* de sua regra, São Bento cita o único motivo adequado para a mudança de vida que propõe: "Qual é o ser humano que quer a vida e deseja ver dias felizes?" [5]. É dessa regra de vida que surge a civilização ocidental, apoiada na busca da felicidade e liberdade. E para os monges o primeiro passo era exatamente o cuidado com a alimentação, pois esta é a primeira paixão.

Emagrecer, portanto, não pode ser consequência da simples execução de uma dieta, mesmo se associada a um outro comportamento: o exercício físico (que também pode viciar). Emagreceremos e nos manteremos saudáveis à medida que ocorrer uma mudança de vida, uma mudança na maneira de se conceber, e se tivermos diante dos olhos a busca de um grande ideal que nos dá esperança.

São Bento justamente nos exorta logo em seguida: "Se queres ter a vida verdadeira e eterna, preserva a tua língua do mal e não profiram os teus lábios palavras enganadoras, desvia--te do mal e faze o bem; procura a paz e segue-a" [6] (Ana Lydia Sawaya).[6]

---

[6] Ana Lydia Sawaya é graduada em Ciências Biológicas pela Universidade de São Paulo (1979) e tem mestrado em Fisiologia pela mesma universidade (1982). Tem mestrado (1983) e doutorado (1985) em Nutrição pela Universidade de Cambridge. Realizou pós-doutorado e foi cientista visitante no Massachusetts Institute of Technology (MIT) e na TUFTS University (1992 a 1994). Atualmente é professora associada e livre-docente da Universidade Federal de São Paulo. Em 1994 deu início, como projeto de extensão, ao Centro de Recuperação e Educação Nutricional (CREN), que já recebeu prêmios nacionais e internacionais por sua atuação. Coordena o Grupo de Estudos e Pesquisas em Nutrição e Pobreza do Instituto de Estudos Avançados da USP (IEA). Participa ainda de uma rede de pesquisa internacional junto à Agência Atômica de Energia das Nações Unidas (IAEA) e nacional, com a Universidade Federal de Alagoas e a Universidade de São Paulo.

Notas:

[1] SAWAYA, A. L.; LEANDRO, C. G.; WAITZBERG, D. L. (orgs.). *Fisiologia da Nutrição na Saúde e na Doença: da biologia molecular ao tratamento*. São Paulo/Rio de Janeiro/Belo Horizonte: Instituto de Estudos Avançados da USP/Ed. Atheneu, 2013.
[2] PÔNTICO, Evágrio. *Carta II*.
[3] KESSLER, D. A. *The end of overeating: taking control of the insatiable american appetite*. Nova York: Rodale, 2009.
[4] *Idem*.
[5] REGRA DE SÃO BENTO. Abadia de Santa Maria: Grafa, 2004.
[6] *Idem*.
Postado por Núcleo Cultural Lux Mundi às 22:37 de 10 de abril de 2015. Disponível em: <http://ncluxmundi.blogspot.com.br/retirado>. Acesso em: 13 abr 2015.

Eixo estruturante *A voz interior e o imperativo de conhecer a si mesmo*: a difusão da autobiografia como confissão na Idade Média

Na Idade Média assiste-se também à difusão do gênero autobiográfico. Autobiografias no estilo das confissões de Agostinho, elaboradas por autores eclesiásticos, proliferam na Idade Média tardia, atestando uma intensa busca pelo autoconhecimento. Gurevič (1996) discute diversos fatores do contexto sociocultural da época que podem ter contribuído para o aumento significativo da produção desse tipo de fonte. Entre eles, aponta o fato de que no início do século XIII a prática da confissão adquiriu nova significação pela decisão do IV Concílio de Latrão, de 1215, de que todo fiel deveria confessar-se a um sacerdote, pelo menos uma vez ao ano. Duby (1994) também insiste acerca do fato de que essa medida, ao estender ao conjunto dos cristãos uma prática até então reservada aos monges, provocou uma reviravolta, introduzindo o hábito da introspecção na vida das pessoas. Segundo Gurevič (1996), "a regra da confissão individual e secreta pressupunha a autoanálise do fiel" (p. 131, trad.

nossa), que devia analisar seu próprio comportamento a partir dos critérios da moral cristã.

Outro fator importante é o apelo cada vez mais exigente ao uso da razão individual para orientar ações e comportamentos e para organizar as relações sociais, diante da crise das instituições tradicionais do universo sociocultural medieval. A escrita como elemento organizador do pensamento é um dos instrumentos que responde a essa exigência de auto-ordenação.

As fontes assim produzidas não podem, porém, ser tomadas como expressão direta da personalidade de seus autores. Com efeito, as autobiografias dessa época propõem, como critério ordenador da vivência, uma experiência modelar, ou seja, o autor expressa suas experiências assemelhando-as a algum personagem de destaque da tradição religiosa ou política. Ainda segundo Gurevič (1996), não se trata de uma simples comparação, e sim da identificação do eu do autor com o modelo apresentado até dissolver-se totalmente nele. Exemplos dessa posição se encontram em *De vita sua, sive monodiae*, do monge Guibert de Nogent (1053-1126); *Libellus de suis tentationibus, varia fortuna et scriptis*, do monge da Bavária Otloh de Emmeran (1010-1070), ambos citados e analisados por Gurevič (1996). Em ambos os casos, as narrativas autobiográficas não apresentam as vivências de seus autores em sua singularidade, e sim oferecem aos leitores modelos exemplares.

Evidentemente, como Hadot (2005) e Gurevič (1996) recomendam, devemos lidar com essas fontes evitando anacronismos: ou seja, devemos evitar buscar "compreender a personalidade do homem medieval aplicando a esta mensurações modernas" (Gurevič, 1996, p. 136). Categorias como ceticismo, racionalismo, livre pensamento; consciência e inconsciente, os complexos sexuais não existiam na época. Gurevič (1996) comenta ironicamente que é impossível fazer deitar um homem do século XII no sofá do psicanalista.

Os autores das autobiografias medievais mostram um senso agudo do passar do tempo e eternizam sua vida temporal não apenas na escrita, mas também se espelhando num mundo maior ao qual pertencem, mundo que abarca dimensões sobrenaturais que garantem ao indivíduo a continuidade e a cura de seus males: é por isso que o relato de milagres e visões é parte integrante dessas narrativas, constituindo-se em componentes indissociáveis da experiência pessoal. As autobiografias medievais são memórias, ou seja, composições num todo ordenado de fragmentos de recordação da vida interior e exterior. Assim, a memória que articula o relato é sempre orientada para a confissão; é, na verdade, uma confissão (Gurevič, 1996).

Segundo Braunstein (1994), "mais do que qualquer outra fonte narrativa, a confissão incita a colocação em cena do indivíduo como protagonista de uma aventura espiritual" (p. 534). Ainda afirma que "o poder organizador da visão agostiniana inspirou, em situações pessoais diversas, um fascínio de método e o sentimento de uma fraternidade espiritual" (p. 535) e cita Dante Alighieri (1265-1321) e Francesco Petrarca (1304-1374) como êmulos dessa perspectiva. Com efeito, os dois autores italianos, em algumas de suas obras, mostram ter sido profundamente influenciados por Agostinho no que diz respeito à capacidade autorreflexiva acerca de sua própria experiência.

A legitimação do autoconhecimento pela prática religiosa da confissão e a importância da experiência modelar como critério ordenador da vivência pessoal podem, portanto, ser assinalados como aspectos que particularizam o gênero autobiográfico no período medieval.

No trecho a seguir, Guibert de Nogent relata sua experiência malograda de aprendizagem com um professor severo e ao mesmo tempo ignorante.

> A partir do momento em que fui colocado sob seu ensinamento, ensinou-me tanta pureza, e me tirou todos os vícios que normalmente acompanham uma idade jovem; ele tinha me preservado inteiramente dos perigos mais comuns. Não me deixava ir a qualquer lugar sem me acompanhar, ou tomar qualquer repouso a não ser com a minha mãe, ou receber alguma pessoa sem a sua permissão. Ele exigiu que eu não fizesse nada a não ser com moderação, com precisão,

cuidadosamente, com esforço, por isso pareceu-me que eu me comportava não como uma pessoa comum, mas sim como um monge. De fato, enquanto as crianças da minha idade estavam correndo aqui e ali, de acordo com o seu prazer, e podiam desfrutar da liberdade que lhes pertence, eu era obrigado a um esforço contínuo, e olhava para os meus coetâneos como se fosse um ser acima deles.

Até os dias de domingo e durante as festas dos santos, tive que aguentar essa regra dura; ele me concedia apenas alguns momentos de descanso, nunca um dia inteiro: eu era sempre sobrecarregado de trabalho; e meu mestre se comprometera a instruir unicamente a mim e não estava livre para ensinar nenhum outro estudante.

Todo mundo via quanto ele me animava para trabalhar, e tinha inicialmente esperança de que uma grande implementação de esforços poderia aguçar a minha mente; mas essa esperança logo diminuiu. De fato, meu mestre era ele mesmo totalmente incapaz de decorar qualquer verso, ou de compor um verso segundo as regras. No entanto, exigia de mim essas capacidades quase todos os dias e me obrigava a saber o que ele não poderia ensinar a si mesmo.

Assim me consumi nesses esforços inúteis por cerca de seis anos, sem obter qualquer fruto em meus estudos, mas quanto às regras de honestidade, não houve um momento em que meu mestre não buscasse o meu bem maior. No que diz respeito a modéstia, decência, elegância de modos, ele colocou todo o seu cuidado, toda a sua ternura para me educar bem. Mas a experiência me fez perceber como ele agia com pouco peso e medida nesse ponto, pois para instruir-me ele me segurava implacavelmente aplicado no estudo. Mas, na verdade, e não direi só da mente de uma criança, mas sim a de um homem formado, quanto mais é tesa por aplicação contínua, tanto mais se aborrece; quanto mais ela se aplica teimosamente ao estudo, tanto mais o trabalho excessivo diminui a sua força, e a restrição irá arrefecer seu ardor.

Por isso, é necessário usar com certa moderação nossa inteligência já cansada pelo peso do nosso corpo. Porque se vivemos [, no mosteiro,] um intervalo regular de silêncio na cela, é apenas porque, nesta vida, a nossa força não pode permanecer constantemente privada de descanso e precisa, por vezes, entrar em contemplação. Além disso, por assim dizer, um estado de alerta contínuo não pode estimular a mente, qualquer que seja sua ocupação. Por isso, ao dar toda a nossa atenção a qualquer coisa, é adequado, penso eu, variar o foco de nossa atenção, para que o espírito, alternadamente ocupando-se de várias coisas, volte como que descontraído e fresco àquele objeto pelo qual ele se sente mais atraído. Finalmente, a nossa natureza, facilmente cansável, às vezes encontra na variedade de seu trabalho uma espécie de alívio. Lembremo-nos de que Deus não deu ao tempo apenas uma forma, mas que ele criou o dia e a noite, primavera, verão, outono e inverno; todas as mudanças dos tempos servem para nos divertir. Acautelai-vos, portanto, acerca daquele que aceita o título de mestre; pela investigação verificai como ele irá proporcionar a instrução às crianças e aos jovens de que é responsável, porque não acredito que devem ser conduzidos de forma diferente daqueles em quem a razão já é antiga e forte. Portanto, esse homem tinha para mim uma amizade perniciosa, porque o excesso de severidade era visível nos castigos injustos que ele me deu. Além disso, a precisão a ser observada em cada minuto de trabalho era excessiva. [...] Escrevo isso, meu Deus, não para remarcar todos os aspectos negativos de um amigo que é tão querido para mim, mas para que todos, lendo-me, entendam que não devemos querer ensinar aos outros tudo o que temos em nossa imaginação ou confundi-los com a escuridão das nossas conjecturas (Nogent, 1853, tomo n. 156, p. 837-962, trad. nossa).

Eixo estruturante *O equilíbrio e o desequilíbrio psíquico na perspectiva psicossomática da medicina da alma*: Hildegarda de Bingen e a medicina fitoterápica dos mosteiros

No âmbito da cultura monástica, desenvolve-se também o conhecimento médico. Com efeito, segundo a Regra de Bento da Núrsia, os enfermos deviam ser tratados com particular atenção: ao cuidado para com os enfermos, Bento dedica o capítulo 36 da regra e destina aos seus cuidados pessoas cuidadoras (*mo-*

nacus infirmarius), alimentação especial e um local específico no mosteiro. Afirma que os doentes, "antes de tudo e acima de tudo, devem ser tratados de modo que lhes sirva como verdadeiramente ao Cristo" (2003, p. 89). Nos mosteiros são assim cultivadas ervas para uso terapêutico, constituindo-se neles as primeiras farmácias; e também são copiados, preservados e utilizados os textos médicos de Hipócrates, Galeno e de outros autores da área médica. Em Monte Cassino surge também o primeiro hospital; e nele ensinava-se a medicina (Torre, 1984). Um mosteiro beneditino foi fundado perto de Roma pelo médico Cassiodoro (490-580), e o estudo da medicina foi oficialmente introduzido no programa de formação dos monges. Na Idade Média, o ensino da medicina iniciado no mosteiro italiano de Monte Cassino estendeu-se pelos mosteiros beneditinos espalhados por toda a Europa. Os mosteiros eram repositórios de livros médicos, e os monges praticavam a medicina popular extraindo remédios das ervas medicinais cultivadas nos seus jardins. Os tratados médicos monásticos incluíam a enciclopédia *Origines*, do bispo hispano-romano Isidoro de Sevilha, que por longo período serviu como manual médico dos mosteiros. O declínio da medicina monástica ocorreu no final do século XII quando as autoridades da Igreja recearam que os monges estivessem se afastando de seus votos por seus deveres médicos, de modo que o exercício da medicina foi banido por completo dos mosteiros no início do século XIII. Nesse período, o conhecimento médico preservado nos mosteiros foi transferido para as escolas e universidades leigas, e os mosteiros passaram a contratar médicos leigos para a assistência médica regular de seus membros.

Desse modo, o trabalho médico da monja alemã Hildegarda de Bingen se insere plenamente na tradição monástica a que pertence.

Biografia

A contribuição de Hildegarda de Bingen (1098-1179) se estende da escrita de versos e música religiosa a obras de teologia e medicina, além de textos sobre visões místicas e inúmeras cartas, por ser ela também a primeira entre os grandes místicos alemães. Compôs poesias, hinos e antífonas, musicados por ela mesma e que ainda hoje se encontram no mercado discográfico. Hoje ainda se editam seus livros de medicina, com receitas extraídas da natureza. Trata-se em suma de uma figura que marcou a história medieval alemã e eclesial. A historiadora R. Pernoud a coloca, em seu livro *A mulher no tempo das catedrais* (1984), entre as grandes figuras femininas da Idade Média. Como a historiadora comprova nesse livro, o papel público das mulheres foi significativo na sociedade medieval, mas foi progressivamente reduzido à medida que se fortalecia a ascenção da classe social burguesa, com a associação entre poder político e poder econômico e administrativo. A biografia de Hildegarda comprova a tese da historiadora.

Hildegarda de Bingen nasceu em Bockelheim, Alemanha, em 1098, décima e última filha de uma nobre família e logo destinada à vida monástica. Aos oito anos, muito doente, foi entregue aos cuidados de uma tia monja chamada Jutta para receber educação religiosa no mosteiro de São Disibod. Jutta ensinou-lhe a ler e escrever, e rudimentos de latim. Jutta faleceu em 1136. Nessa altura, Hildegarda, aos 38 anos de idade, foi eleita para abadessa do mosteiro. Os escritos de Hildegarda chamaram a atenção do papa Eugênio (1145-1153), que a exortou a continuar a escrever. Ela teve várias experiências místicas, que teve o cuidado de registrar em seus escritos. Seu trabalho mais conhecido é *Scivias*, escrito entre 1141 e 1151, no qual relata suas 26 visões. O *Scivias* é a abreviatura de *Scito vias Domini* [Conhece os caminhos do Senhor] e compreende três partes, a primeira relatando seis visões, a segunda, sete visões, e a terceira, treze. O texto tornou Hildegarda não apenas conhecida, mas também aceita como autoridade nos mais variados assuntos tanto religiosos como relativos ao comportamento humano e à natureza. Em 1147, ela fundou o Convento de Ruperstsberg, perto de Bingen; foi também abadessa do mosteiro Beneditino de Ruperstsberg, cuja construção ela mesma supervisionara e que era provido de água encanada em todos os aposentos. Ao mesmo tempo que dirigiu a construção, dedicou-se a viagens e pregações, a fim de denunciar abusos na Igreja e fomentar a reforma na vida cristã. Por volta de 1150, Hildegarda mudou seu convento de Disibodenberg para Bingen, 30 quilômetros ao norte, nas margens do Reno. Mais tarde, fundou outro convento em Eibingen, na outra margem do rio. Hildegarda foi autora de várias obras musicais de temática religiosa, incluindo *Ordo virtutum*, (1150) uma espécie de ópera que relata um diálogo de um grupo de freiras com Deus [Peça sobre as virtudes]. Escreveu ainda dois livros de visões: *Liber vitae meritorum* (1150-63) [Livro dos merecimentos da vida] e *Liber divinorum operum* (1163) [Livro das obras divinas]. Escreveu ainda dois dos poucos livros de medicina escritos na Europa no século XII, nos quais demonstrou conhecimento notável de plantas medicinais: *Physica* e *Causae et curae* (1150), sobre história natural e sobre os poderes curativos das plantas e de outros elementos da natureza.

Sua fama de mística e santa ultrapassou as fronteiras de seu convento e seu país, chegando a Roma. O papa Eugênio III estabeleceu uma comissão para investigar a santidade de Hildegarda e a validade de suas obras. A comissão visitou Bingen e, após diversas entrevistas com ela, a abadessa foi considerada sã. Hildegarda faleceu em 17 de setembro 1179. Foi proclamada pelo papa Bento XVI doutora da Igreja. A Igreja Anglicana também a reconhece como santa.

Se o interesse pelos livros dela é hoje puramente histórico, já sua música é objeto de enorme divulgação nos últimos decênios, com inúmeros discos gravados. Impressiona o sentido de contemporaneidade que transparece em sua obra artística, principalmente na produção musical. Esta, recuperada por Chistopher Page, na linha do cantochão, é um gênero de música meditativa que induz no ouvinte uma expansão de sua vivência interior. As sinfonias de Hildegarda vêm recebendo um tratamento musical primoroso pela tecnologia das modernas gravadoras e o apoio de grandes instrumentistas e cantores, principalmente na Europa.

Concepção de homem e conhecimento médico

Segundo Hildegarda, Deus construiu a forma humana na estrutura do mundo, na verdade até no cosmo, de modo que o homem é um pequeno microcosmo. Retoma assim a tradição platônica do *Timeu*. A ordem regular da natureza é considerada algo instituído por Deus, embora suscetível de ser anulada por ele, como também de ser destruída pelo próprio homem; de fato, Hildegarda profetiza tempos de profundo desamor à natureza e desrespeito ao planeta Terra.

Seu trabalho médico, contido em *Physica* e *Causae et curae* (1150), apresenta contribuições importantes para a história dos saberes psicológicos e se coloca em continuidade com a medicina grega e romana em cujo âmbito, como vimos, desenvolveu-se a teoria dos temperamentos. Ao contrário da obra filosófica e artística, a obra científica de Hildegarda não parece ser baseada em suas visões, mas antes em seus estudos e no seu agudo senso de observação da natureza e do homem. Nesses livros, a autora versa sobre história natural e o poder curativo de vários elementos da natureza. Os dois textos, juntos, são conhecidos como *Liber subtilatum*, o livro das sutilezas da natureza diversa das coisas. Tais tratados são considerados, juntamente aos de outra abadessa beneditina que viveu na Alsácia, Herrade de Landsberg (autora da enciclopédia *Hortus deliciarum*), os principais tratados de medicina e história natural produzidos no Ocidente no século XII.

A proposta de Hildegarda, entretanto, não consiste apenas numa simples descrição dos fenômenos da natureza: ela estabelece relações entre os produtos da natureza e os seres humanos, pesquisa fenômenos que dizem respeito ao homem, seu equilíbrio e sua saúde. A base de sua medicina é a teoria humoralista, reinterpretada de modo original, bem como a inserção do homem no cosmo, incluindo a influência dos astros sobre a condição humana.

Seus escritos, segundo Kristina Lerman (2016), são únicos por sua visão, geralmente positiva, a respeito das diferenças de gêneros e das relações sexuais. Por exemplo, ela diferencia entre a vivência do gozo sexual feminino e masculino: "o gozo da mulher é terno e leve, mas com quentura constante" (Hildegarda, 2012, p. 132, trad. nossa), ao passo que o gozo do homem assume caracteres de força e ardor. Hildegarda foi uma precursora da medicina psicossomática. Para ela o estado natural do homem e da mulher é o estado de saúde, que só é destruído pelo pecado. O pecado (na esteira da concepção de pecado original que expusemos anteriormente) é a falta da justa medida (moderação) no uso das coisas. Nesse sentido, os temperamentos dependem muito mais dos hábitos de conduta do que da determinação fisiológica do organismo: o fleumático é caracterizado pela falta de moderação na alimentação e na bebida e também pelos excessos na vivência das emoções; já o temperamento melancólico deriva do excesso de um humor que por natureza faz parte da compleição humana após o pecado original. No caso das mulheres melancólicas, elas tendem a ser inconstantes em seus pensamentos, de natureza mutável, atormentadas por fastidiosas doenças. Para cada um dos temperamentos, Hildegarda retrata também as diferentes formas de viver a sexualidade: os fleumáticos raramente são tomados por fortes paixões e falta nos homens o sentido da virilidade; já os melancólicos são excessivos e desmedidos na paixão e se entregues a ela podem chegar à loucura; por isso, para evitar o transtorno mental, Hildegarda aconselha que apaguem sua paixão na relação sexual. No caso do indivíduo melancólico de sexo masculino, porém, Hildegarda alerta que sua conduta com a parceira pode ser de alguém "molesto e mortífero, como lobo feroz. Alguns se relacionam bem com as mulheres mesmo que as odeiem em seu coração. Os fleumáticos não amam as mulheres nem desejam possuí-las" (p. 130). Os coléricos têm forte atração pelas mulheres e por isso nem sempre conseguem moderar sua paixão: "amam ao ponto de não poder evitar que o sangue arda com furor à vista de uma mulher, ou quando simplesmente pensam nela" (p. 126). Os sanguíneos são os melhores parceiros sexuais, pois usam sempre de razão e moderação, possuindo "equilibrada prudência" (p. 128). No sexo feminino, pode acontecer que devido ao sangue retido da menstruação, a mulher sanguínea possa se tornar melancólica.

A melancolia pode induzir tristeza e desespero. Hildegarda explica o frenesi como o excesso de todos os humores que se chocam entre si, desencadeando a loucura. Já o que ela chama de estado de "desespero" é causado pelo depósito de umidade do humor melancólico, que provoca fumos amargos: estes produzem sons interiores e fluem no coração e nos sentidos, criando uma sorte de vibração que faz desejar a morte. Interessante observar que Hildegarda explicita a diferença entre a loucura e a possessão demoníaca. Essa diferença, segundo ela, pode ser reconhecida pelo fato de que, na loucura, o demônio não controla as palavras do indivíduo.

Os humores dependem também das fases da lua: por exemplo, o sangue aumenta ou diminui conforme o crescer e o decrescer da lua. Além do mais, a fase da lua correspondente à data da concepção do indivíduo influencia o temperamento e o comportamento dele, além da compleição somática.

Recuperar, manter, proteger a saúde, assegurar o pleno exercício das capacidades humanas é uma questão de vigilância cotidiana, dirigida ao espírito e ao corpo ao mesmo tempo. O segredo da saúde é que cada um dos humores possa seguir seu fluxo, sem excessos. Quando há excesso de um dos humores, ocorrem doenças da alma e do corpo. Hildegarda relaciona as doenças físicas às perturbações psíquicas: entre outras, seguindo a tradição monástica descrita acima, identifica na melancolia, na cólera e na ira as causas de doenças físicas, precedendo, também em séculos, a medicina psicossomática.

Um aspecto importante da contribuição médica de Hildegarda diz respeito ao uso das plantas e das flores para tratar os desequilíbrios das emoções, antecedendo o uso dos remédios florais, cujo estudo só veio a ser sistematizado a partir dos anos 30 do século XX pelo médico inglês Edward Bach. Por exemplo, contra a perda da memória, Hildegarda recomenda o uso de um creme de urtiga e azeite a ser colocado na testa antes de dormir; contra a tristeza e a ira, recomenda uma mistura de vinho aquecido mesclado com água fria e sálvia. Segundo Hildegarda, existe nos seres vivos uma força vital caracterizada pela cor verde (*viriditas*) que é um importante elemento de cura. Por isso, a saúde do ser humano depende de seu equilíbrio com a natureza: "a ilusão ímpia da alma humana ofuscada" pode fazer murchar "a força de vida verdejante" (*apud* Böhm, 2013, p. 77).

Hildegarda ocupa-se também do sono e dos sonhos: afirma que, quando o corpo do indivíduo que dorme se encontra na temperatura adequada, se o calor interno é na justa medida e o interior não é ocupado pela tempestade dos vícios e dos hábitos viciosos, no sonho ele pode inclusive contemplar a verdade, porque "o conhecimento da alma está na quietação". Se, pelo contrário, uma tempestade de pensamentos diversos e contrários ocupa a mente quando o indivíduo está desperto, de modo que ele adormece nessa tempestade, então no sonho ele vê coisas enganosas porque "o conhecimento da alma é obscurecido por esses contrastes, de modo que já não pode enxergar a verdade" (Hildegarda, 2012, p. 142). O excesso de sono pode ser nocivo; assim como a insônia.

A medicina de Hildegarda é norteada pela preocupação em cuidar do doente, mais do que da doença, pela atenção dirigida aos sintomas como efeitos de um desregramento interior. A beleza e a harmonia são tidas como necessárias ao bem-estar do homem: segundo Hildegarda, a natureza é uma reserva inesgotável de elementos, mas é preciso saber discernir, estar atento às sutilezas que ela encerra.

Por conseguinte, recomenda a atenção ao regime alimentar, que permite preservar o equilíbrio ou reencontrá-lo se estiver perdido, levando à eliminação dos excessos e à recuperação do equilíbrio a da serenidade psíquica. A alimentação, segundo a monja, deve ser *adequada* à estação, à idade e ao estado geral do indivíduo. Considera necessário que os alimentos sejam aprazíveis e dispostos de maneira agradável. Dados

Dados tipos de alimentos que se encontram na natureza são úteis para acalmar os excessos dos temperamentos e os transtornos psíquicos. Por exemplo, a mistura de folhas de louro secas unidas a salvia e manjerona em pó colocada em vinho frio e posta na cabeça e no peito acalma a ira: "o louro ativa os humores que a ira secou; a quentura da manjerona acalma o cérebro, o calor seco da sálvia recupera os humores que a ira destruiu" (2012, p. 286).

Em suma, a proposta de Hildegarda é a de uma verdadeira psicossomática acompanhada por uma dietética e por um conhecimento fitoterápico, que a tornam uma das inspiradoras da moderna fitoterapia alemã.

Em síntese:
o surgimento do conceito de pessoa no mundo medieval

Vimos que o universo cultural da Idade Média foi o berço do conceito de pessoa, que evidentemente pode ser formulado com base na existência prévia do conceito de psique, mas que com relação a este apresenta alguns aspectos próprios:

1. A pessoa se refere a um ser individual e historicamente existente, diversificando-se, portanto, do conceito de homem que pode ser entendido de modo geral e abstrato: a pessoa identifica um sujeito individual em corpo e alma.
2. A pessoa, por ser dotada de livre-arbítrio, é dona de seus atos e, nesse sentido, o caráter de pessoalidade do homem se expressa nas ações livres.
3. A pessoa é capaz de conhecer a si mesma; surge, portanto, juntamente com o conceito de pessoa o gênero autobiográfico. Além disso, a pessoa é capaz de modificar a si mesma mesmo que parcialmente, criando para si uma segunda natureza (hábito virtuoso), podendo, portanto, ser agente de um processo de autotransformação.
4. A pessoa é parte do cosmo (e, nesse sentido, em parte determinada por ele), mas se diferencia dele e o transcende,

por ser capaz de dominá-lo e de usá-lo em conformidade com as orientações de sua racionalidade e as opções de sua liberdade.
5. A pessoa realiza-se à medida que se conforma com uma experiência modelar.

Para o estabelecimento desse conceito, tendo as características acima indicadas, a contribuição dos quatro eixos que definimos como a estrutura da história dos saberes psicológicos foi necessária: a exigência feita pela voz interior acerca do conhecer-se reproposta pela filosofia agostiniana como também pela tradição monástica e pelas narrativas autobiográficas em forma de confissões; o conhecimento médico e espiritual capaz de integrar corpo, alma e comunidade humana difundido nos mosteiros e nas universidades medievais; a representação da pessoa humana pela arte; e certamente a construção do arcabouço conceitual proporcionado pela filosofia e em grande parte pela teologia e tematizado e difundido nas universidades medievais.

Referências bibliográficas

AGAMBEN, G. *Altíssima pobreza*. S. A. Assmann, tradutor. São Paulo: Boitempo Editorial, 2014.
AMATUZZI, M. M. *A alma humana em Tomás de Aquino: um debate antigo e atual*. Campinas: ALÍNEA, 2008.
_____. "Releitura de textos de Tomás de Aquino visando a construção de um pensamento psicológico". In: *Memorandum*, 5, 2003, p. 42-54. Disponível em: <http://www.fafich.ufmg.br/~memorandum/artigos05/amatuzzi01.htm>. Acesso em: 02 fev 2015.
BERDIAEV, N. *O sentido da história*. Madri: Encuentros, 1979.
BERTA, L. P.; KRUPPEL, L. P. *Medicina de Hildegarda de Bingen*. Disponível em: <http://yesod.sites.uol.com.br/cadernos/edicao1/hilde.htm>. Acesso em: 8 jan 2016.
BINGEN, H. *Cause e cure delle infermitá*. Palermo: Sellerio, 2012.
BÖHM, M. *Por que os monges vivem mais: a sabedoria dos mosteiros para corpo, alma e espírito*. São Paulo: Paulus, 2013.
BONOWITZ, B. *Buscando verdadeiramente a Deus*. São Paulo: Mensageiro de Santo Antônio, 2013.

CARRUTHERS, M. *Machina memorialis: meditazione, retórica e costruzione delle immagini*. L. Iseppi, tradutor. Pisa: Edizioni della Normale, 2006 (original publicado em 1998).

CHÂTEAU, J. *As grandes Psicologias na antiguidade*. Lisboa: publicações Europa-America, n. 161, 1989.

COURCELLE, P. *Conosci te stesso. Da Socrate a Bernardo*. F. Filippi, tradutor. Milão: Vita e Pensiero, 2001 (original publicado em 1974-1975).

COVIAN, M. R. "Cultura humanística do estudante universitário". In: *Ciência e cultura*, 29(8), 1979, p. 871-875.

CROMBIE, A. *Historia de la Ciencia, siglos XIII-XVII*. V. 2. Madri: Alianza Universitaria, 1987.

DANIEL-ROPS, H. P. *A Igreja das catedrais e das cruzadas*. São Paulo: Quadrante, 1993.

DUBY, G. "A solidão nos séculos XI-XIII". In: DUBY, G; ÁRIES, P. *História da Vida Privada*. V. 2. M. L. Machado, tradutor. São Paulo: Companhia das Letras, 1994, p. 526-620 (original publicado em 1985).

_____. *A Europa na Idade Média*. São Paulo, Martins Fontes, 1988.

_____. *Guerreiros e Camponeses*. Lisboa: Edições 70, 1980, p. 25-26.

_____. *O tempo das catedrais*. Lisboa : Editorial Estampa, 1993.

FIRPO, L. (org.) *Medicina Medievale, Testi dell'Alto Medioevo. Miniature del Codice di kassel, Regole salutari salernitane*. Turim: Unione Tipografica Editrice, 1972.

GOUVEIA, F. R. C. (2010). "Maravilha e aventura na demanda do Santo Graal". In: *Espéculo. Revista de estudios literarios*. Universidad Complutense de Madrid. Disponível em: <http://www.ucm.es/info/especulo/numero45/sinalesp.html>. Acesso em: 2 fev 2015.

HOOYKAAS, R. *A Religião e o Desenvolvimento da Ciência Moderna*. Fernando Dídimo Vieira, tradutor. Brasília: Polis — UNB, 1988.

JACQUARD, D. "La scolastica medica". In: GRMEK, M. *Storia del Pensiero medico occidentale*. V. 1. Antichitá e medioevo. Bari: Laterza, 1993.

_____. "De crasis a complexio: note sur le vocabulaire du tempérament en latin médieval". In: SABBAH, G. *Mémoires V. Textes Médicaux Latins Antiques*. Publications de l'Université de Saint-Etienne, 1984, p. 71-76.

KLIBANSKY, R.; PANOFSKY, E.; SAXL, F. *Saturno e la melanconia*. Turim: Einaudi, 1983.

LAUAND, L. J. *Cultura e educação na Idade Média*. São Paulo: Martins Fontes, 1998.

_____. *O que é uma Universidade*. São Paulo: Perspectiva, Edusp, 1987.

LE GOFF, J. *O homem medieval*. Lisboa: Presença, 1989.

_____. *O imaginário medieval*. Lisboa: Estampa, 1994.

_____. *Os intelectuais na Idade Média*. Rio de Janeiro: José Olympio, 2003.

LECLERCQ, J. *O amor às letras e o desejo de Deus*. São Paulo: Paulus, 2012.

LEOPOLDO E SILVA, F. "Universidade: a idéia e a história". In: *Estudos Avançados*, v. 20, n. 56, São Paulo, jan/abr 2006.

LERMAN, K. *The Life and Works of Hildegard Von Bingen by Kristina Lerman*. Acesso em: 8 jan 2016.

MAGNO, G. *Diálogos*. Regensburg: Pustet, 1980.

MASSIMI, M. "A fonte autobiográfica como recurso para a apreensão do processo de elaboração da experiência na história dos saberes psicológicos". In: *Memorandum*, 20, 11-30, 2001. Disponível em: <http://www.fafich.ufmg.br/memorandum/a20/massimi05>. Acesso em: 8 jan 2016.

MASSIMI, M.; MAHFOUD, M. "A pessoa como sujeito da experiência: um percurso na história dos saberes psicológicos". In: *Memorandum*, 13, 2007, p. 16-31. Disponível em: <http://www.fafich.ufmg.br/~memorandum/a13/massimimahfoud01.htm>. Acesso em: 9 mar 2011.

MOULIN, L. *Une forme originale de gouvernement des hommes. Le governement des communautés religieuses*. Agen: Imprimerie Moderne, 1955.

_____. *La vita quotidiana secondo san Benedetto*. Milão: Edizioni Jaca Book, 1989.

NOGENT, G. *Vie de Guibert de Nogent, par lui-même. Livre I. Oeuvre numérisée par Marc Szwajcer*. Disponível em: <http://remacle.org/>. Venerabilis Guiberti, abbatis S. Mariae de Novigento, Opera omnia juxta editionem domni Lucae d'Achery ad prelum revocata et cura qua par erat emendata accurante J.-P. Migne, etc., 1853.

NUNES, R. C. *História da Educação na Idade Média*. São Paulo: EDUSP, EPU, 1979.

NÚRSIA, Bento de. *A regra de São Bento*. Rio de Janeiro: Edições Lumen Christi, 2003.

OHANNESON, J. *Música Escarlate*. Aulyde Soares Rodrigues, tradutor. São Paulo: Mandarim, 1999.

OLIVEIRA, T. "Considerações sobre o trabalho na idade média: intelectuais medievais e historiografia". In: *Revista de História*, jan/jul 2012, p. 109-128.

PERNOUD, R. *O mito da Idade Média*. Lisboa: Ed. Europa-América, n. 125, 1978.

_____. *Hildegarda de Bingen. A consciência inspirada do século XII*. Rio de Janeiro: Rocco, 1996.

_____. *A mulher no tempo das catedrais*. Lisboa: Gradiva, 1984.

PONTICO, E. *Gli Otto spiriti della malvagitá*. Milão: San Paolo, 2010.

ROMANO, S; PETRAROIA, P. *Giotto e l'Italia*. Milão: Electa, 2015.

SIRAISI, N. *Medieval and Early Renaissance Medicine. An Introduction to knowledge and Practice.* Chicago/London: The University of Chicago Press, 1984.

SOUZA, N. M. "Cavalaria, igreja e sociedade na idade média do século XIII". *Memória e patrimônio.* ANPUH. Rio de Janeiro, 2010.

TAMANINI, P. A. *Os "demônios" nos textos da Sagrada Escritura e da Tradição.* Disponível em: <http://www.ecclesia.com.br/biblioteca/fe_crista_ortodoxa/o_demonio_nos_textos_das_escrituras_sagradas_e_na_tradicao.html>. Acesso em: 11 abr 2015.

TANZELLA-NITTI, G. "Breve storia dell'Università". In: TANZELLA--NITTI, G.; STRUMIA, A. *Dizionario Interdisciplinare di Scienza e Fede. Cultura scientifica, filosofia e teologia.* 2 vol. 170 vozes. Roma: Urbaniana University Press/Città Nuova Editrice, 2002, p. 2340.

TOMÁS DE AQUINO. *Le passioni dell'anima.* Florença: Casa editrice Le lettere, 2002.

_____. *O ente e a essência.* Coleção *Os Pensadores.* São Paulo: Nova Cultural, 2000.

_____. *Suma teológica.* V. I. São Paulo: Loyola, 2002.

_____. *Suma teológica.* V. III. São Paulo: Loyola, 2003.

_____. Comentários aos III livros do De anima de Aristóteles. Edição de M. Pirotta, Roma: Marietti, 1948. Livro III: Acerca do número dos sentidos, do senso comum, da imaginação e disto que o intelecto discerne. Sobre o intelecto. Sobre a potência motora. Acerca das faculdades comuns a todos os seres animados. Lições I a XVIII, n. 864-874).

TORRE, P. C. D. *L'assistenza ospedaliera e farmacêutica nell'Abazia di Casamari* (séc. XIII-XX). Casamari, 1984.

UHLEIM, G. *Meditações com Hildegarda de Bingen.* Traduzido e adaptado à língua inglesa. Tradução de Barbara Theoto Lambert. São Paulo: Gente, 1993.

Capítulo 5

O surgimento da psychologia e a construção do conceito de indivíduo na cultura humanista e renascentista

Introdução

O humanismo e o renascimento se caracterizam pelo interesse prioritário acerca do homem, em todas as suas dimensões e a partir de novos horizontes desvendados pelos descobrimentos geográficos e pelos inícios da ciência experimental.

Os conhecimentos acerca do ser humano não são tematizados somente pelos saberes especulativos, mas também por saberes cuja finalidade é proporcionar uma arte de viver bem. Nesse âmbito, aparece em 1518 o texto *Psychologia de ratione animae humanae*, primeira obra que contém o termo "psicologia".

Nessa época da história da cultura ocidental, o conceito medieval de pessoa é transformado no conceito de indivíduo.

Periodização e regime de temporalidade

Cabe lembrar algumas datas que representam marcos importantes, origens de profundas transformações no contexto europeu e inícios de novos encontros ou embates.

Em primeiro lugar, lembramos algumas datas que dizem respeito à expansão marítima e colonial do Ocidente europeu. No ano de 1492, Cristóvão Colombo chega à América e declara-a colônia da Espanha. No mesmo ano, os espanhóis conquistam

Granada e findam o domínio mouro muçulmano na Espanha. Em 1500, a armada de Pedro Álvares Cabral chega ao Brasil, chamado pelos colonizadores portugueses inicialmente de Terra de Santa Cruz. Entre 1519 e 1522, Fernão de Magalhães comandou a primeira viagem ao redor do mundo. Em 1532, Francisco Pizarro invade o Peru, iniciando a conquista espanhola do Império Inca.

Em segundo lugar, na Europa ocorrem grandes mudanças no panorama religioso: em 1517, a Reforma Protestante começa na Alemanha. Martinho Lutero (1483-1546), monge agostiniano e docente de teologia, publica nesse ano as "95 teses" afixadas na porta da Igreja do Castelo de Wittenberg (em 31 de outubro). Com esse gesto, Lutero tornou públicas as suas ideias, com a finalidade de expor as questões que o incomodavam a respeito das "vendas de perdão/indulgências". Tratava-se de contradições práticas e doutrinais que, somadas à corrupção de setores do clero, eram uma ameaça à credibilidade da fé cristã e da Igreja de Roma. Ao denunciar essa situação, Lutero esperava receber o apoio do papa, em vez de sua censura. No entanto, depois de novas disputas teológicas, dessa vez entre Lutero e agentes enviados pelo papa Leão X (1475-1521; pontificado: 1513-1521), foi redigida contra Lutero uma carta de excomunhão datada de 21 de janeiro de 1521, que ele receberia meses depois. O conhecimento do fato difundiu-se além dos muros da universidade e do debate teológico, e muitas ideias de Lutero foram apropriadas por membros da nobreza alemã. Com efeito, além das questões teológicas, algumas causas econômicas contribuíram para a aceitação da Reforma, entre elas o desejo da nobreza e dos príncipes alemães de se libertarem das ligações com a Igreja Romana e se verem livres da tributação papal. Desse modo, a situação foi se configurando como cisma religioso na Europa. A situação degenerou em conflitos armados, como, por exemplo, a Guerra dos Camponeses (1524-1525). Enquanto na Alemanha a reforma era liderada por Lutero, na França e na Suíça um movimento análogo foi empreendido por João Calvino (1509-1564) e Ulrico Zuínglio (1484-1531). Nesses casos também ocorreram sangrentos conflitos religiosos, como as Guerras Religiosas de 1562-1598, e o Massacre de São Bartolomeu, de 1572. Desse modo, quebrou-se, de modo irreversível, a unidade político-religiosa da Europa.

O terceiro marco histórico importante do século XVI é o ano de 1571, quando um exército naval (chamado Liga Santa) composto pela República de Veneza, o Reino de Espanha, os Estados Pontifícios e os Cavaleiros de Malta, sob o comando de João de Áustria, venceram as armadas do Império Otomano perto de Lepanto (Grécia), arrestando assim o avanço islâmico no Mediterrâneo.

No fim do século, em 1588, a marinha real da Inglaterra derrota a armada espanhola, consolidando a posição da Inglaterra como grande potência naval e iniciando-se assim a decadência do Império Ibérico.

Ainda vigora nesse período o regime de temporalidade da *historia magistra*. Aliás, esse *tópos* ganhou nova e maior importância no Renascimento, com a redescoberta e leitura das fontes dos historiadores antigos: enfatizava-se a imitação dos antigos e o uso da Antiguidade como um instrumento polêmico de crítica à cristandade (Hadot, 2003).

Na segunda metade do século XVI, em concomitância com os conflitos religiosos e com os contatos cada vez mais frequentes com o Novo Mundo, difunde-se entre os intelectuais uma intensa preocupação acerca da história e do tempo. Assim, por exemplo, em 1566, o francês J. Bodin publica *O método da história*, no qual, apesar de referir-se também à *historia magistra* que permite explicar o presente e fornece indicações seguras sobre o que convém procurar e evitar, afirma que a história toma três formas: humana, natural e divina, uma divisão que inova a teoria histórica tradicional; e afirma que os tempos antigos não foram uma Idade do Ouro, mas uma época de superstições e de crueldade. Desse modo, Bodin questiona a autoridade dos antigos. Em 1575, Loys le Roy, francês e humanista, publica *De la vicissitude ou variété des choses en l'univers*, aparentemente baseado no conceito tradicional da *Historia magistra*, mas que na verdade busca superá-lo, ao tentar provar a superioridade do presente. Em 1580 são publicados os dois primeiros livros dos *Ensaios* de Montaigne, cuja visão do tempo enfatiza a instabilidade e a mudança e a necessidade de fixar-se no presente (Hartog, 2003). Trata-se, em suma, de uma época de transição entre o regime de temporalidade tradicional e um novo modo de conceber o tempo e a história que se chamará de moderno e se afirmará plenamente no século XVIII.

Contexto histórico

Trata-se de um período histórico decisivo para a afirmação de um conceito que será marcante na modernidade: o indivíduo.

Por humanismo entende-se o universo histórico do Ocidente no século XV, sendo suas principais características o crescimento dos estudos filológicos e literários e o interesse pela leitura dos clássicos; a importância da educação; a busca da beleza pelas artes.

A filologia, ciência que tem por objeto o estudo da língua em toda a sua amplitude e dos documentos escritos, buscando averiguar o sentido dos textos e interpretá-lo, teve grande avanço nesse período. Os autores da Antiguidade clássica cujos textos foram traduzidos e estudados pelos filólogos humanistas foram, entre outros, Virgílio, Aristóteles, Cícero, Sêneca e Horácio. Os humanistas, admiradores dos clássicos, dedicaram-se intensamente a estudá-los e comentá-los, e divulgaram os numerosos manuscritos descobertos na época, contando para isso com o poderoso auxílio da imprensa, recentemente criada. Os escritores clássicos foram vistos como modelos universais, instituindo-se o princípio de que uma obra literária devia esforçar-se por imitá-los. No início, os humanistas concentraram suas atividades nos manuscritos latinos. Só após a queda de Constantinopla aos turcos, em 1453, o que provocou a imigração de muitos sábios bizantinos, os humanistas começaram a se interessar também pelos manuscritos gregos. Esses manuscritos eram, inicialmente, reproduzidos sem nenhum tratamento crítico, mas ao longo do século XVI começou-se a considerar, de modo mais sistemático, o valor e a confiabilidade dos diferentes manuscritos existentes, e surgiram edições de textos com certo rigor crítico. No século XVI, sobressai-se Erasmo de Rotterdam (1466-1536), um dos mais ilustres filólogos de seu tempo, responsável pela edição do texto grego do Novo Testamento, em 1516.

A relevância da educação para o bem da *res publica* é um tema caro aos humanistas. O humanismo retoma com grande vigor e interesse a tradição da *paideía* grega, e num certo sentido aplica seus conceitos ao projeto de formação do homem concebido como cidadão, membro da comunidade política e religiosa. A concepção da plasmabilidade do ser humano e da força dos hábitos na construção da personalidade sustenta a afirmação de que a educação detém uma função prioritária na vida individual e social. Com efeito, o otimismo da antropologia humanista não implica a afirmação incondicional da bondade natural do homem (nesse aspecto, o humanismo diferencia-se grandemente do otimismo iluminista), sendo ainda todo permeado pela visão cristã do pecado original. Os humanistas admitem a existência de tendências negativas na infância e na juventude que deverão ser corrigidas pela educação, para que seja possível a aquisição dos hábitos virtuosos e do equilíbrio, conforme o ideal aristotélico. A instrução é concebida não como recepção passiva, e sim como aquisição da capacidade de agir, de encontrar, de conhecer.

A ideia da filosofia como "remédio" espiritual é comum a todo o humanismo da época. A filosofia não apenas proporciona "receitas" para a condição humana individual, como também para a convivência social e política. Humanistas e educadores tais como Leon Battista Alberti e Francesco Patrizi da Siena acreditam que o poder social e político deve ser adquirido pela virtude da vida, e não pelas riquezas materiais nem pela condição social de origem. Esse posicionamento reflete uma mudança quanto à concepção política: o poder não é mais atribuído aos homens pela vontade divina ou pela condição de nascimento, mas é obtido pelo empenho do indivíduo no plano da vida cultural, social e política. O esforço e a capacidade individual são os fatores que constituem uma nova aristocracia: o caminho do poder é aberto para todos os que demonstrem merecê-lo.

Um aspecto dessa mudança é a transformação do conceito de "virtude", tema privilegiado pelos humanistas. O conceito de virtude por eles formulado acarreta uma ênfase no sentido social e político. Com efeito, a virtude concebida pelos pensadores do humanismo não se identifica com a tradicional imagem da virtude cristã, mas muito mais com o conceito de "areté" dos antigos gregos, ou seja, aquela capacidade peculiar do homem que o destina à perfeição e garante seu domínio sobre as coisas. É marcante também a influência do ideal romano de cidadania, assim como enunciado pelos retóricos, para os quais o *vir civilis* representa o homem que se empenha para lograr a justiça nos tribunais e nas instituições da *res publica*. Na perspectiva dos humanistas, a virtude, em sua própria essência, é profundamente ligada ao poder: o ápice dessa visão é o pensamento político de Nicolau Maquiavel (1469-1527). De fato, o interesse pela teoria política é prioritário na filosofia moral do humanismo e da Renascença.

Ainda no humanismo, o desenvolvimento da arte inspira o interesse pela descrição anatômica do homem, tendo sido Leonardo da Vinci (1452-1519) um destaque importante como figura genial e multifacetada que desempenhou os papéis de matemático, engenheiro, artista, poeta e pintor.

Leonardo da Vinci

Por sua importância, com a proposição de um terreno para o estudo do ser humano na arte e na ciência, queremos focar aqui a visão da relação entre trabalho artístico e pesquisa científica nesse autor. Leonardo da Vinci escreve inúmeros cadernos de notas e escritos particulares que somente recentemente, a partir de 1880, começaram a ser editados e estudados e que revelam a unidade do seu método de investigação como artista e cientista. Quase todos os seus textos contêm desenhos, evidenciando que

Leonardo, antes de mais nada, é um observador, dotado de uma excepcional imaginação visual (que ele denomina "fantasia"). Para ele, a única forma verdadeira de conhecimento é olhar para as coisas reais, os fenômenos, sendo que "o ato de 'ver' abrange os dois sentidos do verbo, que são olhar e compreender" (Kemp, 2005, p. 49). Escreve a respeito do olho:

> O olho, do qual se diz ser a janela da alma, é o principal meio pelo qual o *sensus communis* [centro coordenador das impressões sensoriais] do cérebro pode contemplar, na maior plenitude e magnificência, o trabalho infinito da natureza, e o ouvido é o segundo, tendo adquirido nobreza pela narração daquilo que o olho viu. Agora, você não vê que o olho abraça a beleza do mundo? O olho comanda a astronomia; ele faz a cosmografia; ele guia e corrige todas as artes humanas; conduz o homem a várias regiões do mundo; é o príncipe da matemática; suas ciências são as mais corretas; ele mede a distância e o tamanho das estrelas; desvenda os elementos e suas distribuições; faz previsões de eventos futuros por meio do curso das estrelas; gera a arquitetura, a perspectiva, a pintura divina. Ó criação excelsa de Deus, acima de todas as outras... E triunfa sobre a natureza, pois as partes constituintes da natureza são finitas, mas os trabalhos que o olho determina às mãos são infinitos, como o pintor demonstra ao apresentar um sem-número de formas de animais, plantas, árvores, e lugares (*apud* Kemp, 2005, p. 50).

A concepção de Leonardo deriva de sua formação na escola artística de Florença: aqui os ensinamentos de Filippo Brunelleschi e de Leon Battista Alberti (autor do tratado *Sobre a pintura*, 1435) colocavam a possibilidade de combinar os procedimentos racionais da construção da perspectiva geométrica, com a concepção imaginária de uma nova cena. Nesse método, associavam-se assim a ciência e a invenção, ou seja, a criação do novo, o intelecto e a fantasia (imaginação).

Num texto memorável, Leonardo descreve sua incursão na caverna de Mongibello e coloca que o desejo de "ver mais" (ou seja, de conhecer os mistérios da natureza), desperto pela surpresa diante da variedade de suas formas, pode vencer o medo diante do desconhecido.

> Impelido pela minha ávida vontade, desejoso de ver a grande abundância de formas variadas e estranhas feitas pela engenhosa natureza, andando a roda um pouco entre os rochedos sombrios, cheguei à entrada de uma grande caverna. [...] Estando um pouco ali, dois sentimentos me sobressaltaram: medo pela ameaçadora e escura caverna; desejo de ver se lá dentro havia algo extraordinário (Da Vinci, 1509/1997, p. 227).

Para Leonardo, conhecimento e amor (interesse pelo objeto) são duas atitudes que devem acompanhar o estudioso, como ele mesmo escreve: "o amor a qualquer coisa é produto do conhecimento, sendo o amor mais ardente quanto mais seguro é o conhecimento, e essa segurança brota de um perfeito conhecimento de todas as partes que, juntas, compõem o todo" (1510, *apud* Kemp, 2005, p. 17).

Buscando entender o dinamismo corporal que subjaz ao conhecimento, Leonardo ocupa-se da localização cerebral das potências psíquicas envolvidas: os estúdios e desenhos por ele elaborados a partir de 1489 baseavam-se no sistema aristotélico e medieval que concebia os ventrículos no interior do cérebro como sendo sedes da atividade mental. Os ventrículos eram concebidos como receptáculos dispostos para o processamento das impressões sensoriais recebidas. O primeiro movimento era o das impressões sensoriais que chegavam à potência *impressiva* (um receptor que registrava uma impressão, assim como a cera morna recebe a marca de um sinete). Na segunda câmara-ventrículo, localizava-se o senso comum que desempenhava a função de comparar as diversas impressões recebidas pelos diferentes órgãos sensoriais; ao lado do senso comum, havia a fantasia, o intelecto e a vontade; no último ventrículo, a memória.

O interesse de Leonardo pela visão e pelos órgãos sensoriais enquadra-se num movimento mais amplo que se estenderá até o século XVII, caracterizado pelo fato de "o progresso da ciência baseada na observação empírica acontecer contemporaneamente ao estudo por esse mesmo método dos órgãos perceptivos, reconhecidos como os instrumentos da própria ciência" (Jori, 1998, p. 85, trad. nossa). A partir da vivência artística e científica, Leonardo documenta que, na busca da verdade, o artista-cientista admira e observa a beleza, que descobre, fascinado, nos semblantes às vezes inusitados de criaturas, órgãos, anatomias. A beleza e a evidência coincidem.

Em suma, o humanismo se inspira na visão antropológica do mundo clássico, mas, ao mesmo tempo, afirma um interesse pelo conhecimento do homem concreto, como mostram tanto o interesse artístico pela corporeidade humana como a ênfase no caráter prático da filosofia como escola para uma vida boa.

O Renascimento

Por Renascimento entende-se o universo cultural ocidental do século XVI. Suas principais características são a ênfase na experiência e na observação direta da natureza e o nascimento da ciência moderna; a representação rigorosa do corpo humano na arte (destacam-se as obras de Michelangelo e de Piero della Francesca, entre outros); a independência da arte e da política com relação à teologia e à ética; a invenção da tipografia e da pólvora para armas; a percepção da liberdade como elemento dramático pela tematização filosófica do homem como senhor de seu destino; a proposta de uma visão do homem como ser natural na filosofia; a ampliação do horizonte geográfico e antropológico decorrente das grandes empresas de navegação, culminando na "descoberta dos Novos Mundos"; a afirmação na sociedade do conceito de indivíduo como *divus* (termo em latim que significa homem bem-sucedido); a Reforma Protestante. Por fim, o surgimento de um gênero específico de obra de arte, o retrato, e a grande difusão de textos do gênero da autobiografia e diário assinalam o interesse crescente pela vida interior e pelo autoconhecimento. Detemo-nos aqui na consideração de dois eventos históricos particularmente relevantes para a história dos saberes psicológicos: a descoberta dos Novos Mundos e o surgimento da ciência moderna.

Os "Novos Mundos"

O significado da data de 1492 vem sendo interpretado de diversas maneiras: atualmente foca-se não apenas no enorme avanço tecnológico que proporcionou o domínio dos mares através das técnicas e instrumentos de navegação, ou a abertura de novos espaços comerciais; mas também a autêntica revolução antropológica e cultural decorrente da ampliação das dimensões do mundo proporcionada pelas navegações e pelo "descobrimento" de territórios novos aos olhos dos europeus (Arnold, 2002; Boxer, 2002; Braudel, 2002; Cipolla, 1970).

Os historiadores contemporâneos rotulam o resultado da empresa colombiana utilizando-se de termos diferentes (de descobrimento, "achamento", encontro, conquista). Do ponto de vista etimológico, não se trata propriamente de descobrimento: já era conhecida a existência de territórios ao ocidente da Europa e vários autores da Antiguidade tinham formulado essa hipótese: Estrabão (64 a.C.); Plínio, o Velho (23 d.C.); Platão (428 a.C). Além disso, era difundido o mito de Atlântida, retomado por pseudo-Aristóteles (*Livro das maravilhas*) e por Diodoro da Sicília (século I). Por fim, havia um empenho secular de vários europeus em buscar as fabulosas terras do Eldorado, ricas em ouro e em todos os bens desejáveis, fugindo assim da escassez, guerras e doenças vivenciadas em seus países. No fim do séc. XVI, por exemplo, um autor português, Fernandes Mendes Pinto, escreveu uma obra que se tornou um *best-seller* na época: o romance autobiográfico *Peregrinação*. Nesse texto, Pinto narra que, ainda jovem, saiu pelo mundo afora percorrendo todas as terras do Oriente. No fim da vida, regressando a Portugal, escreveu o romance. Trata-se, portanto, da narrativa de uma história de vida real, uma autobiografia, não de uma ficção, apesar de o texto ser às vezes floreado por elementos fantasiosos. Na introdução do livro, Mendes Pinto discute o sentido da vida que ele aprendeu em sua jornada, com o objetivo de comunicá-lo aos descendentes e aos seus contemporâneos: uma visão toda humanista de que, em qualquer circunstância, o ser humano (com a ajuda divina) é capaz de enfrentar desafios e desvendar novas possibilidades de vida para si e para os outros:

> Mas, por outra parte, quando vejo que, no meio de todos esses perigos e trabalhos, me quis Deus tirar sempre em salvo, e pôr-me em seguro, acho que não tenho tanta razão de me queixar por todos os males passados, quanta de lhe dar graças por este só bem presente, pois me quis conservar a vida, para que eu pudesse fazer esta rude e tosca escritura, que por herança deixo a meus filhos (porque só para eles é minha tensão escrevê-la), para que eles vejam nela estes meus trabalhos e perigos da vida que passei no discurso de vinte e um anos em que fui treze vezes cativo, e dezessete vendido, nas partes da Índia, Etiópia, Arábia Feliz, China, Tartaria, Macassar, Samatra, e outras muitas províncias daquele oriental arquipélago, dos confins da Ásia, a que os escritores da China, Siamês, Gols, Ilíquidos, nomeariam, nas suas geografias, por pestana do mundo, como adiante espero tratar muito particular e muito difusamente. E daqui, por sua parte, tomem os homens motivo de se não desanimarem dos trabalhos da vida para deixarem de fazer o que devem, porque não há nenhum, por grande que seja, com que não possa a natureza humana, ajudada do favor divino. E, por outra, me ajudem a dar graças ao Senhor Omnipotente por usar comigo da sua infinita misericórdia, apesar de todos meus pecados, porque eu entendo e confesso que deles me nasceram todos os males que por mim passaram, e dela as forças, e o ânimo para os poder passar, e escapar deles com vida (Mendes Pinto, 1988, p. 13-14).

Fernão Mendes Pinto declara assim destinar seu escrito para todos os homens, inclusive para nós — homens modernos —, "para que tomem os homens motivo de não se desanimarem dos trabalhos da vida, para deixarem de fazer o que devem" (*idem*).

Esse livro nos revela uma motivação inerente à mentalidade do homem europeu da época e importante no que diz respeito ao empreendimento da aventura marítima: buscar uma experiência de vida e novidade, mesmo que enfrentando o risco de perigo e morte.

A experiência de insatisfação e de angústia pela estreiteza da realidade que o homem europeu vivenciava na época é um fato antropológico importante para entender o fator que o moveu à procura de outros espaços além do mundo já conhecido.

Thomas More, humanista e político inglês que morreu como mártir e foi canonizado pela Igreja Católica, expressa num texto famoso essa motivação. More viveu no início do século XVI e, sendo muito sensível ao movimento de seus contemporâneos, encarava a circunstância dos primeiros descobrimentos da América como expressão da universal busca humana pela verdade, pela justiça, pelo bem. Numa de suas obras mais significativas, publicada em 1516 — um romance chamado *Utopia* (utopia, lugar que não existe), More retrata o novo mundo, recém--descoberto, como o lugar dos sonhos e dos ideais humanos que pareciam irrealizáveis na Europa de seu tempo, lugar em que o homem ocidental procurava buscar sua verdadeira plenitude e realização. Nesse romance, encontra-se um significativo diálogo entre dois marinheiros que tinham sido protagonistas da experiência dos descobrimentos.

> Logo que Pedro deu comigo, aproximou-se, e, saudando-me, afastou-se um pouco de seu interlocutor, que iniciava uma resposta e, a propósito deste, me disse: "Vede este homem; pois bem, ia levá-lo diretamente à vossa casa". "Meu amigo, respondi-lhe, por vossa causa, ele seria bem-vindo." "E mesmo por causa dele, replicou Pedro, se o conhecêsseis. Não há sobre a terra outro ser vivo que possa vos dar detalhes tão completos e tão interessantes sobre os homens e os países desconhecidos. Ora, eu sei que sois excessivamente curioso por essa espécie de notícias." "Não tinha adivinhado muito mal", disse eu, então, pois que, logo à primeira vista, tomei o desconhecido por um patrão de navio. "Enganais-vos estranhamente; ele navegou, é certo, mas não como Palinuro. Navegou como Ulisses, e até mesmo como Platão. Escutai sua história: Rafael Hitlodeu (o primeiro destes nomes é o de sua família) conhece bastante bem o latim e domina o grego com perfeição. O estudo da filosofia, ao qual se devotou exclusivamente, fê-lo cultivar a língua de Atenas de preferência à

de Roma. E, por isso, sobre assuntos de alguma importância, só vos citará passagens de Sêneca e de Cícero. Portugal é o seu país. Jovem ainda, abandonou seu cabedal aos irmãos; e, devorado pela paixão de correr mundo, amarrou-se à pessoa e à fortuna de Américo Vespúcio. Não deixou por um só instante esse grande navegador durante as três das quatro últimas viagens, cuja narrativa se lê hoje em todo o mundo. Porém, não voltou para a Europa com ele. Américo, cedendo aos seus insistentes pedidos, lhe concedeu fazer parte dos 'vinte e quatro' que ficaram nos confins da 'Nova-Castela'. Foi, então, conforme seu desejo, largado nessa margem, pois o nosso homem não teme a morte, em terra estrangeira; pouco se lhe dá a honra de apodrecer numa sepultura; e gosta de repetir este apotegma: 'O cadáver sem sepultura tem o céu por mortalha; há por toda parte caminho para chegar a Deus'. Esse caráter aventureiro podia ter-lhe sido fatal, se a providência divina não o tivesse protegido. Como quer que fosse, depois da partida de Vespúcio, ele percorreu, com cinco castelhanos, uma multidão de países, desembarcou em Taprobana, como por milagre, e daí chegou a Calicut, onde encontrou navios portugueses que o reconduziram ao seu país, contra todas as expectativas" (More, s/d, p. 37-38).

Através da história desse jovem português, que acompanhou Américo Vespúcio, More descreve o perfil ideal do jovem europeu da época, culto e insatisfeito, dominado pela paixão de percorrer e conhecer o mundo, mas também sustentado pela certeza de que "por toda parte há caminhos para chegar a Deus".

O historiador Edmundo O'Gorman propõe o conceito de "invenção" da América: "invenção" significa que a América não foi descoberta, ou achada, mas inventada à imagem e semelhança da Europa. O autor afirma isso levando em conta o fato de que Cristóvão Colombo tinha certeza de ter chegado à Ásia e chamado os habitantes de "seres asiáticos", e que, portanto, morreu desconhecendo o fato de ter encontrado um novo continente.

Segundo Bataillon, "quando dizemos que Cristóvão Colombo descobriu a América a 12 de outubro de 1492, sabemos que essa expressão é inadequada, pois, realmente, Colombo abriu caminho a uma série de descobrimentos ao cabo dos quais há a América como a conheceram e a transformaram os europeus" (1952, p. 1). Bataillon também frisa que Cristóvão Colombo, ao voltar de sua primeira viagem, acreditava que Cuba era um promontório do continente asiático; e que "a ligação ou o desligamento do que hoje chamamos de América com a Ásia foi questão problemática durante todo o século XVI, e ainda, durante todo o século XVII" (1952, p. 1). Nos mapas, a noroeste das Índias Ocidentais os novos territórios eram indicados como Terra Desconhecida ou Mar Desconhecido até os anos de 1728-1729, quando o dinamarquês Vitus Bering explorou o estreito que tem hoje o seu nome.

A atração por desvendar o desconhecido era comum na época. Os avanços da ciência e da tecnologia eram aliados preciosos para tal exigência antropológica. Pedro Nunes, cientista e navegador português, acompanhou uma armada portuguesa nos mares do Oriente, importante rota comercial dos portugueses. Como matemático e cosmógrafo, escreveu um tratado científico no qual, ao narrar a experiência de navegação feita, comenta que ela abriu novos horizontes geográficos e antropológicos e que foi possibilitada pelo avanço tecnológico e científico:

> Não há dúvidas de que as navegações deste Reino de cem anos a esta parte são as maiores, mais maravilhosas, de mais altas conjecturas, do que as de nenhuma outra gente do mundo. Os portugueses ousaram cometer o grande oceano. Entraram por ele sem nenhum receio. Descobriram novas ilhas, novas terras, novos mares, novos povos e, o que mais é, novo céu e novas estrelas. E perderam-lhe tanto o medo que nem a grande quentura da zona torrada, nem o descompassado frio da extrema parte do sul, com que os antigos escritores nos ameaçavam, os pôde estorvar. Perdendo a Estrela do Norte e tornando-a a cobrar, descobrindo e passando o temeroso Cabo da Boa Esperança, o mar da Etiópia, da Arábia e da Pérsia, puderam chegar à Índia. Ora manifesto é que estes descobrimentos de costas, ilhas e terras firmes não se fizeram, indo a acertar, mas partiam os nossos mareantes mui ensinados e providos

de instrumentos e regras de astrologia e geometria, que são as cousas de que os cosmógrafos hão de andar apercebidos. Levaram cartas mui particularmente rumadas e não já as de que os antigos usavam (Nunes, 1537/1990, p. 15-16).

A esses fatores antropológicos unem-se também outros de natureza política, econômica e militar: não último, a busca por novos mercados e por novos territórios de conquista e de exploração e extração de matéria prima. Elliott (1984) cita um dos textos em que mais claramente aparece o significado da nova oportunidade econômica que os Novos Mundos representavam para a Europa (no caso específico, a Espanha). Trata-se de um memorando redigido pelo humanista Hernán Pérez de Oliva em 1524, em que ele afirma: "Dessas ilhas de Ocidente virão tantos navios carregados de riquezas e tantos partirão para elas que creio que, para sempre, deixarão a sua rota gravada nas águas do mar" (Elliott, 1984, p. 97). Comenta Elliott que "estes homens tinham entendido que a fronteira da Europa se deslocara e que esse deslocamento, por sua vez, provocara uma alteração no centro de gravidade econômica" (*ibid.*, p. 99). Cita ainda o humanista: "antigamente a Lusitânia e a Andaluzia eram o fim do mundo, mas agora, com a descoberta das Índias, tornam-se o centro dele" (*ibid.*, p. 99-100).

Recentemente, alguns historiadores (Vincent, 1992; Dussell, 1993) têm enfatizado que o teor de conquista e dominação desse evento, caracterizado por eles como projeto de invasão militar e dominação territorial, inviabilizou qualquer tipo de encontro entre os europeus e os povos com que entraram em contato: de fato, os índios americanos foram subjugados e expropriados de suas terras, e, do ponto de vista cultural e religioso, afirmou-se o etnocentrismo, ou seja, a ideologia da supremacia cultural, religiosa e política da Europa, com menosprezo pelas tradições dos nativos. Isso é conhecido pelas denúncias de autores contemporâneos como Bartolomeu de Las Casas (1474-1566), ou de nativos como o inca Garcilaso de la Vega (1539-1616).

Na perspectiva da história dos saberes psicológicos, devemos registrar que, a partir desse marco histórico, ocorreram mudanças profundas na visão do homem e do psiquismo na cultura ocidental. Limitando-nos apenas ao Brasil, essa mudança fica evidente nas fontes da cultura portuguesa quinhentista e de autores europeus do século XVI, em que são propostas diversas representações do índio brasileiro também no que diz respeito a suas características psicológicas e comportamentais. Existem, nas bibliotecas europeias, muitos significativos documentos dos problemas, temáticas e debates que surgiram no seio do mundo sociocultural, religioso e político europeu do século XVI a partir da descoberta da realidade antropológica dos Novos Mundos.

Entre eles, documentos muito importantes são as bulas elaboradas pelos papas ao longo dos séculos XV e XVI. A primeira bula, acerca das Américas, foi de autoria do papa Alexandre VI, um dos papas mais discutidos da história da Igreja: no documento, ele reconhece oficialmente o descobrimento de 1492 e proclama a dignidade humana dos habitantes daquelas novas terras e seu direito inalienável à liberdade e à propriedade. A partir da bula de Alexandre, todos os outros papas sucessores escreveram documentos sobre esse tema. Entre eles, destacamos o papa Paulo III, por ter sido o que pontificou na época do descobrimento do Brasil e, por isso, pode ter conhecido os primeiros dramas ocorridos, visto que, logo após o descobrimento, também se iniciaram atividades ligadas à exploração da terra e à escravatura. O papa relata em bulas e cartas sua preocupação a respeito, em alguns momentos com tons muito graves e fortes, como, por exemplo, numa carta destinada ao Rei de Portugal na qual declara que o comportamento dos portugueses no Brasil era contrário os métodos e os princípios do catolicismo. Nesse documento de 1537, ele reprova violentamente a ação do rei português, afirmando que contra os índios nenhum tipo de violência é justificado, mesmo que seja aparentemente voltado à evangelização. Toda essa documentação encontra-se numa coletânea de documentos organizada em 1992 pelo Vaticano que se chama *América pontifícia*. Especialmente nas referidas bulas, os papas repetem que os índios têm direitos, são homens. Nessa ótica, o trabalho dos missionários devia respeitar o direito da liberdade e também o direito de propriedade, porque sem propriedade não há possibilidade de liberdade e soberania dos povos indígenas nas próprias terras.Tal posição foi sistematizada do ponto de vista teórico pelos autores da Segunda Escolástica espanhola e, sobretudo, pelo Dominicano Francisco de Vitória, professor de Direito na Universidade de Salamanca, que escreve em 1539 um documento muito importante acerca dos direitos dos índios, do qual falaremos em breve. Trata-se da primeira tentativa de reformular o direito a partir da posição proclamada pela Igreja de que o índio é plenamente homem. Esse documento desencadeou uma crise na política de expansão colonial da Espanha, levando o próprio Imperador Carlos V a repensar seus métodos e projetos, fato que culminou na renúncia deste ao trono, em prol do filho Felipe (Crow, 1992; Hanke, 1974; Padgen, 1982; Zavala, 1977).

O surgimento da ciência moderna

O século XVI é o momento histórico do surgimento da ciência moderna, caracterizada pelo uso da *experimentação* e a *matematização*, ao passo que a ciência antiga e medieval baseava-se principalmente na observação.

Entre os responsáveis pela criação da ciência moderna, destaca-se a figura do italiano Galileu Galilei (1564-1642), que concebeu o famoso experimento do plano inclinado, descrito em seu livro *Discursos e demonstrações matemáticas sobre duas novas ciências* (1638). Com a inclinação, retarda-se a queda, facilitando a *medição* de tempos e distâncias. Esse experimento comprova que a queda dos corpos obedece a uma lei, e mensura a distância percorrida no deslocamento.

Uma das consequências desse novo enfoque de pesquisa é a necessidade de um uso cada vez mais extenso de *aparelhos de observação*. Nessa perspectiva, Galileu põe a óptica a serviço das observações astronômicas, construindo a luneta. Essas observações instrumentais tiveram um papel crucial na implantação da nova ciência. Dada sua importância, vale a pena aprofundar um pouco a concepção de ciência proposta por Galileu.

Segundo ele, a concepção tradicional de experiência baseada nos sentidos foi profundamente modificada pelas descobertas de Copérnico: no *Dialogo sopra i due massimi sistemi*, Simplício afirma que, "na posição de Copérnico, os sentidos enganam-se gravemente quando veem cair os corpos graves segundo um percurso reto perpendicular. Na verdade aquele movimento não é retilíneo, mas é uma mescla entre uma reta e um círculo" (Galilei *apud* Stabile *apud* Veneziani, 2002, p. 217, trad. nossa). Desse modo, a cosmologia de Copérnico colocou em crise a doutrina de que os sentidos e a experiência quotidiana teriam a capacidade de nos proporcionar a verdade. Galileu compreende a necessidade de propor uma nova epistemologia na qual o "intelecto dobre os sentidos, antepondo o que o raciocínio ditar àquilo que as experiências sensoriais mostram" (*ibid.*, p. 218). Trata-se de uma profunda reviravolta da concepção tradicional do conhecimento de matriz aristotélico-tomista segundo a qual os sentidos nunca erram em sua apreensão do mundo real (sendo o eventual erro e engano derivados do juízo do senso comum).

Portanto, Galileu realiza uma revisão profunda do conceito de experiência, que se encontra principalmente na obra *Il saggiatore*, especialmente no parágrafo 48 acerca da diferença entre qualidades primárias e secundárias:

> Eu reconheço ser derivada de razões necessárias a concepção da matéria, ou substância corpórea, como finita e figurada, grande ou pequena (quando comparada a outros corpos), localizada neste ou naquele lugar, neste ou naquele tempo, em movimento ou imóvel, tangendo ou não outro corpo, sendo uma coisa, poucas, ou muitas. Por nenhuma operação da imaginação eu posso separar a matéria dessas condições. Mas eu não sinto nenhuma força de necessidade em minha mente que me obrigue a conceber que essa mesma matéria deva ser branca ou vermelha, amarga ou doce, sonora ou muda,

ter cheiro agradável ou desagradável. Essas qualidades não parecem ser condições necessárias da matéria; aliás, parece que elas derivem dos sentidos, e não do discurso racional e da imaginação. Por causa disso, eu penso que esses sabores, odores, cores etc. dependem das partes do corpo sensorial do sujeito em que parecem residir, e não são atributos da matéria por si mesma, mas apenas puros nomes (*ibid.*, p. 219).

Galileu estabelece uma separação radical entre a realidade material e a realidade perceptiva animal: para determinar as propriedades de um objeto externo, é suficiente a referência, pelo intelecto, às propriedades da matéria. Estas e somente elas são as condições necessárias e suficientes para que o objeto possa ser concebido como substância corpórea. As condições de existência das coisas materiais, portanto, coincidem com suas propriedades físico-geométricas. Elas possibilitam conceber o objeto externo para além de suas qualidades sensíveis particulares, ou seja, as qualidades secundárias (cores, sabores, cheiros etc.). Estas são consideradas características do modo de perceber do animal, puras respostas subjetivas às excitações externas, e não condições necessárias inerentes à matéria corpórea.

Modifica-se, assim, profundamente o significado da experiência, que não é mais entendida como transmissão de qualidades (as *species* da teoria do conhecimento aristotélico-tomista) do objeto para a mente, e sim como pressões e choques físicos causados pelo objeto externo sobre a superfície do corpo, sucessivamente traduzidos em seu interno em termos de sensações, ou "afeições" subjetivas. Estas existem somente dentro de nós; fora de nós são "meros nomes". Portanto, as sensações não são mais consideradas qualidades dos objetos, mas puros elementos subjetivos, efeitos internos do animal vivente: não são mais conteúdos objetivos da experiência. Uma consequência importante dessa nova epistemologia é a distinção entre a linguagem objetiva, matemática, do "livro da natureza", apreensível de modo direto pelo conhecimento matemático e geométrico e apto para proporcionar a verdade objetiva e científica, e a linguagem da tradição indireta, oral e escrita, baseada na experiência alheia, que é restrita à dimensão subjetiva e poética. O papel cognitivo dos sentidos deve, assim, ser regulado pelas potências propriamente intelectivas, como o entendimento, o raciocínio e a imaginação. A concepção galileiana de experiência terá enorme influência na maneira com que a psicologia científica tematizará seus objetos.

Segundo Galileu, matemática e geometria potencializam a visão humana, como expresso no texto a seguir:

> Salviati: "Considerando que suponho que a matéria é inalterável, ou seja, sempre a mesma, é evidente que dela, como de toda disposição eterna e necessária, podem produzir-se demonstrações não menos rigorosas que as demonstrações matemáticas".
> Sagredo: "Sinto que minha cabeça gira e que minha mente, como nuvem iluminada repentinamente por um relâmpago, se enche de uma rápida e insólita luz, que se insinua de longe e de imediato confunde e oculta imagens estranhas e indigestas" (Galilei, 1988, p. 31).

Não apenas o entendimento que se pergunta acerca da natureza e busca descobrir sua ordem e o raciocínio que busca encadear os fenômenos em termos de causas e efeitos, mas também a imaginação ocupa uma função relevante no dinamismo do conhecimento humano aplicado à atividade científica. O que se passa na imaginação deve ser apresentado "não como verdade absoluta, mas como uma consideração ainda imatura" que deve ser submetida a "considerações mais cuidadosas" (*ibid.*, p. 24). Por outro lado, ela é importante pelo fato de o cientista estar tratando de realidade muito além do alcance de seu conhecimento já constituído:

> Salviati: "Estamos tratando dos infinitos e dos indivisíveis, aqueles incompreensíveis para o nosso conhecimento finito devido à sua grandeza, e estes, devido à sua pequenez. Apesar disso, vemos que o discurso humano não deixa de tratar dessas questões, de modo que tomo a liberdade de comunicar algumas de minhas fantasias" (*ibid.*, p. 31).

A imaginação permite a invenção de hipóteses ("se imaginássemos que toda aquela água se congelasse repentinamente...", *ibid.*, p. 296) como também de "engenhosos experimentos" ("imaginou para chegar a esse conhecimento o que me parece um engenhoso experimento", *ibid.*, p. 295) e aparelhos. Os experimentos de Galileu, com efeito, são na maioria das vezes imaginários, de modo que o verbo "imaginar" é recorrente em seus escritos: "imaginemos, por exemplo, um daqueles passos..." (*ibid.*, p. 297); "imaginemos que procuramos segurar com uma mão uma bola que desce do alto..." (*ibid.*, p. 302). Mas o conceito imaginado deve ser verificado pela observação experimental: "confirmando-se com isso o observado em vários experimentos" (*ibid.*, p. 305); e essa verificação demanda a prudência: "muitas experiências ensinaram-me quanto é fácil enganar-se e por isso quanto é necessário ser prudente, antes de pronunciar e afirmar decididamente alguma resposta" (*idem*). E, além disso, "onde falta a observação sensível, devemos completá-la com o raciocínio" (*ibid.*, p. 59). O resultado obtido causa "espanto" e "maravilha", em muitos casos sendo "verdadeiramente inesperado" (*ibid.*, p. 296) e proporcionando a vivência da "satisfação" (*ibid.*, p. 57). Em Galileu, essa vivência "manifesta-se como solução de uma tensão intelectual e física, como realização dos *desiderata* da experiência e da pesquisa" (Stabile, 2002, p. 232, trad. nossa) e termina na quietação, no apaziguamento da mente.

A matematização das novas ciências, segundo Galileu, consente uma nova legibilidade do mundo e torna transparente o véu da criação em sua estrutura ordinária quantitativa que por sua vez remete a um princípio único do universo:

> Quanto à verdade que podemos atingir pelas demonstrações matemáticas, ela é a mesma conhecida pela sabedoria divina. Todavia, o modo como Deus conhece as proporções infinitas, que nós conhecemos apenas em parte, é muito mais excelente do que o nosso procedente por discursos e passagens, de conclusão para conclusão, alcançando assim vagarosamente o que Deus conhece por intuição simples (Galilei *apud* Stabile *apud* Veneziani, 2002, p. 219).

Galileu afirma assim continuidade e similaridade entre a atividade científica e a espiritual: "Procedendo igualmente do verbo divino, a Sagrada Escritura e a natureza, aquela como palavra escrita do Espírito Santo e esta como perfeitíssima executora das ordens de Deus" (carta a padre Benedeto Castelli, 1615/1988, p. 19). Pois, "a glória e a grandeza do Sumo Deus admiravelmente se discernem em todas as suas obras e divinamente se leem no livro aberto do céu" (carta a Cristina de Lorena, 1988, p. 62).

Com efeito, a capacidade humana do conhecimento através das potências psíquicas e espirituais é dada ao homem pelo próprio Deus como estrada mestra rumo à verdade. Segundo Galilei, a ciência permite "a investigação das razões de efeitos não somente maravilhosos, mas também ocultos e quase inimagináveis" (Galileu, 1988, p. 9): com base nessas razões, pode-se "afirmar demonstrativamente (a verdade, ndr) e não persuadir com simples considerações meramente prováveis" (*ibid.*, p. 13). O exercício da matemática e da geometria torna mais agudo o engenho humano; ao mesmo tempo, o emprego das potências anímicas e espirituais no esforço de conhecer a realidade permite a descoberta, ou seja, o fazer-se visível do que era invisível: "Descobri muitas particularidades no céu, que tinham permanecido invisíveis até esta época" (carta a Cristina de Lorena, 1988, p. 41).

Para Galileu, o conhecimento é desencadeado por um fenômeno ("efeito") "que há muito tempo mantém o espírito repleto de surpresa e vazio de entendimento" (*ibid.*, p. 22). Diante desse dado desconhecido, o entendimento é impelido para a investigação da causa, sendo que "de um efeito somente uma é a verdadeira e principal causa" (*ibid.*, p. 24). Com efeito, a realidade natural desafia continuamente o homem para conhecê-la, indo além das aparências que por si mesmas não satisfazem sua fome de ver:

> A leitura dos altíssimos conceitos que estão escritos nas páginas do livro aberto do céu não termina apenas no ver o esplendor do Sol e das estrelas e o seu nascer e pôr-se, que é o termo até onde penetram os olhos dos animais e do vulgo. Mas há, aí dentro daquelas páginas, mistérios tão profundos e conceitos

tão sublimes que as vigílias, as fadigas e os estudos de centenas e centenas de agudíssimas inteligências não os penetraram ainda inteiramente com as investigações levadas adiante por milhares e milhares de anos. E, contudo, assim como os olhos dos simples captam no aspecto externo de um corpo humano, é pouquíssima coisa em comparação com os admiráveis artifícios que nele encontra um refinado e diligente anatomista e filósofo, quando anda investigando o uso de tantos músculos, tendões, nervos e ossos, examinando as funções do coração e dos outros membros principais, procurando as sedes das faculdades vitais, observando as maravilhosas estruturas dos órgãos dos sentidos e, sem jamais terminar, admira-se contemplando os recônditos da imaginação, da memória e do discurso; assim também aquilo que o sentido da vista mostra é como um nada em proporção com as profundas maravilhas que, mercê das longas e acuradas observações, o engenho dos inteligentes discerne no céu (carta a Cristina de Lorena, 1988, p. 62).

Diante do mistério da realidade que é um desafio constante à razão humana, a atitude mais sábia é a da humildade, da consciência da própria ignorância e desproporção, como o próprio Galileu destaca, referindo-se ao problema da origem dos sons: "onde adquiriu tanta desconfiança de seu saber que quando alguém lhe perguntava acerca da geração dos sons, ele respondia que conhecia alguns modos, mas estava certo de que poderiam existir centenas de outros modos desconhecidos e inimagináveis" (Galilei *apud* Bersanelli; Gargantini, 2003, p. 30).

O reconhecimento do limite do próprio saber é inerente à atividade científica:

> Em vão tentaríamos investigar a substância das manchas solares; devemos nos limitar ao conhecimento de algumas suas afeições como o lugar, o movimento, a figura, o tamanho etc. [...] Existem depois outros meios para abordar o conhecimento das substâncias naturais, os quais levando-nos para o objetivo último de nossos trabalhos, ou seja, o Amor pelo Divino Artífice, nos mantenham na esperança de poder aprender nele, fonte de luz e de verdade, a verdade inteira (*ogni altro vero*) (*ibid.*, p. 223).

Os aspectos misteriosos da realidade não representam, assim, um bloqueio da razão, mas um sinal de sua abertura sem fim. Sem essa perspectiva, renegar-se-ia a razão na sua essência de exigência de conhecimento da totalidade e, no fundo, a própria possibilidade de conhecimento verdadeiro (Giussani, 2009).

Em suma, na posição de Galileu, encontra-se uma expressão clara da mudança cultural que ocorre entre o Renascimento e o século XVII: se, conforme assinala Battistini (2000), nos séculos XV e XVI prevalecera a ideia de que a verdade se impunha por si mesma ao homem com a potência de sua luz inconfundível, e o homem não poderia se esquivar dessa visão, no século XVII adquire-se a consciência de que a verdade não consegue abrir-se uma via por ela mesma, precisando também da iniciativa pessoal e da determinação do sujeito do conhecimento: a isso se deve o uso reiterado de metáforas voltadas a evidenciar o caminho árduo da investigação científica, como a da caça, da longa viagem, e do cientista como um andarilho.

Galileu compara o estudo de um novo problema ao sair de casa deixando horizontes já conhecidos e corriqueiros. "O conhecimento possui qualidades motoras semelhante a uma viagem, a um peregrino que realiza suas experiências ao longo da estrada" (Battistini, 2000, p. 3). Alimenta-se assim o mito da terra incógnita como consequência da sensação de viver num universo incompleto. Comenta Battistini, parafraseando Galileu:

> para sondar o profundíssimo abismo da natureza, são necessárias vigílias, estudos e suores, mas não é suficiente a fadiga individual para absolver a amplidão da tarefa. Daqui brota o outro imperativo ético da nova ciência, o da solidariedade, da participação dos colegas nas próprias descobertas, segundo uma cooperação interpretativa de quem atua dentro de uma ideia de comunidade cultural (2000, p. 49, trad. nossa).

Nesse sentido, o conhecimento científico não é uma atividade meramente individual, mas implica o convívio e a conversação com os pares, como o próprio Galileu reitera em várias ocasiões em seus escritos: "A conversação com eles ajudou-me muitas vezes na investigação das razões de efeitos não somente maravilhosos, mas também ocultos e quase inimagináveis" (1988a, p. 9); ou: "Graças a esta conversação descubro a causa de um efeito que há muito tempo mantém meu espírito repleto de estupefação e vazio de entendimento" (*ibid.*, p. 21). Esses diálogos clarificadores e desenvolvidos num clima de liberdade intelectual ("tomo a liberdade de comunicar algumas de minhas fantasias", *ibid.*, p. 31) são tidos como preciosos para o desenvolvimento da ciência e mais proveitosos do que a simples leitura dos livros: "Graças a Deus desfrutamos o benefício e o privilégio de falar com os vivos e entre amigos, ainda mais se tratamos de coisas livremente escolhidas e não necessárias, ao invés de tratar com os livros mortos, os quais suscitam mil dúvidas, sem resolver nenhuma" (*ibid.*, p. 31).

Uma nova lógica de colaboração é parte integrante do exercício do método experimental. Para Galileu, a prosa científica é um instrumento importante para essa comunicação, devendo ela proporcionar a "visão", a saber, a evidência científica, aos leitores. A palavra tende a tornar-se imagem. Comenta, a respeito, Jori: "as noções experimentais são comunicadas aos outros pesquisadores com uma certeza tanto mais imediata e segura quanto mais os sinais que a transcrevem conseguem proporcionar o manifestar-se do fenômeno: como se debaixo dos olhos do leitor este acontecesse novamente" (1998, p. 99, trad. nossa). A prosa de Galileu torna-se assim uma referência para todos os autores cientistas, nela realizando-se "uma perfeita fusão entre evidência cognitiva e evidência da linguagem, condição esta necessária para tornar verídica a comunicação das experiências científicas" (*ibid.*, p. 105).

Essa proposição da concepção de ciência de Galileu aponta a falsidade de uma imagem da ciência como atividade neutra, fria e objetiva, imagem comum na cultura contemporânea: nessa imagem, a vivência do cientista parece ter importância mínima. Entende-se que as próprias perguntas que originam a pesquisa devam ficar externas ao âmbito da produção científica, sendo, em certo sentido, irrelevantes para os efeitos logrados. Desse modo, a ciência apresenta-se como uma estrutura auto-consistente e alheia às condições particulares da existência do ser humano que a produz. Trata-se de uma imagem falsa, na verdade fruto da ideologia que se criou por volta da atividade científica a partir do Iluminismo e mais tardiamente no Positivismo. Segundo o historiador da ciência H. Butterfield (1962), essa ideologia não foi elaborada tanto pelos cientistas quanto pelos filósofos iluministas, e, sobretudo, pelos ensaístas e pelos jornalistas. Butterfield cita como exemplo a obra de Bernard Le Bovier B. Fontenelle, autor de um texto de divulgação sobre a nova ciência no século XVIII (*Entretiens sur la pluralitée dês monds,* 1686). Butterfield afirma que, por Fontenelle e os demais escritores desse gênero, os resultados da revolução científica foram sumariamente e rapidamente traduzidos numa concepção de mundo e de conhecimento marcada por um ceticismo de natureza literária que os verdadeiros cientistas teriam repudiado.

Na verdade, conforme afirma Covian, na origem do conhecimento científico está aquela "fome humana de ver" que não se esgota na atividade científica, mas demanda também a "abertura de outras janelas de inteligência" para que "possa satisfazer esta fome" (1977, p. 579). A implicação da inteligência em sua totalidade na atividade científica move do interesse e, portanto, envolve também a dimensão afetiva e volitiva do homem cientista. Com efeito, o cientista, em sua atividade, parte de um interesse (afeto e cognição) que elabora e articula em forma de problema (cognição); escolhe um procedimento de investigação (volição) e, para realizar este percurso, se empenha com a inteligência, mas também com a vontade: toma decisões, realiza sacrifícios, é impulsionado por motivações, tece relacionamentos com outros, assume responsabilidades, vivencia desejos, imprevistos, dramas, erros, experiências de esperança, confiança e fé, e de desânimo e decepção.

Um escrito de 1677, do jesuíta Bartoli, cronista e escritor de ensaios, tematiza a experiência de abertura de horizontes vivenciada pelo homem ocidental e aproxima os dois eventos históricos acima discutidos, ao comparar o estudo e a descoberta das maravilhas da natureza à aventura e aos trabalhos de uma navegação pelo oceano. E, de fato, o uso da analogia entre a aventura do conhecimento e a viagem ou peregrinação é frequente na cultura da época:

> Outras vezes, acontece algo semelhante ao ocorrido aos marinheiros de Colombo, no primeiro descobrimento das Índias Ocidentais: cansados pela navegação ao longo de tantas e tantas semanas sem nunca ver outra coisa a não ser céu e mar, esses marinheiros subiam, ora um, ora outro, no mastro e, olhando para o poente, gritavam: terra, terra! E ouvindo esse anúncio desejadíssimo, os demais ocupantes do navio ficaram numa grande alegria e júbilo. Todavia, a *terra* que avistaram, na realidade, era uma nuvem que despontava ao horizonte. De modo análogo, o cientista muitas vezes acredita ter chegado ao fim do percurso de sua investigação, mas novamente encontra-se no início: tudo o que lhe parecia uma razão evidente não passa de uma aparência! Por causa disso, o pesquisador nunca se deve perder de ânimo, nunca deve perder a esperança, mas enfrentar corajosamente o *mar* e dizer a si mesmo aquelas mesmas palavras que disse Platão, em situação semelhante: é possível que tenhamos que permanecer nadando nas águas da investigação, procurando sair incólumes da controvérsia, na esperança de que haja algum barco ao qual nós nos possamos agarrar, ou que venha ao nosso encontro a revelação de um deus. [...] E, com efeito, somente quem fez experiência dessa espera poderá saber qual seja a experiência do deleite proporcionado pelo encontro com uma verdade procurada longamente e com muita fadiga. Esta verdade ficará muito mais saborosa do que se fosse recebida como dom imediatamente oferecido à nossa mente (*apud* Raimondi, 1965, p. 627-628).

Uma concepção autêntica de ciência, portanto, não é alheia à dimensão pessoal. Sempre pressupõe uma visão de mundo e uma visão de homem. Vivências pessoais, inclusive de natureza psicológica, permeiam a experiência dos cientistas.

Eixo estruturante *A construção do arcabouço conceitual dos saberes psicológicos no âmbito dos conhecimentos especulativos*: a visão filosófica do homem

Ao longo da Idade Média, até os inícios da Moderna, as contribuições acerca da concepção de pessoa e dos métodos para o seu conhecimento foram integradas ao gênero da medicina da alma, de modo tal que o conceito de pessoa veio complementar o conhecimento do homem enquanto parte da natureza (Massimi, 2005; 2005a).

Nessa integração foram mantidas e até realçadas as características específicas da pessoa. De fato, na apropriação original dessa tradição realizada pelos pensadores do humanismo e do Renascimento, os aspectos peculiarmente humanos do entendimento e da liberdade são evidenciados, de modo que o homem, tido como microcosmo, é, porém, diferenciado do cosmo por causa dessas duas potências. Daremos alguns exemplos a seguir.

Giovanni Pico della Mirandola

Biografia

Giovanni nasceu no castelo do Condado de Mirandola, perto de Módena, na Itália, em 24 de fevereiro de 1463. Morreu ainda jovem, com apenas 31 anos de idade, em 1494. Filho de família abastada e nobre, dedicou-se inteiramente aos estudos, frequentando os melhores centros de cultura erudita da época. Tornou-se uma das expressões mais genuínas do humanismo cristão. Sua vastíssima erudição abarcara todas as áreas do saber em voga. Em particular, notabilizou-se pelo conhecimento das línguas.

Na *Oratio de hominis dignitate* (1486), ele enfatiza a diferença entre o ser humano e os demais seres da natureza e afirma que a dignidade humana está no seu fazer-se, que não é predeterminado por Deus nem pela realidade externa, mas sempre aberto às novas possibilidades criadoras. O homem — vontade e conhecimento — é aberto ao mundo, sem identificar-se com ele. A abertura para a totalidade do cosmo inclui, ao mesmo tempo, a faculdade de não permanecer amarrado a nenhuma de suas partes. Para comprovar sua teoria, Pico recorre a pensadores das tradições culturais oriental e ocidental, tais como autores persas, Davi, Moisés, Platão (no diálogo *Timeu*), os pitagóricos, Maomé, os cabalistas, Zoroastro, São Paulo e Santo Agostinho, nesse sincretismo cultural que caracteriza não somente a filosofia de Pico, mas de modo geral do humanismo, conforme ao ideal universalista de que nas artes, nas letras e na filosofia deve-se atingir a proporção, a concórdia e a paz entre todos os sistemas de pensamento.

O *Discurso* é, talvez, a obra mais famosa da literatura filosófica do primeiro Renascimento, e exerceu impacto decisivo sobre o desenvolvimento do individualismo que caracterizou o movimento humanista em sua acepção mais ampla. Com efeito, segundo Cesare Vasoli (1988), o humanismo não deve ser considerado simplesmente um movimento retórico e literário. Através da crítica filológica das fontes, os humanistas trazem à tona o conteúdo literal das obras da Antiguidade, clássica e cristã, purificadas das interpretações da tradição medieval aristotélico-tomista, estimulando uma nova compreensão dos textos antigos. Essa nova apropriação das ideias de filósofos gregos e latinos é centrada não mais na metafísica, mas sim na ética e na política, ou seja, nos interesses práticos da existência imediata e em sua atuação direta no mundo e na sociedade. Retomam, por exemplo, o conceito ciceroniano de *Sapientia*, que abordamos anteriormente. Segundo os humanistas, a suprema nobreza do homem como criação divina se realiza pelo cultivo das *humanae litterae*, por meio das quais o homem atinge sua perfeição. O texto de Ficino expressa essa concepção.

Nicolau de Cusa

Biografia

Nicolau de Cusa (1401-1464) formou-se em filosofia, direito e teologia em Heidelberg, Pádua e Colônia. Em 1450, foi ordenado cardeal. Após seus anos de estudo, deixou a universidade para desenvolver livremente seu pensamento eclético. Em 1433, redigiu a obra *De concordantia catholica*, na qual elabora a concepção de ecumenismo religioso. Alguns anos mais tarde, no Concílio de Florença, concentrou seus esforços na união entre a Igreja Romana e a Igreja Grega, e em 1450 e 1452, na Alemanha, trabalhou pela reconciliação dos hussitas com a Igreja. Em sua obra *De pace fidei*, pensou num cristianismo universal, que harmonizasse cristãos, judeus, turcos e hindus.

Nicolau de Cusa, ao centrar sua teologia na figura de Cristo, propõe uma dignificação do homem: através de Cristo, o Deus feito homem, a humanidade participa diretamente da divindade. Todo sentimento religioso do homem é concebido como impulso inerente da alma em direção a Deus: a religiosidade brotaria então de um núcleo interior à alma. A relação do homem com Deus não se daria tanto no sentimento ou na contemplação mística quanto no intelecto, pela *visão intelectual*, ato único e espontâneo do espírito.

Leitor de Aristóteles nas versões escolásticas e nas humanistas, como também dos textos platônicos antes de Ficino e dos escritos de Santo Agostinho, entre outros, Nicolau de Cusa adere ao platonismo. No que diz respeito à concepção de homem, sua filosofia reafirma a concepção platônica do homem como ser dotado de alma sensível e inteligível, partícipe do mundo efêmero da matéria e do mundo divino e eterno das ideias.

Marsílio Ficino

Biografia

Marsílio Ficino (1433-1499), médico e filósofo, seguidor de Platão, desde sua juventude cultivou a amizade com a poderosa família florentina dos Médici, que lhe deu incentivo e apoio para os seus estudos e a possibilidade de fundar uma Academia platônica na cidade de Careggi, perto de Florença. Traduziu Platão e Plotino. Ordenado sacerdote em 1473, graças aos estudos na área da astrologia e da magia, foi acusado de heresia, tendo que escrever uma apologia em sua própria defesa. Após a morte de Lourenço de Médici, a mudança do clima florentino e a difusão do movimento religioso rigorista de Girolamo Savonarola aborreceu Ficino, que se retirou em Careggi, onde permaneceu até a morte.

Segundo Vasoli, Marsílio Ficino é um novo tipo de filósofo que se distancia da imagem tradicional do intelectual tardo-medieval ligado à docência universitária e conhecedor dos textos e das tradições exegéticas, a serem utilizados nas aulas. Ficino lecionou na universidade por breve tempo e ao longo da vida atuou principalmente como médico e sacerdote e criador e diretor da Academia platônica, que reunia um grupo de admiradores de Platão. Vários textos de Ficino escritos não na língua latina dos eruditos, e sim em idioma italiano, revelam o objetivo de destinar sua filosofia não apenas à elite intelectual das universidades, mas sobretudo a grupos sociais das classes emergentes, como mercadores, políticos, artistas, de modo a proporcionar uma difusão mais ampla e popular desses saberes.

No que diz respeito à visão de homem, Marsílio Ficino assinala a sua centralidade no universo. Afirma que a liberdade humana consiste no poder de escolha, conferido pela razão, do lugar que ele mesmo quer ocupar na ordem hierárquica da realidade. No livro XIII de sua obra principal, a *Theologia platonica*, tematiza que o homem, mesmo que submetido à tríplice ordem da providência, do destino e da natureza, pode, pela razão, escolher submeter-se a uma ou a outra dessas ordens (Kristeller, 1996). A *Theologia platônica*, escrita entre 1469 e 1474, tem como tema central a imortalidade da alma e a ascensão do espírito humano rumo à transcendência divina. Na perspectiva do neoplatonismo, o cosmos é ordenado conforme uma hierarquia que tem em Deus seu grau mais alto de perfeição e se organiza nos degraus superiores das esferas celestes das almas e dos anjos, passando pelas diferentes espécies de plantas e animais até chegar aos degraus inferiores da matéria informe. Ficino repropõe essa concepção, mas em sua hierarquia se distingue da tradição, por colocar o homem ao centro, entre todas as coisas criadas, como ponto médio entre os seres mais baixos e os seres mais altos. O amor pela beleza e pela bondade divinas leva o ser humano à união com Deus e à sua meta principal, ou seja, a imortalidade.

A ascensão da alma humana, nessa perspectiva, insufla vida ao cosmos, realiza sua unidade dinâmica na diversidade de elementos que o compõem, evidenciando, assim, sua perfeição, sua beleza e harmonia e, enfim, sua origem divina. A possibilidade de imortalidade do cosmos de Ficino depende da imortalidade da alma humana em sua união direta com Deus: se a alma perece, também perece toda a ordem do universo. A ligação do homem com o cosmo é tematizada por Ficino recorrendo também às concepções mágicas: o mundo, ou *machina mundi*, é animado pelo *spiritus mundi*, que pode ser conhecido pelo pensamento humano, através da iluminação imaginativa (*spiritus* e *fantasi*a), racional (*ratio*) e intelectual (*mens*). Percorrendo esse itinerário, o homem chega à autoconsciência de sua própria imortalidade, tornando-se semelhante a Deus. Em sua ação (na arte, na técnica, na filosofia, na religião), o homem assim endeusado revela sinais da presença divina, da *mens* infinita. Portanto, Ficino ressalta a importância da vida espiritual, ou contemplativa, o meio por excelência da ascensão do espírito. De acordo com o filósofo, o homem deve conduzir sua vida concentrado em sua substância interior, purificando o espírito das coisas externas. Dessa forma alcança o conhecimento mais alto, chegando ao ser incorpóreo e inteligível, preparando-se para o estágio último e meta de sua existência, que é o conhecimento e visão imediata de Deus. Desse modo, Ficino exalta a importância do homem no universo.

A contribuição do saber médico de Ficino à história dos saberes psicológicos será abordada em outro item.

Em suma, a contribuição da filosofia humanista à história dos saberes psicológicos consiste em assinalar a centralidade do ser humano no mundo e sua capacidade de determinar seu curso a partir do movimento de sua vida interior.

A *scientia de anima* dos jesuítas

A importância da contribuição da Companhia de Jesus fundada no século XVI por Inácio de Loyola na elaboração do saber e da ciência ocidentais tem sido recentemente apontada por vários estudiosos. A historiografia da ciência e da pedagogia jesuítica constitui hoje uma área muito importante de atuação dos historiadores da ciência e da cultura (Andrade, 1981; Caeiro, 1982, 1989; Giard, 1995; Giard e Vaucelles, 1996; Maravall, 1997; Rodrigues, 1985).

A psicologia filosófica foi elaborada pelos pensadores da Companhia, em obras cuja influência no contexto luso-brasileiro foi marcante: trata-se dos assim chamados tratados *Conimbricenses*, redigidos pelos professores do Colégio das Artes da Companhia em Coimbra, e que, posteriormente, foram utilizados para os estudos filosóficos nos colégios da Companhia no Brasil (Barreto, 1983; Caeiro, 1982; Martins, 1989; Santos, 1955; Tavares, 1948). Os tratados são comentários das obras aristotélicas. No caso do estudo psicológico, trata-se dos seguintes textos: o comentário ao tratado *De anima* (*Sobre a alma*, Góis, 1602), o comentário ao tratado *Parva naturalia* (*Pequenas coisas naturais*, Góis, 1593a), o comentário ao tratado *Ética a Nicômaco* (Góis, 1593b), o comentário ao *De generatione et corruptione* (*Sobre a geração e a corrupção*, Góis, 1607). No âmbito dos referidos textos — todos redigidos em idioma latino — evidenciaram-se os principais conceitos referentes ao conhecimento psicológico.

Algumas teses fundamentais referentes à definição aristotélico-tomista da alma humana constituem os alicerces do saber proposto, buscando investigar a natureza dos fenômenos do psiquismo humano. Em primeiro lugar, destaca-se a definição de alma como ato primeiro substancial do corpo, forma do corpo e princípio da nossa atividade, definição essa que remonta à doutrina aristotélica clássica, abordada no capítulo primeiro deste livro. De derivação aristotélica é também a classificação das potências anímicas em potência vegetativa, sensitiva (a saber, a capacidade sensorial proporcionada pelos sentidos internos e externos), locomotora, apetitiva (sensitiva e intelectiva), cogitativa ou estimativa, e potência intelectiva (intuitiva e abstrativa). A reproposição da psicologia aristotélica pelos jesuítas passa pela interpretação que dela foi realizada por Tomás de Aquino, já descrita neste livro. Todavia, para além da continuidade com essa tradição filosófica medieval, os pensadores jesuítas de Coimbra sofrem a influência das mudanças culturais que marcam o período humanista e Renascentista ao qual pertencem. Deve-se a tal influência, por exemplo, o fato de que, na discussão dos *Conimbricenses*, as teses e as questões referentes à dinâmica das potências psicológicas sejam enfrentadas inclusive no plano do comportamento humano, acarretando a interseção entre os domínios da psicologia e da ética. O humanismo e sobretudo a Renascença — devido à ênfase na visão do homem como *fazedor de si mesmo* (Cassirer, 1977; Garin, 1995) — revisitaram o pensamento ético de Aristóteles, sendo por isso que a *Ética a Nicômaco* (Aristóteles, 1996) foi um dos livros mais lidos e interpretados pelos pensadores desse período, inclusive pelos intelectuais da Companhia de Jesus.

A dinâmica psíquica que dá origem às ações humanas é a resultante da interseção e interação entre a vontade (apetite intelectivo), o intelecto e o apetite sensitivo (emoções e instintos). O elemento básico é a noção de apetite, que — na tradição do aristotelismo — consiste na apetição, ou seja, na inclinação de todas as coisas para o bem. Distingue-se entre o apetite inato e o apetite aprendido (elícito) — pois a ênfase na formação do homem pela educação própria dos séculos XV e XVI ressalta a importância da aprendizagem. O apetite inato distingue-se em natural sensitivo (concupiscência) e natural intelectivo (vontade). O apetite sensitivo tem sua localização orgânica no coração. Na esteira do pensamento da época, os *Conimbricenses* supõem que haja uma relação de dependência entre as demais potências da alma e a vontade, e por isso detêm-se na análise da dinâmica pela qual a vontade move as demais potências. Outro elemento inerente à cultura da época e presente nos *Conimbricenses* é a grande importância atribuída aos estados da alma definidos como *paixões*, e que na linguagem da psicologia moderna correspondem às emoções ou sentimentos. As paixões são entendidas como movimentos do apetite sensitivo, provenientes da apreensão do bem ou do mal, acarretando algum tipo de mutação não natural do corpo. Nesse sentido, elas dependeriam sempre de uma representação que o intelecto faz de algum objeto julgado como bom ou mau. As paixões são classificadas na base de uma distinção intrínseca do apetite sensitivo, em *concupiscível* e *irascível*. No primeiro caso, o desejo mobiliza-se na direção do bem reconhecido como tal, no segundo caso, busca a apreensão de um bem árduo.

Os *Conimbricenses* aprofundam especialmente a questão das relações entre as paixões e o intelecto. Discutem a contraposição das teses estoicas e das teses aristotélico-tomistas a respeito desse tópico, contraposição essa que originara um significativo debate no contexto cultural da época. Divergindo da posição estoica que, como vimos, considera paixões como fenômenos nocivos à saúde psíquica e física do ser humano, propondo que sejam extirpadas enquanto doenças do ânimo e vícios morais, os filósofos jesuítas reafirmaram a função positiva das paixões — já conclamada por Aristóteles e Tomás. Com efeito, se forem *ordenadas pela razão*, as paixões colaboram à sobrevivência do homem e, além do mais, ajudam-no a alcançar a virtude. As paixões podem ser definidas como doenças ou distúrbios do ânimo apenas enquanto se afastam da regra e moderação da razão.

Os *Conimbricenses* atribuem grande importância também às questões acerca dos correlatos fisiológicos e biológicos da dinâmica das paixões, tais como as relações entre a tristeza, o sono e os sonhos; as relações entre os sonhos e as paixões; as relações entre as paixões, o sistema cárdio-vascular e a respiração; as relações entre as paixões e a constituição psicossomática dos indivíduos (temperamento); as relações entre as paixões e as diversas idades da vida. Afirmam os efeitos benéficos do sono no controle das paixões. Discutem os casos de óbitos ou de doenças induzidas por paixões de excessiva intensidade (especialmente os excessos na ira, no medo, na tristeza, ou na alegria). Analisam os efeitos somáticos de algumas paixões, tais como o empalidecer e o tremor induzidos pelo medo, a sede e o arrepio de cabelos em decorrência do medo; as relações complementares entre diversas paixões (por exemplo, entre a ira, a tristeza, a dor e o prazer) e os nexos entre o amor e a loucura.

Numa avaliação de conjunto, pode-se dizer que a psicologia dos *Conimbrisences* é doutrina de cunho aristotélico-tomista, apesar de receber influências do platonismo e do estoicismo — conforme a reproposição que a cultura renascentista fez dessas correntes filosóficas. Além do mais, os autores são abertos a uma vasta gama de influências, algumas próprias da tradição filosófica anterior, outras características do contexto intelectual do humanismo e da Renascença, influências essas de teor mais propriamente filosófico, mas também médico ou de outras áreas da "filosofia natural". Cita-se, repetidamente, entre outros, Marsílio Ficino, Pico della Mirandola, Niccoló Pomponazzi e o médico Vesalio. Desse modo, a análise dos comentários das obras psicológicas aristotélicas, das questões colocadas, das soluções apresentadas, refutadas ou aceitas, permite conhecer o panorama amplo da época no que diz respeito à sua visão antropológica e psicológica. Especialmente, permite-nos entender os problemas, as soluções, os temas e os conceitos, os métodos de conhecimento, que na época eram considerados componentes essenciais do domínio definido como estudo da *anima*.

Nessa perspectiva, fica evidente que a psicologia dos *Conimbricenses* — mesmo não apresentando características totalmente originais (pois se conforma à tradição dos *antigos* no que diz respeito à sua estrutura teórica) — é expressiva da posição cultural da nascente Modernidade. Sobretudo, são significativos os recortes que os tratados aplicam nesse domínio de conhecimento — apontando para questões e privilegiando ou inventando soluções sugeridas pelos interesses e preocupações específicos da época. Não é casual, por exemplo, o grande espaço dedicado no *Comentário ao De anima* (Góis, 1602), à questão das diferenças individuais quanto à alma humana. Esse tema, já abordado por Tomás de Aquino na *Suma teológica* (1980) e interpretado pelos filósofos peripatéticos de diferentes maneiras, é tratado com grande ênfase pelo autor jesuíta do *Comentário*, o professor Manuel de Góis, no capítulo referente às qualidades da alma. Aqui, afirma-se com firmeza que, no que diz respeito à alma e às suas potências, os homens de todas as raças e de todos os tempos são iguais. A deficiência ou a perfeição quanto às operações da mesma potência não devem ser atribuídas à menor ou maior perfeição da potência, e sim ao defeito ou à perfeição do órgão empregado (Góis, 1602). Toda desigualdade que existe de indivíduo para indivíduo, no que diz respeito à inteligência, provém somente da desigualdade de constituição dos corpos individuais. A importância da discussão fica clara ao considerarmos o debate travado por teólogos e filósofos católicos contemporâneos, especialmente na área ibérica, acerca da humanidade dos povos ameríndios (Hanke, 1985). Um exemplo disso, no âmbito jesuítico, encontra-se no *Diálogo acerca da conversão do gentio*, elaborado por Manoel da Nóbrega (1988) no Brasil em meados do século XVI, em que se discute a questão da evangelização do índio brasileiro. Esse documento, um entre muitos, evidencia a importância de uma atenta leitura dos tratados *Conimbricenses*, sobremaneira densos de assuntos importantes para o período em que foram elaborados (e não simples repetição da teoria aristotélico-tomista medieval). Considerando também a difusão dos colégios jesuítas na Europa (Giárd, 1995) e também nos Novos Mundos, incluindo o Brasil, devemos também levar em conta que esses tratados constituíram material didático para o ensino de filosofia nessas instituições. Dentre os leitores dos tratados, destaca-se R. Descartes quando aluno do colégio jesuíta de La Flèche. Sintetizando, podemos dizer que a contribuição mais importante dos referidos tratados para a história dos saberes psicológicos é ter proporcionado uma visão do recorte que o saber jesuítico, em seu tempo, opera no que diz respeito à psicologia filosófica de tradição aristotélico-tomista, à luz dos problemas contemporâneos e, sobretudo, da revolução produzida no âmbito do conhecimento pela descoberta de Novos Mundos, de novos homens, novos povos e formas sociais.

A Dignidade do Homem, Pico da Mirandola

Mas que condição seja essa, ouvi-a, Senhores, com benigna atenção e queiram vossas condescendências acolher este nosso empreendimento.
Já o Supremo Arquiteto e Pai Deus tinha construído, com as leis de sua arcana sabedoria, essa moradia terrestre da divindade, esse augustíssimo templo que, ora, contemplamos; havia decorado a região supraceleste com espíritos, fizera habitar nos orbes etéreos as almas imortais; povoara as zonas excretórias e feculentas do mundo inferior com toda espécie de animais. Não obstante tudo isso, ao término do seu labor, desejava o Artífice que existisse alguém capaz de compreender o sentido de tão grande obra, que amasse sua beleza e lhe contemplasse a grandiosidade. Por conseguinte, ao fim e ao cabo de toda obra, (como, aliás, atestam Moisés e Timeu) (ndr 4. Gênesis, II, 1 e esq.: Plat. *Timeu*, 41-b), pensou, por derradeiro, no homem. Todavia, já não existia mais nos arquétipos um modelo por onde copiar alguma nova progênie como também se tinham esgotado os tesouros a serem legados ao novel do filho como herança, sendo que também não se deparava com um lugar sequer em todo o universo, onde este, o contemplador do cosmo, pudesse tomar assento. Todo o espaço estava ocupado; tudo fora distribuído e ordenado em graduações sumas, medianas e ínfimas. Mas não teria sido consentâneo com a potência paterna se, na última de suas produções, viesse a falhar por exaurimento; não seria, outrossim, adequado à sabedoria hesitar por carência de expediente em momento de necessidade; nem conviria ao Amor prodigalizante que, quantos o haveriam de louvar por sua divina liberalidade em

relação às outras criaturas, bem eles tivessem que lamentar no tocante a si próprios.

Decretou então o ótimo Artífice que àquele ao qual nada de próprio pudera dar, tivesse como privativo tudo quanto fora partilhado por cada um dos demais. Assim, pois, tomou o homem essa obra de tipo indefinido, e tendo-o colocado no centro do universo, falou-lhe nestes termos: "A ti, ó Adão, não te temos dado nem uma sede determinada, nem um aspecto peculiar, nem um múnus singular precisamente para que o lugar, a imagem e as tarefas que reclamas para ti, tudo isso tenhas e realizes, mas pelo mérito de tua vontade e livre consentimento. As outras criaturas já foram prefixadas em sua constituição pelas leis por nós instituídas. Tu, porém, não estás coarctado por amarra nenhuma. Antes, pela decisão do arbítrio, em cujas mãos te depositei, hás de determinar a tua complexão moral. Eu te coloquei no centro do mundo, a fim de poderes inspecionar, daí, de todos os lados, da maneira mais cômoda, tudo que existe. Não te fizemos nem celeste, nem terreno, mortal ou imortal, de todo modo que assim, tu, por ti mesmo, qual modelador e escultor da própria imagem, segundo tua preferência e, por conseguinte, para tua glória, possa retratar a forma que gostarias de ostentar. Poderás descer ao nível dos seres baixos e embrutecidos; poderás, ao invés, por livre escolha de tua alma, subir aos patamares superiores que são divinos (Mirandola, s/d, p. 15-16).

Eixo estruturante *O equilíbrio e o desequilíbrio psíquico na perspectiva psicossomática da medicina da alma*

1) O termo psicologia: origens e história

Marcus Marulus (1450-1524), escritor humanista do século XVI, é autor do primeiro texto até hoje conhecido na cultura ocidental que utiliza a palavra *"psychologia"* em sua forma moderna. O estudo da produção literária de Marcus Marulus, preservada e encontrada em algumas bibliotecas, permite compreender as ideias psicológicas nela contidas; importante é também a leitura e análise crítica do manuscrito *De animorum medicamentis* (1491), cujo autor, Tideo Acciarini, foi mestre do já citado Marcus Marulus.

Num artigo publicado na revista italiana *Storia e Critica della Psicologia* (Brozek & Massimi, 1981), foram expostos os primeiros resultados obtidos quanto ao conhecimento da obra de Marulus e de sua formação. Pela análise do contexto cultural no qual Marulus viveu e pelo estudo das demais obras do autor conservadas até hoje, levantou-se a hipótese de que o título *Psychologia, de Ratione Animae Humanae* — cujo manuscrito foi destruído num incêncio —, denominasse um tratado acerca da "vida moral" do homem, visando objetivos ético-pedagógicos e tendo um enfoque humanista e cristão. Com efeito, a preocupação fundamental do autor, em todos os seus textos, é a de propor os alicerces de uma "vida boa e feliz". Tratar-se-ia, então, de uma *psychologia* prática mais do que de uma reflexão metafísica acerca da natureza da alma humana.

A leitura da obra de Acciarini, mestre de Marulus, à luz do contexto cultural do humanismo italiano do século XV, nos possibilita compreender a significação dos "remédios para os ânimos", na visão desse autor e da cultura e sociedade de seu tempo. Com efeito, o *De animorum medicamentis* se insere na tradição dos tratados ético-pedagógicos da cultura humanista, tais como *I libri della famiglia* (1434), de Leon Battista Alberti, o *Tractatus de liberorum educatione* (1442), de Aeneas Sylvius Piccolomini, o *De educatione liberorum et eorum claris moribus* (1444), de Maffeo Vegio da Lodi e o *De ingenuis moribus et liberalibus adolescentiae studiis* (1400-1402), de Pier Paolo Vergerio. Se for comparado com esses escritos mais famosos, o livro de Acciarini não apresenta marcos particularmente originais.

Relevante e nova é, porém, a ênfase no objetivo: conforme a declaração do autor nas primeiras páginas do texto, o "ânimo" é considerado a essência do ser humano, fundamento também da convivência humana e da sociedade civil. Por isso, fazem-se necessárias a educação e as terapias do ânimo, entendidas como processos de cura e correção, consolidação e modificação do indivíduo tendo em vista os ideais pessoais e sociais, reflexão sobre si mesmo, atuação política e discurso público. Com efeito, uma vez definido o conceito de "ânimo", Acciarini fornece uma longa descrição dos "remédios", ou receitas, úteis para alcançar a felicidade: trata-se de métodos para o cultivo do ânimo e do corpo, para a correção dos vícios e para a direção da convivência social e da vida política. A felicidade ou perfeição do ânimo coincide, para o autor, com o verdadeiro poder do homem, ou seja, com a capacidade de domínio de si mesmo, da natureza e dos outros seres humanos. O tratado é, então, significativo do ponto de vista da visão da subjetividade humana na perspectiva do humanismo: essa subjetividade, que vem a ser considerada o centro da vida cultural e social, realiza-se por meio da ação e do convívio social e, de qualquer forma, deve ser educada para atingir sua realização.

Possivelmente, pode-se considerar o *De animorum medicamentis* como parte da longa tradição da "medicina da alma", enriquecida pelos receituários e pelos "jardins da saúde" medievais. Esta tradição no humanismo e no Renascimento constitui quase um gênero específico de produção cultural, nascido na interseção entre a filosofia, a medicina e a teologia moral. Trata-se, a nosso ver, do primeiro esboço de um tipo de conhecimento psicológico de natureza teórico-prática que será retomado no século XVII pelos teólogos protestantes, por um lado, e pelos moralistas católicos, por outro (notadamente nos sermões e manuais ou tratados para os confessores). Nos séculos XVIII e XIX, será a medicina a reivindicar para si esse campo de conhecimentos, em chave secularizada: nascerá assim a medicina moral, ou filosófica, origem da psiquiatria moderna.

Após Marulus, outros autores passaram a utilizar a palavra "psicologia" em seus textos: entre eles, o teólogo e filósofo luterano Ph. Melanchthon (1497-1560), em seu comentário ao aristotélico *De anima*.

O uso do termo cresceu na filosofia moderna, passando a significar a parte da filosofia que se ocupava do estudo da alma, e se diversificando em psicologia racional e psicologia empírica. A primeira se ocupava das questões metafísicas da alma (sua origem, destino, natureza e qualidades); a segunda dissertava sobre as potências da alma e suas operações (que também eram chamadas respectivamente de faculdades e fenômenos psíquicos). Essa terminologia era normalmente usada na filosofia do século XVIII e XIX, inclusive no Brasil. Um exemplo, entre outros: o médico e filósofo baiano Eduardo Ferreira França, em seu *Investigações de psicologia* (1854), divide o texto em duas partes, a psicologia racional e a empírica. A psicologia empírica se ocupa do estudo dos fenômenos; é dela que os novos psicólogos do século XIX vão retirar todo o arcabouço conceitual. No século XIX, o termo psicólogo começa a ser usado para definir o filósofo que se ocupa da psicologia.

2) Interpretações da teoria dos temperamentos no universo cultural humanista e renascentista

Astros, humores e temperamentos: Marsílio Ficino

No período humanista e renascentista, a medicina continua sendo predominantemente moldada pela teoria humoralista. No fim da Idade Média e, sobretudo, no período da Renascença, uma mudança muito significativa da teoria humoralista foi provocada pela ênfase em noções derivadas da astrologia e da magia em decorrência da retomada da herança cultural do Oriente e de sua composição com a visão platônica do homem como microcosmo. Os médicos medievais Pietro de Abano (1280-1315), Arnaldo de Villanova (1225-1311) e Antonio Guainerio (?-1445) utilizavam-se da astrologia para fazer seus diagnósticos médicos.

O maior expoente dessa posição no século XVI é o médico e filósofo italiano Marsílio Ficino (1433-1499), já citado: segundo ele, as influências astrais tornam-se determinantes sobre a complexão psicossomática do corpo humano. Com efeito, o momento da encarnação da alma no corpo é uma circunstância governada por uma específica constelação astral. Esta infundiria na alma individual suas específicas características e aptidões.

A obra *De vita* (1480-1489/1995), de Ficino, pretende sintetizar a medicina da alma platônica com a medicina do corpo galênica, com base na concepção unitária da pessoa humana e de sua plena inserção no cosmo. Ficino assume como ponto de partida para a construção do dinamismo humano o conceito galênico de espírito: originalmente, espírito vital formado no coração e nas artérias pela fusão entre o ar inspirado pelos pulmões e o sangue produzido no fígado; uma vez dentro dos ventrículos do cérebro e mesclado com o ar inspirado pelas narinas, é transformado em espírito psíquico. A função do espírito é transmitir a vida e presidir a atividade intelectual, a eficácia de sua ação dependendo do processo de sua formação, da qualidade do sangue e dos órgãos implicados. Não há, portanto, solução de continuidade entre atividades espirituais e complexão orgânica. De modo que cuidado do corpo e cuidado da alma aproximam-se no interesse comum do bem estar integral da pessoa.

A introdução da teoria humoralista é realizada por Ficino, ao discutir as correlações entre melancolia e atividade intelectual. Já vimos como a teoria humoralista desde suas origens considerou o homem como microcosmo. Devemos lembrar também que a interpretação dela dada pelos pensadores árabes do século IX estabelecera a correlação entre os quatro humores (bílis negra, sangue, bílis amarela, fleuma), os quatro temperamentos (melancólico, sanguíneo, colérico, fleumático) e os quatro planetas (Saturno, Júpiter, Marte e Vênus, ou Lua). Essa correlação foi assumida e reinterpretada também pelos filósofos estoicos, que afirmavam a existência de uma única lei ordenadora do universo inteiro. Ficino apresenta nove grandes guias (celestes, anímicos e terrenos) da vida humana: três planetas (Mercúrio, Apolo e Vênus); três potências anímicas (a vontade, o engenho e a memória); três figuras (pai, preceptor e médico), e coloca-se nessa última enquanto autor do *De vita*. Por esse motivo, no tratado, ele recorre à teoria humoralista para dar dicas aos intelectuais acerca da melhor preservação das qualidades psicossomáticas, tendo em vista realizar o trabalho intelectual.

Sendo o espírito, como já vimos, o instrumento principal desse trabalho, e sendo este um vapor do sangue gerado pelo calor do coração e transmitido ao cérebro, ele move os sentidos externos e internos. Portanto, a presença no organismo da fleuma e da bílis preta deve ser cuidadosamente controlada, pois a primeira enfraquece e sufoca o engenho, e a segunda, se for excessiva quantitativamente, atormenta o ânimo com inquietações e delírios, deteriorando a capacidade de juízo. As causas do temperamento melancólico são de diversas naturezas: celeste (por depender do influxo dos planetas Mercúrio e Saturno); natural (por ser a concentração uma qualidade própria da bílis preta); e humana (pelos hábitos influírem sobre o estado do corpo). O hábito do trabalho intelectual resseca o cérebro e também extingue seu calor; além disso, os espíritos que nele residem, agitados pela constante atividade intelectual, se dissolvem e dispersam, exigindo-se do sangue novamente produzi-los, o que também torna o sangue seco e preto. Além do mais, o sujeito todo entretido na produção intelectual descuida do estômago e do fígado e dos exercícios físicos necessários ao corpo. Desse modo, o equilíbrio entre humores e atividade espiritual é o que permite uma vida saudável.

A teoria de Ficino teve grande influência no meio cultural da época, inclusive no ambiente artístico. O exemplo mais conhecido é o do artista alemão A. Dürer (1471-1528). Além da famosa incisão "Melancolia I", de 1514 (tema do já citado livro de Klibanski, Panofsky, Saxl, 1983), Dürer, que parece ele mesmo ter sofrido pelos excessos do humor melancólico, utilizou-se da teoria dos temperamentos para caracterizar retratos em várias obras: entre elas, o retrato dos quatro apóstolos, de 1526, considerado seu testamento espiritual. Pedro, idoso, é caracterizado como fleumático; o jovem João é retratado com os traços do sanguíneo; Paulo é o melancólico, e Marcos tem as características do colérico. O objetivo da obra é evidenciar que, apesar de marcados por essas diferenças, os apóstolos possuem concórdia de intentos, ou seja, são membros do corpo eclesial.

Os quatro apóstolos. Albrecht Durer (1526).
Alte Pinakothek, Munique, Alemanha.

Outra influência da doutrina ficiniana acerca da melancolia deu-se no âmbito da literatura, especialmente na poesia, em que o termo melancolia passou a significar não mais uma disposição fisiológica e patológica, e sim um estado de ânimo temporário que poderia ser atribuído aos indivíduos, mas também ao ambiente natural (paisagem melancólica, luz melancólica etc.).

Nos inícios da Idade Moderna, o estado melancólico passou a significar o sentimento de si mesmo, moldado por uma experiência contraditória entre a busca da felicidade e plena realização, e o infinito da grandeza, de um lado, e a percepção da própria fragilidade, de outro.

Regras e receituários para o bem viver

A difusão e o emprego da teoria humoralista no Ocidente humanista e renascentista é documentado por uma série de fontes em que a teoria é usada para definir o estado psicossomático saudável necessário ao bom governo de si mesmo e dos outros.

As fontes são: textos elaborados por médicos e destinados à leitura e consulta popular, escritos de artistas nos quais a teoria é empregada para a elaboração de traços fisionômicos em suas obras pictóricas; pequenos livros sugerindo receitas para curas e cuidados de diversos tipos, tais como os remédios para o amor ou conselhos para ter uma boa velhice; discussões acerca da relação entre temperamentos e traços somáticos nas obras da arte fisionômica; escritos de aconselhamento espiritual baseados no tradicional paralelo entre medicina do corpo e medicina do espírito; ensaios sobre fenômenos específicos como os sonhos, nos quais a teoria humoralista é empregada como arcabouço explicativo.

O recurso aos conceitos de temperamentos e humores é utilizado nesse contexto, tendo em vista evidenciar as diferenças individuais e sua importância num período histórico em que a categoria de indivíduo adquire especial relevo.

Proporemos a seguir alguns exemplos dessa literatura.

Tesoro della sanitá nel quale si insegna il modo di conservare la sanitá e di prolongare la vita (1586) [Tesouro da saúde em que se ensina o modo de conservar a saúde e de prolongar a vida], do médico, botânico e poeta italiano Castore Durando de Gualdo (1529-1590), é um tratado com várias edições, na época bastante difundido na Itália e na Europa, destinado à leitura e uso das famílias, dando inclusive sugestões dietéticas e normas para o bem viver.

A teoria humoralista é o arcabouço conceitual da obra. Por exemplo, Durando coloca a necessidade da quietude, sobretudo em determinados momentos do dia, tais como o período pós refeições, tanto para o bem-estar do corpo como para a saúde do ânimo, mas em graus diferentes, conforme os diversos temperamentos: com efeito, aos fleumáticos, cuja compleição é fria e úmida, é mais conveniente o movimento; mas aos coléricos, de compleição quente, é mais conveniente a quietude. Da mesma forma, o sono é recomendado em quantidade diferente conforme o temperamento do sujeito: se for fleumático, como o sono gera excesso de fleuma, recomenda-se não exceder nessa atividade; ao passo que os temperamentos quentes podem aumentar em demasiado seu calor pelas vigílias prolongadas causadas pelas inquietações da alma e pelos excessos na comida e, assim, a estes, recomenda-se dedicar longos períodos ao sono. Sobremaneira, o sono é útil aos melancólicos, pois no sono adquirem calor e umidade, qualidades contrárias à sua compleição.

O tratado sobre as doenças melancólicas, escrito pelo médico francês de corte André Du Laurens (1558-1603), busca descrever essas enfermidades, evidenciar suas causas e também a forma de curá-las. Os humores enchem as veias do corpo humano e há sempre prevalência quantitativa de um, entre os quatro, compatível com a condição saudável, se for equilibrada, e patológica, se for excessiva. Os fleumáticos são retratados como estúpidos, adormecidos, tendo pouca capacidade de juízo pela substância do cérebro ser muito gordurosa e grossa. Os sanguíneos são especialmente dispostos para a vida social, são de ânimo alegre e muito saudáveis, pela prevalência de dois elementos vitais importantes, o calor e a umidade, mas não são aptos para tarefas difíceis por serem impacientes e facilmente distraídos pelos estímulos sensíveis. Nos coléricos, em que prevalecem o calor e a secura, encontra-se a tendência para a invenção e os trabalhos intelectuais, mas falta-lhes a perseverança. Os melancólicos são os mais aptos para assumir grandes responsabilidades e empresas por serem dotados de muita imaginação e memória, mas os excessos do humor são letais.

A doença da melancolia é descrita em pormenores. O estado do melancólico é "sem cor, sempre tímido e trêmulo, tendo medo de tudo e até de si mesmo. [...] Querendo fugir de tudo, anda soluçando com uma tristeza inseparável que muitas vezes torna-se desespero, numa perpétua inquietação do corpo e do espírito" (Laurens, 1626, p. 102, trad. nossa), nem o descansa o sono, pois "logo que fecha os olhos é assaltado por um milhão de fantasmas, e cenas monstruosas [...]. Em suma, é como animal selvagem, solitário, suspeitoso, inimigo do Sol, acometido por mil falsas e vãs imaginações" (*idem*).

A causa dessa doença, porém, não está na alma (cuja essência é inalterável) e sim em seus instrumentos, ou seja: nas alterações dos espíritos provindos do cérebro, nos dutos pelos quais os espíritos correm pelo corpo, na complexão do corpo não bem-temperada.

De modo geral, todas as doenças devidas aos excessos humorais, segundo Du Laurens, devem ser tratadas induzindo um modo de viver regrado quanto a ambiente, alimentação, bebida, prática dos exercícios físicos e respeito pelos ritmos naturais do sono e da vigília. Muito importante para introduzir ou corrigir o estilo de vida é a educação que é tarefa da filosofia moral e que cria uma segunda natureza: os hábitos virtuosos. São especialmente recomendados: a leitura de bons livros e o convívio com homens virtuosos.

Além disso, no caso da melancolia, Du Laurens sugere o uso de três tipos de remédios: os que provocam evacuação (ex. purgas); os que provocam alterações dos humores (ex. banhos); os que confortam (aptos para fortalecer o cérebro e alegrar o coração, como, por exemplo, xaropes e unguentos, cheiros agradáveis, sedativos naturais). Por fim, Du Laurens dedica o estudo à melancolia amorosa, ou seja, suscitada pelo amor que altera a imaginação, provocando manias ou fazendo com que a imaginação do sujeito represente o objeto amado, mesmo que ausente. Há dois modos de sanar a melancolia amorosa: o gozo do objeto amado; e a perícia do médico que, pelo uso da palavra, ou pela indicação de mudança das circunstâncias da vida do sujeito (lugar, clima etc.), o afasta da vista do objeto desejado.

À cura do amor é dedicado também o pequeno tratado do médico de Viterbo (Itália) Cesare Crivellari (1570), entendendo-se nefasto não o afeto amoroso de modo geral (que por sua natureza é desejo de beleza mantido pela esperança da união com o objeto amado), mas os amores cujo objeto é escolhido de modo inadequado: um desses casos é justamente o amor por uma pessoa cujo temperamento não se harmonize bem com o próprio: pois como o objeto amado se imprime em nós, quando este possui um humor predominante incompatível com nossa complexão, ocorrem doenças. Por exemplo, se um colérico amar um sanguíneo, terá deleite, mas também desgosto pelas fortes paixões; se um sanguíneo amar um melancólico, criar-se-á uma ligação forte, pois o sangue tempera os efeitos da melancolia; se um colérico amar um melancólico, sendo os dois humores nocivos, viverão num inferno contínuo de paixões e de problemas.

Em suma, nesse tipo de literatura, medicina do corpo e medicina da alma são concebidas como especulares: essa analogia foi um *tópos* recorrente na tradição da Idade Moderna até meados do século XVIII, sendo utilizada com objetivos diferentes e às vezes opostos.

O Leal conselheiro, do Rei Dom Duarte

A teoria humoralista é bastante difundida também no universo cultural do humanismo e Renascimento ibérico e lusitano. Um exemplo é o *Leal Conselheiro* (1998), redigido pelo soberano português Dom Duarte (1391-1438) entre os anos de 1435 e 1438. A veia do estoicismo cristão permeia o texto: depois de ter abordado as qualidades peculiares do homem (entendimento, memória e vontade), Duarte enfoca o problema da tristeza, alertando ser esta de dois tipos: a virtuosa, que deriva de uma perda recebida, ou de um desejo não realizado; e a decorrente do pecado, que deriva de um desvario da vontade. As causas desses dois tipos de tristeza são múltiplas, podendo ser reduzidas a seis tipos principais, entre os quais a complexão melancólica está em quinto lugar. Mas é esse tipo de tristeza que Duarte relata como sua experiência pessoal de adoecimento. Com esse relato, ele objetiva contribuir para a esperança dos doentes quanto à possibilidade da cura. Com efeito, narra que, a partir da idade de 22 anos, ao longo de 3 anos, foi acometido por essa doença, tendo recobrado perfeita saúde em seguida. No relato das circunstâncias que o levaram ao adoecimento, Duarte parece confirmar quanto já vimos descrito por Ficino: tendo assumido o encargo transmitido pelo pai de cuidar do "conselho, justiça e fazenda do reino", o jovem começou a viver um regime de vida muito pouco saudável: levantando bem cedo, passava a manhã em oração, almoçava e logo em seguida recebia em audiência, depois despachava com os ministros da fazenda até 21 horas da noite e continuava trabalhando até as 23. Suspendeu todas as atividades físicas, tais como caminhadas nas montanhas, caças, passeios no paço. Essa mudança de estilo de vida implicou também reprimir toda vontade dos costumeiros prazeres. Depois de quarenta dias dessa vida, começou a sentir uma tristeza crescente, sem motivo, e com esse afeto penoso foi convivendo ao longo de dez meses. Num certo dia, começou a sofrer de dores na perna e, apesar de ter sarado, surgiu-lhe um medo irracional da morte e um desconsolo pela brevidade da vida presente. Esse estado perdurou ao longo de seis meses, de modo que já não tinha mais esperança de se livrar dele. Pois, nem os conselhos, nem os remédios, nem os esforços, nem as conversas com médicos, confessores e amigos tinham poder de desterrar dele esse afeto. A necessidade de cuidar da doença de sua própria mãe foi a circunstância que iniciou nele um processo de cura, pois o sentimento da dor dela pareceu atenuar-lhe o sentimento da própria dor. O emprego do juízo e da imaginação em busca de um significado positivo do seu sofrimento também pode ser considerado importante recurso terapêutico. O cuidado com a temperança do corpo é ressaltado como um fator importante, pois a "complexão se gasta e desconcerta" (Duarte, 1996, p. 82); todavia, é acompanhado por muitos outros cuidados e, nesse aspecto, Dom Duarte parece dispensar a medicina humoralista em prol de um processo voltado para a virtuosa posse de si mesmo. Com efeito, o desfecho terapêutico do caso de tristeza patológica por ele narrado não acontece pelo emprego de remédios próprios da tradição médica humoralista e sim pela mobilização do dinamismo psíquico orientado pela razão (juízo e imaginação).

O *Exame dos engenhos*, de Huarte de San Juan

Já o *Examen del los ingenios* (1574/1989), do médico espanhol Huarte de San Juan (1529-1588), retoma a teoria humoralista na perspectiva de um dos princípios básicos da medicina hipocrático-galênica: a relação entre saúde do corpo individual e do corpo político. O texto ressalta a importância do temperamento para a formação e o desenvolvimento das qualidades morais da pessoa. Segundo Huarte, cada um ocupa na sociedade um lugar indicado pela natureza que deve ser descoberto pelo discernimento, estudo e descrição das disposições naturais (engenho) individuais.

O autor parte do pressuposto de que certo desequilíbrio dos temperamentos é o estado normal dos indivíduos e também da sociedade. O conhecimento dessa condição é importante para restabelecer o equilíbrio através dos cuidados médicos, dos hábitos morais, do exercício das artes e das ciências e também da prática política. O temperamento de cada indivíduo indica as particulares predisposições e talentos que ele possui para certa arte, ou ciência. Tal concepção organicista da sociedade (macrocosmo), concebida em analogia com o corpo humano (microcosmo), justifica a fundamentação da prática social e política na filosofia natural e na medicina, seu objetivo principal sendo o de adaptar a "enfermidade" de cada membro em função do bom funcionamento do conjunto.

Huarte distingue três níveis de engenhos: os que somente conseguem compreender matérias e questões fáceis e claras; os que alcançam o entendimento de todas as matérias e questões; os que são tão perfeitos que não precisam de mestres para aprender. O indivíduo é caracterizado não somente pela complexão orgânica e o engenho, mas também por um conjunto de potências psíquicas tais como a *vis* imaginativa, o entendimento, a memória, os apetites (concupiscível e irascível), todas elas cooperando para o funcionamento do organismo psicossomático e que devem ser levadas em conta para uma ajustada integração entre microcosmo e macrocosmo. A cada uma das potências anímicas correspondem grupos de atitudes, saberes e profissões. O tratado de Huarte inspirará um gênero de literatura difundido nos séculos XVII e XVIII que enfatiza a relação da caracterização psicológica dos povos e dos indivíduos e a necessidade da adaptação do dinamismo do Estado e das comunidades.

A medicina da alma dos jesuítas

Os jesuítas dão continuidade a essa tradição de conhecimentos e difundem-na, inclusive em seus âmbitos de presença missionária, como o Brasil. Já nos escritos de Inácio de Loyola, fundador da ordem religiosa, vemos a referência frequente à referida tradição em função do entendimento mais profundo do ser humano e de seu destino, visando a orientação ("direção") de sua vida espiritual. É conhecida sua obra principal *Exercícios espirituais* (1548), roteiro direcionado ao conhecimento de si mesmo, tendo em vista reconhecer e modular o projeto de vida pessoal à luz da finalidade última, que é o próprio Deus. Em carta escrita ao Padre Antônio Brandão em junho de 1551, Loyola frisa a importância de que o mestre espiritual conheça o temperamento daquele que se entrega aos seus cuidados, afirmando a necessidade de "acomodar-se à complexão daquele com quem se conversa, a saber, se é fleumático ou colérico etc. [...], e isso com moderação" (Loyola, 1993, vol. 2, p. 89).

Loyola demostra usar noções da teoria dos temperamentos ao indicar algumas regras de convivência a Padres Broett e Salmerón (carta escrita de Roma, setembro de 1541):

> Advirta-se o seguinte: se alguém é de temperamento colérico e trata com outro colérico, se não são de um mesmo sentir, há grandíssimo perigo de se desajustarem suas conversas. Portanto, se um conhece ser de compleição colérica, deve ir, em todos os pontos do negócio, muito armado de consideração, com decisão de suportar e não altercar com o outro, principalmente se sabe que é doente. Mas se tratar com fleumático ou melancólico, não há tanto perigo de desajuste por palavras precipitadas (Loyola, 1993, vol. 3, p. 21-22).

Cláudio Acquaviva (1543-1615), um dos sucessores de Inácio no generalado da Companhia, foi autor, entre outros, das *Industriae ad curandos animi morbos* (Normas para a cura das enfermidades do ânimo, 1600, ed. 1893a), destinado a todos os superiores da Companhia visando a orientação da formação espiritual de seus discípulos. Nesse texto, Acquaviva retoma a analogia tradicional entre doenças (e cura) do corpo e enfermidades (e terapia) da alma, definindo os vários tipos de doenças espirituais e os remédios necessários para cada uma, inspirando-se na tradição monástica e patrística que consideramos nos capítulos anteriores. Em outro documento, *Instructio ad reddendam rationem conscientiae iuxta morem Societatis Iesu* (Normas para o exame de consciência), Acquaviva institui oficialmente a prática do exame de consciência, tendo função de autoconhecimento, de prevenção e cuidado de si mesmo. Através desta prática, o religioso deveria desvelar integralmente a alma humana ao seu diretor espiritual, e para isso Acquaviva propõe na instrução um roteiro de perguntas para orientar os diretores espirituais: entre outras, uma questão visa detectar os casos em que o sujeito experimente algumas "*animi perturbationes*" (1893b, p. 34). Ao justificar a introdução do exame de consciência, Acquaviva retoma a discussão acerca da necessidade de se estabelecer uma medicina do ânimo análoga à medicina do corpo. A partir de Acquaviva, a expressão "medicina da alma" comparece sistematicamente na literatura jesuítica. A utilização desse saber em função prática no plano da orientação espiritual, da atividade missionária e pedagógica, parece-nos o aspecto mais original da contribuição que a Companhia de Jesus deu à história dos saberes psicológicos. Com efeito, trata-se de um conhecimento do ser humano e de sua dinâmica psicológica visando a adaptação deste ao contexto social de inserção (a comunidade religiosa e o ambiente em que esta desenvolve sua missão no mundo). Essa concepção (a necessidade de um conhecimento visando a modificação do objeto para alcançar determinados objetivos) é característica da modernidade, sendo essa exigência o fundamento inclusive para a constituição da psicologia científica moderna.

Eixo estruturante *A voz interior e o imperativo de conhecer a si mesmo*: a tematização do indivíduo nas narrativas autobiográficas nos primórdios da Idade Moderna

Uma nova acepção da narrativa autobiográfica se afirma a partir do Renascimento e se difunde na Idade Moderna. Trata-se de uma consciência de si mesmo, já preconizada em documentos da Idade Média tardia, como, por exemplo, nas cartas de Petrarca (Gurevič, 1996), e que abre o caminho para a introdução do conceito de indivíduo da Modernidade.

Nos inícios da Idade Moderna, assiste-se a uma expansão da prática da narrativa autobiográfica no âmbito da sociedade e não somente no meio estritamente intelectual e religioso. Braunstein (1994) coloca que a partir do século XIV surge na cultura ocidental a preocupação dos indivíduos quanto à descrição e transmissão de suas vivências pela escrita direcionada para um restrito grupo de destinatários. A preocupação que inspira essa escrita não é apenas a necessidade de preservar, na memória, instantes privilegiados do passado nem "a exigência íntima de iluminar os movimentos da consciência" (p. 539), mas, sobretudo, "a reconstituição, na ordem do tempo vivido, dos acontecimentos que merecem ser salvos do esquecimento em que os ímpetos pessoais e as escolhas são camuflados pela aparente objetividade da narrativa" (*idem*).

Assim, surgem diários redigidos não apenas por personagens famosos, mas também por pessoas simples movidas pela preocupação de anotar em pormenores no seu dia a dia "aquilo que um bom administrador deve conservar no espírito para si mesmo e para os seus, do registro de fatos memoráveis no mundo e ao alcance de si" (Braunstein, 1994, p. 533). Trata-se de confissões, diários e crônicas que constituem "fontes de informação" elaboradas pelo indivíduo acerca de sua própria vivência, incluindo "seu corpo, suas percepções, seus sentimentos e sua concepção das coisas" (p. 533).

Os seis diários de Monaldo Atanásio Atanagi, palhaço da corte de Guidobaldo II da Rovere, no centro da Itália, redigidos entre 1539 e 1557 e conservados na Biblioteca Vaticana em Roma, são exemplos dessa posição: livros-caixa, livros de memórias corriqueiras e de informes de fatos e pessoas, registro de fatos e crônicas locais (Bozzi, 2002).

Por outro lado, alguns autores escrevem autobiografias inspirados pela preocupação de inscrever suas experiências pessoais numa perspectiva histórica, de modo a conferir dignidade e valor à sua existência pessoal. É, entre outros, o caso de Benvenuto Cellini (1500-1571), escultor e ourives italiano. Cellini trabalhava a serviço da Corte Pontifícia e, aos 58 anos de idade, ditou sua autobiografia a um aprendiz como forma de enfrentar seus detratores (Cellini, 1558/1997).

A relação do eu consigo mesmo como âmbito da escrita autobiográfica e a expansão dessa prática no âmbito da sociedade ocidental parecem ser as características peculiares da história do gênero nos inícios da Modernidade. A seguir proporemos alguns exemplos significativos.

O Senhor de Montaigne retrai a si mesmo

Os ensaios (1580) de Michel Eyquem, Seigneur de Montaigne (1533-1592), refletem uma posição peculiar.

O objetivo da escrita é revelado pelo autor no prólogo ao leitor: "quero que me vejam aqui em meu modo simples, natural e corrente, sem pose nem artifício: pois é a mim que retrato. Meus defeitos, minhas imperfeições, minha forma natural de ser hão de se ler ao vivo" (Montaigne, 1580/2010, p. 37).

Partindo da concepção de que "cada homem traz a forma inteira da condição humana" (*ibid.*, p. 347), propõe-se a apresentar essa condição tal como se mostra numa vida em particular, sua própria vida: "os outros formam o homem, eu o relato"; "não ensino, relato" (*ibid.*, p. 348). Referindo-se a si mesmo, Montaigne confessa que "represento um em particular, bem malformado" (*ibid.*, p. 346). Seu cuidado metodológico é para que "os traços da pintura não se extraviem" da figura real observada.

O conhecimento de si que Montaigne propõe inclui não apenas os estados interiores como também as condições corporais (por exemplo: as doenças, o dinamismo dos humores, o envelhecimento etc.).

Segundo o autor, deve-se levar em conta que a pessoa enquanto objeto da narrativa é caracterizada pela inconstância e mutabilidade: "não posso ter certeza de meu objeto: ele segue confuso e cambaleante", "pego-o neste ponto, como ele é, no instante em que me interesso por ele" (*idem*). Por isso, declara: "Não pinto o ser, pinto a passagem", pois "minha alma está sempre em aprendizagem e prova" (*ibid.*, p. 347). A única condição necessária da escrita é a fidelidade à vivência, ou sinceridade, tal como se adquire no avançar das idades da vida.

Num trecho célebre, Montaigne assinala a aparente falta de unidade do eu, apreendida pela observação da incoerência de estados de ânimo e de comportamentos:

> Nosso modo habitual é seguir as inclinações de nosso desejo, para a esquerda, para a direita, para cima, para baixo, conforme nos leva o vento das ocasiões: não pensamos no que queremos a não ser no instante em que o queremos, e mudamos como esse animal que toma a cor do lugar em que o colocamos. O que nos propusemos há pouco, ora logo mudamos, e ora, de novo, voltamos atrás: tudo não passa de oscilação e inconstância (*ibid.*, p. 204).

Ao serem levadas pelas circunstâncias externas e pelos humores internos, pela flutuação entre as opiniões diversas, as variações e contradições parecem caracterizar a pessoa. Essas observações levam Montaigne à conclusão de que "nosso comportamento são apenas peças costuradas" (*ibid.*, p. 209); "somos todos feitos de peças separadas e num arranjo tão disforme e diverso que cada peça, a todo instante, faz seu próprio jogo" (*ibid.*, p. 210).

Por outro lado, ele reconhece a existência de "um modelo interno que é a pedra de toque dos nossos atos" (*ibid.*, p. 350), um lócus da consciência a partir do qual se julga a si mesmo:

"olhai um pouco o que a nossa experiência mostra a esse respeito: não há ninguém que, ao se escutar a si mesmo, não descubra em si uma forma sua, uma forma dominante" (*ibid.*, p. 355). Esse centro interior proporciona-lhe a experiência de que "mantenho-me sempre em meu lugar"; "se não estou 'em casa', estou sempre por perto" (*ibid.*, p. 351). Montaigne revela que ter se afastado dos afazeres mundanos contribuiu para reconhecer em si mesmo esse núcleo. Esse núcleo lhe permite "fazer a fundo o que faz" e "caminhar por inteiro" (*ibid.*, p. 356). Reconhecer esse ponto corresponde a um trabalho da razão: "eu que sacudo minha razão tão viva e atentamente" (*ibid.*, p. 361). Esse trabalho é auxiliado por alguns instrumentos, entre eles a leitura ("a leitura me serve em especial para despertar, por objetos diversos, minha reflexão, para fazer trabalhar meu julgamento", *ibid.*, p. 366); as "amizades raras e requintadas" (*ibid.*, p. 368), como, por exemplo, a experiência vivenciada em juventude de "uma amizade única e perfeita" (*idem*) que lhe ensinou o critério para discernir as pessoas com as quais pode compartilhar "o exercício da alma" (*ibid.*, p. 372); o amor de uma mulher "que se tenha desejado cientemente" (*ibid.*, p. 374) e que seja bela no corpo e no espírito.

Para Montaigne, esse conhecimento de si mesmo baseado na experiência é mais valioso do que qualquer outro: "estudo a mim mesmo mais que a outro assunto. É a minha metafísica, é a minha física" (*ibid.*, p. 520). Ser bom "aluno, na experiência que tenho de mim", é o modo de tornar-se sábio. Pois, por exemplo, "quem conserva na memória o excesso de sua cólera passada, e até onde essa febre o arrastou, vê a feiura dessa paixão melhor que em Aristóteles e nutre por ela um ódio ainda mais justo" (*ibid.*, p. 521-522). A atenção dedicada ao estudo de si mesmo permite também conhecer os outros: "por ter, desde minha infância, treinado em mirar minha vida na do outro, adquiri uma estudiosa disposição para fazer isto" (*ibid.*, p. 525). O método para esse conhecimento consiste na observação de "comportamentos, humores, discursos" (*idem*).

Teresa de Ávila: a narrativa de "o que eu vi por mim mesma"

Teresa de Cepeda e Ahumada, mais conhecida pelo nome de Teresa de Ávila (1515-1582), religiosa carmelita e reformadora dessa ordem (fundadora das carmelitas reformadas ou descalças), figura de destaque da teologia católica e da cultura espanhola, é autora de uma autobiografia escrita para responder ao pedido de seu diretor espiritual e que reconhecidamente representa um marco na fundação da subjetividade moderna: o *Livro da vida* (1575/2010).

O texto reflete a experiência inovadora da própria Teresa, que foi uma presença incômoda no mundo católico da Espanha, marcado pelo tradicionalismo. Foi decisivo para ela o apoio de alguns importantes teólogos que lhe solicitaram a redação da autobiografia, tendo em vista com esse documento demonstrar a ortodoxia da experiência religiosa de Teresa. Ela é a autora também de outros escritos de teor autobiográfico (*Caminho da perfeição*; *Livro das fundações*; *O castelo interior*).

O *Livro da vida* relata a história de sua autora até os 52 anos de idade: trata-se de "um discurso sobre a minha vida", moldado pelo empenho em evidenciar com "toda claridade e verdade" a própria personalidade através de suas vicissitudes. Nesse sentido, seu objetivo é o contrário de uma apologia, pois ela quer evidenciar ao leitor "que fui tão ruim [...]; eu só tornava a ser pior, como parece que me esforçava em resistir às dádivas..." (Ávila, 1575/2010, p. 35). Esse objetivo, assim como a escrita reveladora da subjetividade, é parte de um contexto intersubjetivo explícito no texto: trata-se da presença de cinco amigos-leitores, "os cinco que no momento nos amamos em Cristo" (*ibid.*, p. 151), que se juntaram "para tirar-nos uns aos outros dos enganos e dizer o que poderíamos emendar em nós e alegrar mais a Deus. Pois não há quem conheça tão bem a si, como conhecem aqueles que nos veem, se for com amor e cuidado de nos beneficiar" (*idem*). E ainda, Teresa demanda ao leitor que leia sua autobiografia "com a experiência, pois, por pouca que seja, logo entenderão" (*ibid.*, p. 117). Afirma também que a escrita da própria experiência não é imediata, mas é conquistada através de um longo trabalho: "por muitos anos eu lia muitas coisas e não entendia nada delas. E por muito tempo, embora me desse Deus a experiência, não sabia dizer uma palavra para explicá-la. E não me custou isso pouco trabalho" (*idem*).

A narrativa de Teresa é ao mesmo tempo moderna, em alguns aspectos, e apresenta, por outros, as características das autobiografias medievais acima assinaladas (Hadot, 2005). Teresa conhece a si mesma, diante de outros e diante do Outro (Deus). Sua subjetividade é moderna, por ser marcada por fortes evidências emocionais que a inscrevem plenamente em seu século; ao mesmo tempo, Teresa se revela inteiramente enraizada na longa tradição da espiritualidade ocidental.

O contexto intersubjetivo como berço para o desenvolvimento da subjetividade é tema recorrente da autobiografia de Teresa, no bem e no mal: é a relação com os pais que inicialmente a molda na virtude, mas é também o relacionamento negativo com uma parente mais velha. Na escrita da autobiografia, Teresa deriva de sua experiência conselhos ou advertências para os leitores; ao mesmo tempo, porém, que assinala a necessidade de mestres para realizar esse percurso, reivindica a capacidade de discernir entre os bons e maus mestres e a necessidade, sempre, do conhecimento próprio, e nesse ponto coloca-se novamente sua modernidade (Ávila, 1575/2010, p. 126). Em suma, a intersubjetividade é condição necessária ao conhecimento de si mesmo, e nessa ênfase podemos destacar a contribuição original de Teresa na história das narrativas autobiográficas na nascente modernidade.

Teresa caracteriza a si mesma diferenciando-se dos outros justamente pela rebeldia, por ser diferente: ao falar de sua infância e ao retratar-se como parte do grupo familiar, escreve: "todos os outros filhos pareciam aos pais ser virtuosos, a não ser eu" (*ibid.*, p. 38). Define também, como raiz de seu sofrimento e rebeldia, a perda do domínio de sua liberdade: "como sofre uma alma por perder a liberdade que devia ter de ser senhora e quantos tormentos padece" (*ibid.*, p. 96).

Pela escrita da autobiografia ela quer evidenciar que, diante da insatisfação consigo mesma, a inquietação pela própria incompletude, cuja vivência ela define com algumas imagens como "mar tempestuoso" (*ibid.*, p. 86), "guerra tão penosa" (*ibid.*, p. 87), o movimento da vontade em busca do bem a leva a transcender os limites de sua personalidade. Desse modo, indica, por sua experiência pessoal, que a subjetividade é transformada no relacionamento com a alteridade.

A narrativa de Teresa a respeito do delineamento desse movimento da vontade é de grande interesse psicológico: o ponto de partida é a relação sensível com a realidade ("para mim ajudava ver o campo, ou água, flores", *ibid.*, p. 95), e por isso também o recurso das imagens: "tinha tão pouca habilidade para representar coisas com o entendimento que, se não fosse o que via, não me adiantava nada a imaginação [...]; por causa disso eu era tão amiga das imagens [...]; eu só podia pensar em Cristo como homem" (*idem*). Em segundo lugar, é decisiva a leitura das *Confissões* de Agostinho, em cuja experiência ela se espelha: "quando comecei a ler *as Confissões*, parecia que me via ali" (*ibid.*, p. 96). Disso "ganhou forças a minha alma" (*idem*). Nasce assim o "apego", e o "sentimento da presença" do Outro, de modo tal que "de maneira nenhuma eu podia duvidar de que estivesse dentro de mim ou eu mergulhada nele" (*ibid.*, p. 98). E observando-se nessa condição, Teresa relata que "a alma parece estar fora de si [...]; a vontade ama [...] a memória me parece estar quase perdida [...]; o entendimento não discorre, a meu parecer, mas não se perde"; aliás, "fica como espantado com o muito que entende" (*idem*).

A articulação de todas as potências da alma depende da vontade. O realismo de Teresa leva-a a reconhecer ("examinei com cuidado", *ibid.*, p. 112) que a complexão corporal incide profundamente nesse processo e limita o movimento da vontade: "a indisposição corporal [...], as mudanças do tempo e as reviravoltas dos humores muitas vezes fazem com que a alma, sem culpa sua, não possa fazer o que quer [...], e quanto mais quer me forçar nestes períodos, pior é e mais dura o mal" (*idem*).

O critério para discernir que a experiência pessoal se realiza é colocado por Teresa nos termos de uma vivência "no mais íntimo" de uma "grande satisfação interior e exterior" (*ibid.*, p. 132), reconhecida como "diferença" em relação aos estados interiores habituais, "pois parece que enche o vazio que tínhamos feito na alma" (*idem*). Essa vivência acontece quando "a vontade está unida em Deus" (*ibid.*, p. 137). E nela as potências encontram também sua atuação, "estando elas quase totalmente unidas" (*ibid.*, p. 148). Teresa descreve também outros estados da alma em sua união com a alteridade: por exemplo, a condição em que as potências ficam como que suspensas em suas operações e a alma apercebe-se no interior de si mesma: quando "a vontade está bem ocupada em amar" (*ibid.*, p. 167) e como que "se desfaz" no próprio Amado. A "soberania" conquistada pelo eu pessoal nessa condição lhe permite "ver tudo sem ser enredado" (*ibid.*, p. 188), num estado de liberdade plena.

O que impressiona em tudo isso é a continuidade da autoconsciência de Teresa, que vivencia e descreve sua experiência, assumindo a plena autoria de sua narrativa: "isso eu o vi por mim mesma" (*ibid.*, p. 185).

Finalizando essa descrição e discussão acerca da narrativa autobiográfica nos inícios da Idade Moderna, podemos afirmar que, assim como a arte do retrato, esse tipo de literatura coloca à luz do conhecimento a vida interior da pessoa; de modo a torná-la um importante objeto de estudo. Assinalar a importância desse objeto foi o primeiro passo para fundamentar a pertinência e a relevância de uma ciência da alma. Para esse objetivo irão confluir também outros fatores, como a universalização da experiência humana decorrente da ampliação do horizonte antropológico ocorrido a partir do século XVI; a naturalização do conceito de homem e pessoa, no sentido de reduzi-lo a um fenômeno natural semelhante aos demais fenômenos estudados pelas ciências físicas e químicas; e a importância do método científico para alcançar a verdade do conhecimento e redefinir os contornos da experiência tematizada pela filosofia moderna.

Em síntese: o surgimento do conceito de indivíduo no humanismo e no Renascimento

O conceito de indivíduo surge com base no conceito de pessoa, mas com a evidenciação de alguns aspectos: sua unicidade e sua autonomia.

1. O reconhecimento de que o gênero humano é diversificado ressalta o valor único de cada ser humano; no recurso à teoria dos temperamentos ressaltam-se as diferenças individuais como produtos das múltiplas possibilidades de composições humorais em corpos individuais integrados em ambientes muito diversos. As relações entre temperamentos individuais e lugares sociais são também enfatizadas, bem como se frisa a importância de considerar as diferenças individuais na composição do corpo político e social.
2. A capacidade de escolha do homem não diz respeito apenas às ações sobre o mundo, mas também à possibilidade de fazer a si mesmo, pela educação. O ideal antropológico não é mais a conformação a um modelo ideal, e sim a afirmação de suas próprias características e de suas capacidades de afirmação na sociedade e no mundo. O sucesso e o reconhecimento social (fama), portanto, são os critérios últimos de avaliação do percurso individual. E a filosofia tematiza a liberdade, o livre-arbítrio como o aspecto que define a essência do ser humano.
3. A narrativa autobiográfica passa a ser concebida igualmente como um modo de afirmar-se, também diante dos outros; é um instrumento de reflexão que pode ser utilizado para refletir como também para moldar sua própria vivência, e não tanto para servir de exemplo para os outros, como ocorria no caso das autobiografias do período medieval.

Referências bibliográficas

ACQUAVIVA, C. *Industriae ad curandos animi morbos*. Manuscrito n. 429, da Opera Nostrorum, ARSI, folhas 33-42, 1600, e em *Institutum*, 1893a, vol. 2.

_____. *Instructio ad reddendam rationem conscientiae iuxta morem Societatis Iesu*. Manuscrito n. 429, da Opera Nostrorum, ARSI, folhas 33-42, 1600; e em *Institutum*, 1893b, vol. 2.

ARENDT, H. *A condição humana*. R. Raposo, trad. Rio de Janeiro: Forense Universitária, 1999 (original publicado em 1958).

ARNOLD, D. *The age of discovery, 1400-1600*. Londres: Routledge, 2002.

BARRETO, L. F. *Descobrimentos e renascimento. Formas de Pensar e de Ser nos séculos XV e XVI*. Lisboa: Imprensa Nacional-Casa da Moeda, 1983.

BÁRTOLI, D. S. *La ricreazione del sávio*. Parma: Fondazione Pedro Bembo-Guanda Editore, 1992.

BATAILLON, M. "Novo mundo e fim do mundo". A. L. F. Aratangy, trad. In: *L'Éducation Nationale*, n. 32, dez 1952, p. 3-6.

BATTISTINI, A. *Galileo e i Gesuiti. Miti letterari e retórica della scienza*. Milão: Vita e Pensiero, 2000a.

_____. *Il barocco*. Roma: Salerno Editrice, 2000b.

BERSANELLI, M.; GARGANTINI M. *Solo lo stupore conosce. L'avventura della ricerca scientifica*. Milão: Biblioteca Universale Rizzoli, 2003.

BOXER, C. R. *O império marítimo português, 1415-1825*. São Paulo: Companhia de Letras, 2002.

BRAUDEL, F. *The perspective of the world*. Oakland: University of California Press, 1992.

BUTTERFIELD, H. *Le origini della scienza moderna*. Maurizio Ferriani, trad. Bolonha: Il Mulino, 1962 (original publicado em 1958).

CAEIRO, F. G. "O pensamento filosófico do século XVI ao século XVIII em Portugal e no Brasil". In: *Ata do 1 Congresso Luso-Brasileiro de Filosofia*. Braga, 1982, p. 51-90.

_____. "El problema de las raíces históricas". In: BARBA, E. M. et al. *Iberoamerica, una comunidad*. Madri: Ediciones de Cultura Hispánica, 1989, p. 377-389.

CASSIRER, E. *Individuo e Cosmo nella Filosofia del Rinascimento*. Florença: La Nuova Italia, 1977.

CIPOLLA, C. *European Culture and Overseas Expansion*. Londres: Pelican, 1970.

COLOMBO, C. *Diários da Descoberta da América*. Porto Alegre: L&PM, 1984.

COVIAN, M. R. "The complementary nature of religion and science". In: *The life Sciences — The search for absolute values: harmony among the sciences*, 1977, p. 579-582.

CRIVELLARI, C. *Trattato della cura dell'amore*. Roma: Martinelli, 1570.
CROMBIE, A. *Historia de la Ciencia, siglos XIII-XVII*. V. 2. Madri: Alianza Universitaria, 1987.
CROW, J. A. *The Epic of Latin America*. 4ª ed. Oakland: University of California Press, 1992.
DELUMEAU, J. *A civilização do renascimento*. Lisboa: Estampa, 1994. 2 v.
DU LOURENS, A. *Discorsi della conservazione della vista, delle malattie melancoliche, dei catarri e della vecchiaia*. Trad. Italiana G. Germano. Nápoles: Tipografia Scornio, 1626.
DUARTE, D. *Leal Conselheiro*. Lisboa: Imprensa Nacional-Casa da Moeda, 1998.
DURANDO, C. *Tesoro della sanità nel quale si insegna il modo di conservare la sanità e di prolongar la vita del médico, botánico e poeta italiano Castore Durando di Gulado*. Veneza: Domenico Fari, 1617.
DUSSEL, E. *1492 — O Encobrimento do Outro*. Petrópolis: Vozes, 1993.
FICINO, M. *De le tre vite cioé a qual guisa si possono le persone letterate mentenere in sanità. Per qual guisa si possa l'huomo prolungare la vita, con che arte, e mezzi, ci possiamo questa sana e lunghissima vita prolungare per via del ciello*. Milão: Rusconi, 1995.
GALILEI, G. *Ciência e fé*. C. A. R. Nascimento, trad. São Paulo: Instituto Italiano di Cultura — Museu de Astronomia — Nova Stella Editorial, 1988a.
_____. *Duas novas ciências*. L. Mariconda e P. Mariconda, trad. São Paulo: Instituto Italiano di Cultura — Museu de Astronomia — Nova Stella Editorial, 1988b.
GARIN, E. *L'uomo del Rinascimento*. Bari: Laterza, 1995.
GIARD, L. *Les jésuites á la Renaissance. Système éducatif et production du savoir*. Paris: PUF, Bibliothèque d'histoire des sciences, 1995.
GIARD, L.; VAUCELLES, L. "Les jésuites à l'âge baroque, 1540-1640". In: MILLON, J. *Histoire des jésuites de la Renaissance aux Lumières*, n. 1, mar 1996.
GÓIS, M. *Commentarii Collegii Conimbricensis Societatis Iesu, in Libros Aristotelis qui Parva Naturalia appellantur*. Lisboa: Simão Lopes, 1593a.
_____. *Disputas do Curso sobre os livros da Moral da Ética a Nicomaco, de Aristóteles, em que se contêm alguns dos principais capítulos da Moral*. Lisboa: Simão Lopes, 1593b.
_____. *Commentarii Collegii Conimbricensis Societati Iesu, in tres Libros de Anima*. Veneza, 1602.
_____. *Commentarii Collegii Conimbricensis Societatis Iesu, In Libro de Generatione et Corruptione Aristotelis Stagiritae nunc recens omni diligentia recogniti et emendati*. Veneza: Tipografia Vincenzo Amadino, 1607. 760p.

GRUZINSKI, S. *1480-1520 — A passagem do Século*. São Paulo: Cia. das Letras, 1999.
JORI, G. *Per evidenza. Conoscenza e segni enllétá barocca*. Turim: Saggi Marsílio, 1998.
KEMP, M. *Leonardo da Vinci*. M. I. D. Estrada, trad. Rio de Janeiro: Jorge Zahar, 2005.
KLIBANSKY, R.; PANOFSKY, E.; SAXL, F. *Saturno e la Melanconia*. Turim: Einaudi, 1983.
HANKE, L. *La humanidad es uma*. México: Fondo de la Cultura Economica, 1985.
_____. *All Mankind is One: A study of the Disputation Between Bartolomé de Las Casas and Juan Ginés de Sepúlveda in 1550 on the Intellectual and Religious Capacity of the American Indian*. Illinois: Northern Illinois University Press, 1974.
HARTOG, F. "Tempo, história e a escrita da história: a ordem do tempo". In: *Revista de História*, 148, 2003, p. 9-34.
LOYOLA, I. *Cartas*. V. 3. São Paulo: Loyola, 1993.
_____. *Obras completas*, n. 86. Madri: Bibliotecas Autores Cristianos, 1982.
MAHN-LOT, M. *A descoberta da América*. São Paulo: Perspectiva, 1970.
MARAVALL, J. A. *A cultura do barroco*. São Paulo: EDUSP, 1997.
MARTINS, A. M. "Conimbricenses". *Logos*. V. 2. Lisboa: Verbo, 1989, p. 1112-1126.
MASSIMI, M. "Marcus Marulus, i suoi Maestri e la 'Psychologia De ratione Animae Humanae'". In: *Storia e critica della Psicologia*. Centro Nazionale delle Ricerche, Roma, IV, n. 1, 1983, p. 27-41.
_____. "La psicologia dei temperamenti nei Cataloghi Triennali dei gesuiti in Brasile, Physis". In: *Rivista Internazionale di Storia della Scienza*. Roma, Enciclopedia Treccani, fasc. 1 (no prelo).
_____. *A teoria dos temperamentos e suas aplicações nos trópicos*. Ribeirão Preto: Holos, 2010.
_____. "A pessoa e o seu conhecimento: algumas etapas significativas de um percurso conceitual". In: *Memorandum*, 18, 2010, p. 10-26. Disponível em: <http://www.fafich.ufmg.br/memorandum/a18/massimi05.pdf>. Acesso em: 9 mar 2011.
MASSIMI, M.; MAHFOUD, M. "A pessoa como sujeito da experiência: um percurso na história dos saberes psicológicos. In: *Memorandum*, 13, 2007, p. 16-31. Disponível em: <http://www.fafich.ufmg.br/memorandum/a13/massimimahfoud01.htm>. Acesso em: 9 mar 2011.
MIRANDOLA, G. Pico. *Discurso sobre a dignidade do homem*. Giovanni Pico, trad. São Paulo: Perspectiva, s/d.
MONTAIGNE, M. E. *Os ensaios: uma seleção*. R. F. Aguiar, trad. São Paulo: Penguin/Companhia das Letras, 2010 (original publicado em 1580).

MORE, T. *A utopia*. São Paulo: Ediouro, s/d, p. 37-38.
NÓBREGA, M. *Cartas do Brasil*. Belo Horizonte: Edusp/Itatiaia, 1988.
NUNES, P. "Tratado da esfera". In: NUNES, C.; SARDINHA, M. L. *O eco dos descobrimentos na literatura portuguesa*. Lisboa: Perspectiva, 1990.
PADGEN, A. *The Fall of Natural Man: The American Indian and the Origins of Comparative Ethnology*. Oakland: Cambridge University Press, 1982.
PINTO, F. M. *Peregrinação*. Lisboa: Imprensa Nacional, Casa da Moeda, 1988.
RAIMONDI, E. *Trattatisti e narratori del Seicento*. Napoli: Ricciardi, 1965.
RODRIGUES, M. A. "Do humanismo à contrarreforma em Portugal". In: *Revista de História das Idéias*, Coimbra, 1985, p. 40-52.
SAN JUAN, H. *Examen de Ingenios*. Madri: Catedra-Letras Hispánicas, 1989.
SANTOS, M. A. M. "Apontamentos à margem das conclusões impressas dos Mestres Jesuítas portugueses de Filosofia". In: *Revista Portuguesa de Filosofia*, 1955, p. 561-567.
SOUZA, T.; SEDA, P. " O Encontro de Culturas: O conhecer de uma nova realidade ou autoconhecimento". In: *Revista Latinidade*, v. 1, n. 2. Rio de Janeiro: Nucleas/Uerj, 2009.
TAVARES, S. "O Colégio das Artes e a Filosofia em Portugal". In: *Revista Portuguesa de Filosofia*, tomo IV, fasc. 3, jul/set, 1948, p. 227-240.
TERESA DE ÁVILA. *O livro da vida*. M. M. Cavallari, trad. São Paulo: Penguin/Companhia das Letras, 2010 (original de 1575).
VASOLI, C. "The renaissance concept of philosophy". In: SCHMITT, C. B.; SKINNER, Q.; KESSLER, E. *The Cambridge History of Renaissance Philosophy*. Cambridge: Cambridge University Press, 2007.
VENEZIANI, M. (org.). *Experientia. X Colloquio internazionaleLessico Intellettuale Europeo*. Florença: Olschki, 2002.
VINCENT, B. *1492 — Descoberta ou Invasão*. Rio de Janeiro: Jorge Zahar, 1992.
VINCI, L. *Obras literárias, filosóficas e morais*. R. Sartori, trad. São Paulo: Hucitex, 1997 (original de 1509-1514).
ZAVALA, S. "Aspectos Formales de la Controversia entre Sepúlveda y Las Casas en Valladolid, a mediados del siglo XVI y observaciones sobre la apologia de Fray Bartolomé de Las Casas". In: *Cuadernos Americanos*, 212, 1977, p. 137-162.

Recomendamos o filme *1492: A conquista do paraíso*, de Ridley Scott (1992).

Capítulo 6

O percurso da modernidade rumo à construção de uma ciência psicológica

Introdução

Acompanharemos, neste capítulo, o delinear do projeto filosófico acerca da criação de uma ciência da vida mental, ao longo dos séculos XVI e XVII. As contribuições de autores como Descartes, Spinoza e os empiristas ingleses serão abordadas nessa perspectiva.

Contexto histórico e regime de temporalidade

Esse período histórico é caracterizado por repentinas mudanças nos sistemas político e econômico chamadas de revoluções. Através desses eventos, sistemas que se tinham estruturado na longa duração histórica passaram por profundas transformações, induzindo a ideia de uma aceleração do tempo histórico promovida pelos atores humanos.

Os séculos XVII e XVIII foram marcados pela ocorrência de grandes transformações políticas, econômicas e culturais, que será preciso lembrar brevemente aqui. De fato, tais transformações influenciaram profundamente a visão de mundo da Modernidade, contribuindo de modo decisivo também para a formulação de um novo modo de conhecer o homem. A mudança cultural impulsionada pela filosofia desses séculos, que levará ao nascimento da psicologia científica no século XIX, deve ser entendida no seio do amplo processo cultural, econômico e político desse período da história ocidental.

Com a Revolução Inglesa, no século XVII, iniciou-se a primeira crise do absolutismo da época moderna. A Inglaterra atingiu no século XVII um considerável desenvolvimento, favorecido pelas monarquias absolutistas de Henrique VIII e Elizabeth I, que também criaram a Igreja nacional inglesa, confiscaram terras da Igreja Católica e passaram a disputar os domínios coloniais com os espanhóis. O conflito entre o rei e o parlamento inglês levou o primeiro à tentativa de legitimação religiosa de seu poder, criando uma religião de Estado, o anglicanismo. O sucessor da rainha Elizabeth, Jaime I, rei da Escócia, assumiu o trono e procurou implantar uma monarquia absoluta de direito divino, perseguindo seitas radicais e os católicos, que organizaram a Conspiração da Pólvora, em 1605. O parlamento, dominado pela burguesia mercantil e a rural, radicalizou suas posições e identificou-se com o puritanismo (forma mais radical do calvinismo), que rejeitava o anglicanismo. O sucessor de Jaime, Carlos I, subiu ao trono em 1625, dissolveu o parlamento e tentou uniformizar o reino, impondo o anglicanismo aos escoceses, calvinistas. Eles se rebelaram e invadiram o norte inglês (Revolução Puritana, 1640). Os enfrentamentos entre a Coroa e o parlamento cresceram até chegar à guerra civil. Desencadeou-se um longo conflito que terminou em 1649: Carlos I foi decapitado, e a Câmara dos Lordes, abolida; a República foi proclamada em 19 de maio.

Em 1653 foi dissolvido o que restava do parlamento, e uma nova Constituição deu a Cromwell o título de Lorde Protetor. Tinha poderes tão tirânicos quanto os da monarquia, que exerceu com rigidez e intolerância, em nome de seus ideais puritanos. Após sua morte, em 1658, com a ajuda do exército escocês, o parlamento proclamou Carlos II rei em 1660. Posteriormente, Jaime II, irmão de Carlos II, subiu ao trono, buscou restaurar o absolutismo e o catolicismo, punindo os revoltosos e indicando católicos para funções importantes. Em 1688, o Parlamento convocou Maria Stuart, filha de Jaime II e mulher de Guilherme de Orange, governador das Províncias Unidas, para ocupar o trono.

Os novos soberanos tiveram de aceitar a Declaração dos Direitos, baixada em 1689, que decretava que o rei não podia cancelar leis parlamentares e o parlamento poderia dar o trono a quem lhe aprouvesse após a morte do rei. O governo monárquico cedeu a maior parte de suas prerrogativas ao Parlamento e instaurou-se o regime parlamentarista que permanece até hoje. O movimento revolucionário colocou as condições para a ocorrência da Revolução Industrial, do século XVIII. Com efeito, abriam-se as condições para um grande avanço econômico: de um lado, mudanças na agricultura em benefício da burguesia rural; de outro, a expansão comercial e marítima, que atendia aos interesses da burguesia mercantil. Desse modo, a burguesia inglesa assumiu o controle total do Estado.

Outro fator significativo desse período histórico marcado por grandes revoluções foi o que ocorreu no território das Treze Colônias inglesas. De posse da Coroa Britânica, as Treze Colônias desenvolveram certas peculiaridades econômicas, políticas e culturais. Sem contar com um modelo homogêneo de exploração colonial, os habitantes dessa região tinham uma relação diferente com sua metrópole. Nas treze colônias norte-americanas, a Inglaterra concedia certo grau de liberdade política e econômica, o que permitira o florescimento de um espírito autônomo e a consolidação de diferentes formas de exploração do território: no sul, uma economia baseada nas plantações de exportação sustentada pelo trabalho escravo; no norte, uma economia baseada em pequenas propriedades e em atividades comerciais. A situação política interna da metrópole estava conturbada pelo envolvimento em guerras na Europa — por exemplo, a Guerra dos Sete Anos (1756-1763). Por conta do esvaziamento dos cofres públicos do país, a Inglaterra resolveu enrijecer suas relações com as colônias. Por exemplo, em 1764, promulgou-se a Lei do Açúcar, pela qual os colonos deviam pagar uma taxa adicional sob qualquer carregamento de açúcar que não pertencesse às colônias britânicas, ameaçando-se assim sua autonomia econômica. Seguiram-se outras leis do mesmo teor: Lei do Selo, que exigia a compra de um selo presente em todos os documentos que circulassem pelo território; Lei do Chá, que obrigava a colônia a consumir somente o chá oriundo das embarcações britânicas. Diante dessa situação e inspirados pelos escritos de filósofos como John Locke e Thomas Paine, contrários à dominação colonial, os colonos norte-americanos promoveram, em dezembro de 1773, uma revolta contra o monopólio do chá. A resposta da Inglaterra foi endurecer suas medidas. Em 1775, o Primeiro Congresso da Filadélfia reivindicou o fim das exigências metropolitanas; e o Segundo Congresso da Filadélfia, de 1776, registrou o rompimento definitivo com a Inglaterra e a proclamação da independência. Não reconhecendo as resoluções do Congresso da Filadélfia, a Inglaterra entrou em conflito bélico contra as treze colônias — a chamada Guerra de Independência das Treze Colônias. Apoiados pelos franceses, inimigos históricos da Inglaterra, as colônias venceram a guerra, tendo sua independência reconhecida em 1783. Adotando um sistema político republicano e federalista, os Estados Unidos promulgaram sua carta constitucional em 1787. Os ideais de liberdade e prosperidade defendidos pelos fundadores da república norte-americana não refletiam a situação econômica desigual dos estados do norte e do sul. Tais diferenças acabaram por promover um conflito interno: a Guerra de Secessão.

A revolução política que ocorreu na França no século XVIII foi gestada no seio de uma revolução cultural realizada pelo movimento intelectual chamado Iluminismo, criado por literatos, médicos, filósofos e jornalistas membros da burguesia nascente. Para se contrapor ao passado, os pensadores que integravam esse movimento definiram seu tempo histórico como o século das luzes. Afirmavam que o homem é naturalmente bom, mas corrompido pela sociedade com o passar do tempo. Por isso, a restauração de uma sociedade justa, com direitos iguais a todos, proporcionaria a felicidade comum. Por essa razão, recusavam as tradições religiosas bem como o absolutismo do rei e os privilégios da nobreza e do clero. Voltaire (1694-1778) defendia a liberdade de pensamento e a tolerância religiosa; Jean-Jacques Rousseau (1712-1778) afirmava a concepção de um Estado democrático que garantisse igualdade para todos; Montesquieu (1689-1755) propunha a divisão do poder político em Legislativo, Executivo e Judiciário; Denis Diderot (1713-1784) e Jean Le Rond d'Alembert (1717-1783) organizaram uma enciclopédia que compendiava todos os saberes filosóficos da época.

Esse grupo de pensadores impulsionou a revolução política e social que levou, em meados do século XVIII, à derrubada do Antigo Regime, forma de organização social marcada pela divisão hierárquica em classes sociais e por extrema injustiça social. A situação da França no século XVIII era, portanto, de extrema injustiça social. Isso desencadeou, em 1789, a Revolução Francesa. Diante da grave situação social, o nível de insatisfação popular tornou-se tão grande que o povo foi às ruas com o objetivo de tomar o poder e arrancar do governo a monarquia comandada pelo rei Luis XVI. O primeiro alvo dos revolucionários foi a Bastilha, a prisão utilizada pela monarquia para punir os dissidentes. A Queda da Bastilha, em 14 de julho de 1789, marcou o início do processo revolucionário, durante o qual grande parte da nobreza deixou a França. A família real foi capturada enquanto tentava fugir do país, e o rei Luis XVI e sua esposa, Maria Antonieta, foram guilhotinados em 1793. Os bens da Igreja foram confiscados. Em agosto de 1789, a Assembleia Constituinte cancelou todos os direitos feudais e promulgou a Declaração dos Direitos do Homem e do Cidadão, inspirada nos princípios da liberdade, igualdade e fraternidade, e que trazia significativos avanços sociais, garantindo direitos iguais aos cidadãos e maior participação política para o povo.

Após a revolução, os líderes do movimento começaram a se dividir: os girondinos, que representavam a alta burguesia, eram contrários à participação política dos trabalhadores urbanos e rurais; os jacobinos, liderados por Robespierre e Saint-Just, representavam a baixa burguesia e defendiam uma maior participação popular no governo.

Em 1792, os radicais liderados por Robespierre, Danton e Marat assumiram o poder, e suas guardas nacionais receberam ordens para matar qualquer oposicionista do novo governo. Iniciou-se o período chamado de terror, em que muitos integrantes da nobreza e outros franceses de oposição foram condenados à morte, e dominavam a violência e a radicalização política. Em 1795, os girondinos assumiram o poder, instalando um novo governo e promulgando uma nova Constituição que garantia o poder da burguesia e ampliava seus direitos políticos e econômicos. O poder foi assumido pelo general francês Napoleão Bonaparte.

As revoluções que marcaram os séculos XVII e XVIII, que brevemente descrevemos, causaram uma transformação na concepção da temporalidade: os atores dos movimentos revolucionários, confrontados com a urgente questão de decisões a tomar para suas ações, fizeram uso do passado, especialmente do antigo ou recente, mas ao mesmo tempo proclamaram sua recusa da imitação dos exemplos anteriores.

> Eles afirmaram a absoluta novidade do seu empreendimento (o novo calendário, por exemplo, como expressão de um novo tempo). Como se tivessem um pé numa margem e o segundo na outra (Saint Just, por exemplo, no *Rapport du 26 Germinalan II*: "Nada desprezai, mas nada imitai do que ocorreu antes de vós; o heroísmo não tem modelos") (Hartog, 1993, p. 301).

Promove-se assim a concepção da aceleração do curso da história pela ação humana e a visão de uma distância insuperável entre o passado e o presente: esses fatores levarão a um novo regime de temporalidade, o regime moderno, que irá se consolidar ao longo do século XIX. Ao enfatizar que o presente é moldado pela afirmação das Luzes da Razão, os pensadores iluministas contrapõem-no ao passado medieval, rotulado negativamente de Idade das Trevas.

A filosofia da Modernidade e a nova visão de experiência

Nesse âmbito, surgem duas orientações filosóficas que tematizam a importância da ciência experimental como novo método de conhecimento e buscam uma renovação da filosofia a partir de uma concepção de razão inerente ao método científico. Por um lado, a perspectiva empirista, inicialmente proposta por Francis Bacon, preconiza uma ciência sustentada pela observação, pela experimentação, pela formulação indutiva de leis. Por outro lado, o racionalismo de Descartes busca na razão os recursos para a fundamentação da certeza científica.

Esse processo leva a um questionamento acerca da concepção de experiência assim como entendida pela tradição ocidental. Conforme H. Arendt assinala, a revolução científica e sua interpretação pelas filosofias da Idade Moderna comportam a entrada, na cena da história, do *homo faber*, capaz de fazer e de fabricar — inclusive a si mesmo. Essa nova visão do mundo acarreta, como consequência, uma nova concepção do conhecimento segundo a qual a verdade e a realidade não são dadas nem se revelam imediatamente na aparência. Se a concepção tradicional de experiência baseava-se no pressuposto de que o real se revela por si mesmo, sendo as faculdades humanas adequadas para reconhecê-lo e recebê-lo, questiona-se agora a certeza de que "os sentidos como um todo integram o homem à realidade que o rodeia" (Arendt, 1999, p. 287). Portanto, perde-se a nítida separação entre ser e aparência. Dessa forma, na Modernidade, o termo experiência passa a designar a concepção do real que o homem elabora através de diversos métodos de conhecimento, dentre os quais o mais fidedigno é o experimento científico.

Nesse mesmo período, porém, vários são os pensadores que discordam dessas posições. Entre eles, o filósofo italiano Giambattista Vico (1668-1744). Vico aponta os perigos derivantes da afirmação da validade universal do método matemático para o conhecimento das ciências da natureza e das ciências morais, por não abarcar todos os aspectos da experiência do mundo natural e humano. Vico afirma que, além de o método matemático ser insuficiente para o conhecimento da natureza e do homem, ele se baseia no procedimento cognitivo do raciocínio, que não é o primeiro a se desenvolver no homem. Nessa perspectiva, na obra *Ciência nova* (1744), ele resgata a importância da memória, da imaginação e da fantasia, e a necessidade de uma educação intelectual atenta ao seu desenvolvimento; reafirma a importância do senso comum, definido como "um juízo sem reflexão, comumente sentido por toda uma ordem, todo um povo, toda uma nação, ou por todo o gênero humano" (Vico, 1744 *apud* Abbagnano, 2003, p. 873). Com efeito, o conhecimento por meio dos sentidos externos e internos, para Vico, proporciona ao homem a sabedoria, ou seja, um saber voltado a regrar a ação humana de maneira que esta não seja resultado da pura reatividade.

A filosofia de René Descartes inaugura efetivamente a Idade Moderna: trata-se da primeira tentativa bem-sucedida de pensar a realidade a partir dos novos pressupostos que caracterizam a posição cultural da época. Inicia-se também o percurso que irá colocar os alicerces para uma nova ciência da mente e uma nova ciência do corpo. Os saberes psicológicos darão lugar ao conhecimento dos objetos por eles abordados, com base no método científico. Tratar-se-á então de um domínio de saber unificado: a psicologia. O termo criado por Marcus Marulus será então assumido pela filosofia na operação intelectual que coloca os alicerces de uma nova ciência do homem. Mais tarde, essa nova ciência se constituirá de forma autônoma reivindicando independência inclusive de seu berço filosófico. Portanto, termina aqui nosso percurso de reconstrução da história dos saberes psicológicos. Neste capítulo acenaremos aos principais alicerces filosóficos que se fizeram necessários para articular o projeto da psicologia científica, sem a pretensão de esgotar o tema.

Eixo estruturante A construção do arcabouço conceitual dos saberes psicológicos no âmbito dos conhecimentos especulativos: a mente e o corpo segundo Descartes, e as raízes conceituais da psicologia moderna

Biografia

René Descartes (1596-1650) recebe sua formação escolar no colégio jesuíta de La Fleche, e posteriormente estuda na universidade de Poitiers. Destaca-se pelos conhecimentos matemáticos e filosóficos. Realiza diversas viagens e participa da guerra contra a Espanha (1617-1620). Na Holanda, dedica-se ao estudo, escrevendo a maior parte de seus tratados. Convidado à Suécia pela rainha Cristina, desejosa de aprender seu sistema filosófico, transfere-se para Estocolmo, onde falece, em 1650, em decorrência de uma pneumonia.

Seus textos mais importantes: *Discurso do método* (1637); *Regras para a direção do espírito* (1628); *Meditações metafísicas* (1638-1642); *Meditações acerca da primeira filosofia* (1641); *Tratado das paixões da alma* (1644).

A posição filosófica de Descartes

Diante da percepção aguda da crise dos tradicionais sistemas de saber, Descartes afirma a necessidade de um novo método de conhecimento para alcançar a certeza. Ao fazer isso expressa a consciência contemporânea acerca da crise da filosofia clássica e medieval e assinala a exigência de uma mudança. Com efeito, na cultura contemporânea de Descartes, a evidência da realidade, ou seja, a presença da verdade não é mais tomada como dado adquirido, e sim problematizada. Por outro lado, como ele mesmo afirma, em seu *Discurso do método*, o filósofo francês é movido por um intenso desejo de aprender a distinguir a verdade da mentira para discernir com clareza acerca das próprias ações e desse modo alcançar a segurança do caminho a percorrer na vida. Essa busca o conduzirá a uma indagação filosófica que, superando a metafísica clássica e medieval, propõe um novo método para orientar a razão na busca da verdade.

Esse método, chamado de dúvida metódica, consiste na análise de todas as ideias, eliminando aquelas que se apresentam como dúbias, e retendo apenas as ideias que não suscitam qualquer tipo de dúvida. Descartes aplica a si mesmo esse método isolando-se num quarto aquecido ao longo de vários dias, onde empreende suas reflexões. Ao colocar assim em dúvida todos os conhecimentos possuídos, ele chega ao resultado de que existe uma única verdade totalmente livre de dúvida: o fato de que ele está pensando. Deduz então disso que, se pensa, existe ("Penso, logo existo"). Para Descartes, então o próprio pensamento é a verdade absolutamente firme, certa e segura, que constitui o princípio básico de toda a filosofia.

Em suma, para realizar a reconstituição do saber, é necessário submeter todos os conhecimentos já adquiridos ao teste da dúvida, de modo a alcançar os conhecimentos efetivamente verdadeiros, ou seja, aqueles que as dúvidas não conseguem derrubar. Através desse procedimento, Descartes alcança a certeza fundamental: penso, logo existo. Ou seja, o eu existe visto que pensa, mesmo que pense algo falso. Essa afirmação encontra-se na quarta parte do *Discurso do método*.

> Percebi logo que, querendo eu pensar desse modo que tudo é falso, era necessário que eu, que o pensava, fosse alguma coisa; e observando que esta verdade: "eu penso, logo sou", era tão firme e segura que as mais extravagantes suposições dos cépticos não são capazes de comovê-la, julguei que poderia recebê-la sem escrúpulo, como o primeiro princípio (2001, p. 38).

Ao fazer isso, Descartes pretende reafirmar a confiança no homem e no poder da razão como instrumento da busca da verdade, num momento histórico marcado ao mesmo tempo pelo entusiasmo pela ciência e pela incerteza e pelo desatino diante das possibilidades imprevisíveis de posicionamento da liberdade dos indivíduos e dos povos (guerras, rupturas sociais e religiosas).

As *Regras para a busca da verdade*, que Descartes propõe como parte de um novo método de uso da razão, são baseadas no conhecimento matemático, por ser esse saber mais rigoroso e garantia da certeza. Com efeito, segundo o filósofo, a matemática possui duas características essenciais para alcançar um conhecimento certo e evidente: a ordem e a medida. Desse modo, qualquer disciplina que logre constituir em conhecimento certo e evidente deve assumir o modelo das ciências matemáticas. As quatro regras para a busca da verdade colocadas no *Discurso do método* por Descartes são: a regra da evidência (acolher, como verdadeiro, somente o que é evidente); o uso da análise (dividir o problema em partes para solucioná-lo); a regra da síntese (ordenar os pensamentos desde o mais simples até o mais complexo); a regra da enumeração (controlar o percurso do raciocínio).

Essas regras evidenciam um uso da razão que não busca mais alcançar o universal (conforme era o de Platão e da filosofia grega e medieval de modo geral), mas o mais simples.

Segundo Arendt (1999), Descartes introduz a dúvida metódica e resolve-a afirmando que os processos que se passam na mente do homem são dotados de certeza própria e podem ser investigados, de modo que o homem, e não a realidade, passa a ser a fonte da certeza. O pressuposto implícito dessa doutrina é que a mente pode conhecer apenas aquilo que ela mesma produz e retém dentro de si, sendo a ciência matemática o campo exemplar desse poder. O senso comum entendido como sentido de ajustamento de todos ao mundo passa a ser uma faculdade interior: o que os homens têm em comum não é mais o mundo, mas a estrutura da mente. Dilui-se a conexão entre pensamento e experiência dos sentidos, substituída pelo mundo da experimentação científica.

Proposição de um novo conceito de mente

Do procedimento da dúvida metódica decorre que o pensamento, para Descartes, é sinônimo de mente e pode ser conhecido anteriormente ao conhecimento do corpo. Essa afirmação impõe uma reviravolta da tese tradicional, segundo a qual o conhecimento dos corpos precede o conhecimento reflexivo do eu acerca de si mesmo, sendo o conhecimento do eu possível somente a partir do conhecimento do mundo externo. A teoria do conhecimento de Descartes, portanto, tem consequências muito importantes no que diz respeito à concepção de homem.

No *Discurso do método*, ao afirmar a autonomia e a primazia do pensamento, Descartes postula também a distinção entre a mente e o corpo:

> Examinei a seguir atentamente o que eu era, e vendo que podia imaginar que não tinha corpo algum e que não havia mundo nem lugar algum em que eu me encontrasse, mas que não podia por isso mesmo imaginar que eu não fosse, e sim pelo contrário, pelo mesmo fato de pensar em duvidar da verdade das outras coisas, seguia-se muito certa e evidente que eu era, ao passo que somente ao deixar de pensar, embora tudo o mais que havia imaginado fosse verdade, já não tinha razão alguma para crer que eu era; conheci por isso que eu era uma substância cuja essência e natureza toda é pensar, e que não necessita, para ser, de lugar algum, nem depende de coisa alguma material; de sorte que este eu, isto é, a alma (mente), pela qual eu sou o que sou, é inteiramente distinta do corpo, e até mais fácil de conhecer que este e, ainda que o corpo não fosse, a alma (mente) não deixaria de ser quanto é (2001, p. 31).

Para Descartes, o pensamento é a consciência, e a consciência compreende a vontade, o intelecto, a imaginação, os sentidos: "Que sou pois? Uma coisa que pensa. Que é uma coisa que pensa? É uma coisa que duvida, entende, concebe, afirma, nega, quer, não quer e também imagina e sente" (*Meditationes de prima philosophia*, 2004, p. 28).

Nas *Meditationes de prima philosophia*, na segunda parte, Descartes aprofunda o significado de conhecer a si mesmo:

Arquimedes, para levantar a terra e transportá-la a outro lugar, só pedia um ponto de apoio firme e imóvel; eu também terei direito a conceber grandes esperanças se tiver a sorte de encontrar uma só coisa que seja certa e indubitável [...].
Havendo pensado e examinado cuidadosamente tudo, há que concluir por último e ter por constante a proposição seguinte: "eu sou, eu existo" é necessariamente verdadeira, enquanto a estou pronunciando ou concebendo em meu espírito.
Porém, eu, que estou certo de que sou, não conheço ainda com suficiente clareza quem sou; de sorte que daqui por diante devo ter muito cuidado de não confundir, por imprudência, alguma outra coisa comigo, e de não me equivocar neste conhecimento, que sustento ser mais certo e evidente que todos os que tive anteriormente (Descartes, 2004, p. 42 *apud* Marias, 1975, p. 178-9).

A partir da certeza fundamental do eu pensante é possível conhecer a realidade: Deus (Ele é o garante das nossas capacidades de conhecimento); e o mundo (uma máquina composta de matéria e movimento).

Proposição de um novo conceito de corpo

Descartes propõe o modelo da máquina (mecanicismo) como recurso para conhecer o corpo humano e o mundo material e biológico. O mundo é uma máquina cujos componentes são matéria e movimento (mecanicismo). Inclusive a vida se explica em termos de mecanismo. Não é necessário postular a existência de uma alma, ou princípio vital: "Se houvesse máquinas que tivessem órgãos e figura externa de um mono ou de outro animal qualquer desprovido de razão, não haveria meio algum que nos permitisse conhecer que não são em tudo de natureza igual a esses animais" (Descartes, 2001, p. 53 *apud* Marias, 1975, p. 181).

Os movimentos naturais que delatam as paixões podem ser imitados pelas máquinas e pelos animais. O corpo humano é comparado por ele, várias vezes, a um relógio. O princípio de seu funcionamento não é a alma, ou princípio vital, e sim o movimento mecânico. No *Traité de l'homme*, Descartes descreve o corpo humano como

> uma estátua ou máquina de terra que Deus forma expressamente para fazê-la o mais semelhante a nós quanto possível, de sorte que não só lhe dá por fora a cor e a figura de todos nossos membros, como ainda põe dentro todas as peças que se requerem para que ande, coma, respire, e enfim, imite todas aquelas nossas funções que se podem imaginar procedentes da matéria e só dependentes da disposição dos órgãos. Vemos relógio, fontes artificiais, moinhos e outras máquinas semelhantes que, embora estando feitas só por homens, não deixam de ter a faculdade de se moverem por si mesmas de vários modos diversos; dir-vos-ei que, quando Deus une uma alma racional a esta máquina, como pretendo dizer-vos mais adiante, dar-lhe-á sua sede principal no cérebro e a fará de tal natureza que, segundo os diversos modos como se abram, por meio dos nervos, as entradas dos poros que há na superfície interior do cérebro, terá diferentes sentimentos (Lib. I, 1-2, III, 28 *apud* Marias, 1975, p. 184-5).

A relação mente-corpo

A afirmação de que o homem é composto pelo corpo (*res extensa*) e pela mente (*res cogitans*) funda o dualismo que caracteriza a metafísica de Descartes. Permanece o problema de explicar como é possível a unidade mente e corpo, sendo duas substâncias separadas, na vida concreta do ser humano. Segundo o filósofo, a comunicação entre as duas substâncias diferentes se dá num órgão corpóreo: a glândula pineal. De fato, no *Traité des passions de l'âme* (livro 1, cap. 34), Descartes propõe a hipótese de que a sede principal da alma é a glândula pineal, que se encontra bem no meio do cérebro, irradiando ao corpo inteiro por meio dos espíritos, dos nervos e do sangue que, ao "participar das impressões dos espíritos, pode levá-los pelas artérias a todos os membros".

O conceito cartesiano de homem está na origem da psicologia moderna. O conceito clássico de homem como unidade psicossomática de espírito, alma e corpo, Descartes o substitui pelo conceito dualista de homem como composto de mente e corpo:

> Visto que sei por certo que existo e, não obstante, não advirto que a minha natureza ou a minha essência lhe convenha necessariamente outra coisa, mas que eu sou algo que pensa, concebo muito bem que minha essência consiste somente em ser algo que pensa, ou ser uma substância cuja essência ou natureza toda é só pensar.
>
> E mesmo que, por acaso, ou melhor, certamente, como direi depois, eu tenha um corpo ao qual estou estreitamente unido, no entanto, visto que por um lado tenho uma ideia clara e distinta de mim mesmo, segundo a qual sou só algo que pensa e não extenso e, por outro lado, tenho uma ideia distinta do corpo, segundo a qual este é uma coisa extensa, que não pensa, torna-se claro que eu, isto é, minha mente, pela qual sou o que sou, é inteira e verdadeiramente distinta do meu corpo, podendo ser e existir sem o corpo (Descartes, 2004, p. 42).

Para Descartes, a divisão mente-corpo fundamenta a tese da imortalidade da alma. No mesmo texto, Descartes estabelece a diferença substancial entre mente e corpo. O corpo é divisível, a mente é indivisível: "Quando considero o espírito, isto é, a mim mesmo, enquanto sou apenas uma coisa que pensa, não posso distinguir em mim partes, mas pelo contrário conheço e concebo muito claramente que sou uma coisa absolutamente uma e inteira" (Descartes *apud* Marias, 1975, p. 183).

Mesmo tratando-se das faculdades de querer, sentir etc., elas são partes de um único espírito. Pelo contrário, somente posso conhecer o corpo pelo fato de que ele é divisível: "não posso imaginar nenhuma coisa corporal ou extensa, por pequena que seja, que meu pensamento não desfaça em pedaços ou que meu espírito não divida facilmente em várias partes, e, por conseguinte, a conheça como divisível" (*idem*).

Em suma, Descartes modifica profundamente a visão de homem e o método de seu conhecimento, próprios da tradição cultural precedente, descartando a definição de homem enquanto animal racional e afirmando que o pensamento é o único atributo que não pode ser separado do eu; ao mesmo tempo adota o mecanicismo como modelo de conhecimento da corporeidade humana. O mecanicismo implica que o corpo seja submetido ao mesmo tipo de determinismo, ou seja, de relação causa-efeito, que ordena o mundo da matéria em movimento. A discussão acerca dos afetos (paixões) da alma é expressiva dessa posição.

Das paixões em geral e ocasionalmente de toda a natureza do homem

Art. 4. Que o calor e o movimento dos membros procedem do corpo, e os pensamentos, da alma.
Assim, por não concebermos que o corpo pense de alguma forma, temos a razão de crer que toda espécie de pensamento em nós existente pertence à alma; e, por não duvidarmos de que haja corpos inanimados que podem mover-se de tantas diversas maneiras como as nossas, ou mais do que elas, e que possuem tanto ou mais calor (o que a experiência mostra na chama, que possui, ela só, muito mais calor e movimento do que qualquer de nossos membros), devemos crer que todo calor e todos os movimentos em nós existentes, na medida em que não dependem do pensamento, pertencem apenas ao corpo.

Art. 34. Como agem a alma e o corpo um contra o outro.
Concebamos, pois, que a alma tem sua sede principal na pequena glândula que existe no meio do cérebro, de onde irradia para todo o resto do corpo, por intermédio dos espíritos, nos nervos e mesmo do sangue, que, participando das impressões dos espíritos, podem levá-los pelas artérias a todos os membros; e lembrando-nos do que já foi dito acima a respeito da máquina de nosso corpo, a saber, que os pequenos filetes de nossos nervos acham-se de tal modo distribuídos em todas as suas partes que, por ocasião dos diversos movimentos aí provocados pelos objetos sensíveis, abrem diversamente os poros do cérebro, o que faz com que os espíritos

animais contidos nessas cavidades entrem diversamente nos músculos, por meio do que podem mover os membros de todas as diversas maneiras que estes são capazes de ser movidos, e também que todas as outras causas que podem mover diversamente os espíritos bastam para conduzi-los a diversos músculos; juntemos aqui que a pequena glândula, que é a principal sede da alma, está de tal forma suspensa entre as cavidades que contêm esses espíritos que podem ser movidas por eles de tantos modos diversos quantas as diversidades sensíveis nos objetos; mas que pode também ser diversamente movida pela alma, a qual é de tal natureza que recebe em si tantas impressões diversas, isto é, que ela tem tantas percepções diversas quantos diferentes sobrevêm nessa glândula; como também, reciprocamente, a máquina do corpo é de tal forma composta que, pelo simples fato de ser essa glândula diversamente movida pela alma ou por qualquer outra causa que possa existir, impele os espíritos animais que a circundam para os poros do cérebro, que os conduzem pelos nervos aos músculos, mediante o que ela os leva mover os membros.

Art. 35. Exemplo da maneira como as impressões dos objetos se unem na glândula que fica no meio do cérebro.
Assim, por exemplo, se vemos algum animal vir em nossa direção, a luz refletida de seu corpo pinta duas imagens dele, uma em cada um de nossos olhos, e essas duas imagens formam duas outras, por intermédio dos nervos óticos, na superfície interior do cérebro defronte às suas concavidades; daí, em seguida, por intermédio dos espíritos que enchem suas cavidades, essas imagens irradiam de tal sorte para a pequena glândula envolvida por esses espíritos que o movimento componente de cada ponto de uma das imagens tende para o mesmo ponto da glândula para o qual tende o movimento que forma o ponto da outra imagem, a qual representa a mesma parte desse animal, por meio do que as duas imagens existentes no cérebro compõem apenas uma única na glândula, que, agindo imediatamente contra a alma, lhe faz ver a figura desse animal.

Art. 36. Exemplo da maneira como as paixões são excitadas na alma.

E, além disso, se essa figura é muito estranha e muito apavorante, isto é, se ela tem muita relação com as coisas que foram anteriormente nocivas ao corpo, isso excita na alma a paixão do medo e, em seguida, a da ousadia, ou então a do temor e a do terror, conforme o diverso temperamento do corpo ou a força da alma, conforme nos tenhamos precedentemente garantido pela defesa ou pela fuga contra as coisas prejudiciais com as quais se relaciona a presente impressão; pois isso dispõe o cérebro de tal modo, em certos homens, que os espíritos refletidos da imagem assim formada na glândula seguem, daí, parte para os nervos que servem para voltar as costas e mexer as pernas para a fuga, e parte para os que alargam ou encolhem de tal modo os orifícios do coração, ou então que agitam de tal maneira as outras partes de onde o sangue lhe é enviado, que este sangue, rarefazendo-se aí de forma diferente da comum, envia espíritos ao cérebro que são próprios para manter abertos ou então abrir de novo os poros do cérebro que os conduzem aos mesmos nervos; pois, pelo simples fato de esses espíritos entrarem nesses poros, excitam um movimento particular nessa glândula, o qual é instituído pela natureza para fazer sentir à alma essa paixão, e, como esses poros se relacionam principalmente com os pequenos nervos que servem para apertar ou alargar os orifícios do coração, isso faz que a alma sinta principalmente como que no coração (Descartes, 1998, p. 29, 51-54).

Eixo estruturante *A construção do arcabouço conceitual dos saberes psicológicos no âmbito dos conhecimentos especulativos*: Baruch de Espinoza — do panteísmo à concepção determinista do ser humano e a necessidade do Estado

Outra contribuição filosófica significativa para a história dos saberes psicológicos, sobretudo por sua doutrina acerca do determinismo e sua conceituação antropológica nela fundamentada, é a de Espinoza.

Biografia

Baruch de Espinoza nasceu em Amsterdã, nos Países Baixos, no seio de uma família judaica portuguesa (expulsa da Espanha em 1492) em 1632, e faleceu em 1677. Foi um profundo estudioso da Bíblia, do Talmude e de obras de autores como Maimônides, Ben Gherson, Ibn Reza, Hasdai Crescas, Ibn Gebirol, Moisés de Córdoba e outros. Dedicou-se ao estudo da filosofia, desde Sócrates, Platão, Aristóteles, Demócrito, Epicuro, Lucrécio e também Giordano Bruno. Sua teoria filosófica se destaca pela ontologia panteísta (Deus é a natureza naturante) e monista; sua ética foi escrita sob a forma de postulados e definições, como se fosse um tratado de geometria. No verão de 1656, a Sinagoga Portuguesa de Amsterdã o puniu com o Chérem, banindo-o da comunidade judaica, pelos seus postulados a respeito de Deus (afirmava que Deus é o mecanismo imanente da natureza e do universo) e da Bíblia (que considerava uma obra metafórico-alegórica que não exprime a verdade sobre Deus). Após a expulsão, Espinoza dedicou-se aos estudos filosóficos e escreveu seus tratados filosóficos, a partir de 1657. Seus livros publicados *post mortem* e escritos em latim são: *Ética demonstrada à maneira dos geômetras* (*Ethica Ordine Geometrico Demonstrata*), escrito em Rhynsburg (1675); *Tratado político* (depois incluído na Ética) (1665); *Tratado do arco-íris*; escritos em holandês: um breve *Tratado sobre Deus e o homem* (foi um esboço da Ética). Os livros publicados em vida são: *Melhoramento do intelecto* [*De intellectus emendatione*]; *Tratado sobre a religião e o Estado* [*Tractatus theologico politicus*].

Posição filosófica

Segundo Espinoza, Deus e natureza são dois nomes que definem uma única realidade: a única substância em que consiste o universo e da qual todas as entidades menores constituem modalidades ou modificações. *Deus sive natura* ("Deus, ou seja, a natureza", em latim), ou seja, Deus é um ser de infinitos atributos, entre os quais apenas dois — a extensão (sob o conceito atual de matéria) e o pensamento — são conhecidos por nós. Espinoza trata os mundos físico e mental como dois mundos fenomênicos diferentes, ou submundos paralelos, que nem se sobrepõem nem interagem, mas coexistem em uma coisa só, que é a substância.

Decorrente dessa metafísica, Espinoza também propõe uma espécie de determinismo, segundo o qual absolutamente tudo o que acontece ocorre através da operação da necessidade, e nunca da contingência.

O determinismo psíquico

Para Espinoza, até mesmo o comportamento humano seria totalmente determinado, coincidindo então a liberdade com a nossa capacidade de saber que somos determinados e compreender os motivos pelos quais agimos como agimos. Desse modo, a liberdade não é a possibilidade de dizer "não" àquilo que nos acontece, mas de dizer "sim" e compreender completamente os motivos pelos quais as coisas deverão acontecer de determinada maneira. Portanto, não existe no ser humano a vontade considerada como faculdade autônoma, agente causal livre. Para Espinoza, a vontade se identifica com o intelecto, cabendo a ela o reconhecimento das ideias da mente.

A filosofia de Espinoza tem algo em comum com o estoicismo, mas difere deste num aspecto importante: rejeita fortemente a afirmação de que a razão pode dominar a emoção. À natureza dos afetos, Espinoza dedica uma parte importante de sua *Ética*: nesta, ele se propõe a tratar dos "vícios e das maldades dos homens, de modo geométrico", ou seja, analisando à luz da razão o que parece irracional e absurdo. Segundo o filósofo, o afeto refere-se às afeições do corpo e da mente. Os afetos são modificações impostas pelo movimento e pelo repouso de outros corpos; quando decorrem de uma causa externa são chamados de paixões; quando decorrem de uma causa interior ao homem são chamados de ações. A ação fundamental do homem é o *conatus*, que corresponde ao desejo de ser. "Não é por julgarmos uma coisa boa que nos esforçamos por ela, que a queremos, que a apetecemos, que a desejamos, mas, ao contrário, é por nos esforçarmos por ela, por querê-la, por apetecê-la, por desejá-la, que a julgamos boa" (Espinoza, 2009).

Quando o *conatus* se refere à mente, denomina-se de vontade; quando se refere ao corpo, denomina-se de apetite. O *conatus* obedece à lei determinista que leva à autoconservação. É o motor fundamental dos processos psíquicos.

Para Espinoza, é ilusão dos homens o pensamento de que suas ações resultam de uma livre decisão da mente: tal ilusão é consequência de eles serem conscientes apenas de suas ações, enquanto ignoram as causas pelas quais são determinados. Essa ignorância faz com que suas ações sejam mais facilmente determinadas pelas paixões. Isso é o que ele chama de primeiro gênero de conhecimento, imaginação ou ideias inadequadas (a consciência de nossos afetos, e a inconsciência do que os determina). O segundo gênero de conhecimento são as noções comuns ou ideias adequadas, que se caracterizam pela consciência daquilo que nos determina a agir. O segundo gênero de conhecimento acarreta alegria e impulsiona a atividade; o primeiro induz tristeza e passividade.

À medida que o indivíduo reconhece os afetos que vivencia como elementos necessários do curso da natureza, ele se torna livre; se, pelo contrário, é determinado pelos afetos sem que seja consciente, é escravo. Essa antropologia fundamenta também a teoria política do filósofo: o Estado adquire um papel ordenador dos afetos humanos dos indivíduos, na medida em que tais afetos podem ser conflitantes. Somente o Estado pode proporcionar ordem e paz aos cidadãos.

> Uma criancinha acredita apetecer, livremente, o leite; um menino furioso, a vingança; e o intimidado, a fuga. Um homem embriagado também acredita que é pela livre decisão

de sua mente que fala aquilo sobre o qual, mais tarde, já sóbrio, preferiria ter calado. Igualmente, o homem que diz loucuras, a mulher que fala demais, a criança e muitos outros do mesmo gênero acreditam que assim se expressam por uma livre decisão da mente, quando, na verdade, não são capazes de conter o impulso que os leva a falar. Assim, a própria experiência ensina, não menos claramente que a razão, que os homens se julgam livres apenas porque são conscientes de suas ações, mas desconhecem as causas pelas quais são determinados. Ensina também que as decisões da mente nada mais são do que os próprios apetites: elas variam, portanto, de acordo com a variável disposição do corpo. Assim, cada um regula tudo de acordo com o seu próprio afeto e, além disso, aqueles que são afligidos por afetos opostos não sabem o que querem, enquanto aqueles que não têm nenhum afeto são, pelo menor impulso, arrastados de um lado para outro. Sem dúvida, tudo isso mostra claramente que tanto a decisão da mente quanto o apetite e a determinação do corpo são, por natureza, coisas simultâneas, ou melhor, são uma só e mesma coisa, que chamamos decisão quando considerada sob o atributo do pensamento e explicada por si mesma, e determinação, quando considerada sob o atributo da extensão e deduzida das leis do movimento e do repouso (Espinoza, *Ética*, parte 3, prol. 2 esc, 2007, p. 40).

Tratado Político

4. Visando a Política, não quis, por consequência, aprovar fosse o que fosse de novo ou desconhecido, mas somente estabelecer, através de razões certas e indubitáveis, o que melhor concorda com a prática. Noutros termos, no deduzir do estudo da natureza humana, e para contribuir para este estudo com a mesma liberdade de espírito que é costume contribuir para as investigações matemáticas, tive todo o cuidado em não ridicularizar as ações dos homens, não as lamentar, não as detestar, mas adquirir delas verdadeiro conhecimento. Considerei também as emoções humanas, tais como o amor, o ódio, a cólera, a inveja, a soberba, a piedade e outras inclinações da alma, não como vícios, mas como propriedades da natureza humana: maneiras de ser que lhe pertencem como

o calor e o frio, a tempestade, a trovoada e todos os meteoros pertencentes à natureza atmosférica.

Seja qual for a perturbação que possam ter para nós essas intempéries, elas são necessárias, pois têm causas determinadas de que nos preocupamos em conhecer a natureza, e quando a alma possui o verdadeiro conhecimento dessas coisas, usufrui dele de tal modo como do conhecimento do que dá prazer aos nossos sentidos.

5. Se, portanto, a natureza humana estivesse disposta de tal modo que os homens vivessem seguindo unicamente as prescrições da razão, e se todo seu esforço tendesse apenas para isso, o direito natural, enquanto se considerasse o que é próprio do gênero humano, seria determinado somente pela capacidade da razão. Mas os homens são mais conduzidos pelo desejo cego que pela razão, e, por conseguinte, a capacidade natural dos homens, isto é, o seu direito natural deve ser definido não pela razão, mas por toda a vontade que os determina a agir e através do que se esforçam por se conservar. Confesso, na verdade, que esses desejos que não têm a sua origem na razão não são tanto ações como paixões humanas. Mas como se trata aqui do poder universal da natureza, que é a mesma coisa que o direito natural, não podemos reconhecer neste momento nenhuma diferença entre os desejos que a razão engendra em nós ou que têm outra origem: uns e outros, efetivamente, são efeitos da natureza e manifestam a força natural pela qual o homem se esforça por perseverar no seu ser. Quer seja sábio ou insensato, o homem é sempre parte da natureza, e tudo aquilo através do qual é determinado a agir deve ser relacionado com o poder da natureza, tal como este pode ser definido pela natureza deste ou daquele homem. Quer seja conduzido pela razão ou apenas pelo desejo, o homem, efetivamente, nada faz que não esteja conforme com as leis e regras da natureza, isto é, em virtude do direito natural (Espinoza, *Tratado político*, 2003, p. 21).

Eixo estruturante *A construção do arcabouço conceitual dos saberes psicológicos no âmbito dos conhecimentos especulativos*: empirismo: aplicação do método científico ao conhecimento da natureza humana

O empirismo é o movimento filosófico nascido na Inglaterra que fundamenta do ponto de vista teórico os alicerces da nova mentalidade da Idade Moderna, sobretudo no que diz respeito à conceituação da experiência humana.

Os representantes mais importantes do empirismo filosófico são: John Locke, 1632-1704; George Berkeley, 1685-1753; David Hume, 1711-1776.

John Locke e sua teoria da mente humana

Locke busca em sua filosofia solucionar as grandes divisões políticas e religiosas da sociedade inglesa do fim do século XVII; ao mesmo tempo, interessa-se pelo estudo da origem e do funcionamento do conhecimento humano. Ao enfrentar a questão da tolerância religiosa (*Ensaio sobre a tolerância*, 1667), ele busca assim unir as duas problemáticas, procurando identificar um núcleo de verdades racionalmente fundado e comum a todos os homens. Tal busca o leva a aprofundar o conceito de experiência, ou seja, o horizonte do pensamento e da ação.

Segundo Locke, o termo experiência se refere a duas atividades de nossa mente: recebemos o mundo externo através dos órgãos de sentido e, além disso, somos capazes, pela reflexão, de formar ideias através das quais elaboramos nosso conhecimento. Esse conhecimento é formalizado pela linguagem.

Ao abordar a questão do conhecimento humano (*Ensaio sobre o intelecto humano*, 1689), Locke visa a compreensão do funcionamento da mente que conhece; a mente (*mens*; *mind*) não deve ser mais entendida como substância, ou alma, e sim apenas como simples função mental. De modo que não podemos ter certeza de que o objeto do nosso conhecimento é uma realidade externa efetivamente existente, mas apenas podemos ter certeza da ideia que temos dele.

Segundo Locke, a mente humana é originariamente vazia, e tudo o que a preenche é adquirido pelo exercício da capacidade cognitiva humana que elabora os dados sensoriais, transformando-os em ideias. Não existem ideias inatas. Locke modifica a visão tradicional derivada de Platão, que concebia as ideias como realidades ontológicas separadas dos nossos atos de conhecimento e as tematizava como realidades eternas ou conteúdos da mente divina que podiam ser apropriados pelo entendimento humano, tornando-se objeto de conhecimento. Para Locke, pelo contrário, a ideia não denota uma realidade externa à mente nem uma representação da mente referida a algo fora dela, mas é um simples conteúdo mental. Assim, as ideias se tornam os únicos objetos de nosso conhecimento.

As ideias, por sua vez, nascem da experiência. Locke afirma esta ser o fundamento de todo o conhecimento. As observações que realizamos acerca do mundo externo ou interno e sobre as quais refletimos tornam-se materiais do nosso pensamento. Portanto, sensação e reflexão (também definida por Locke como sentido interno) são as únicas fontes do conhecimento humano. As ideias podem ser simples ou complexas. As ideias simples são percepções dos corpos externos, ou ideias de nossa mente: as primeiras, causadas por modificações do corpo, são as qualidades primárias (exemplo: solidez, extensão, número etc.), e as segundas, causadas por sensações, são as qualidades secundárias (cores, sons, sabores). As primeiras pertencem aos corpos, ainda que percebidas ou não; as segundas se referem aos nossos órgãos de sentidos, estimulados pelo movimento das pequenas partículas originadas dos corpos (exemplo: prazer, desprazer, doce ou amargo etc.). As ideias complexas são operações realizadas pela mente, resultantes da composição ou decomposição de ideias simples.

A linguagem é o instrumento da comunicação da experiência: as palavras são os sinais sensíveis das ideias. As ideias indicadas pelas palavras são o significado delas. O conhecimento que é o encadeamento das ideias pode ser certo ou provável: o primeiro tipo consiste num encadeamento absolutamente certo entre as ideias, caracterizado pela evidência; o segundo tipo é o juízo e se refere a ideias acerca das quais não é possível ter certeza. O juízo é baseado no acordo com a experiência já vivenciada por nós e no testemunho confiável dos outros.

George Berkeley (1685-1753) radicaliza as teses de Locke de que as ideias são os únicos objetos da mente, mas movido por exigências apologéticas e teológicas. Com efeito, Berkeley busca refutar o materialismo dos empiristas, utilizando-se de seu mesmo método. Especificamente, busca opor-se ao dualismo matéria-pensamento, que considera como a base do ceticismo moderno. Para contradizer esse dualismo, faz uma escolha radical: já que é impossível negar a existência da consciência, propõe um monismo espiritualista. Ele afirma que o ser das coisas se identifica com a percepção que temos delas, de modo que a única substância, segundo esse filósofo, seria o espírito. Expressa esta visão pela fórmula *esse est percipi*. Somente o espírito existe, ao passo que as coisas existem apenas como ideias do espírito, internas, portanto, ao espírito que as percebe. Essas ideias existem porque Deus as cria na mente do homem. Trata-se de uma concepção radicalmente subjetivista. Berkeley pensava, assim, refutar o materialismo, mas com base em suas mesmas premissas.

A contribuição de Hume é especialmente significativa para a história dos saberes psicológicos, como veremos a seguir.

David Hume e o projeto de uma ciência do homem

Biografia

David Hume (1711-1776) opôs-se particularmente a Descartes e às tradições filosóficas que consideravam o espírito humano segundo um ponto de vista teológico ou metafísico. Ao fazer isso, Hume abriu caminho à aplicação do método experimental ao estudo dos fenômenos mentais. Sua importância no desenvolvimento do pensamento contemporâneo é considerável: teve profunda influência sobre Kant, sobre a filosofia analítica do início do século XX e sobre a fenomenologia.

Hume foi um leitor voraz. Entre suas fontes, incluem-se tanto a filosofia antiga como o pensamento científico de sua época, ilustrado pela física e pela filosofia empirista. Foi fortemente influenciado por Locke e Berkeley e também por vários filósofos franceses (Pierre Bayle e Nicolas Malebranche), e diversas figuras dos círculos intelectuais ingleses. A influência mais importante por ele recebida foi a do cientista Isaac Newton. Deste, Hume deriva seu método de análise, conforme assinalado por ele no subtítulo do *Tratado da natureza humana — Uma tentativa de introduzir o método experimental de raciocínio nos assuntos morais*. Seus livros mais importantes são: *Tratado da natureza humana* (1739-1740); *Investigação sobre o entendimento humano* (1748); *Investigação sobre os princípios da moral* (1751); *Diálogos sobre a religião natural* (póstumo). Escreveu também uma série de ensaios (editados pela primeira vez em 1741-1742) sobre vários temas, como governo, política e ciência, liberdade, comércio, densidade populacional, suicídio. Sua obra histórica, *A história da Grã-Bretanha* (1754-1762) é monumental, desde Júlio César até a Revolução Inglesa de 1688: foi a obra mais famosa de Hume durante a sua vida (com mais de cem edições), considerada a referência essencial dos historiadores ingleses. *História natural da religião* (1757) é tido como a primeira obra científica a debruçar-se sobre as relações entre sociedade e religião.

Posição filosófica

Em sua filosofia, Hume dilui a conexão entre pensamento e experiência dos sentidos, substituída pelo mundo da experimentação científica. Desse modo, o termo experiência passa a designar a concepção do real que o homem elabora através dos métodos de conhecimento escolhidos para tanto, dos quais o mais fidedigno é o experimento científico.

No *Tratado da natureza humana*, Hume afirma ser seu objetivo criar um método para a filosofia que "não decorresse da invenção, mas da experiência". Para isso, propõe examinar seriamente a natureza do entendimento humano, utilizando-se do "espírito de exatidão e do raciocínio" (Hume, 1972, p. 13). Coloca a hipótese de que a experiência humana, assim examinada, possa ser compreendida da mesma forma que o mundo natural. Trata-se de um pressuposto básico que irá determinar todo o seu percurso de pensamento.

O conhecimento do senso comum não leva a nenhuma certeza, pois "a existência de qualquer ser somente pode ser provada mediante argumentos derivados de sua causa ou de seu efeito, e esses argumentos se fundam inteiramente na experiência", e não no raciocínio *a priori*. Pois, "se raciocinamos *a priori*, qualquer coisa pode parecer capaz de produzir qualquer coisa"; ao invés, "é unicamente a experiência que nos ensina a natureza e os limites da causa e do efeito, e permite-nos inferir a existência de um objeto partindo de outro" (*ibid*., p. 148). O conhecimento experimental abarca também os fenômenos humanos: "Tal é o fundamento do raciocínio moral que constitui a maior parte do comportamento humano e que é a fonte de todas as ações e comportamentos humanos" (idem).

Outro pressuposto do pensamento de Hume é que toda noção presente na mente humana necessariamente é causada por uma impressão sensível, decorrente das modificações fisiológicas vivenciadas pelo organismo a partir da estimulação dos órgãos de sentido. Existem somente as percepções; de modo que a experiência acaba sendo uma construção meramente subjetiva sem nenhum fundamento objetivo.

A partir desses dois pressupostos, Hume questiona o tradicional conceito de natureza humana e a metafísica. Desse modo, Hume vem a rejeitar totalmente toda a tradição do conhecimento ocidental e a preconizar o nascimento de uma ciência do homem semelhante às ciências da natureza.

> Quando percorremos as bibliotecas, persuadidos destes princípios, que destruição deveríamos fazer? Se examinarmos, por exemplo, um volume de teologia ou de metafísica escolástica e indagarmos: contém algum raciocínio abstrato acerca da quantidade ou do número? Não. Contém algum raciocínio

experimental a respeito das questões de fato e de existência? Não. Portanto, lançai-o ao fogo, pois não contém senão sofismas e ilusões (Hume, 1748/2006, p. 149).

A proposta de um novo método para investigar a natureza humana

O método para investigar a natureza humana é apenas o método experimental e, no *Tratado acerca da natureza humana*, Hume propõe que através desse método se obtenha uma sorta de anatomização da natureza humana, de modo a reconduzi-la a seus elementos mais simples, que podem ser evidenciados na experiência. Com efeito, todo o conhecimento humano deriva da experiência, formada por conteúdos mentais que são as percepções. As percepções que se apresentam com maior força são chamadas de impressões; e as percepções menos intensas são as ideias. Desse modo, o sentir tem mais força e eficácia do que o pensar. O conhecimento é gerado pela conexão entre as ideias segundo três princípios universais: semelhança; contiguidade no espaço ou no tempo; e nexo entre causa e efeito (esse nexo atesta a regularidade entre fenômenos, percebida na experiência, que se torna hábito).

As impressões que suscitam o comportamento humano são chamadas de paixões. Estas sempre são determinadas por alguma causa (ou um prazer ou uma dor) que age tendo por efeito a paixão. Desse modo, a vontade humana não é livre, mas depende das impressões de prazer e dor. Delas também derivam os juízos morais: o prazer e a dor vivenciados constituem o critério para discriminar entre o bem e o mal, entre a virtude e o vício. Portanto, o senso moral depende das paixões, e não do entendimento.

Investigação acerca do entendimento humano

[...] podemos observar em todas as artes ou profissões, mesmo as que mais se relacionam com a vida ou com a ação, que um espírito de exatidão, por qualquer meio adquirido, as conduz mais perto da perfeição e as torna mais úteis aos interesses da sociedade. Embora um filósofo possa viver longe dos negócios, o espírito da filosofia, se cuidadosamente cultivado por alguns, difunde-se gradualmente através de toda a sociedade e confere a todas as artes e profissões semelhante correção. O político adquirirá maior previsão e sutileza na divisão e equilíbrio do poder; o advogado, mais método e princípios mais sutis em seus raciocínios; o general, mais regularidade em sua disciplina, mais cautela em seus planos e em suas manobras. A maior estabilidade dos governos modernos sobre os antigos e a exatidão da filosofia moderna têm melhorado, e provavelmente melhorarão ainda mais, por gradações semelhantes. [...] O caminho da vida, o mais agradável e o mais inofensivo, passa pelas avenidas da ciência e do saber; e quem quer que possa remover quaisquer obstáculos dessa via ou abrir uma nova perspectiva deve ser considerado um benfeitor da humanidade.

[...] O único método para libertar de vez o saber dessas questões abstrusas (= confusas, obscuras) consiste em examinar seriamente a natureza do entendimento humano e mostrar, por meio de uma análise exata de suas faculdades e capacidades, que ela não é, de nenhuma maneira, adequada a assuntos tão remotos e abstrusos.

[...] Desse modo, apenas conhecer as diferentes operações do espírito, sua separação, sua classificação em categorias apropriadas e a correção da aparente desordem em que se encontram constitui uma parte considerável da ciência, quando elas são tomadas como objeto da reflexão e pesquisa. Essa tarefa de organização, que não tem mérito quando feita em relação aos corpos externos que são os objetos de nossos sentidos, aumenta de valor quando se dirige às operações do espírito, em proporção à dificuldade e ao esforço que encontramos ao realizá-la.

[...] Mas não podemos esperar que a filosofia, se cuidadosamente cultivada e encorajada pela atenção do público, possa levar suas indagações ainda mais longe e descubra, pelo menos em parte, as fontes e os princípios secretos que impulsionam o espírito humano em suas operações? Os astrônomos contentaram-se, durante muito tempo, em provar, a partir dos fenômenos, o movimento verdadeiro, a ordem e a grandeza dos corpos celestes, até que surgiu um filósofo que, mediante um feliz raciocínio, parece haver determinado também as leis e forças que determinam e regem as revoluções dos planetas. E não há razões para temer que não tenhamos o mesmo êxito em nossas investigações acerca da organização e das faculdades mentais, se realizadas com o mesmo talento e cautela. É provável que uma operação e um princípio do espírito dependam de outra operação e princípio que, por sua vez, possam reduzir-se a outra operação e princípio mais geral e universal. E ser-nos-á muito difícil determinar exatamente até onde é possível levar nossas investigações, antes — e mesmo depois — de um cuidadoso exame.

[...] Ficaríamos felizes se pudéssemos unir as fronteiras das diferentes correntes da filosofia, reconciliando a investigação profunda com a clareza, e a verdade com a originalidade. E mais felizes ainda se, raciocinando dessa maneira fácil, pudéssemos destruir os fundamentos da filosofia abstrusa que até agora apenas parece haver servido de refúgio à superstição e de abrigo ao erro e ao absurdo (Hume, 2004, p. 9, 11, 14-15).

O Iluminismo e a mudança de mentalidade

Vimos que a partir de 1620-1650 inicia-se a revolução científica, aventura sobre a qual repousa a civilização científica do século XX. Essa revolução tem como alicerce a matematização da estrutura inteligível do universo. Depois de ter descoberto a correspondência entre o dinamismo da razão e o da natureza, a cultura ocidental conhece épocas de avanços brilhantes no campo das ciências, e a matematização é aplicada não apenas ao conhecimento do mundo físico, mas também do mundo biológico e humano. Isso origina o mecanicismo, teoria filosófica determinista que pretende explicar todos os fenômenos por causas mecânicas, ou em analogia com a causalidade mecânica. O mecanicismo associa-se ao deísmo, visão filosófica pela qual o universo é um mecanismo, criado por um ser superior e que funciona como um relógio.

A concepção antropológica proposta pelo iluminismo implica uma verdadeira reviravolta cultural. Com efeito, propunha uma visão da filosofia voltada para a busca da felicidade individual (La Mettrie) e social (Diderot), mas numa perspectiva totalmente diferente da tradição filosófica anterior. Julien Offray de La Mettrie (1709-1751), médico e filósofo, autor de *O homem-máquina* (1747) e *Discurso sobre a felicidade* (1748), busca uma separação radical entre a salvação individual e a questão religiosa e coloca a felicidade pessoal como algo totalmente imanente ao mundo terreno, sem recorrer à metafísica e ao sobrenatural. Para La Mettrie, o corpo é como uma máquina, um mecanismo complexo obedecendo a regras precisas. "O escândalo gerado pelo livro fez com que La Mettrie fosse expulso da França e, posteriormente, da Holanda. Em *Discurso sobre a felicidade* (1748), La Mettrie traça as consequências éticas e morais da doutrina exposta em *O homem-máquina*: se Deus não existe e se o corpo é uma simples máquina, então as fontes da felicidade são, em larga medida, físicas. A felicidade torna-se sinônimo de saúde: uma pessoa fraca, doente e incapaz jamais poderá ser tão feliz quanto outra no auge da forma física" (Castro, 2011, p. 56). Cada indivíduo busca a felicidade de acordo com seu impulso e propensão. Contrariando a visão dos estoicos e da tradição cristã, que afirmavam que só o homem virtuoso é feliz, enquanto os maus incorrem nas desgraças, La Mettrie rebate que a verdadeira felicidade está completamente ao alcance dos maus e dos pecadores, e até mesmo dos ignorantes e estúpidos: não é o conhecimento ou a virtude que levam à felicidade. Já que o prazer é a fonte verdadeira da felicidade, tanto o bem quanto o mal são em si mesmos completamente indiferentes. O grande inimigo da felicidade do ser humano é o remorso, considerado por La Mettrie uma verdadeira doença psíquica que deve ser eliminada, resultante de preconceitos morais inoculados desde a infância, com o objetivo único de reprimir desejos e condenar o prazer. Uma falsa educação que propõe padrões morais arbitrários e o terror da punição eterna reprimiria, segundo o médico, o instinto natural do homem de buscar sua própria felicidade. A moral seria então um conjunto de padrões arbitrários de comportamento cujo objetivo é a própria defesa e manutenção da sociedade. O homem inteligente escolhe seguir as regras morais, por julgar que a manutenção da sociedade é do seu interesse individual.

Na obra *Discurso preliminar* (1750), La Mettrie afirma claramente seu objetivo: fazer com que todos os esforços para conciliar filosofia com teologia e moralidade pareçam frívolos e impotentes.

La Mettrie afirma de forma radical o projeto dos *philosophes* iluministas. Eles buscavam fundar um novo tipo de conhecimento, baseado na lei natural, na ciência e na razão; por outro, na ausência de Deus, tanto a lei natural quanto a razão e a ciência tornavam-se amorais, dando origem a uma profunda crise ética (Castro, 2011). Vários filósofos iluministas procuraram fugir dessa contradição posicionando-se no meio-termo: ao questionar as fontes dos valores tradicionais da sociedade, a Igreja e o rei, buscavam justificar os valores com base no interesse social: já que não havia Deus e a natureza era amoral, cabia à sociedade criar a moralidade mais conveniente.

Na *Enciclopédia*, no artigo "Liberdade", Diderot afirma que a liberdade é uma ilusão infantil, e, portanto, o homem não pode ser virtuoso ou perverso, mas somente bem ou mal-afortunado, "praticante do bem ou praticante do mal". Em carta a M. Landois, em 1756, afirma que ninguém pode deixar de ser mau por vontade própria, e que a única diferença entre os homens seria fazer bem ou fazer o mal (*"bienfaisance"* ou *"malfaisance"*); os primeiros seriam não virtuosos, mas somente bem-afortunados de terem uma inclinação natural para fazer o que a sociedade aprova (Castro, 2011). No texto *O sonho de Alembert*, Diderot afirma que os homens são irresistivelmente levados pela corrente geral que conduz um à glória e o outro à ignomínia (Castro, 2011). Em suma, para Diderot e grande parte dos *philosophes*, a felicidade humana consiste em viver a vida em conformidade com as leis universais da natureza e da razão, moderando as paixões de acordo com as circunstâncias naturais.

Desse modo, é na ciência e nos seus métodos que a cultura ocidental busca o sentido da realidade e do ser humano, em sua vida pessoal e social. A partir do século XVIII, no âmbito da mentalidade ocidental, afirma-se a crença de que tudo aquilo que a ciência não tem condição de explicar deve ser recusado sem discussão. Desse modo, o racionalismo, na forma de cientificismo, passa da cultura oficial para a mentalidade das pessoas quase por osmose: cria-se uma nova mentalidade que se difunde na sociedade ocidental. Um exemplo dessa mentalidade é este texto de um autor brasileiro, político, militar e escritor que, na narrativa autobiográfica de seu *Diário intimo*, revela certa modalidade de olhar para sua pessoa e seu cotidiano:

> Os novos cálculos de investimentos são para mim um prazer, porque vejo o fruto de meu longo e arriscado trabalho — e sinto-me seguro do meu futuro. Agora todas as circunstâncias são favoráveis: boa e independente fortuna, tranquilidade de espírito, bom clima. Meu grande esforço e minha principal atenção agora são dirigidos para a saúde.
> Os pontos da saúde que eu desejo corrigir são: a digestão: presume-se que um sangue forte e bem elaborado traz como consequência a robustez do sistema nervoso e, portanto, a solidez da inteligência, que é de todas as coisas a principal (Magalhães, 1998, p. 63-64).

Em síntese: o surgimento dos conceitos de mente e de comportamento na Idade Moderna

Os conceitos de mente e de comportamento surgem ambos do universo cultural da Idade Moderna e suas raízes encontram-se na filosofia.

1. Descartes substituiu o conceito de mente pelo de alma (racional) para identificar as características propriamente humanas do ser humano, a saber, a vida consciente.
2. Ao mesmo tempo, ao definir o organismo animado como uma máquina e, portanto, como matéria e movimento, abriu caminhos para o moderno conceito de comporta-

mento tal como será formulado por algumas perspectivas da psicologia científica, especialmente o behaviorismo.
3. O pressuposto determinista é introduzido nessa época por Espinoza e é utilizado na explicação ora dos fatos mentais, ora dos fatos comportamentais, e sempre é relacionado com a possibilidade de construir uma ciência do homem similar às ciências da natureza.
4. A experiência é um termo que é utilizado pelos filósofos empiristas para referir-se à vida consciente, numa acepção derivada do significado que esse termo assume nas ciências naturais (experimento). Experiência é, então, a que pode ser conhecida pela experimentação.

Referências bibliográficas

ANTISERI, D.; REALE, G.; LAENG, M. (1986). *Filosofia e pedagogia dalle origini a oggi.* V. 2. Brescia: Editrice La Scuola, 1986.
ARENDT, H. *A condição humana.* R. Raposo, trad. Rio de Janeiro: Forense Universitária, 1999 (original publicado em 1958).
CASTRO, A. "La Mettrie, filósofo da felicidade individual". In: *Revista Estudos Hum(e)anos*, número 2, 2011/01, 51, p. 51-68.
DESCARTES, R. *Discurso do método.* M. E. Galvão, trad. São Paulo: Martins Fontes, 2001.
_____. *Tratado das paixões da alma.* São Paulo: Martins Fontes, 1998.
_____. *Meditações sobre filosofia primeira.* F. Castilho, trad. Campinas: Editora da Unicamp, 2004.
ESPINOZA, B. *Ética.* Tomaz Tadeu, trad. Belo Horizonte: Autêntica, 2007.
_____. *Tratado teológico-político.* São Paulo: Martins Fontes, 2003
ESPOSITO, C.; PORRO, P. *Filosofia moderna.* Bari: Laterza, 2009.
HUME, D. *Investigação acerca do entendimento humano.* Acrópolis: eBooks Brasil, 2004.
MAGALHÃES, J. V. C. *Diário intimo.* São Paulo: Companhia das Letras, 1998.
MARIAS, J. *O tema do homem.* São Paulo: Duas Cidades, 1975.
VICO, G. B. *Ciência nova.* J. Vaz de Carvalho, trad. Lisboa: Fundação Calouste Gulbenkian, 2005 (Original publicado em 1744).
_____. "Autobiografia". In: BORTOLI, F. (org.). *Opere. Classici del pensiero italiano.* V. 7. Milão: Biblioteca Treccani, s/d.

Recomendamos o filme *Danton — O processo da revolução*, de A. Wajda (1982).

Capítulo 7

O fim do nosso percurso

Termina aqui nosso percurso nas sendas da história dos saberes psicológicos na cultura do Ocidente. Com efeito, vimos que, a partir do século XVII, são colocados os alicerces filosóficos para o surgimento da psicologia científica, domínio esse que irá se sobressair àqueles conhecimentos que rotulamos como saberes psicológicos, devido a seu caráter sistemático e sua abrangência global. Os saberes de natureza especulativa, a medicina da alma, o autoconhecimento, as representações literárias e artísticas do dinamismo psíquico da pessoa, que, como vimos, formaram berços genéticos de conceitos que se revelaram essenciais para denominar e definir os processos psicológicos, darão lugar a um novo e articulado campo de conhecimentos cuja unidade será garantida pelo uso de um método único: o método científico.

Os conceitos e termos com que esta "nova" psicologia irá trabalhar são herdados da tradição dos saberes psicológicos: o conceito de psique, que vimos nascer na cultura da Grécia Antiga; a concepção da doença psíquica tematizada ao longo do tempo pela medicina, pela retórica e pela filosofia, gregas e romanas, pela espiritualidade medieval e pela medicina e filosofia do Renascimento; o conceito de pessoa que vimos surgir em Agostinho de Hipona e que depois foi tematizado por Tomás de Aquino; o método introspectivo e a narrativa autobiográfica que iniciam com Agostinho e permanecem uma prática frequente ao longo da história ocidental; conceitos e termos inerentes aos processos psíquicos que, desde a filosofia grega até hoje, permanecem o objeto da psicologia (sensações, emoções, vontade, cognição, imaginação, memória etc.); o termo psicologia, que vimos surgir no humanismo; o conceito de indivíduo que, constituído no Renascimento, dará origem à concepção moderna de subjetividade. Seria impossível compreender a gênese desses conceitos fora do contexto histórico e cultural em que se constituíram: por isso, colocamos no livro alguns aspectos essenciais dos contextos espaço-temporais em que os saberes psicológicos se elaboraram e difundiram, que esperamos tenham sido úteis para o leitor.

Evidentemente, os saberes psicológicos sedimentados nas diversas culturas permanecem vivos na mentalidade de indivíduos e povos e constituem um patrimônio precioso de conhecimentos e de recursos práticos para se lidar com a vida psíquica das pessoas. Atualmente a historiografia da psicologia busca resgatar a relação de conhecimentos e práticas psicológicas com seus âmbitos culturais de origem, como fica evidente, por exemplo, nos trabalhos de Pickren e Rutherford (2009; 2010; 2012) e de Vidal (2009; 2011).

Consideramos importante a tematização da área dos saberes psicológicos e a difusão de seu conhecimento inclusive no meio acadêmico e ao longo da formação do psicólogo, justamente para proporcionar a tal meio uma atenção e um entendimento da bagagem cultural disponível nas diversas culturas. Tal bagagem pode ser utilizada inclusive para proporcionar o bem-estar psicológico, para prevenir patologias, para educar as pessoas a ser agentes de sua própria saúde mental e física. Apresentamos neste texto uma reconstrução dos saberes psicológicos formulados no âmbito de uma determinada cultura, a ocidental; porém, reconstrução análoga seria possível no âmbito de outras culturas. Como observa com pertinência o psicólogo Inácio Martim Baró, "a recuperação da memória histórica supõe a reconstrução de alguns modelos de identificação que, em lugar de prender e alienar os povos, lhes abra o horizonte para sua libertação e realização" (1998, p. 286). É preciso "resgatar a experiência original dos grupos e pessoas e devolvê-las como dado objetivo, o que lhes permitirá formalizar a consciência de sua própria realidade, verificando a validade do conhecimento adquirido" (*idem*).

Enfim, com este livro, esperamos ter demonstrado que o conhecimento da história dos saberes psicológicos é essencial para os profissionais e pesquisadores na área psi, sendo que os conceitos e métodos com que lida hoje a psicologia científica têm seus fundamentos num passado às vezes longínquo e que demanda ser entendido para uma correta compreensão do presente. É por isso que é recomendável que o conhecimento desse domínio preceda o estudo da história da psicologia científica em suas origens no século XIX e em seus desenvolvimentos ao longo dos séculos XX e XXI.

Referências bibliográficas

MARTIM-BARÓ, I. *Psicologia de la liberacion*. Madri: Trotta, 1998.
PICKREN, W.; RUTHERFORD, A. *A history of modern psychology in context*. Nova York: Wiley, 2010.
_____. *From subject to object: A cultural history of psychology*. Nova York: Wiley, 2009.
_____. "Towards a global history of psychology". In: ARAUJO, S. (org.). *History and philosophy of psychology*. São Pedro: Editora da Universidade Federal Juiz de Fora, 2012, p. 57-66.
VIDAL, F. "Brainhood, anthropological figure of modernity". In: *History of the Human Sciences*, 22, (1), 2009, p. 5-36.
ORTEGA, F.; VIDAL, F. (orgs.). *Neurocultures: glimpses into an expanding universe*. Frankfurt: Lang, 2011.
VIDAL, F. "Human persons and human brains: a historical perspective within the Christian tradition". In: JEEVES, M. (org.). *Rethinking human nature: a multidisciplinary approach*. Grand Rapids, Mich.: Eerdmans, 2011, p. 30-57.
_____. *The sciences of the soul: the early modern origins of psychology*. Chicago: Chicago University Press, 2011.

Bibliografia complementar

ALBERTI, V. "Literatura e autobiografia: a questão do sujeito na narrativa". In: *Estudos históricos*, v. 4, n. 7, 1991, p. 66-81.
AQUINO, T. *Le passioni dell'anima*. Florença: Casa editrice Le lettere, 2002.
ARENDT, H. *A condição humana*. São Paulo: Forense Universitária, 1999 (original, 1958).
_____. *Il concetto di amore in Agostino*. L. Boella, trad. Milão: SE SRL, 2000 (original publicado em 1929).
_____. *Entre o passado e o futuro*. M. W. Barbosa, trad. São Paulo: Perspectiva, 2003 (original: 1954)
_____. *Responsabilidade e julgamento*. R. Eichember, trad. São Paulo: Companhia das Letras, 2004 (original: 2003)
ARISTÓTELES. *Rethorique*, vol. 2. Paris: Belles Lettres, 1993.
_____. "Problemata XXX". In: LOUIS, P. (org.). *Problémes*, vol. 3. Paris: Les Belles Lettres, 1994.
_____. *Ética a Nicômaco*. Livro segundo. São Paulo: Abril, 1996.
BIEZMA, J.; CASTILLO, J.; PICAZO, M. D. *Autobiografia y modernidad literária*. Cuenca: Universidad de Castilla-La Mancha, 1994.
BINSWANGER, L. *Per un'antropologia fenomenologica*. E. Filippini, trad. Milão: Feltrinelli, 2007 (original publicado em 1955).
BIOLO, S. *L'autocoscienza in S. Agostino*. Roma: Editrice Pontificia Università Gregoriana, 2000.
BLECUA, J. M. C. "Del gentilombre mundano al caballero 'a lo divino': lis ideales caballerescos de Ignacio de Loyola". In: PLAZAONA, J. *Ignacio de Loyola y su tiempo*. Congresso Internacional de Historia, Universidad de Deusto, Bilbao, 1991, p. 129-159.
BOZZI, G. "I diari di Monaldo Atanasio Atanagi, bufone alla corte di Guidobaldo II della Rovere". In: CLERI, B.; EICHE, S.; LAW, J. E.; PAOLI, F. *I della Rovere nell'Italia delle Corti*. V. III: Cultura e letteratura, 2002, p. 63-73. Urbino, Italia: Quattroventi, 2002.
BRAUNSTEIN, P. "Abordagens da intimidade nos séculos XIV-XV". In: DUBY, G.; ÁRIES, P. *História da Vida Privada*. V. 2, p. 526-620. M.

L. Machado, trad. São Paulo: Companhia das Letras, 1994 (original publicado em 1985).
BRETT, G. S. *História de la psicología*. D. A. Sampietro, trad. Buenos Aires: Paidós, 1963.
BRUSS, E. W. "L'autobiographie considerée comme acte littéraire". In: *Poétique*, n. 17, 1994, p. 14-26.
CALVERAS, J. *Ejercicios espirituales. Directorio y documentos de S. Ignacio de Loyola*. Barcelona: Balmes, 1958.
CALVINO, I. *Por que ler os clássicos*. N. Moulin, trad. São Paulo: Companhia das Letras, 1993 (original publicado em 1991).
ELIADE, M. *Imagens e símbolos*. M. Giacometti, trad. Milão: Jaca Book, 1991 (original de 1952).
FOUCAULT, M. *O cuidado de si. História da sexualidade 3*. M. T. C. Albuquerque, trad. Rio de Janeiro: Graal, 1985 (publicação original de 1984).
_____. *A coragem da verdade*. E. Brandão, trad. São Paulo: Martins Fontes, 2011 (original de 1983-1984).
GIUSSANI, L. *O senso religioso*. P. A. E. Oliveira, trad. Brasília: Universa, 2009 (publicação original de 1986).
GRACIÁN, B. *A arte da prudência*. D. Moscoso de Araújo, trad. Rio de Janeiro: Sextante, 2003.
GUREVIČ, A. *La nascita dell'individuo nell"Europa Medievale*. Michela Venditti, trad. Bari: Laterza, 1996 (original publicado em 1994).
GUSDORF, G. *Mémoire et personne*. Paris: PUF, 1951.
_____. "L'autobiographie, échelle individuelle du temps". In: _____. *Leituras do Tempo*. Lisboa: Universidade Internacional, 1990, p. 85-198.
_____. *Lignes de vie I: les écritures du moi*. Paris: Odile Jacob, 1991.
_____. *Lignes de vie II: l'auto-bio-graphie*. Paris: Odile Jacob, 1991a.
HADOT, P. *Esercizi Spirituali e filosofia antica*. A. M. Marietti, tradutor. Torino: Einaudi, 2005 (original publicado em 2002).
HANKE, L. *La humanidad es una*. México: Fondo de la Cultura Economica, 1985.
KRISTELLER, P. O. *Ocho filósofos del Renacimiento Italiano*. M. M. Peñaloza, trad. México: Fondo de Cultura Economica, 1996 (original publicado em 1964).
_____. *Il pensiero filosofico di Marsílio Ficino*. Florença: Sansoni, 1953.
LEARY, D. E. "Immanuel Kant and the development of modern psychology". In: WOODWARD, W. R.; ASCH, M. G. (org.). *The Problematic Science*. Nova York: Praeger Publishers, 1982, p. 17-42.
_____. "The philosophical development of the conception of psychology in Germany, 1780-1850". In: *Journal of the History of the Behavioral Science*, 14, 1978, p. 113-121.
MAHFOUD, M.; MASSIMI, M. "A pessoa como sujeito da experiência: contribuições da fenomenologia". In: *Memorandum, 14*, 2008, p. 52-61. Disponível em: <http://www.fafich.ufmg.br/~memorandum/a14/mahfoudmassimi02.htm>. Acesso em: 9 mar 2011.
MARIAS, J. *O tema do homem*. São Paulo: Duas Cidades, 1975.
_____. *Palavras, almas e corpos no Brasil colonial*. São Paulo: Loyola, 2005.

_____. "O corpo e suas dimensões anímicas, espirituais e políticas: perspectivas presentes na história da cultura ocidental e brasileira". In: *Mnemosine*, v. 1, n. 1, 2005a, p. 5-10. Disponível em: <http://www.cliopsyche.cjb.net/mnemo/index.php/mnemo/article/viewFile/123/362>. Acesso em: 3 nov 2009.

_____. "A memória ventre da alma". In: *Revista latinoamericana psicopatologia fundamental*, v. 13, n. 4, 2010, p. 667-679.

MISCH, G. *History of autobiography in antiquity*. V. 1 e 2. G. Misch e E.W. Dickes, trad. Londres: Routledge, 1950 (original publicado em 1907).

MORETTO, F. M. L. "Introdução". In: ROUSSEAU, J. J. *Textos autobiográficos e outros escritos*. F. M. L. Moretto, trad. São Paulo: Unesp, 2009, p. 7-14.

OLNEY, J. *Metaphors of the self: the meaning of autobiography*. Princeton: Princeton University Press, 1972.

PAIM, A. *História das Idéias Filosóficas no Brasil*. São Paulo: Editora Universidade de São Paulo, 1974.

PÉRES, S. P.; MASSIMI, M. "A espacialidade da memória nas Confissões de Agostinho". In: *Memorandum*, 22, 2012, p. 68-91. Disponível em: <http://www.fafich.ufmg.br/memorandum/a22/peresmassimi02>. Acesso em: 6 mai 2013.

PÉROUSE, G. A. *L'Examens des Esprits du Docterus Juan Huarte de San Juan. Sa difusion et son influence en France aux XVI et XVII siècles*. Paris: Societé D'Editions Les Belles Lettres, 1970.

PHILIPPE, M. D. *Introdução à filosofia de Aristóteles*. G. Hibon, trad. São Paulo: Paulus, 2002 (original publicado em 1956).

REALE, G. *Corpo, alma e saúde. O conceito de homem de Homero a Platão*. M. Perine, trad. São Paulo: Paulus, 2002 (original publicado em 1999).

REALE, G.; SINI, C. *Agostino e la scrittura dell'interiorità*. Milão: São Paulo, 2006.

ROCCATAGLIATA, G. *Storia della Medicina Antica*. Milão: Hoepli, 1973.

ROCHA, C. *Máscaras de Narciso: Estudos sobre a literatura autobiográfica em Portugal*. Coimbra/Portugal: Almedina, 1992.

ROUSSEAU, J. J. *Textos autobiográficos e outros escritos*. F. M. L. Moretto, trad. São Paulo: Unesp, 2009 (originais de 1755-1776).

SAFFREY, H. D. "L'homme-microcosme dans une estampe médico-philosophique du seizième siècle". In: *Journal ot the Warburg and Courtland Institutes*, v. 57, 1994, p. 89-122.

SAHLINS, M. *Ilhas da história*. B. Sette, trad. Rio de Janeiro: Zahar, 1990 (original de 1987).

SANTOS, L. A. R. *Un monge que se impôs a seu tempo: pequena introdução com antologia da vida e da obra de São Bernardo de Claraval*. Rio de Janeiro: Lumen Christi, 2001.

SMORTI, A. *Narrazioni, cultura, memorie, formazione del sé*. Florença: Giunti, 2007.

VEGETTI, M. "Passioni antiche: l'io collerico". In: VEGETTI, M.; FINZI, M. *Storia delle passioni*. Bari: Laterza, 1995.

VIEIRA, A. *Sermões*. V. 1-5. Porto: Lello e irmão, 1993 (original publicado em 1677).

VIVES, L. *De Anima et Vita Libri Tres*. Basileae: Oporinum, 1538.

ZANIER, G. *Medicina e Filosofia tra '500 e '600*. Milão: Angeli, 1983.

Sumário

5   Introdução

     Capítulo 1
23   CONCEITO DE PSIQUE NA GRÉCIA ANTIGA

     Capítulo 2
107 A MEDICINA DA ALMA
     E A CURA DA ALMA NA ROMA ANTIGA

     Capítulo 3
141 O HOMEM, A *ANIMA* E AS ORIGENS
     DO CONCEITO DE PESSOA NA TRADIÇÃO JUDAICA
     E NA PRIMEIRA ERA CRISTÃ

     Capítulo 4
183 SABERES PSICOLÓGICOS NO CONTEXTO MEDIEVAL

     Capítulo 5
259 O SURGIMENTO DA *PSYCHOLOGIA*
     E A CONSTRUÇÃO DO CONCEITO DE INDIVÍDUO
     NA CULTURA HUMANISTA E RENASCENTISTA

     Capítulo 6
325 O PERCURSO DA MODERNIDADE RUMO À CONSTRUÇÃO
     DE UMA CIÊNCIA PSICOLÓGICA

     Capítulo 7
361 O FIM DO NOSSO PERCURSO

365 BIBLIOGRAFIA COMPLEMENTAR